Mafalda

Mafalda

en esta familia no hay jefes

Quino

Lumen

Nota editorial

¿Qué es una familia? ¿Existe algo parecido a la «familia perfecta»? ¿Por qué a los Estados les importa tanto reivindicar los valores familiares? ¿Y por qué esos valores son siempre tan concretos, tan específicos, tan decimonónicos? Entonces, ¿la familia es una construcción de lazos afectivos reales, o impuestos? ¿Quién quiere una familia? ¿A quién le importa la familia? ¿Para qué sirve la familia? ¿Por qué se ha escrito tanto sobre ella? O lo que es peor, ¿algún día llegaremos a despejar estos interrogantes? ¿Acaso es relevante su respuesta?

Aquí una posible solución al dilema: «En esta familia no hay jefes, somos una cooperativa».

Se lo dijo Mafalda a un vendedor de esos que molestan en la puerta de casa: no porque vengan a romper la intimidad del hogar con un producto en oferta, sino más bien porque traen hasta nuestro umbral un puñado de prejuicios. ¿Puedo hablar con el jefe de la familia? ¿Puede venir el que está al mando? Y si no, ¿me permitiría unos segundos para enseñarle las maravillas que puede hacer esta lavadora para la señora de la casa?

Rebelde, inteligente, tal vez demasiado idealista, Mafalda, con solo seis años, comprende mejor que cualquier adulto que en su casa no debería haber estereotipos, incluso si la madre dejó la universidad para cuidar de los hijos y pasar la aspiradora varias veces al día, el padre trae el pan tras muchas horas de odiosa oficina, y ambos han procreado la parejita de nene y nena, una foto preciosa para enmarcar y exponer en el mueble bar del salón, una foto inmejorable para que otros la miren.

La familia sin apellido de Mafalda es algo más que una foto en el mueble bar: quiere más. De hecho, desde la primera viñeta de Quino hasta la última, emprende un viaje para defenderse de la vulgaridad a la que parecía abocada, para salir de la monotonía, para demostrar que la normalidad no existe y que las bases de lo que significa «ser familia», en todo caso, las pondrá cada uno de ellos.

Tan querido como un abuelo es ese globo terráqueo que la niña pasea por la casa, al que cuida cuando está enfermo de guerra. Tan queridas como unos sobrinos son las plantas de su padre, esas a las que él se agarra para encontrar calma, para olvidar el «laburo», para saberse útil en el mundo. Tan hermana es para Guille la tortuga Burocracia o el pesado televisor al que dormiría abrazado. Tan hijo para Raquel es su propio reflejo en el espejo del baño, tal vez el único lugar de la casa donde Raquel puede ser Raquel, no la mujer de su marido o la mamá de Mafalda y Guille, no la que limpia la casa o prepara sopa.

Más allá de ellos, la familia la redefine igualmente cada uno de los personajes de Quino: el dinero es el esposo de Manolito; el muñeco es el hijo que tanto desea Susanita; el Llanero Solitario es para Felipe más que un progenitor al que admirar, y tal vez lo mismo ocurra con Miguelito y Libertad: el primero, hijo de sus miedos existenciales; la segunda, hija de la filosofía y el arte. Porque, a pesar de sus papás y de sus mamás, los amiguitos de Mafalda también saben que los jefes no existen, que la familia no es una escala de poder sino un abanico de afectos, admiraciones mutuas y libertad para escoger a quién amar.

«Somos una cooperativa», dijo Mafalda, entrenada desde la candidez en la batalla de los significados: cuántas veces se ha preguntado la niña si acaso sus padres son más infantiles que ella, cuántas veces ha sabido que ella llevaba la razón.

¿La familia es entender al otro aunque no lleve la razón? ¿La familia es ceder? ¿La familia es respeto? ¿La familia es anteponer tus deseos a los del otro? No. Ni siquiera es eso, en todo caso: la familia es compartir deseos. Y en los de Mafalda residen los grandes temas de esta obra inagotable de Quino: los derechos humanos, la reivindicación de la cultura y del conocimiento, la bondad como guía de luz y, por encima de todo, el humor.

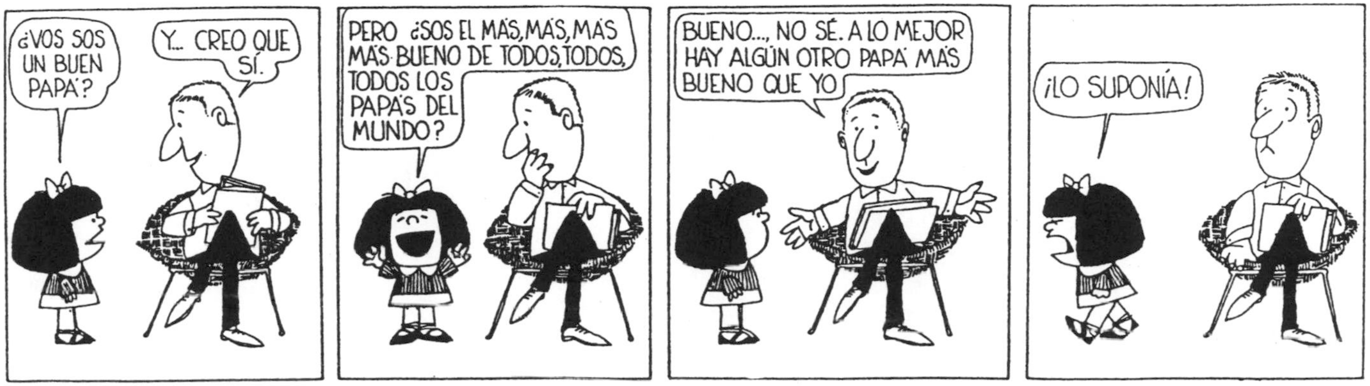

¿VOS SOS UN BUEN PAPÁ?
Y... CREO QUE SÍ.
PERO ¿SOS EL MÁS, MÁS, MÁS MÁS BUENO DE TODOS, TODOS, TODOS LOS PAPÁS DEL MUNDO?
BUENO..., NO SÉ. A LO MEJOR HAY ALGÚN OTRO PAPÁ MÁS BUENO QUE YO
¡LO SUPONÍA!

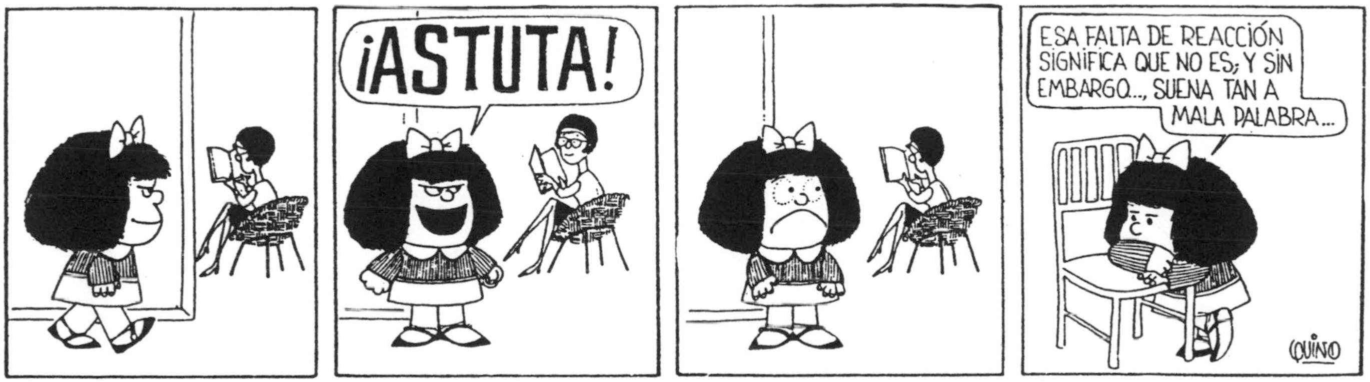

¡ASTUTA!
ESA FALTA DE REACCIÓN SIGNIFICA QUE NO ES; Y SIN EMBARGO..., SUENA TAN A MALA PALABRA...
QUINO

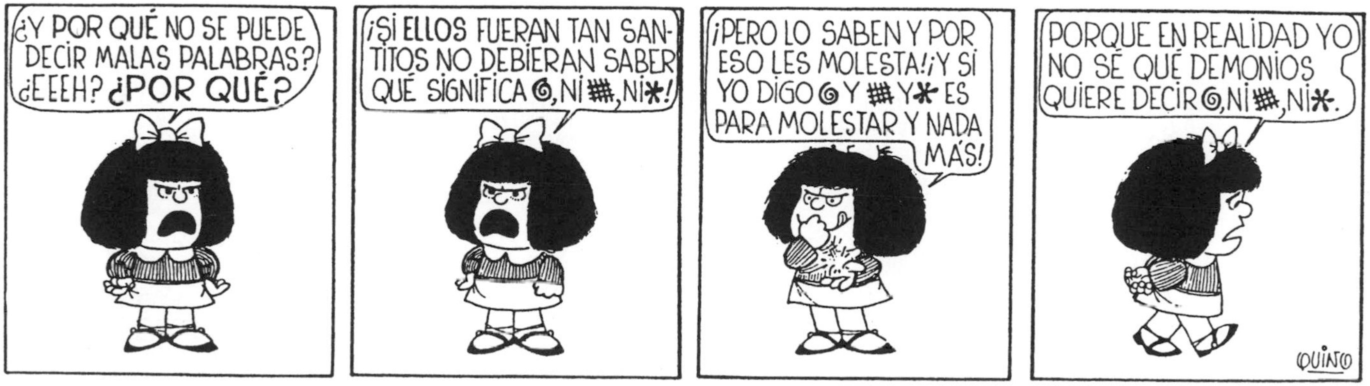

¿Y POR QUÉ NO SE PUEDE DECIR MALAS PALABRAS? ¿EEEH? ¿POR QUÉ?
¡SI ELLOS FUERAN TAN SANTITOS NO DEBIERAN SABER QUÉ SIGNIFICA @, NI #, NI *!
¡PERO LO SABEN Y POR ESO LES MOLESTA! ¡Y SI YO DIGO @ Y # Y * ES PARA MOLESTAR Y NADA MÁS!
PORQUE EN REALIDAD YO NO SÉ QUÉ DEMONIOS QUIERE DECIR @, NI #, NI *.
QUINO

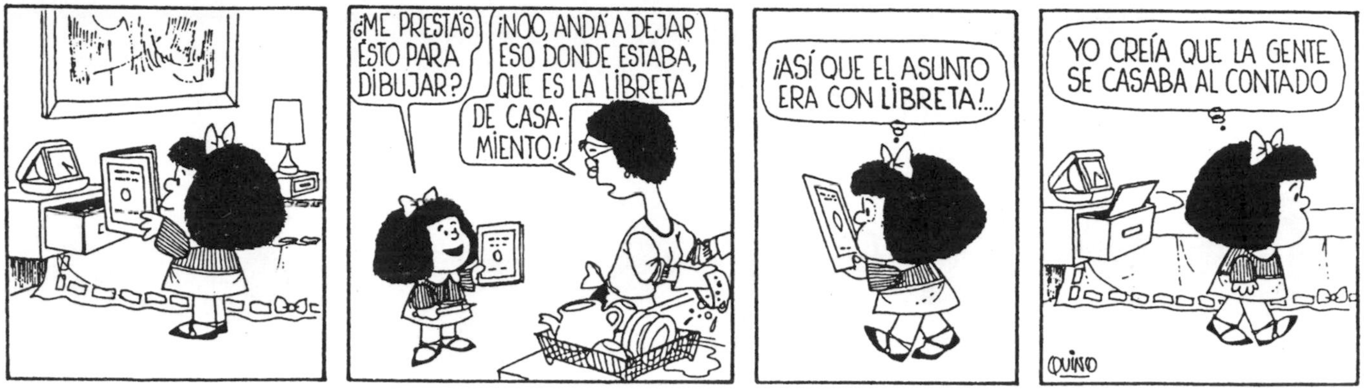
¿ME PRESTÁS ÉSTO PARA DIBUJAR?
¡NOO, ANDÁ A DEJAR ESO DONDE ESTABA, QUE ES LA LIBRETA DE CASAMIENTO!
¡ASÍ QUE EL ASUNTO ERA CON LIBRETA!..
YO CREÍA QUE LA GENTE SE CASABA AL CONTADO
QUINO

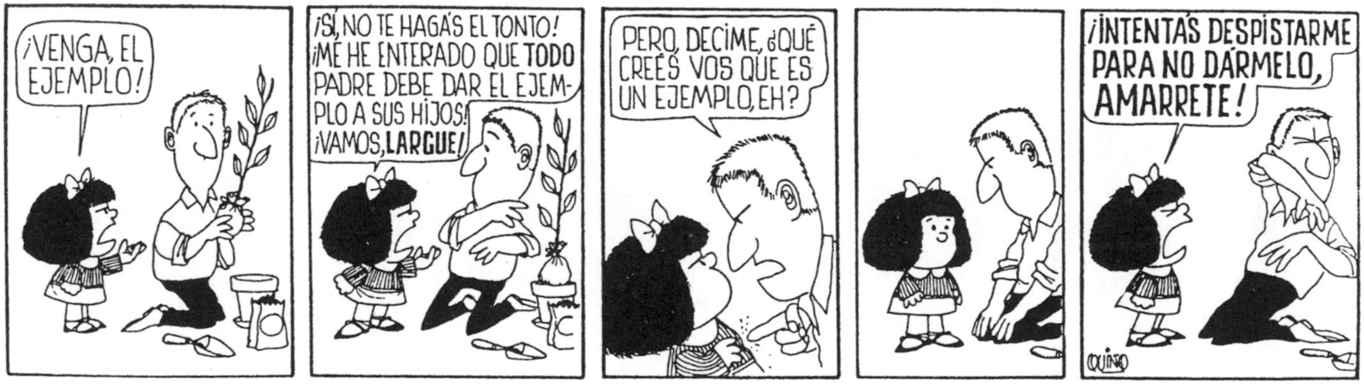
¡VENGA, EL EJEMPLO!
¡SÍ, NO TE HAGÁS EL TONTO! ¡ME HE ENTERADO QUE TODO PADRE DEBE DAR EL EJEMPLO A SUS HIJOS! ¡VAMOS, LARGUE!
PERO, DECIME, ¿QUÉ CREÉS VOS QUE ES UN EJEMPLO, EH?
¡INTENTÁS DESPISTARME PARA NO DÁRMELO, AMARRETE!
QUINO

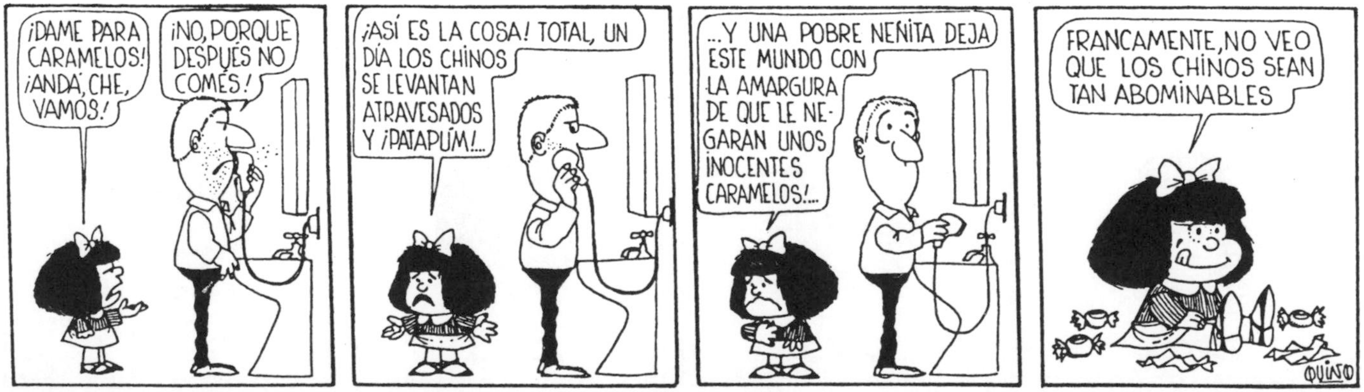
¡DAME PARA CARAMELOS! ¡ANDÁ, CHE, VAMOS!
¡NO, PORQUE DESPUÉS NO COMÉS!
¡ASÍ ES LA COSA! TOTAL, UN DÍA LOS CHINOS SE LEVANTAN ATRAVESADOS Y ¡PATAPÚM!...
...Y UNA POBRE NEÑITA DEJA ESTE MUNDO CON LA AMARGURA DE QUE LE NEGARAN UNOS INOCENTES CARAMELOS!...
FRANCAMENTE, NO VEO QUE LOS CHINOS SEAN TAN ABOMINABLES
QUINO

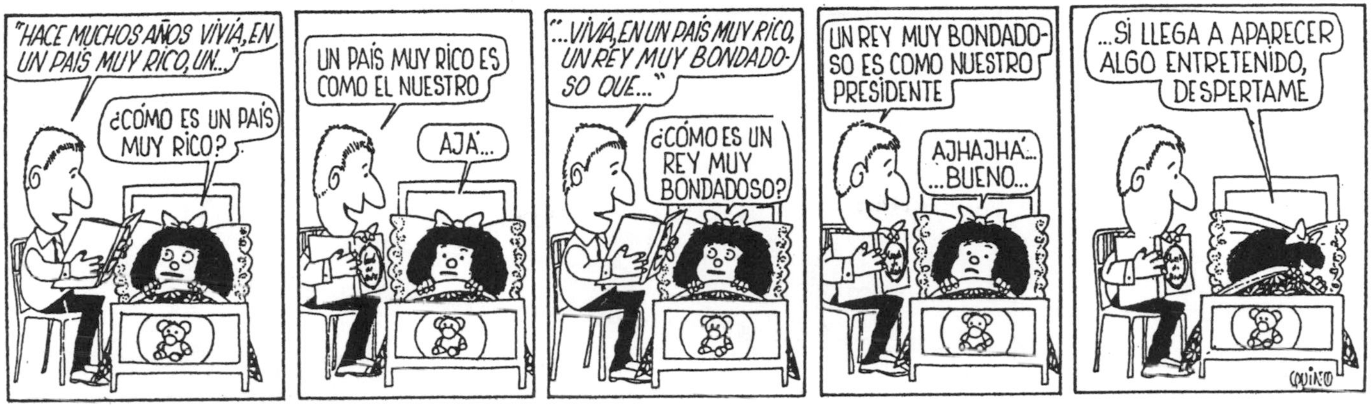
"HACE MUCHOS AÑOS VIVÍA, EN UN PAÍS MUY RICO, UN..."
¿CÓMO ES UN PAÍS MUY RICO?
UN PAÍS MUY RICO ES COMO EL NUESTRO
AJÁ...
"...VIVÍA, EN UN PAÍS MUY RICO, UN REY MUY BONDADOSO QUE..."
¿CÓMO ES UN REY MUY BONDADOSO?
UN REY MUY BONDADOSO ES COMO NUESTRO PRESIDENTE
AJHAJHÁ... ...BUENO...
...SI LLEGA A APARECER ALGO ENTRETENIDO, DESPERTAME

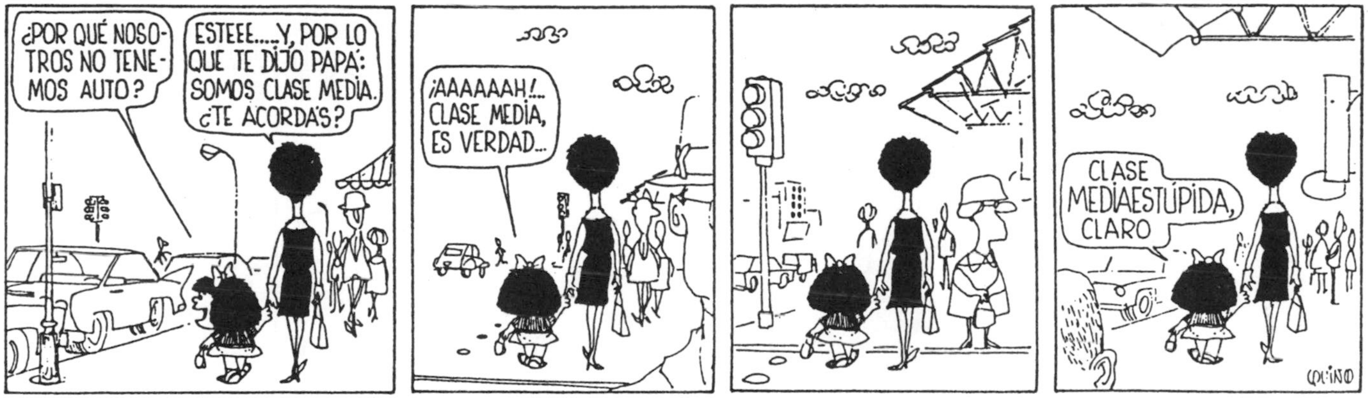
¿POR QUÉ NOSOTROS NO TENEMOS AUTO?
ESTEEE.... Y, POR LO QUE TE DIJO PAPÁ: SOMOS CLASE MEDIA. ¿TE ACORDÁS?
¡AAAAAAH!... CLASE MEDIA, ES VERDAD...
CLASE MEDIAESTÚPIDA, CLARO

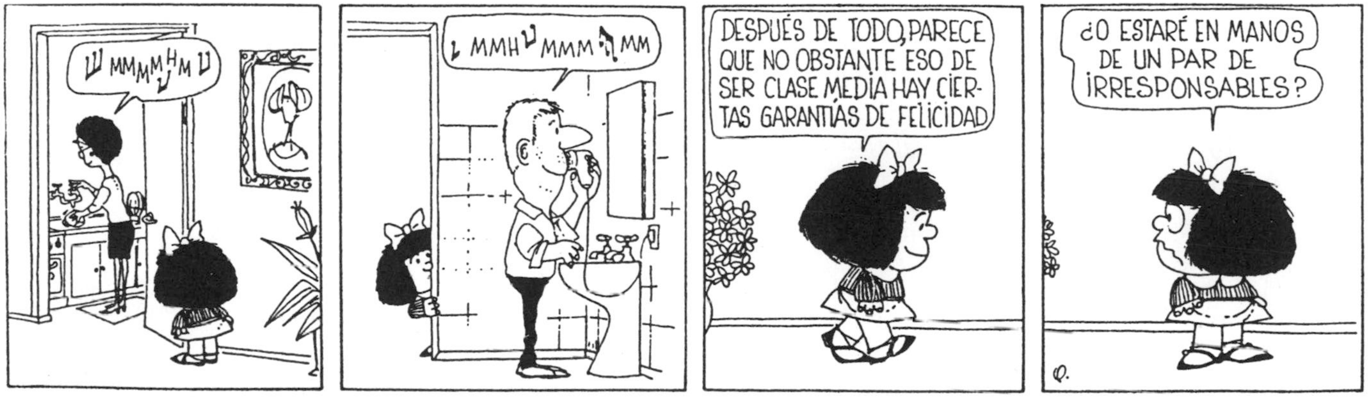
DESPUÉS DE TODO, PARECE QUE NO OBSTANTE ESO DE SER CLASE MEDIA HAY CIERTAS GARANTÍAS DE FELICIDAD
¿O ESTARÉ EN MANOS DE UN PAR DE IRRESPONSABLES?

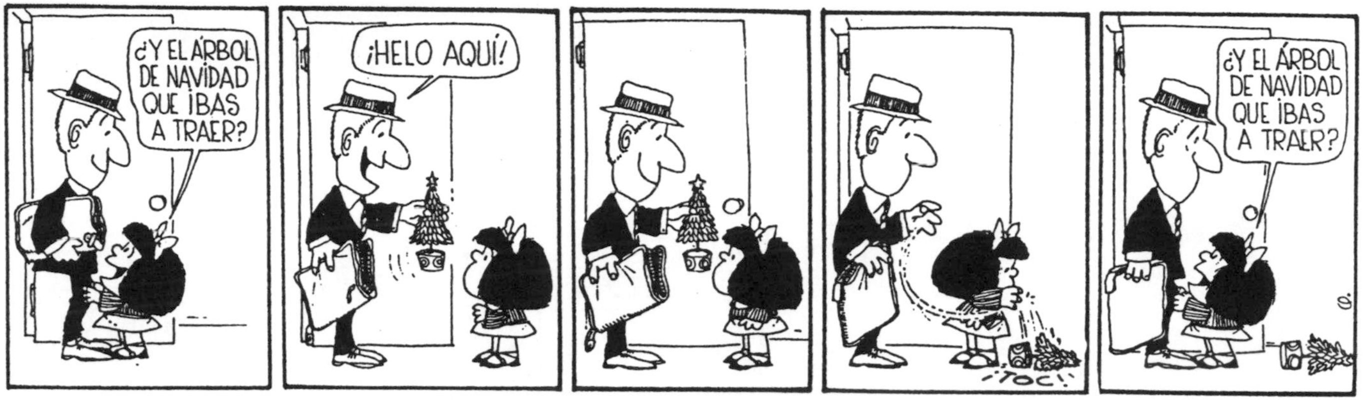
¿Y EL ÁRBOL DE NAVIDAD QUE IBAS A TRAER?
¡HELO AQUÍ!
¡TOC!
¿Y EL ÁRBOL DE NAVIDAD QUE IBAS A TRAER?

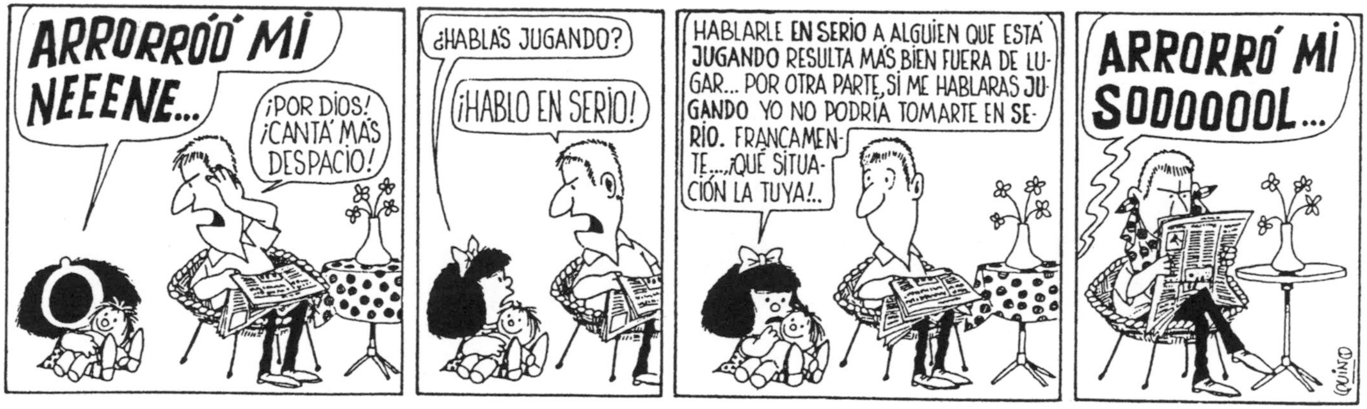
ARRORRÓÓ MI NEEENE...
¡POR DIOS! ¡CANTÁ MÁS DESPACIO!
¿HABLÁS JUGANDO?
¡HABLO EN SERIO!
HABLARLE EN SERIO A ALGUIEN QUE ESTÁ JUGANDO RESULTA MÁS BIEN FUERA DE LUGAR... POR OTRA PARTE, SI ME HABLARAS JUGANDO YO NO PODRÍA TOMARTE EN SERIO. FRANCAMENTE..., ¡QUÉ SITUACIÓN LA TUYA!..
ARRORRÓ MI SOOOOOOL...
QUINO

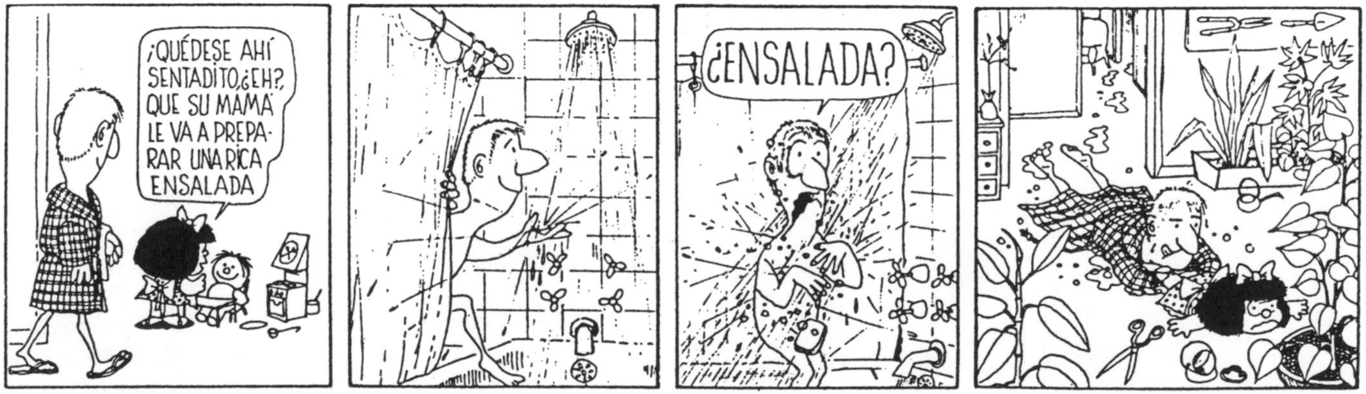
¡QUÉDESE AHÍ SENTADITO, ¿EH?, QUE SU MAMÁ LE VA A PREPARAR UNA RICA ENSALADA
¿ENSALADA?

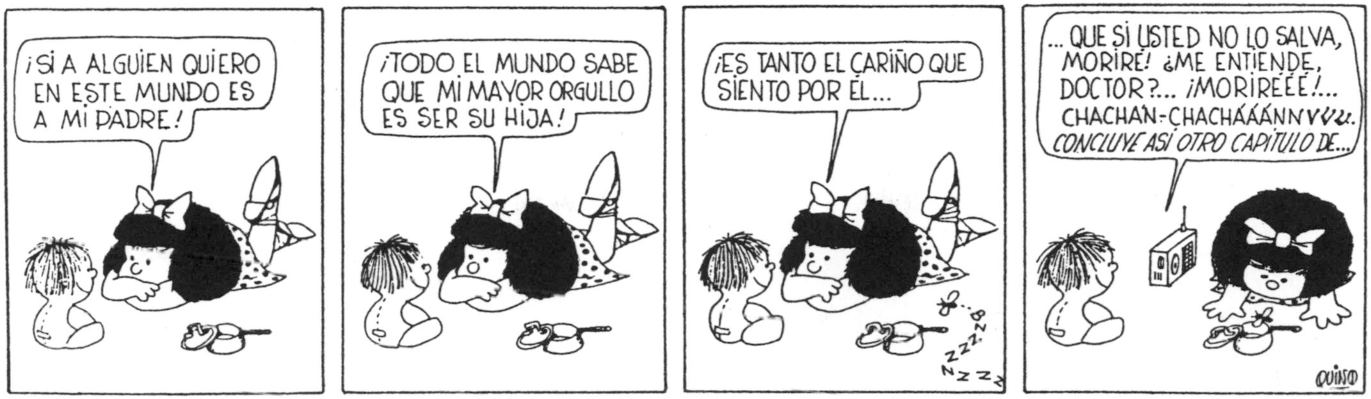
¡SI A ALGUIEN QUIERO EN ESTE MUNDO ES A MI PADRE!
¡TODO EL MUNDO SABE QUE MI MAYOR ORGULLO ES SER SU HIJA!
¡ES TANTO EL CARIÑO QUE SIENTO POR ÉL...
ZZZ
... QUE SI USTED NO LO SALVA, MORIRÉ! ¿ME ENTIENDE, DOCTOR?... ¡MORIRÉÉÉ!... CHACHAN-CHACHÁÁÁNNVVV. CONCLUYE ASÍ OTRO CAPÍTULO DE...

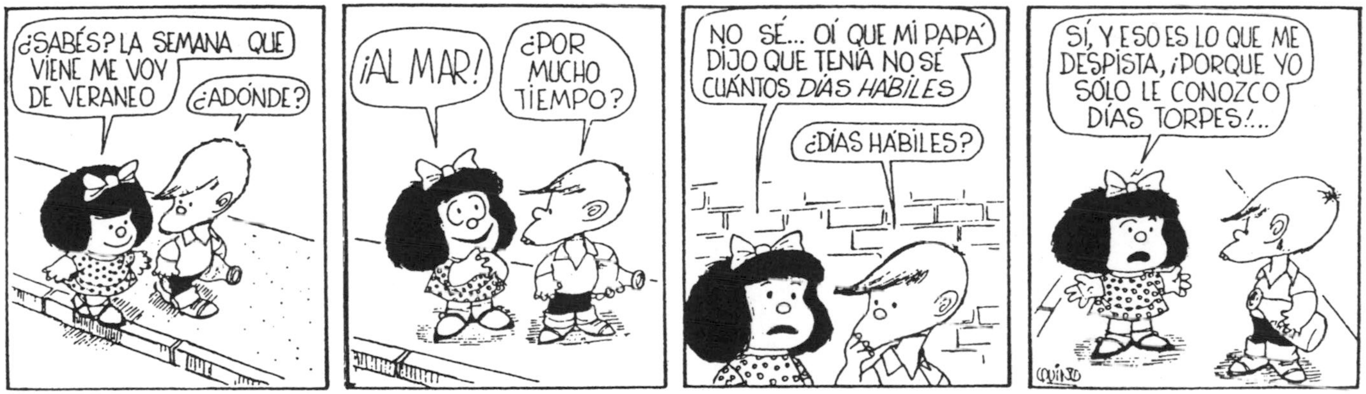
¿SABÉS? LA SEMANA QUE VIENE ME VOY DE VERANEO
¿ADÓNDE?
¡AL MAR!
¿POR MUCHO TIEMPO?
NO SÉ... OÍ QUE MI PAPÁ DIJO QUE TENÍA NO SÉ CUÁNTOS *DÍAS HÁBILES*
¿DÍAS HÁBILES?
SÍ, Y ESO ES LO QUE ME DESPISTA, ¡PORQUE YO SÓLO LE CONOZCO DÍAS TORPES!...

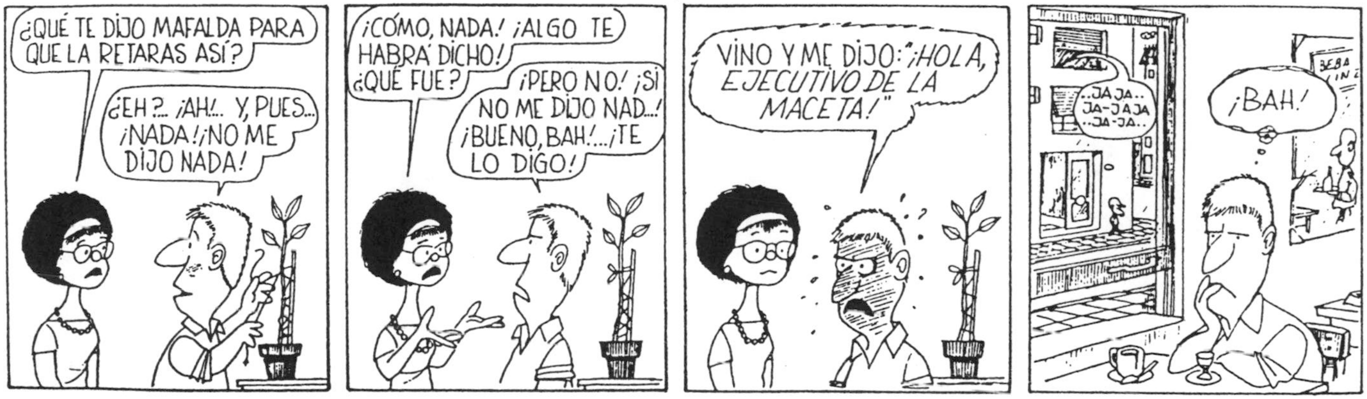
¿QUÉ TE DIJO MAFALDA PARA QUE LA RETARAS ASÍ?
¿EH?... ¡AH!... Y, PUES... ¡NADA! ¡NO ME DIJO NADA!
¡CÓMO, NADA! ¡ALGO TE HABRÁ DICHO! ¿QUÉ FUE?
¡PERO NO! ¡SI NO ME DIJO NAD...! ¡BUENO, BAH!... ¡TE LO DIGO!
VINO Y ME DIJO: "¡HOLA, *EJECUTIVO DE LA MACETA!*"
..JA JA.. JA-JAJA ..JA-JA..
¡BAH!

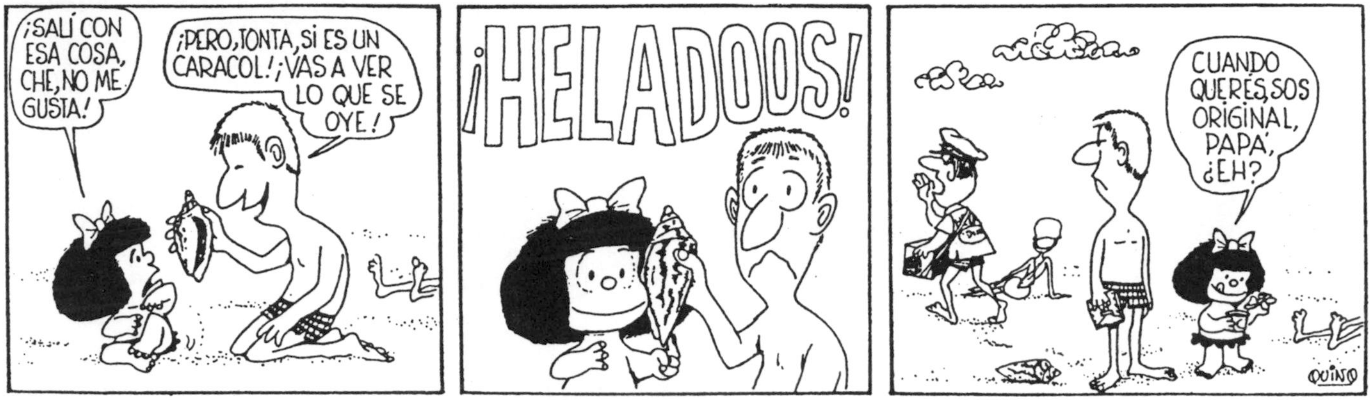
¡SALÍ CON ESA COSA, CHE, NO ME GUSTA!
¡PERO, TONTA, SI ES UN CARACOL! ¡VAS A VER LO QUE SE OYE!
¡HELADOOS!
CUANDO QUERÉS, SOS ORIGINAL, PAPÁ, ¿EH?
QUINO

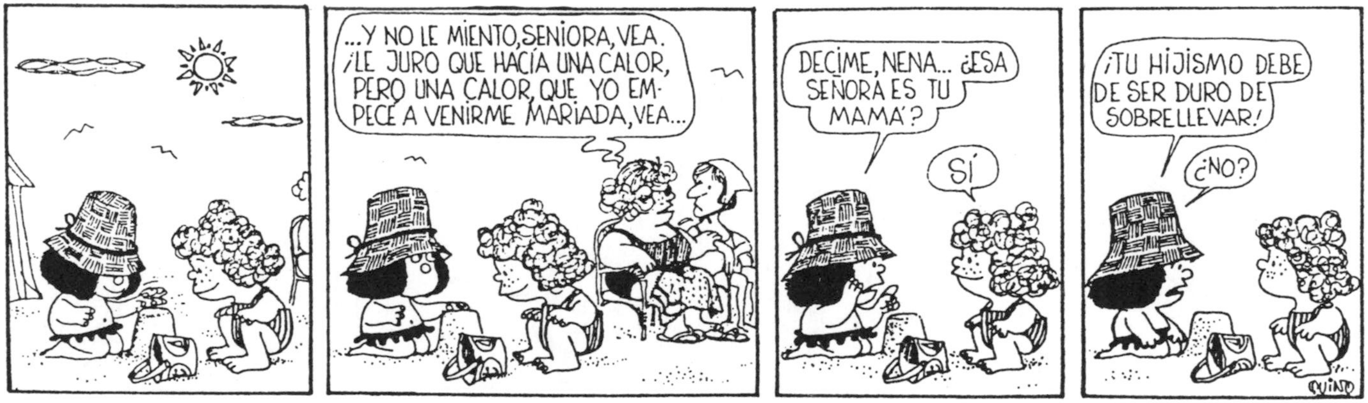
...Y NO LE MIENTO, SEÑORA, VEA. ¡LE JURO QUE HACÍA UNA CALOR, PERO UNA CALOR, QUE YO EMPECÉ A VENIRME MARIADA, VEA...
DECIME, NENA... ¿ESA SEÑORA ES TU MAMÁ?
SÍ
¡TU HIJISMO DEBE DE SER DURO DE SOBRELLEVAR!
¿NO?
QUINO

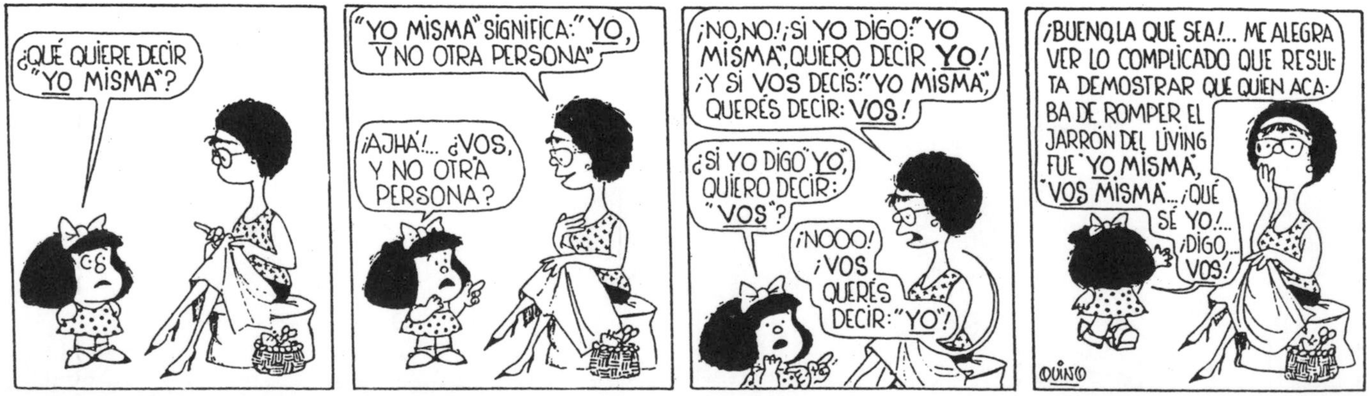
¿QUÉ QUIERE DECIR "YO MISMA"?
"YO MISMA" SIGNIFICA: "YO, Y NO OTRA PERSONA"
¡AJHÁ!... ¿VOS, Y NO OTRA PERSONA?
¡NO, NO! ¡SI YO DIGO: "YO MISMA", QUIERO DECIR YO! ¡Y SI VOS DECÍS: "YO MISMA", QUERÉS DECIR: VOS!
¿SI YO DIGO "YO", QUIERO DECIR: "VOS"?
¡NOOO! ¡VOS QUERÉS DECIR: "YO"!
¡BUENO, LA QUE SEA!... ME ALEGRA VER LO COMPLICADO QUE RESULTA DEMOSTRAR QUE QUIEN ACABA DE ROMPER EL JARRÓN DEL LIVING FUE "YO MISMA", "VOS MISMA"... ¡QUÉ SÉ YO!... ¡DIGO, ... VOS!
QUINO

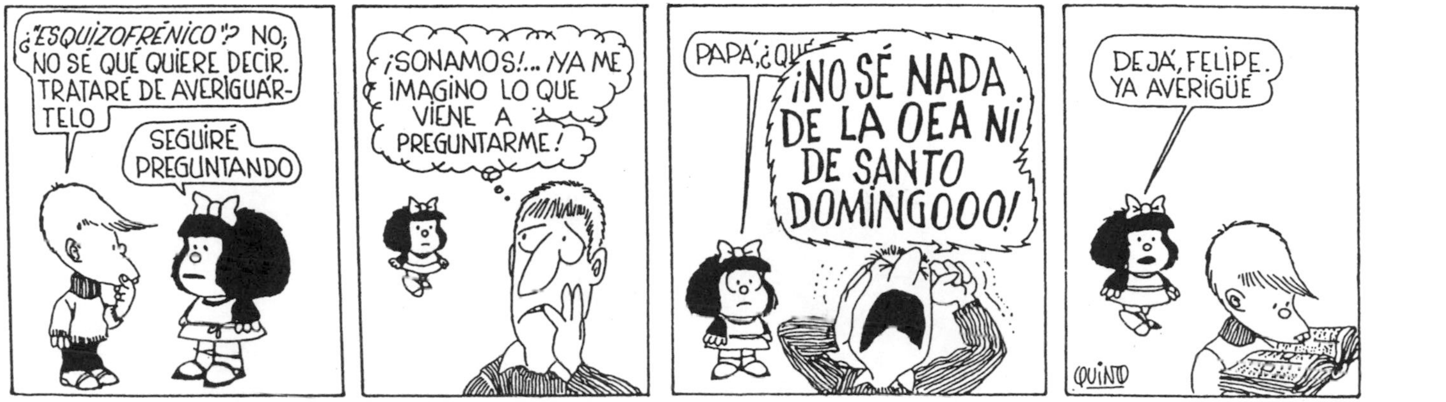
¿"ESQUIZOFRÉNICO"? NO; NO SÉ QUÉ QUIERE DECIR. TRATARÉ DE AVERIGUÁRTELO
SEGUIRÉ PREGUNTANDO
¡SONAMOS!... ¡YA ME IMAGINO LO QUE VIENE A PREGUNTARME!
PAPÁ, ¿QU
¡NO SÉ NADA DE LA OEA NI DE SANTO DOMINGOOO!
DEJÁ, FELIPE. YA AVERIGÜÉ
QUINO

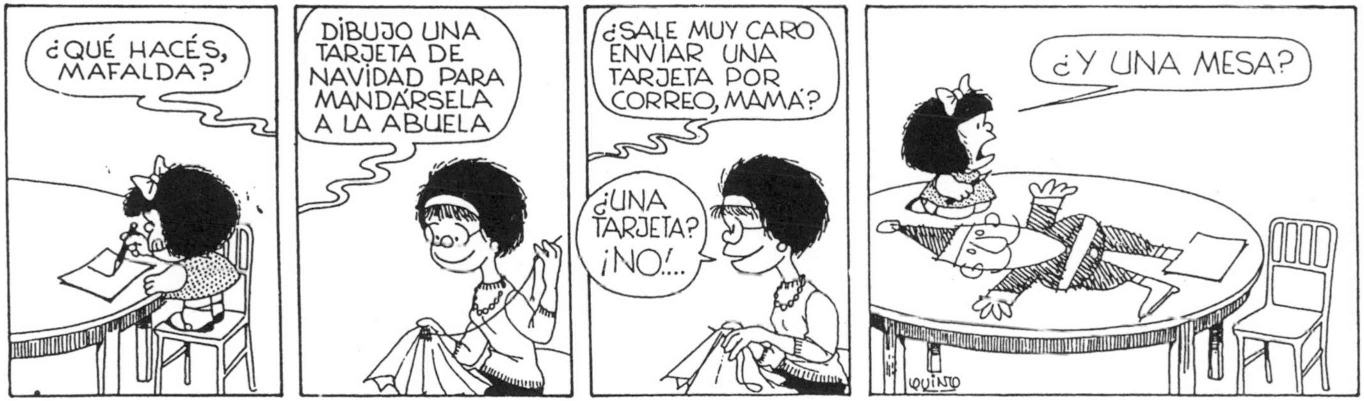
¿QUÉ HACÉS, MAFALDA?
DIBUJO UNA TARJETA DE NAVIDAD PARA MANDÁRSELA A LA ABUELA
¿SALE MUY CARO ENVIAR UNA TARJETA POR CORREO, MAMÁ?
¿UNA TARJETA? ¡NO!...
¿Y UNA MESA?
QUINO

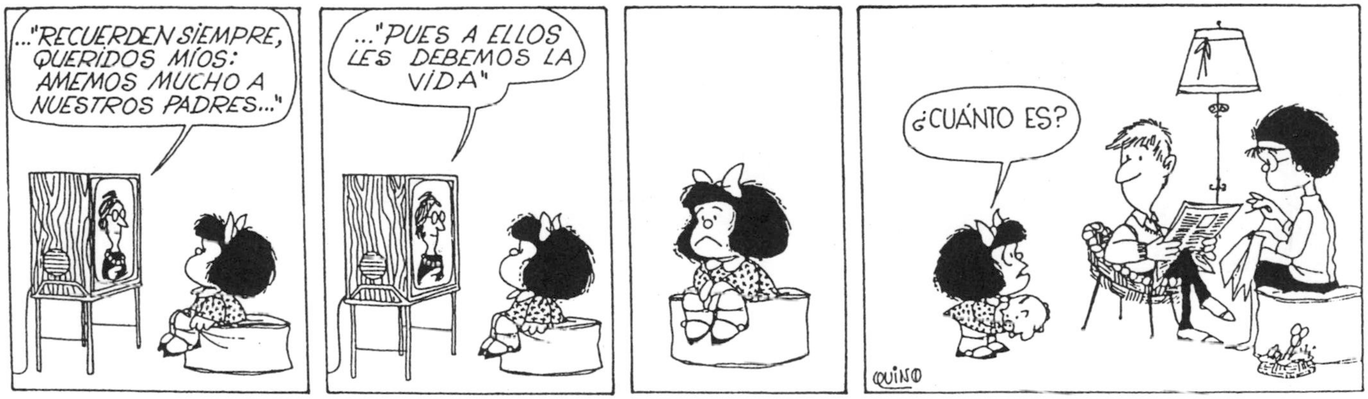
..."RECUERDEN SIEMPRE, QUERIDOS MÍOS: AMEMOS MUCHO A NUESTROS PADRES..."
..."PUES A ELLOS LES DEBEMOS LA VIDA"
¿CUÁNTO ES?
QUINO

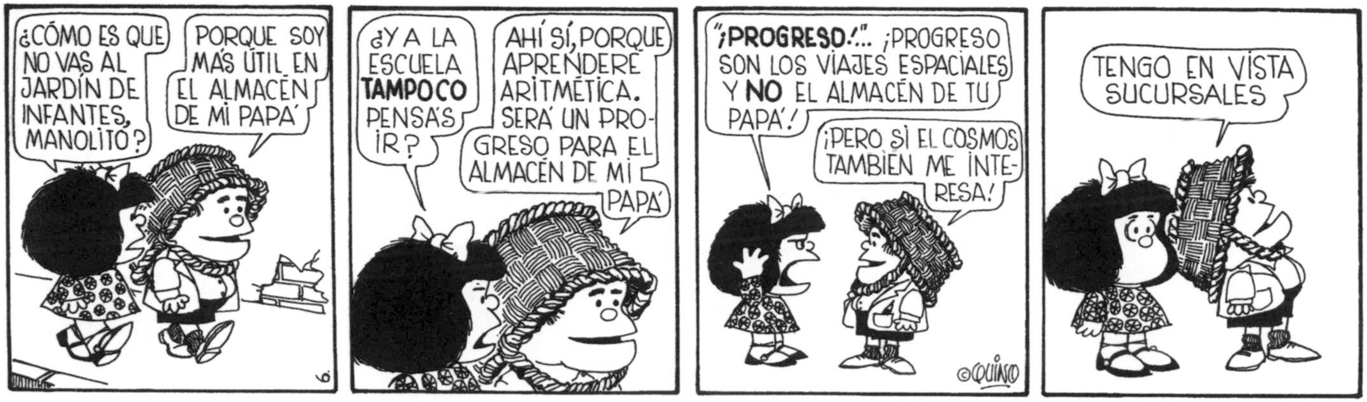
¿CÓMO ES QUE NO VAS AL JARDÍN DE INFANTES, MANOLITO?
PORQUE SOY MÁS ÚTIL EN EL ALMACÉN DE MI PAPÁ
¿Y A LA ESCUELA **TAMPOCO** PENSÁS IR?
AHÍ SÍ, PORQUE APRENDERÉ ARITMÉTICA. SERÁ UN PROGRESO PARA EL ALMACÉN DE MI PAPÁ
"**¡PROGRESO!**"... ¡PROGRESO SON LOS VIAJES ESPACIALES Y **NO** EL ALMACÉN DE TU PAPÁ!
¡PERO SI EL COSMOS TAMBIÉN ME INTERESA!
TENGO EN VISTA SUCURSALES

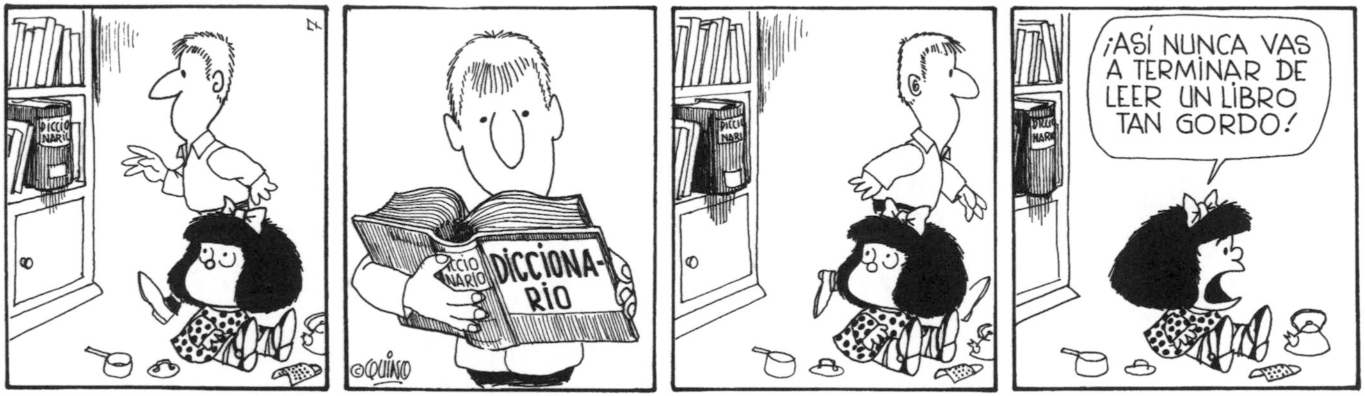
DICCIONA-RIO
¡ASÍ NUNCA VAS A TERMINAR DE LEER UN LIBRO TAN GORDO!

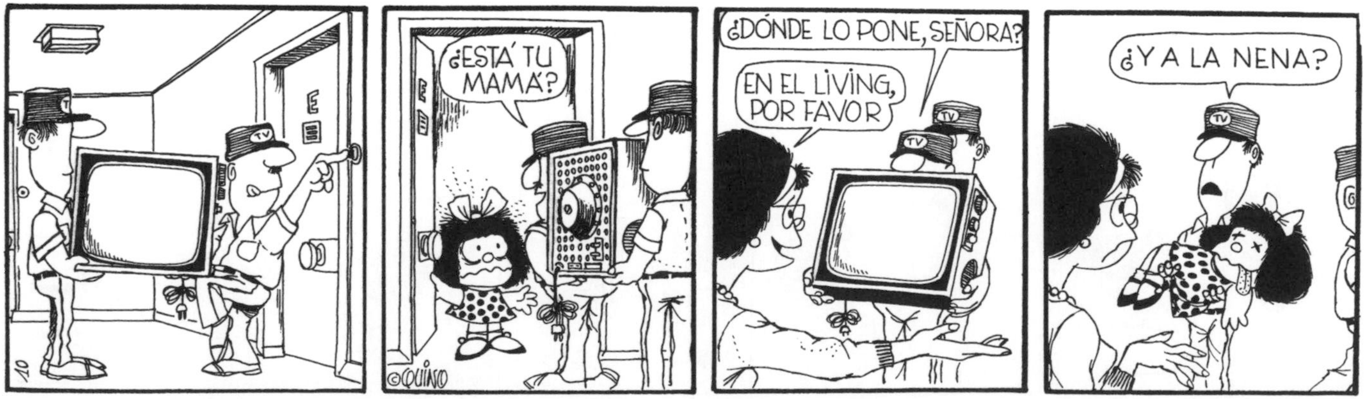
¿ESTÁ TU MAMÁ?
¿DÓNDE LO PONE, SEÑORA?
EN EL LIVING, POR FAVOR
¿Y A LA NENA?

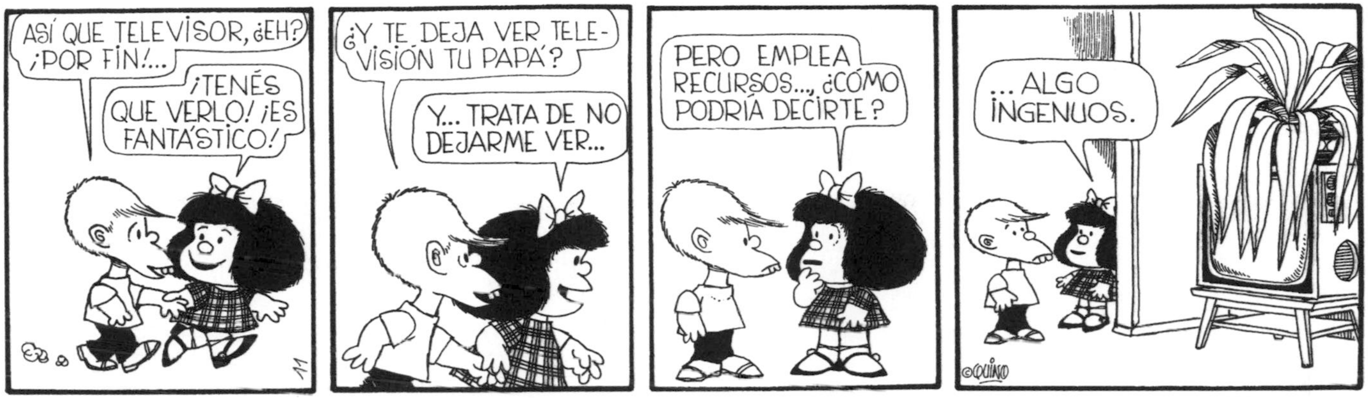
ASÍ QUE TELEVISOR, ¿EH? ¡POR FIN!...
¡TENÉS QUE VERLO! ¡ES FANTÁSTICO!
¿Y TE DEJA VER TELEVISIÓN TU PAPÁ?
Y... TRATA DE NO DEJARME VER...
PERO EMPLEA RECURSOS..., ¿CÓMO PODRÍA DECIRTE?
... ALGO INGENUOS.

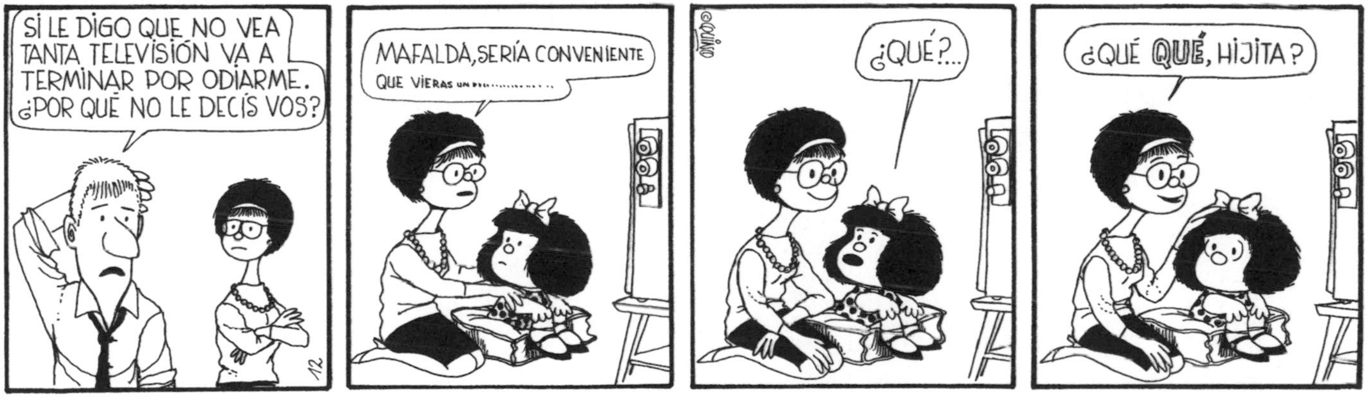
SI LE DIGO QUE NO VEA TANTA TELEVISIÓN VA A TERMINAR POR ODIARME. ¿POR QUÉ NO LE DECÍS VOS?
MAFALDA, SERÍA CONVENIENTE QUE VIERAS UN
¿QUÉ?...
¿QUÉ QUÉ, HIJITA?

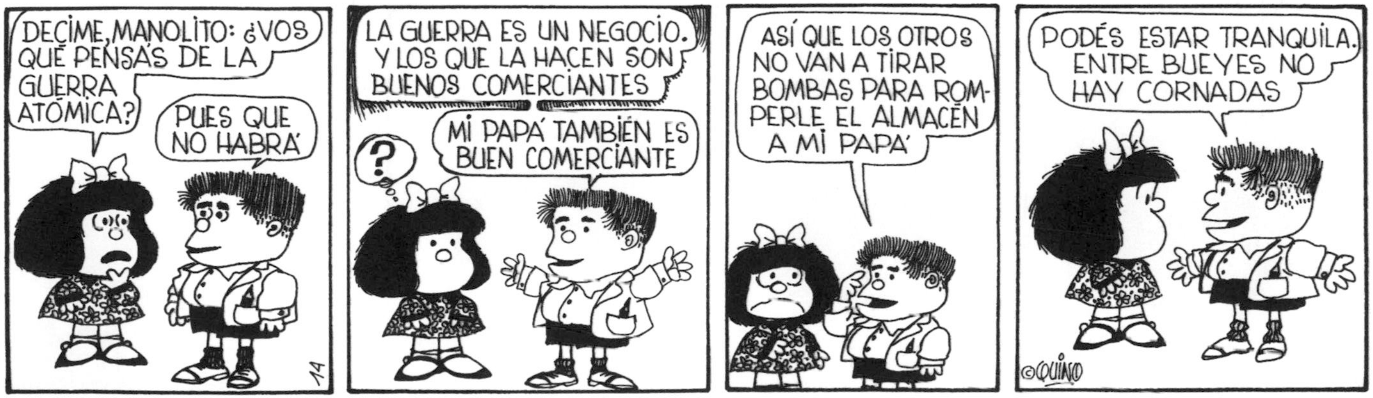
DECIME, MANOLITO: ¿VOS QUÉ PENSÁS DE LA GUERRA ATÓMICA?
PUES QUE NO HABRÁ
LA GUERRA ES UN NEGOCIO. Y LOS QUE LA HACEN SON BUENOS COMERCIANTES
?
MI PAPÁ TAMBIÉN ES BUEN COMERCIANTE
ASÍ QUE LOS OTROS NO VAN A TIRAR BOMBAS PARA ROMPERLE EL ALMACÉN A MI PAPÁ
PODÉS ESTAR TRANQUILA. ENTRE BUEYES NO HAY CORNADAS

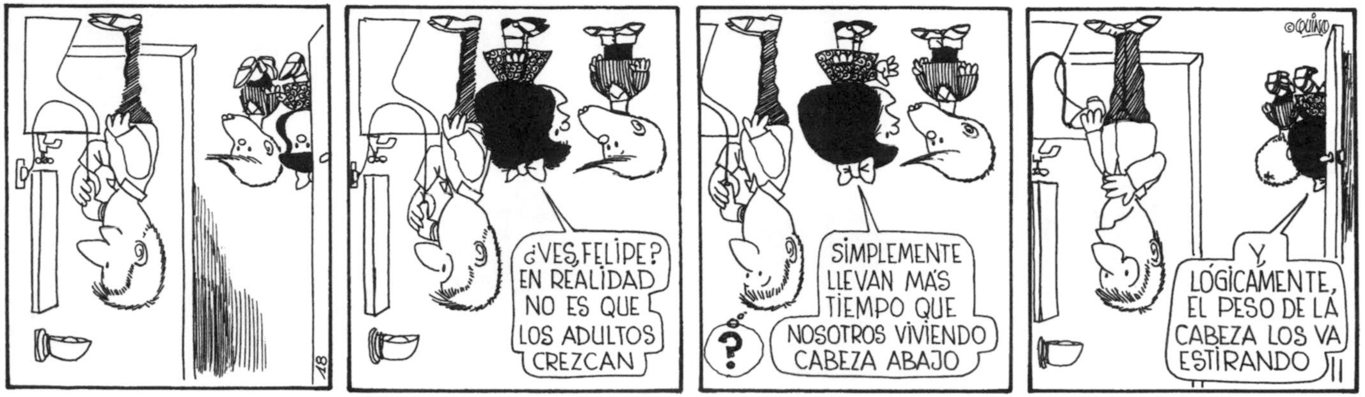
¿VES, FELIPE? EN REALIDAD NO ES QUE LOS ADULTOS CREZCAN
?
SIMPLEMENTE LLEVAN MÁS TIEMPO QUE NOSOTROS VIVIENDO CABEZA ABAJO
Y, LÓGICAMENTE, EL PESO DE LA CABEZA LOS VA ESTIRANDO

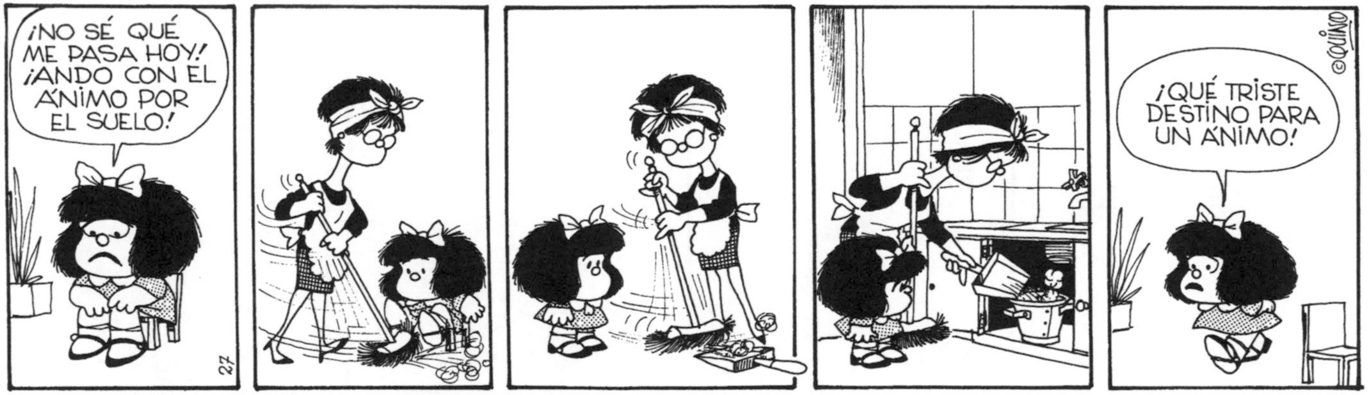
¡NO SÉ QUÉ ME PASA HOY! ¡ANDO CON EL ÁNIMO POR EL SUELO!
¡QUÉ TRISTE DESTINO PARA UN ÁNIMO!

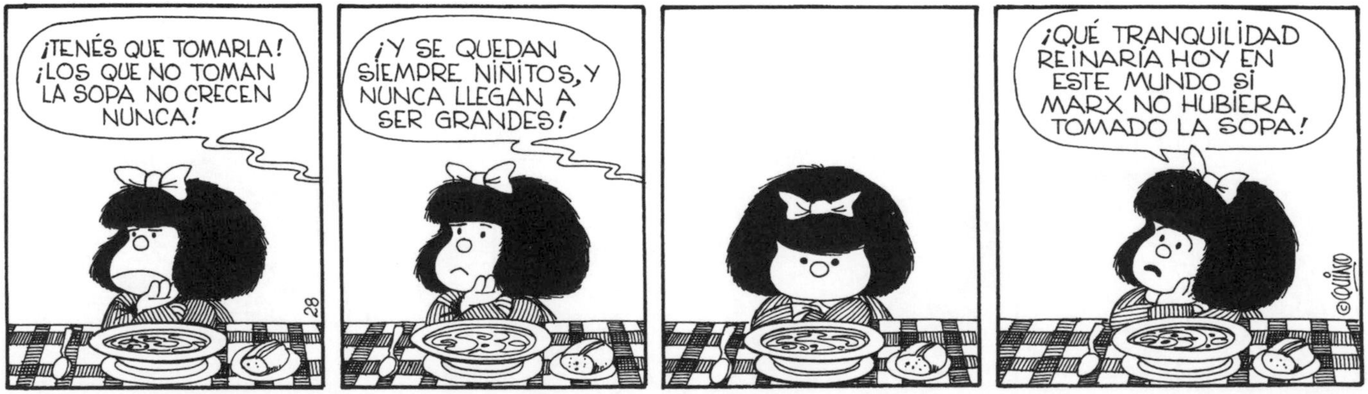
¡TENÉS QUE TOMARLA! ¡LOS QUE NO TOMAN LA SOPA NO CRECEN NUNCA!
¡Y SE QUEDAN SIEMPRE NIÑITOS, Y NUNCA LLEGAN A SER GRANDES!
¡QUÉ TRANQUILIDAD REINARÍA HOY EN ESTE MUNDO SI MARX NO HUBIERA TOMADO LA SOPA!

¡QUIÉN PUDIERA SER COMO ESA NIÑITA Y VIVIR DESPREOCU-PADO Y LLENO DE OPTIMISMO!

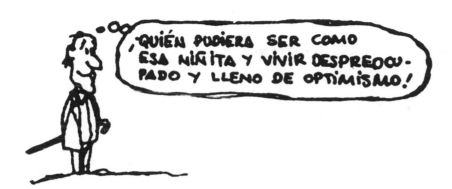

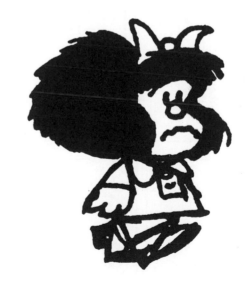

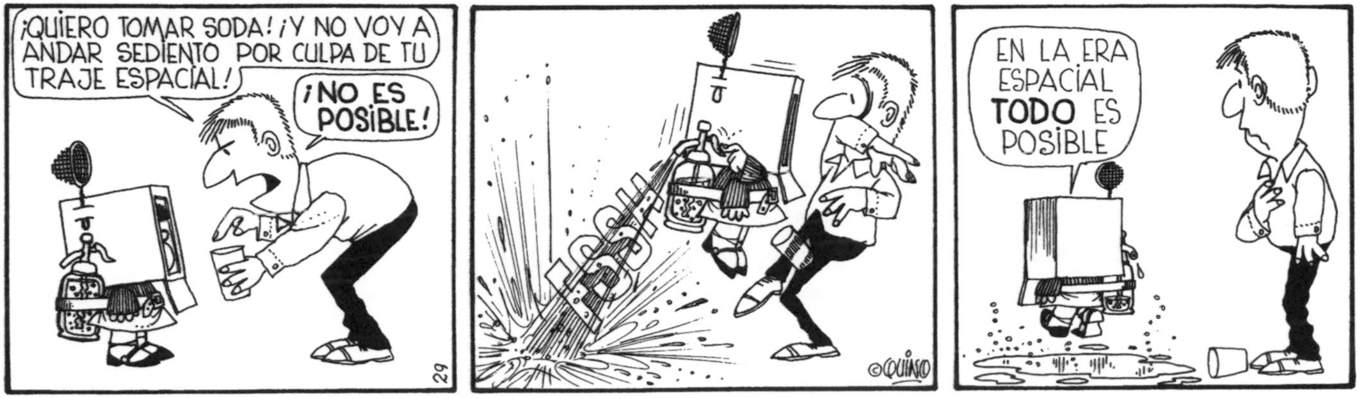
¡QUIERO TOMAR SODA! ¡Y NO VOY A ANDAR SEDIENTO POR CULPA DE TU TRAJE ESPACIAL!
¡NO ES POSIBLE!
29
©QUINO
EN LA ERA ESPACIAL TODO ES POSIBLE

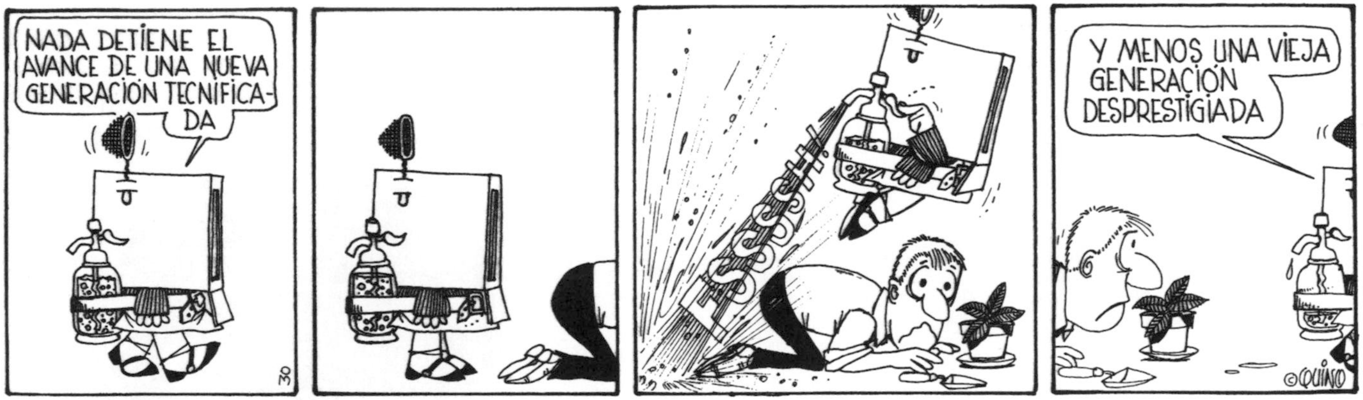
NADA DETIENE EL AVANCE DE UNA NUEVA GENERACIÓN TECNIFICA-DA
30
Y MENOS UNA VIEJA GENERACIÓN DESPRESTIGIADA
©QUINO

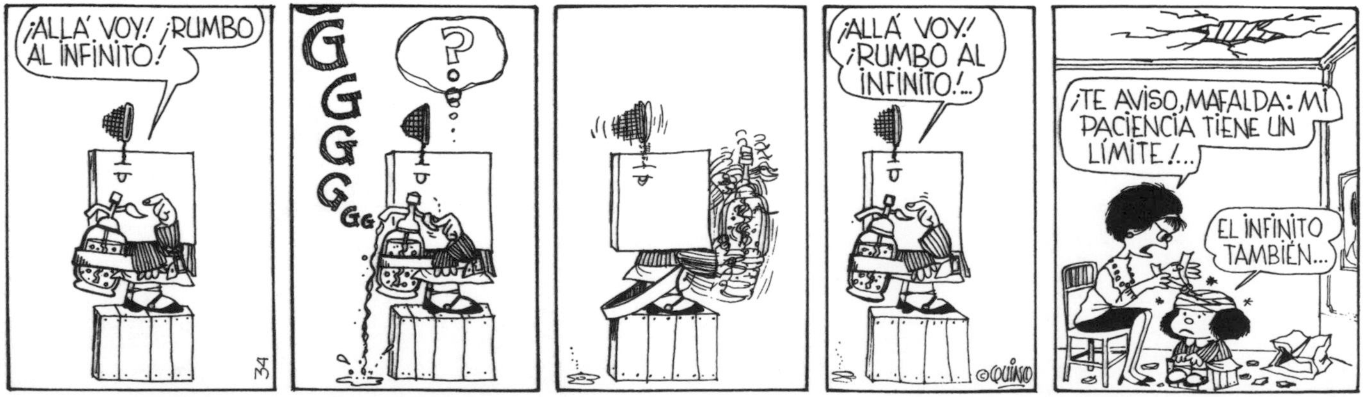
¡ALLÁ VOY! ¡RUMBO AL INFINITO!
34
GGGGGG
?
¡ALLÁ VOY! ¡RUMBO AL INFINITO!...
©QUINO
¡TE AVISO, MAFALDA: MI PACIENCIA TIENE UN LÍMITE!...
EL INFINITO TAMBIÉN...

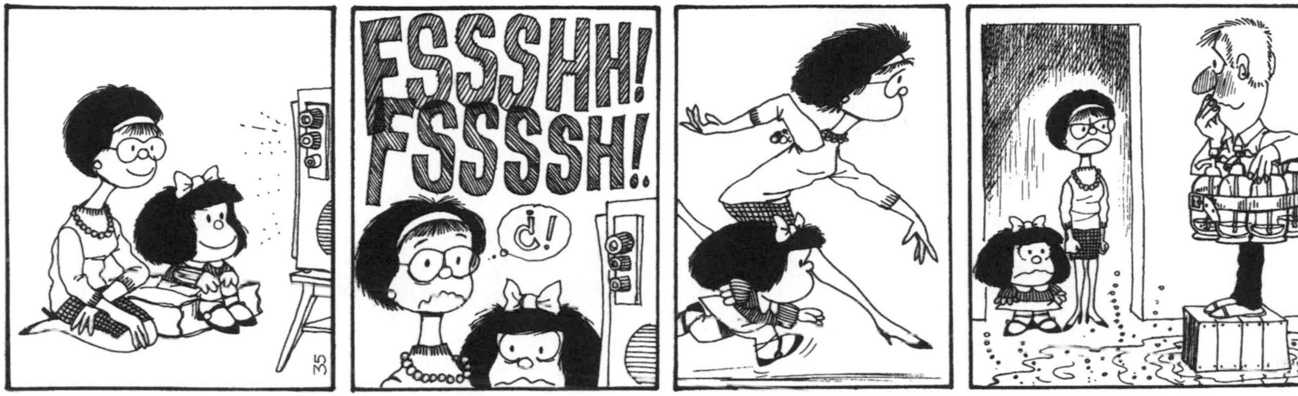
35
ESSSHH! FSSSSH!..
¿!
©QUINO

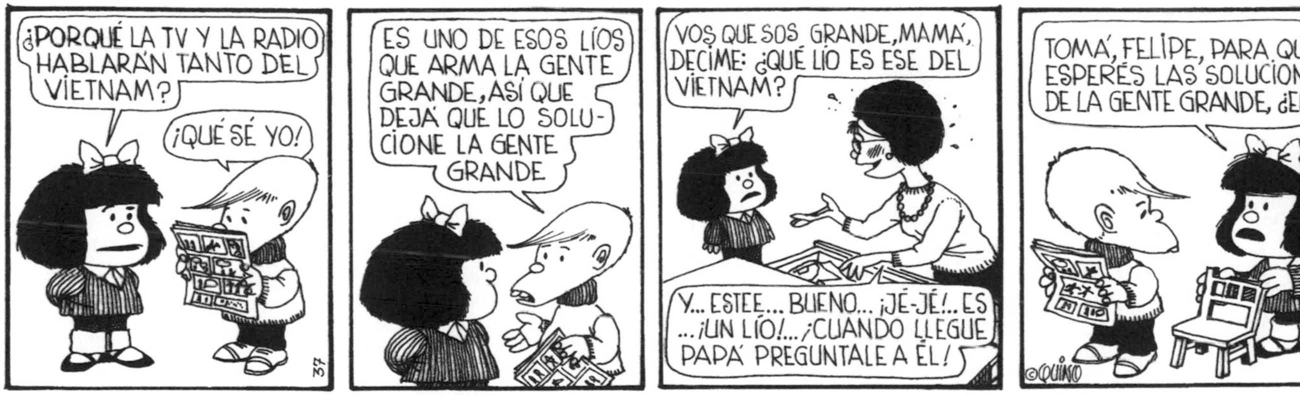
¿PORQUÉ LA TV Y LA RADIO HABLARÁN TANTO DEL VIETNAM?
¡QUÉ SÉ YO!
37
ES UNO DE ESOS LÍOS QUE ARMA LA GENTE GRANDE, ASÍ QUE DEJÁ QUE LO SOLUCIONE LA GENTE GRANDE
VOS QUE SOS GRANDE, MAMÁ, DECIME: ¿QUÉ LÍO ES ESE DEL VIETNAM?
Y... ESTEE... BUENO... ¡JÉ-JÉ!... ES ...¡UN LÍO!... ¡CUANDO LLEGUE PAPÁ PREGUNTALE A ÉL!
TOMÁ, FELIPE, PARA QUE ESPERÉS LAS SOLUCIONES DE LA GENTE GRANDE, ¿EH?
©QUINO

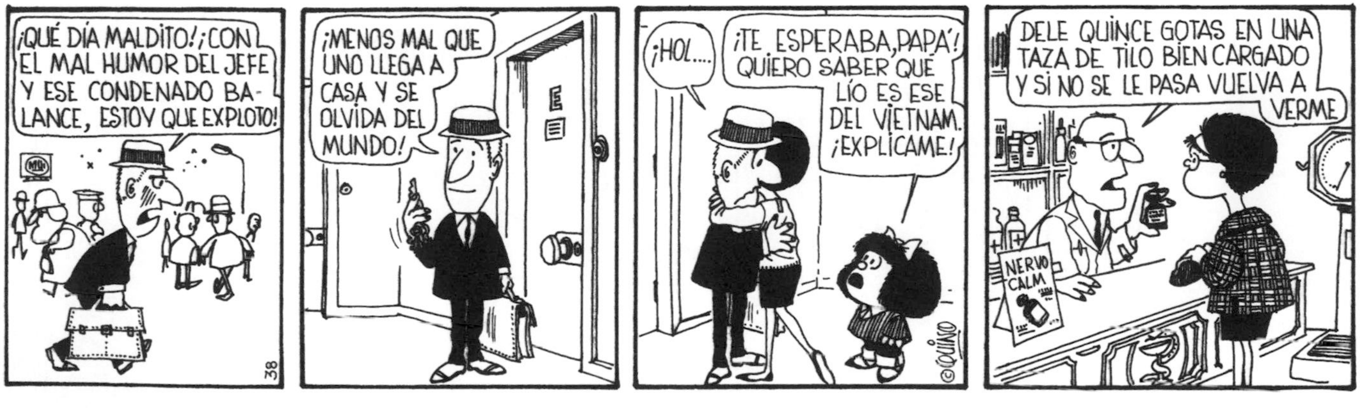
¡QUÉ DÍA MALDITO! ¡CON EL MAL HUMOR DEL JEFE Y ESE CONDENADO BALANCE, ESTOY QUE EXPLOTO!
38
¡MENOS MAL QUE UNO LLEGA A CASA Y SE OLVIDA DEL MUNDO!
¡HOL....
¡TE ESPERABA, PAPÁ! QUIERO SABER QUÉ LÍO ES ESE DEL VIETNAM. ¡EXPLICAME!
©QUINO
DELE QUINCE GOTAS EN UNA TAZA DE TILO BIEN CARGADO Y SI NO SE LE PASA VUELVA A VERME
NERVO CALM

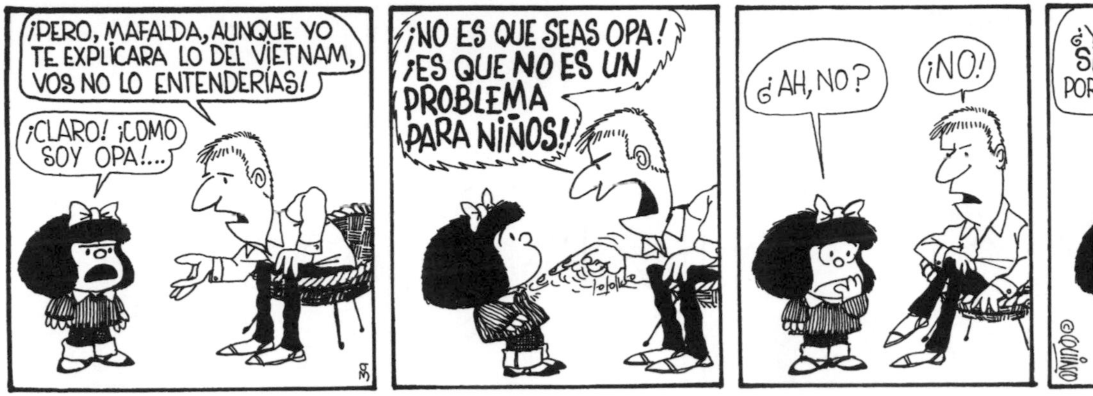

¡PERO, MAFALDA, AUNQUE YO TE EXPLICARA LO DEL VIETNAM, VOS NO LO ENTENDERÍAS!
¡CLARO! ¡COMO SOY OPA!...
¡NO ES QUE SEAS OPA! ¡ES QUE NO ES UN PROBLEMA PARA NIÑOS!
¿AH, NO?
¡NO!
¿Y SI ME LO EXPLICÁS SIN LAS PARTES PORNOGRÁFICAS?
©QUINO

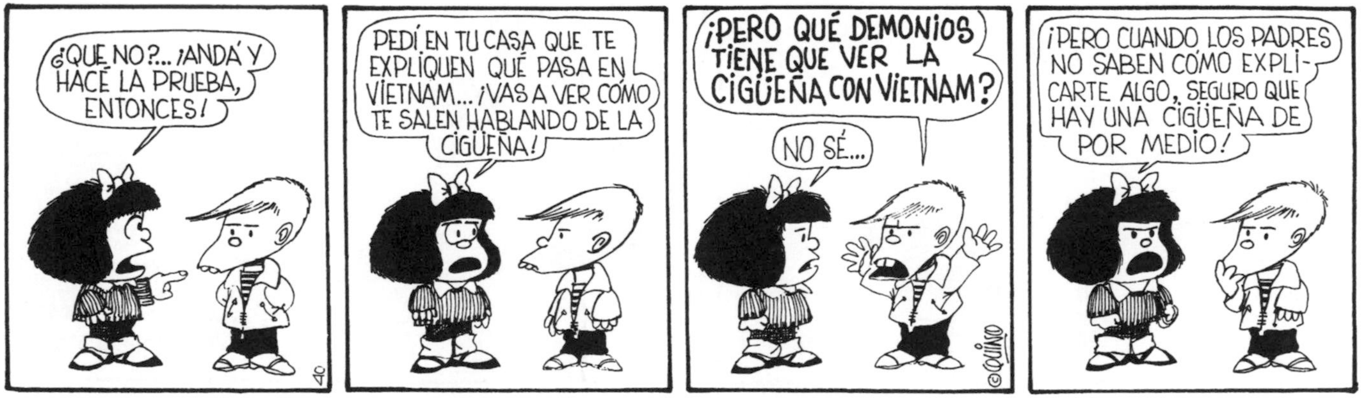

¿QUE NO?... ¡ANDÁ Y HACÉ LA PRUEBA, ENTONCES!
PEDÍ EN TU CASA QUE TE EXPLIQUEN QUÉ PASA EN VIETNAM... ¡VAS A VER CÓMO TE SALEN HABLANDO DE LA CIGÜEÑA!
¡PERO QUÉ DEMONIOS TIENE QUE VER LA CIGÜEÑA CON VIETNAM?
NO SÉ...
¡PERO CUANDO LOS PADRES NO SABEN CÓMO EXPLICARTE ALGO, SEGURO QUE HAY UNA CIGÜEÑA DE POR MEDIO!
©QUINO

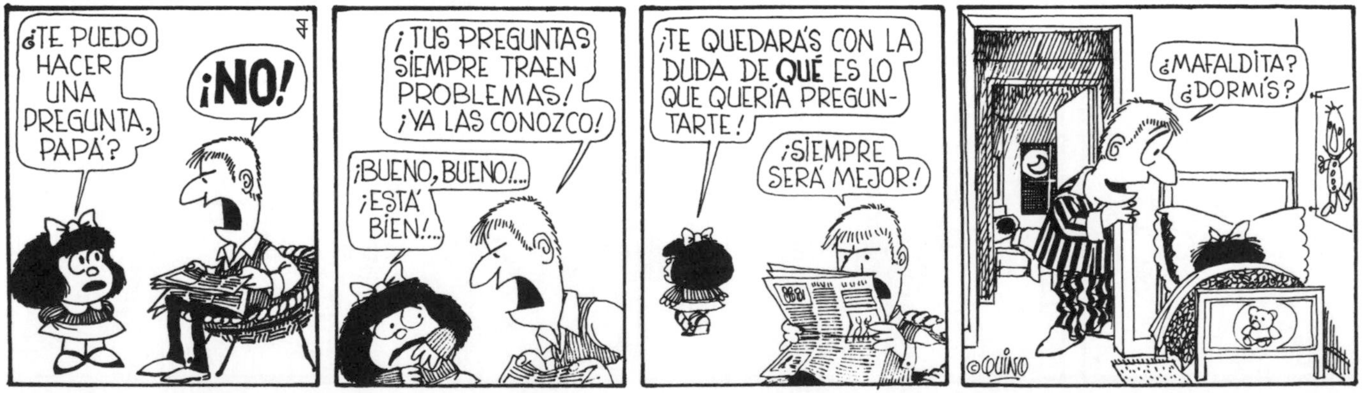

¿TE PUEDO HACER UNA PREGUNTA, PAPÁ?
¡NO!
¡TUS PREGUNTAS SIEMPRE TRAEN PROBLEMAS! ¡YA LAS CONOZCO!
¡BUENO, BUENO!... ¡ESTÁ BIEN!...
¡TE QUEDARÁS CON LA DUDA DE QUÉ ES LO QUE QUERÍA PREGUNTARTE!
¡SIEMPRE SERÁ MEJOR!
¿MAFALDITA? ¿DORMÍS?
©QUINO

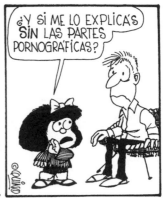

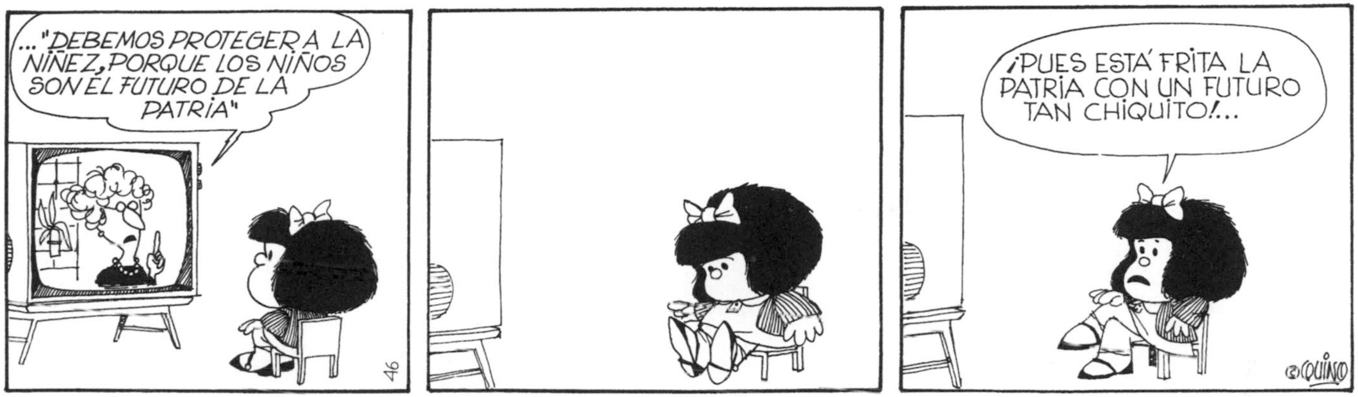
..."DEBEMOS PROTEGER A LA NIÑEZ, PORQUE LOS NIÑOS SON EL FUTURO DE LA PATRIA"
46
¡PUES ESTÁ FRITA LA PATRIA CON UN FUTURO TAN CHIQUITO!...
©QUINO

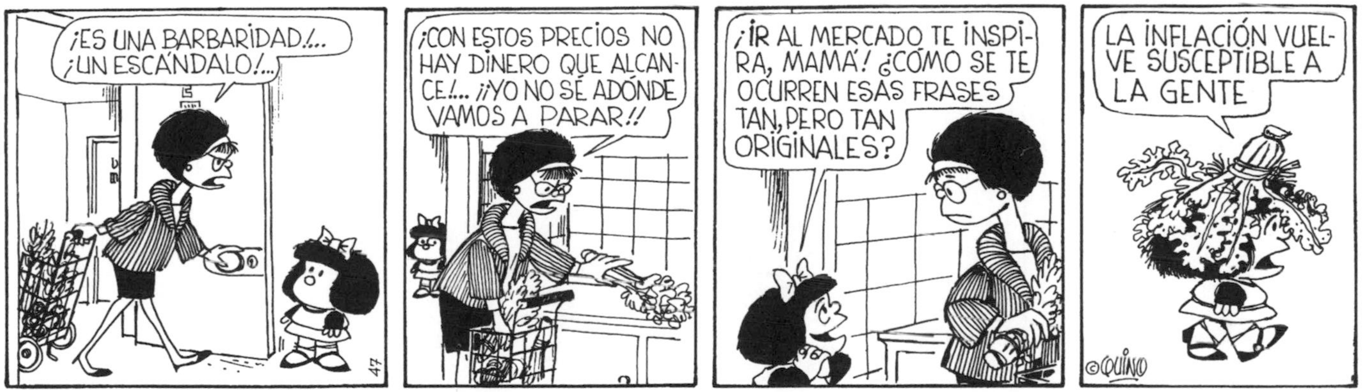
¡ES UNA BARBARIDAD!... ¡UN ESCÁNDALO!...
47
¡CON ESTOS PRECIOS NO HAY DINERO QUE ALCANCE!... ¡¡YO NO SÉ ADÓNDE VAMOS A PARAR!!
¡IR AL MERCADO TE INSPIRA, MAMÁ! ¿CÓMO SE TE OCURREN ESAS FRASES TAN, PERO TAN ORIGINALES?
LA INFLACIÓN VUELVE SUSCEPTIBLE A LA GENTE
©QUINO

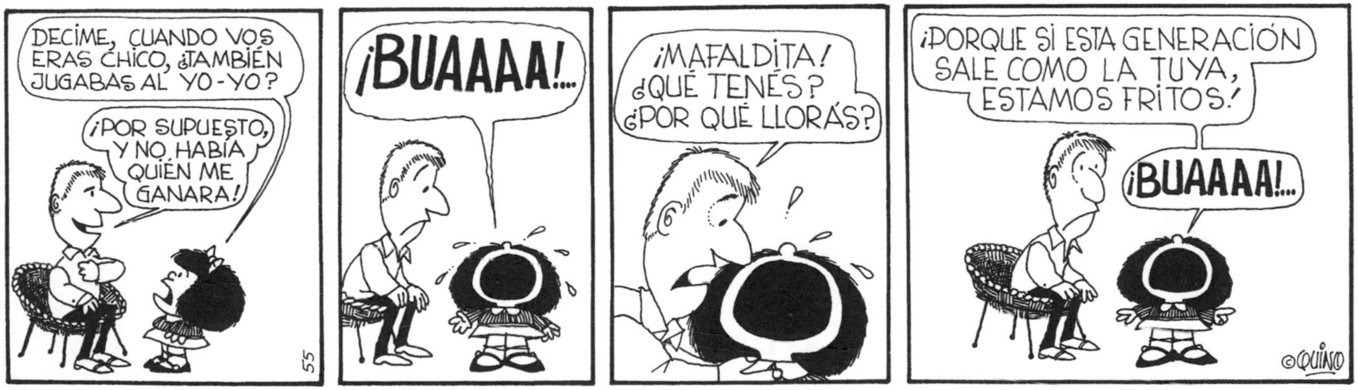
DECIME, CUANDO VOS ERAS CHICO, ¿TAMBIÉN JUGABAS AL YO-YO?
¡POR SUPUESTO, Y NO HABÍA QUIÉN ME GANARA!
55
¡BUAAAA!...
¡MAFALDITA! ¿QUÉ TENÉS? ¿POR QUÉ LLORÁS?
!
¡PORQUE SI ESTA GENERACIÓN SALE COMO LA TUYA, ESTAMOS FRITOS!
¡BUAAAA!...
©QUINO

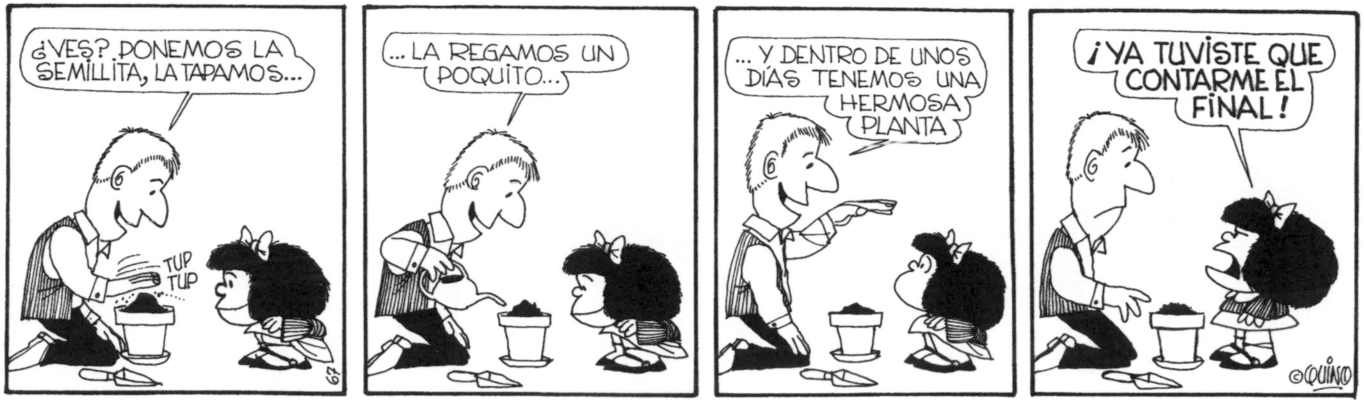
¿VES? PONEMOS LA SEMILLITA, LA TAPAMOS...
TUP TUP
... LA REGAMOS UN POQUITO...
... Y DENTRO DE UNOS DÍAS TENEMOS UNA HERMOSA PLANTA
¡YA TUVISTE QUE CONTARME EL FINAL!
©QUINO

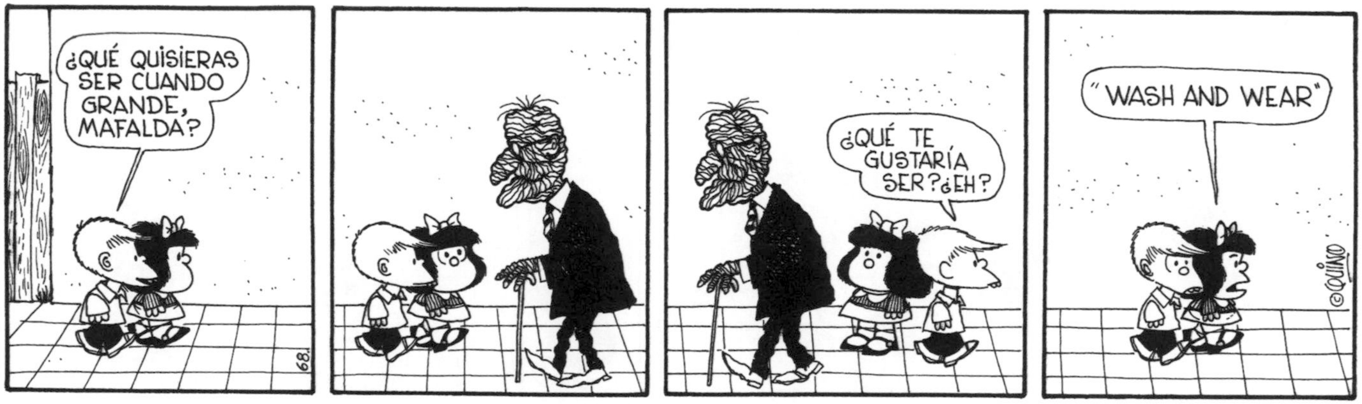
¿QUÉ QUISIERAS SER CUANDO GRANDE, MAFALDA?
¿QUÉ TE GUSTARÍA SER? ¿EH?
"WASH AND WEAR"
©QUINO

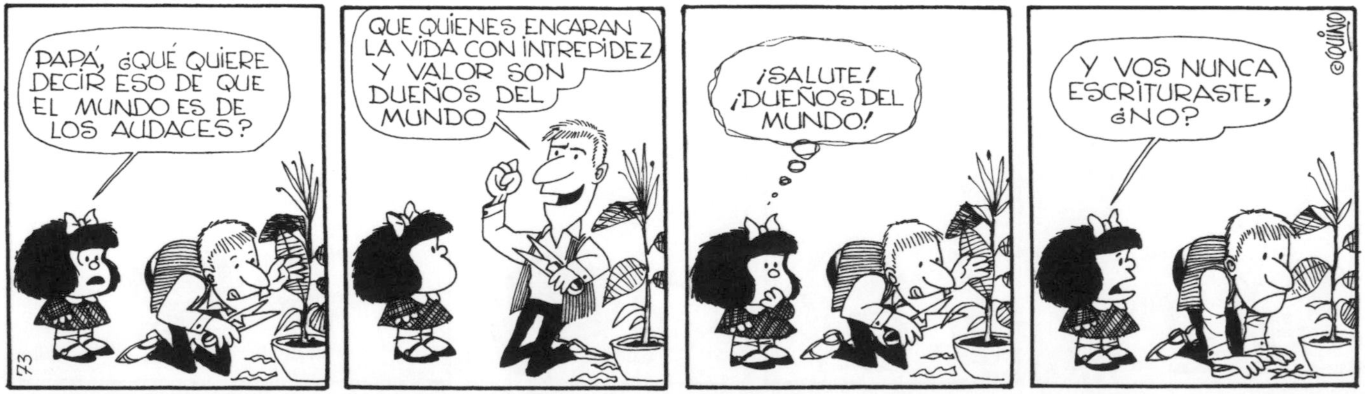
PAPÁ, ¿QUÉ QUIERE DECIR ESO DE QUE EL MUNDO ES DE LOS AUDACES?
QUE QUIENES ENCARAN LA VIDA CON INTREPIDEZ Y VALOR SON DUEÑOS DEL MUNDO
¡SALUTE! ¡DUEÑOS DEL MUNDO!
Y VOS NUNCA ESCRITURASTE, ¿NO?
©QUINO

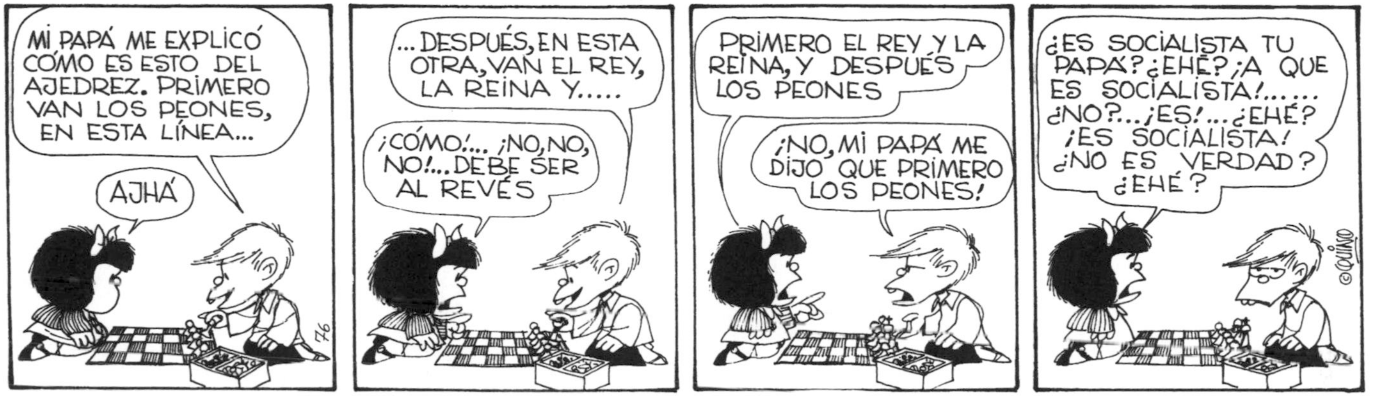
MI PAPÁ ME EXPLICÓ CÓMO ES ESTO DEL AJEDREZ. PRIMERO VAN LOS PEONES, EN ESTA LÍNEA...
AJHÁ
76
...DESPUÉS, EN ESTA OTRA, VAN EL REY, LA REINA Y.....
¡CÓMO!... ¡NO, NO, NO!... DEBE SER AL REVÉS
PRIMERO EL REY Y LA REINA, Y DESPUÉS LOS PEONES
¡NO, MI PAPÁ ME DIJO QUE PRIMERO LOS PEONES!
¿ES SOCIALISTA TU PAPÁ? ¿EHÉ? ¡A QUE ES SOCIALISTA!...... ¿NO?... ¡ES!... ¿EHÉ? ¡ES SOCIALISTA! ¿NO ES VERDAD? ¿EHÉ?
©QUINO

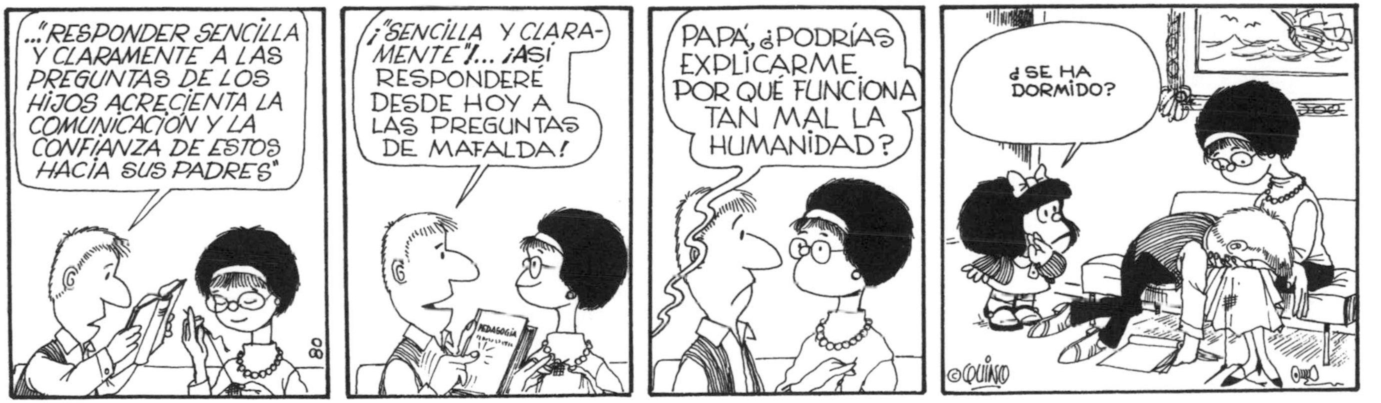
..."RESPONDER SENCILLA Y CLARAMENTE A LAS PREGUNTAS DE LOS HIJOS ACRECIENTA LA COMUNICACIÓN Y LA CONFIANZA DE ESTOS HACIA SUS PADRES"
80
¡"SENCILLA Y CLARAMENTE"!... ¡ASÍ RESPONDERÉ DESDE HOY A LAS PREGUNTAS DE MAFALDA!
PEDAGOGÍA
PAPÁ, ¿PODRÍAS EXPLICARME POR QUÉ FUNCIONA TAN MAL LA HUMANIDAD?
¿SE HA DORMIDO?
©QUINO

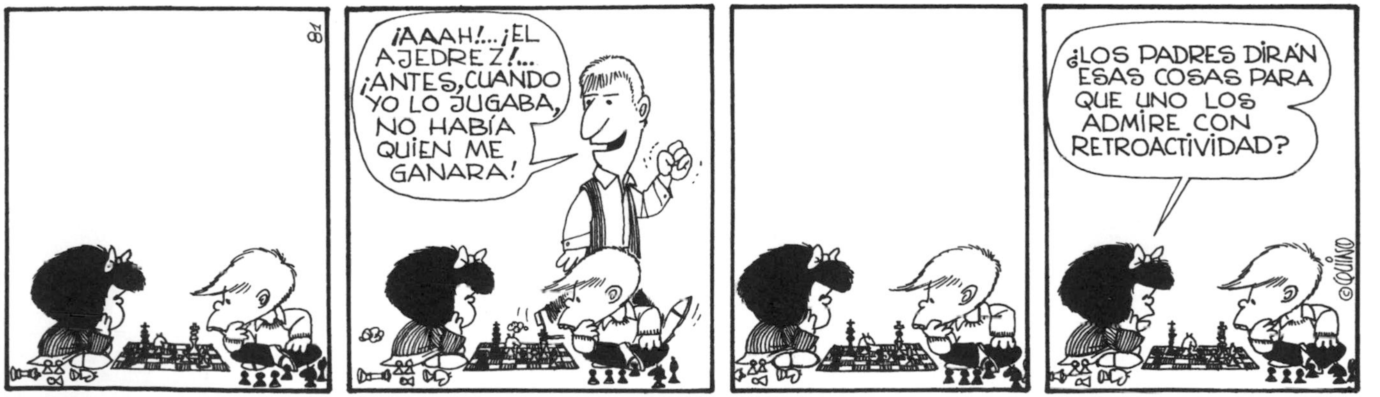
81
¡AAAH!... ¡EL AJEDREZ!... ¡ANTES, CUANDO YO LO JUGABA, NO HABÍA QUIEN ME GANARA!
¿LOS PADRES DIRÁN ESAS COSAS PARA QUE UNO LOS ADMIRE CON RETROACTIVIDAD?
©QUINO

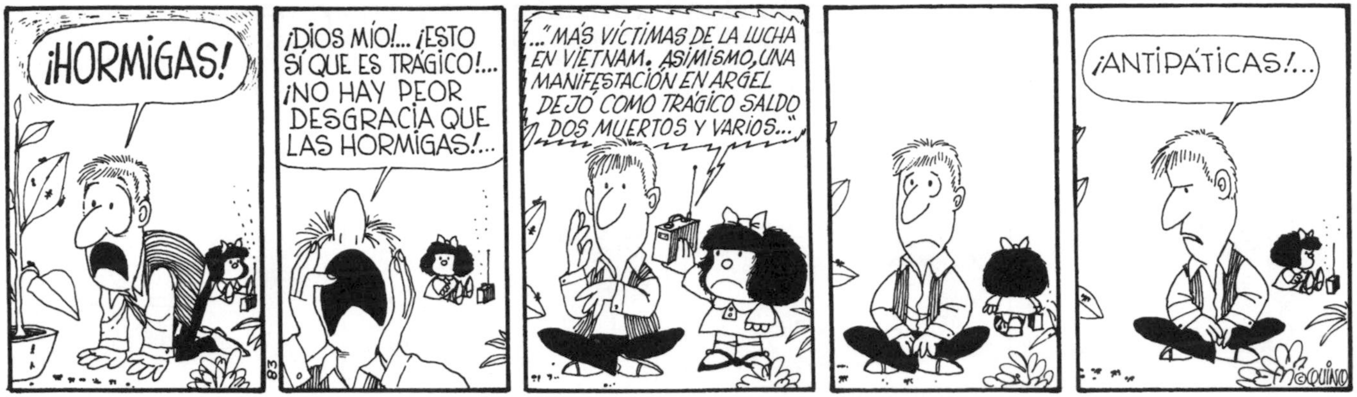
¡HORMIGAS!
¡DIOS MÍO!... ¡ESTO SÍ QUE ES TRÁGICO!... ¡NO HAY PEOR DESGRACIA QUE LAS HORMIGAS!...
..."MÁS VÍCTIMAS DE LA LUCHA EN VIETNAM. ASIMISMO, UNA MANIFESTACIÓN EN ARGEL DEJÓ COMO TRÁGICO SALDO DOS MUERTOS Y VARIOS..."
¡ANTIPÁTICAS!...
©QUINO

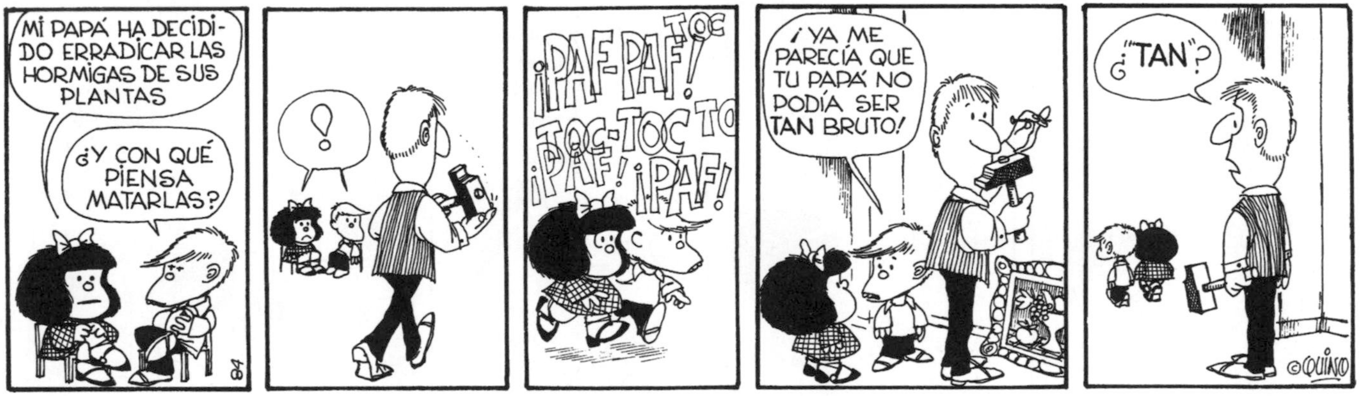
MI PAPÁ HA DECIDIDO ERRADICAR LAS HORMIGAS DE SUS PLANTAS
¿Y CON QUÉ PIENSA MATARLAS?
!
¡PAF-PAF! TOC
TOC-TOC TO
¡PAF! ¡PAF!
¡YA ME PARECÍA QUE TU PAPÁ NO PODÍA SER TAN BRUTO!
¿"TAN"?
©QUINO

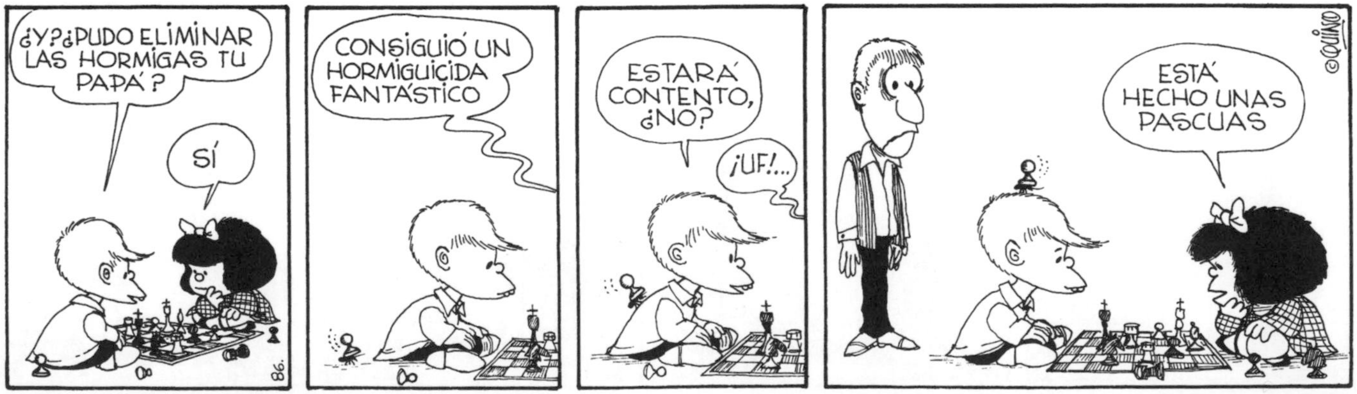
¿Y? ¿PUDO ELIMINAR LAS HORMIGAS TU PAPÁ?
SÍ
CONSIGUIÓ UN HORMIGUICIDA FANTÁSTICO
ESTARÁ CONTENTO, ¿NO?
¡UF!...
ESTÁ HECHO UNAS PASCUAS
©QUINO

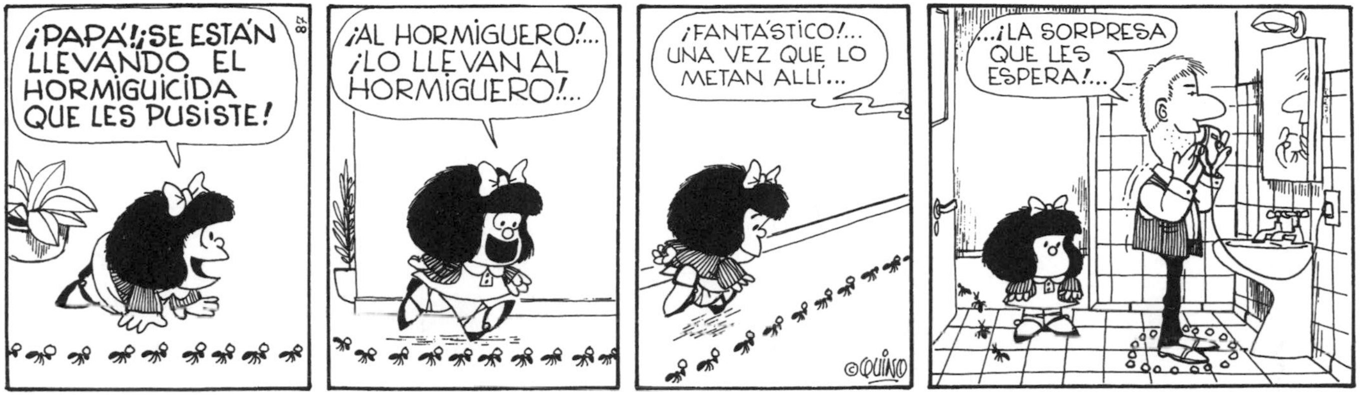
87
¡PAPÁ! ¡SE ESTÁN LLEVANDO EL HORMIGUICIDA QUE LES PUSISTE!
¡AL HORMIGUERO!... ¡LO LLEVAN AL HORMIGUERO!...
¡FANTÁSTICO!... UNA VEZ QUE LO METAN ALLÍ...
©QUINO
...¡LA SORPRESA QUE LES ESPERA!...

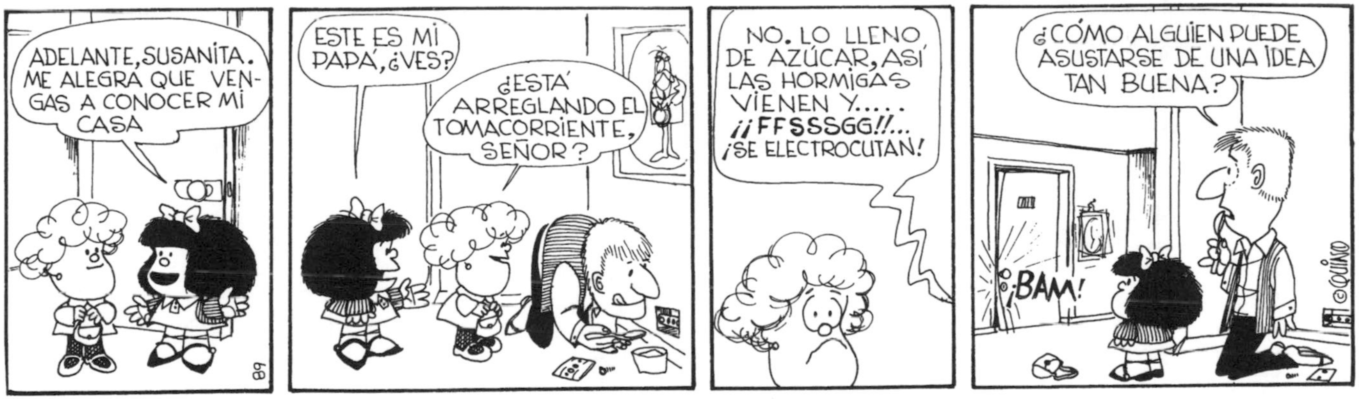
ADELANTE, SUSANITA. ME ALEGRA QUE VENGAS A CONOCER MI CASA
89
ESTE ES MI PAPÁ, ¿VES?
¿ESTÁ ARREGLANDO EL TOMACORRIENTE, SEÑOR?
NO. LO LLENO DE AZÚCAR, ASÍ LAS HORMIGAS VIENEN Y..... ¡¡FFSSSGG!!... ¡SE ELECTROCUTAN!
¿CÓMO ALGUIEN PUEDE ASUSTARSE DE UNA IDEA TAN BUENA?
¡BAM!
©QUINO

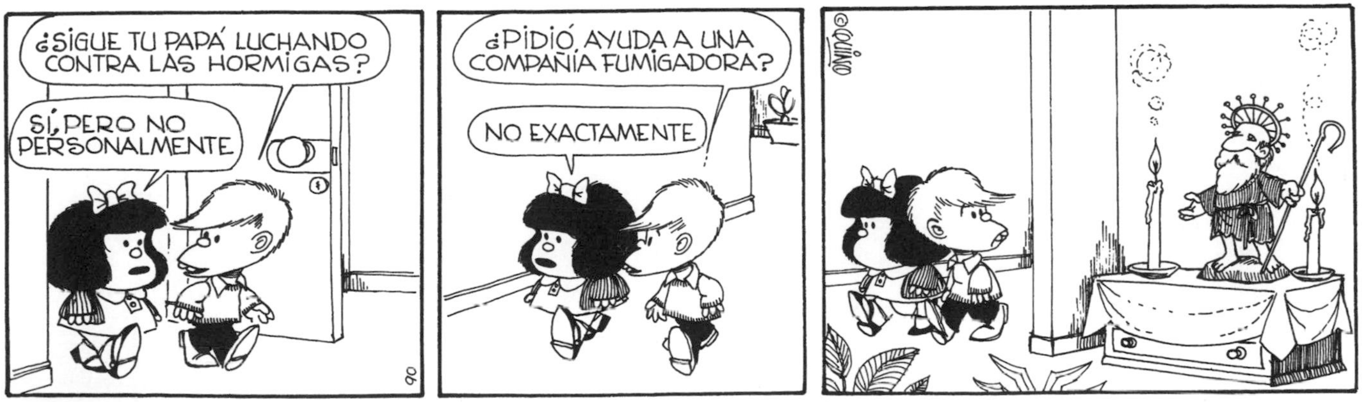
¿SIGUE TU PAPÁ LUCHANDO CONTRA LAS HORMIGAS?
SÍ, PERO NO PERSONALMENTE
90
¿PIDIÓ AYUDA A UNA COMPAÑÍA FUMIGADORA?
NO EXACTAMENTE
©QUINO

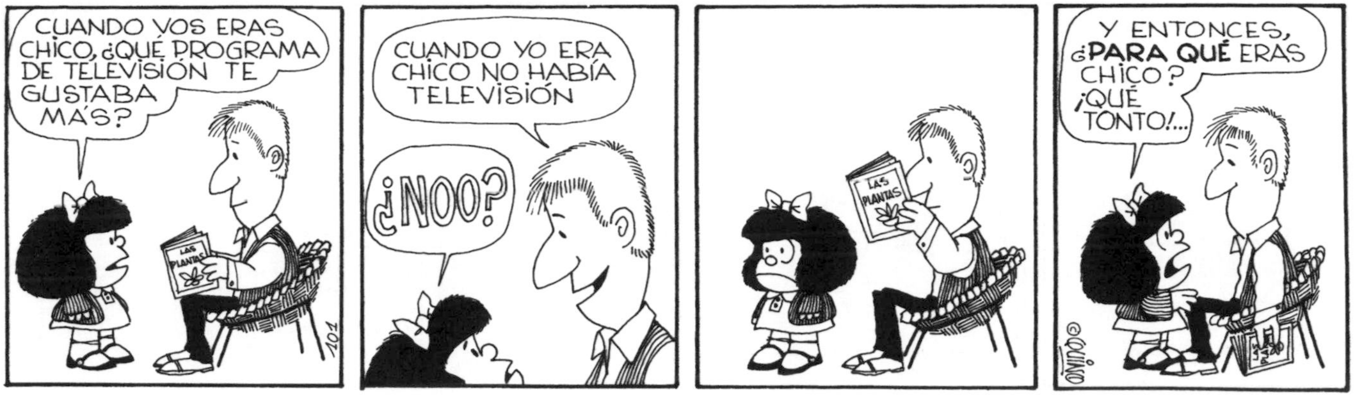
CUANDO VOS ERAS CHICO, ¿QUÉ PROGRAMA DE TELEVISIÓN TE GUSTABA MÁS?
CUANDO YO ERA CHICO NO HABÍA TELEVISIÓN
¿NOO?
Y ENTONCES, ¿**PARA QUÉ** ERAS CHICO? ¡QUÉ TONTO!...

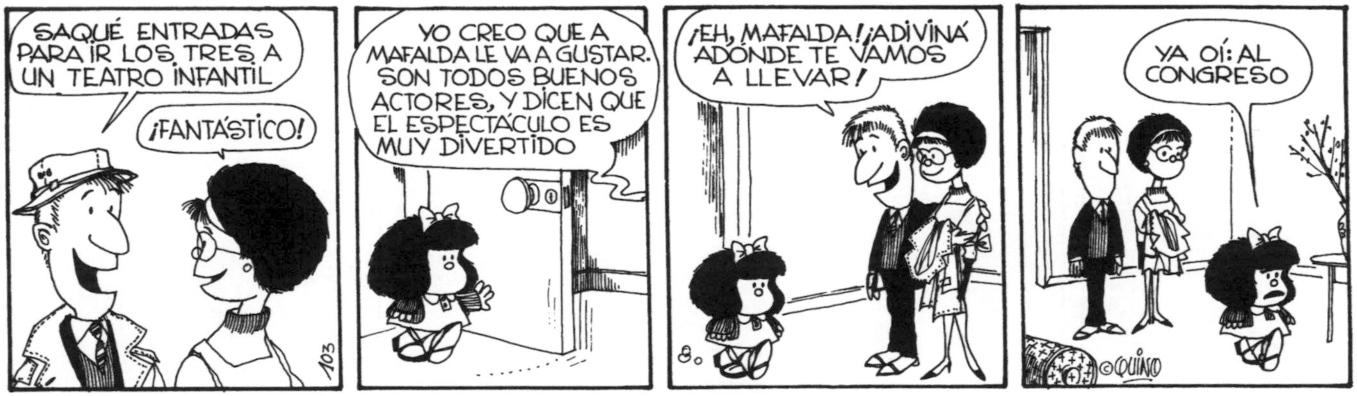
SAQUÉ ENTRADAS PARA IR LOS TRES A UN TEATRO INFANTIL
¡FANTÁSTICO!
YO CREO QUE A MAFALDA LE VA A GUSTAR. SON TODOS BUENOS ACTORES, Y DICEN QUE EL ESPECTÁCULO ES MUY DIVERTIDO
¡EH, MAFALDA! ¡ADIVINÁ ADÓNDE TE VAMOS A LLEVAR!
YA OÍ: AL CONGRESO

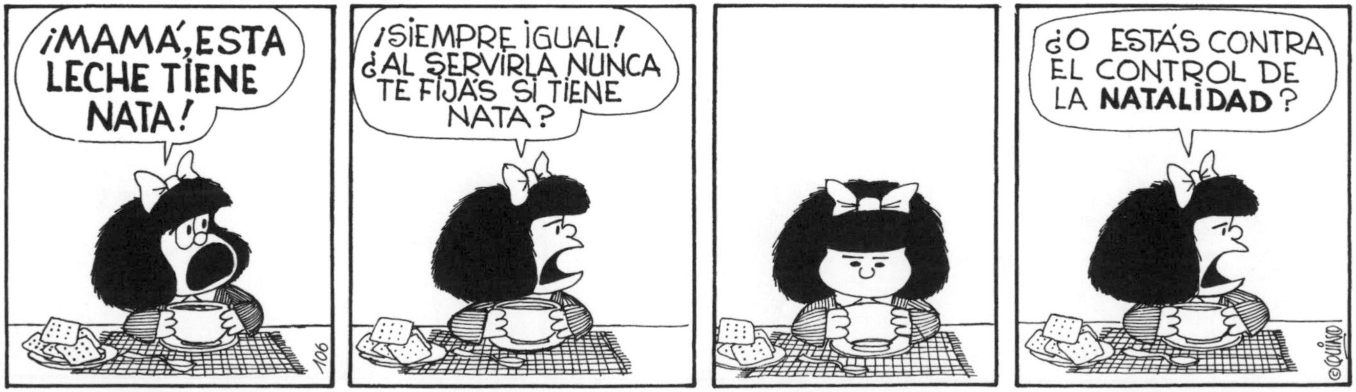
¡MAMÁ, ESTA LECHE TIENE NATA!
¡SIEMPRE IGUAL! ¿AL SERVIRLA NUNCA TE FIJÁS SI TIENE NATA?
¿O ESTÁS CONTRA EL CONTROL DE LA **NATALIDAD**?

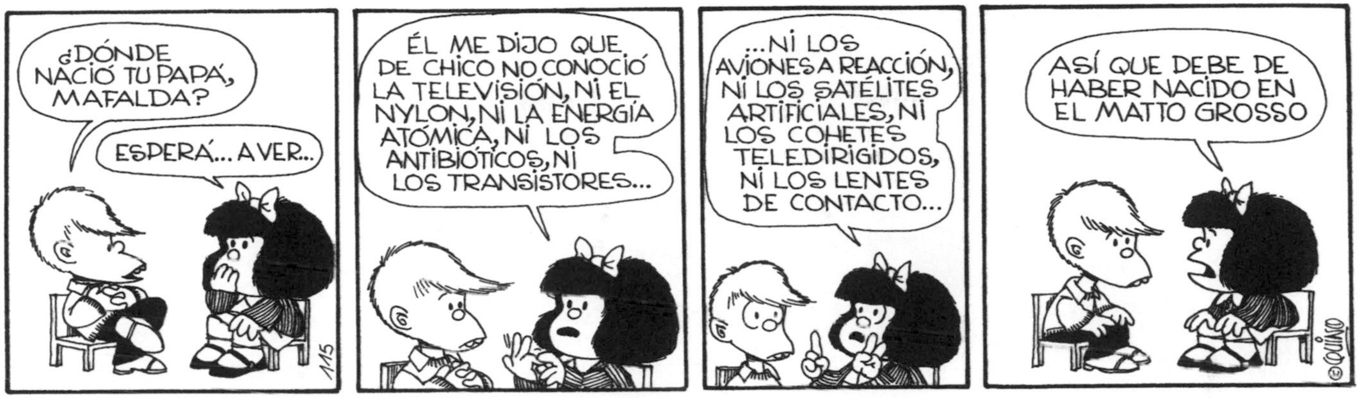
¿DÓNDE NACIÓ TU PAPÁ, MAFALDA?
ESPERÁ... A VER...
115
ÉL ME DIJO QUE DE CHICO NO CONOCIÓ LA TELEVISIÓN, NI EL NYLON, NI LA ENERGÍA ATÓMICA, NI LOS ANTIBIÓTICOS, NI LOS TRANSISTORES...
...NI LOS AVIONES A REACCIÓN, NI LOS SATÉLITES ARTIFICIALES, NI LOS COHETES TELEDIRIGIDOS, NI LOS LENTES DE CONTACTO...
ASÍ QUE DEBE DE HABER NACIDO EN EL MATTO GROSSO
©QUINO

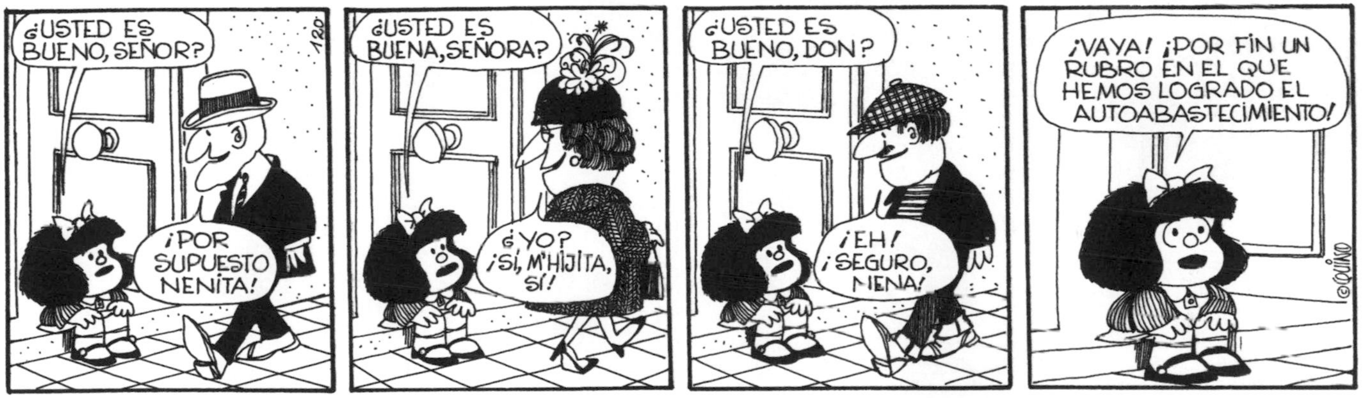
¿USTED ES BUENO, SEÑOR?
120
¡POR SUPUESTO NENITA!
¿USTED ES BUENA, SEÑORA?
¿YO? ¡SÍ, M'HIJITA, SÍ!
¿USTED ES BUENO, DON?
¡EH! ¡SEGURO, NENA!
¡VAYA! ¡POR FIN UN RUBRO EN EL QUE HEMOS LOGRADO EL AUTOABASTECIMIENTO!
©QUINO

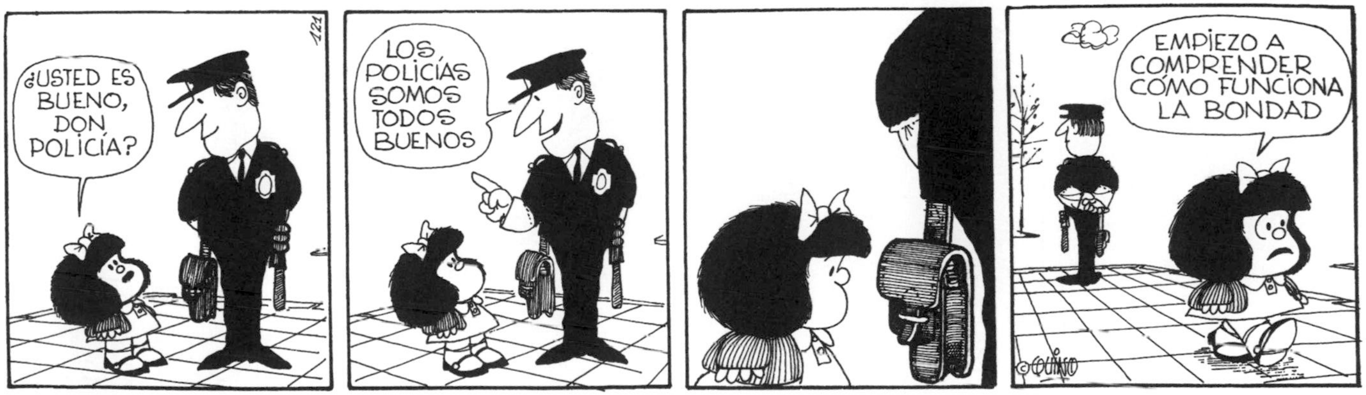
121
¿USTED ES BUENO, DON POLICÍA?
LOS POLICÍAS SOMOS TODOS BUENOS
EMPIEZO A COMPRENDER CÓMO FUNCIONA LA BONDAD
©QUINO

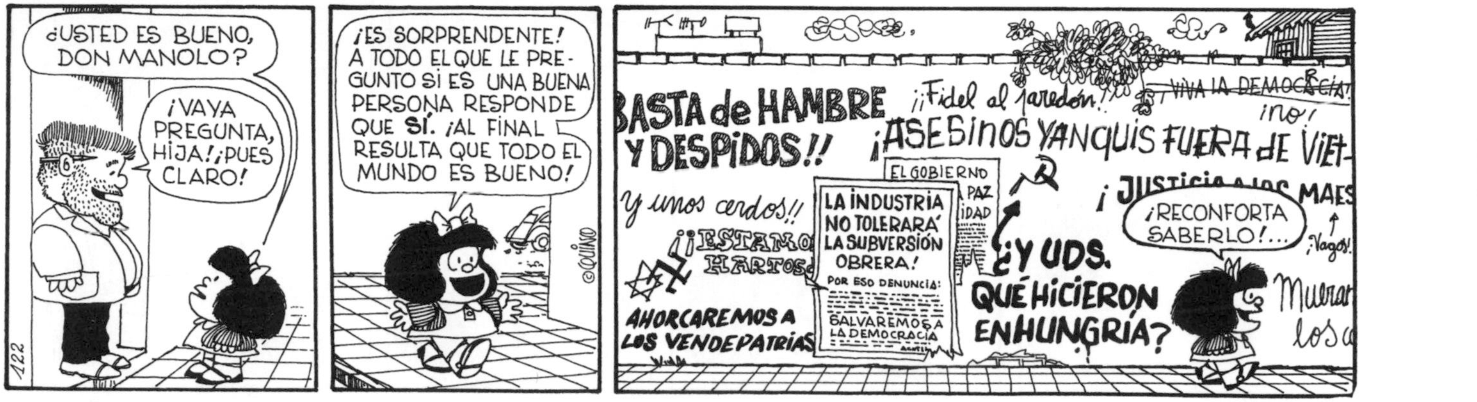
¿USTED ES BUENO, DON MANOLO?
¡VAYA PREGUNTA, HIJA! ¡PUES CLARO!
122
¡ES SORPRENDENTE! A TODO EL QUE LE PREGUNTO SI ES UNA BUENA PERSONA RESPONDE QUE SÍ. ¡AL FINAL RESULTA QUE TODO EL MUNDO ES BUENO!
©QUINO
BASTA de HAMBRE Y DESPIDOS!!
¡¡Fidel al paredón!!
VIVA LA DEMOCRACIA!
¡no!
¡ASESINOS YANQUIS FUERA DE VIET-
y unos cerdos!!
¡¡ESTAMOS HARTOS
EL GOBIERNO
PAZ
IDAD
LA INDUSTRIA NO TOLERARÁ LA SUBVERSIÓN OBRERA!
POR ESO DENUNCIA:
SALVAREMOS A LA DEMOCRACIA
AHORCAREMOS A LOS VENDEPATRIAS
¿Y UDS. QUÉ HICIERON EN HUNGRÍA?
¡RECONFORTA SABERLO!...
¡Vagos!
Mueran los

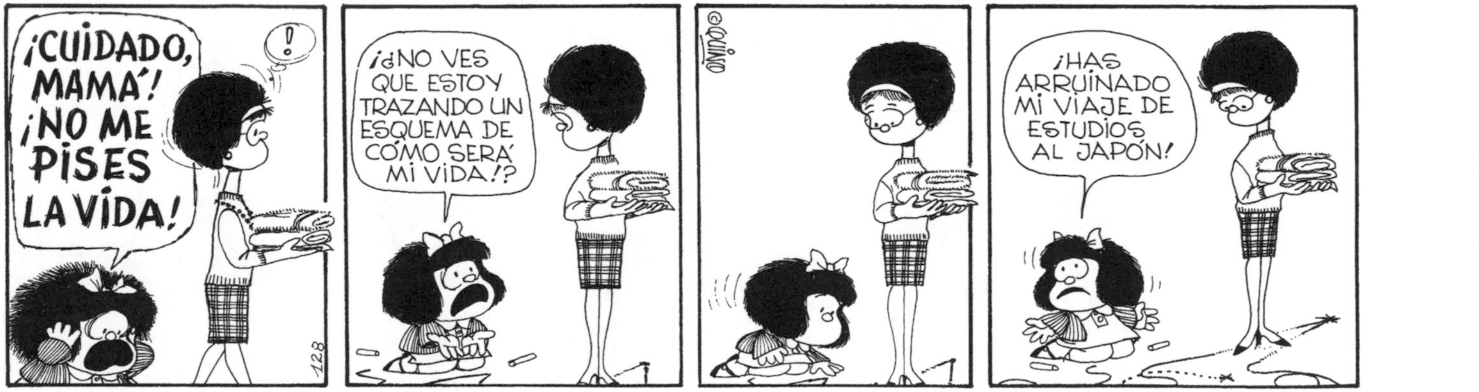
¡CUIDADO, MAMÁ! ¡NO ME PISES LA VIDA!
!
128
¡¿NO VES QUE ESTOY TRAZANDO UN ESQUEMA DE CÓMO SERÁ MI VIDA!?
©QUINO
¡HAS ARRUINADO MI VIAJE DE ESTUDIOS AL JAPÓN!

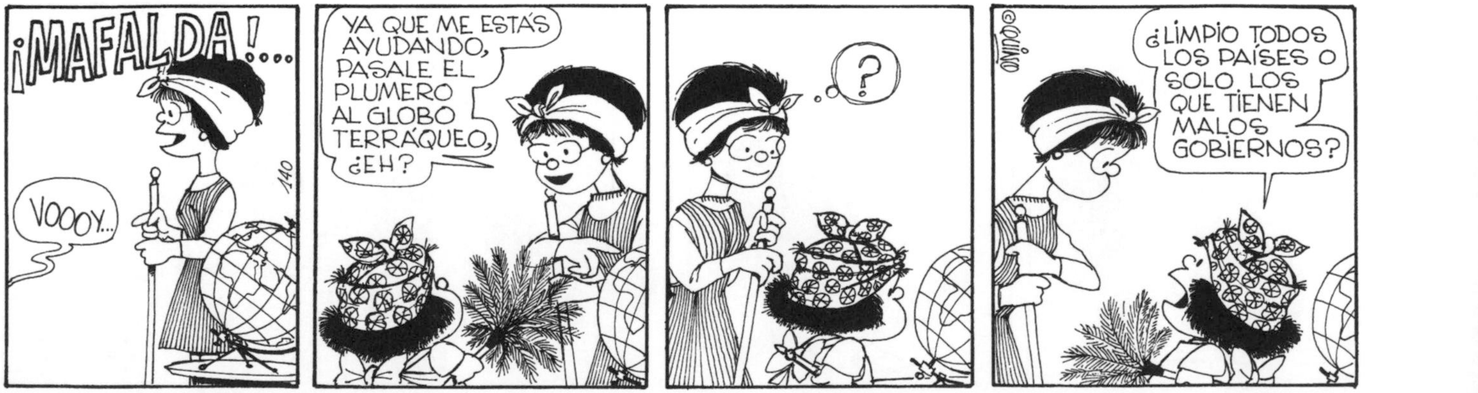
¡MAFALDA!....
VOOOY...
140
YA QUE ME ESTÁS AYUDANDO, PASALE EL PLUMERO AL GLOBO TERRÁQUEO, ¿EH?
?
©QUINO
¿LIMPIO TODOS LOS PAÍSES O SOLO LOS QUE TIENEN MALOS GOBIERNOS?

"Si cerráis la puerta
a todos los errores,
también quedará fuera
la verdad."

R. Tagore

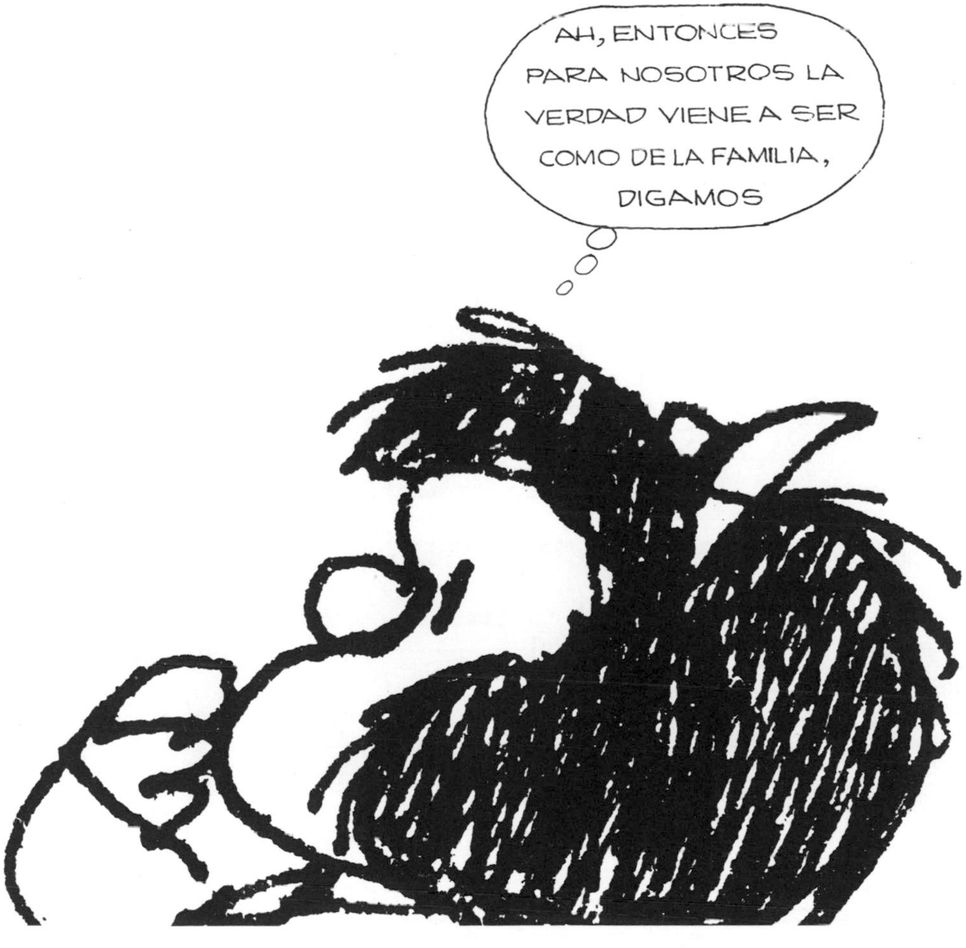
AH, ENTONCES PARA NOSOTROS LA VERDAD VIENE A SER COMO DE LA FAMILIA, DIGAMOS

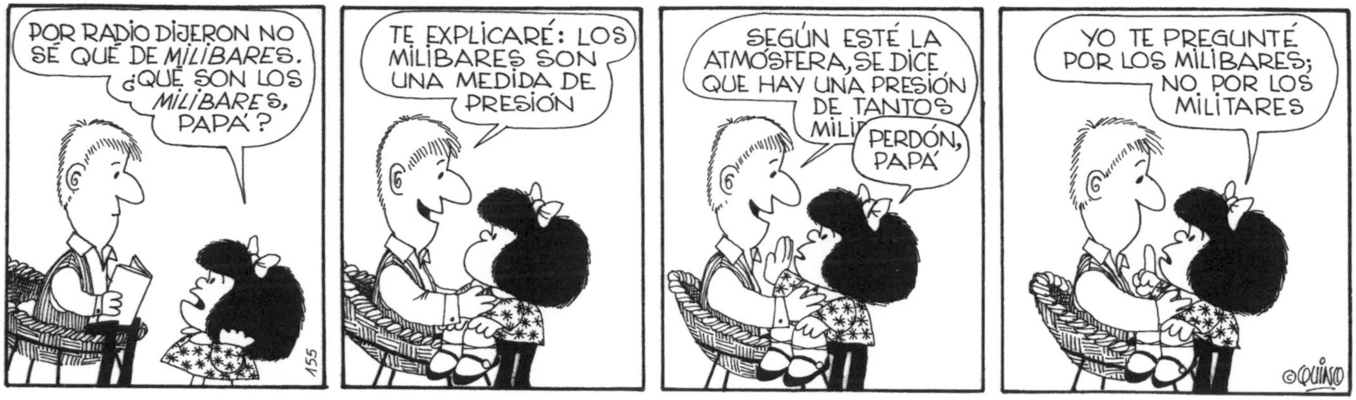

POR RADIO DIJERON NO SÉ QUÉ DE *MILIBARES*. ¿QUÉ SON LOS *MILIBARES*, PAPÁ?
TE EXPLICARÉ: LOS MILIBARES SON UNA MEDIDA DE PRESIÓN
SEGÚN ESTÉ LA ATMÓSFERA, SE DICE QUE HAY UNA PRESIÓN DE TANTOS MILI
PERDÓN, PAPÁ
YO TE PREGUNTÉ POR LOS MILIBARES; NO POR LOS MILITARES
155
©QUINO

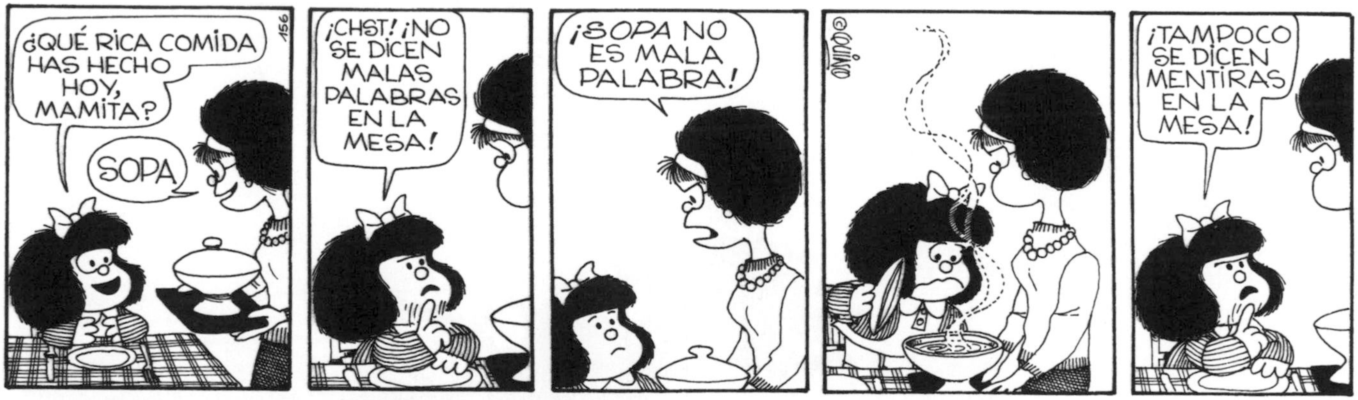

¿QUÉ RICA COMIDA HAS HECHO HOY, MAMITA?
SOPA
156
¡CHST! ¡NO SE DICEN MALAS PALABRAS EN LA MESA!
¡*SOPA* NO ES MALA PALABRA!
©QUINO
¡TAMPOCO SE DICEN MENTIRAS EN LA MESA!

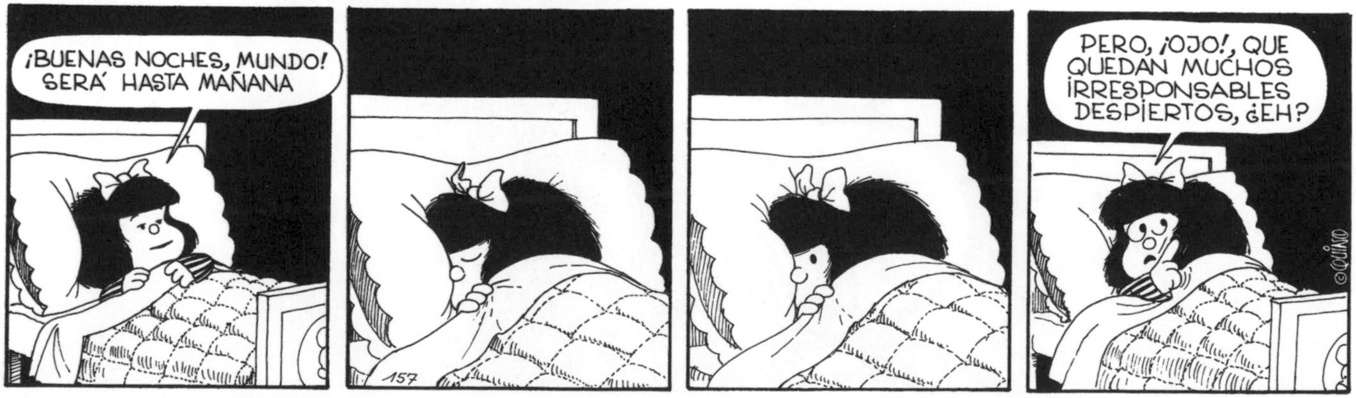

¡BUENAS NOCHES, MUNDO! SERÁ HASTA MAÑANA
157
PERO, ¡OJO!, QUE QUEDAN MUCHOS IRRESPONSABLES DESPIERTOS, ¿EH?
©QUINO

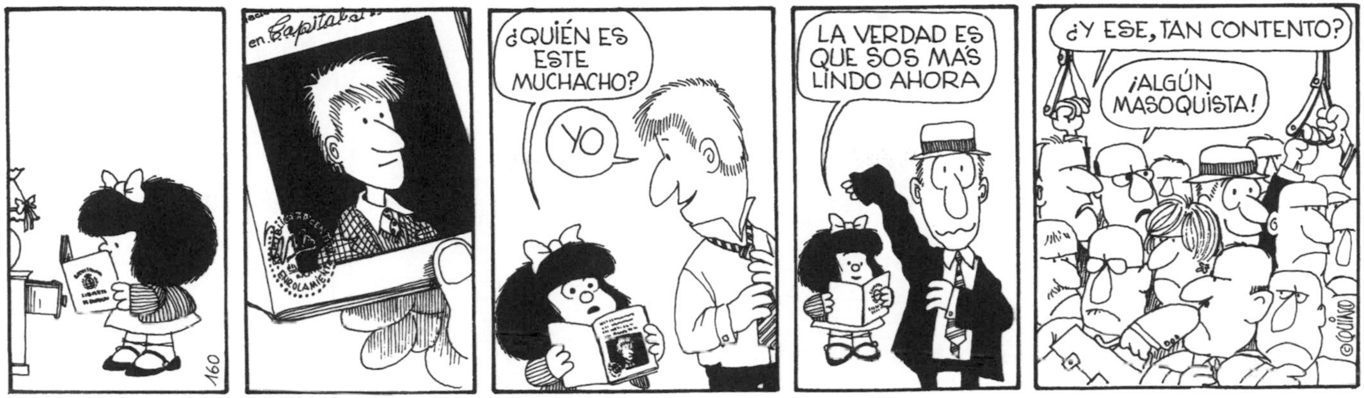
¿QUIÉN ES ESTE MUCHACHO?
YO
LA VERDAD ES QUE SOS MÁS LINDO AHORA
¿Y ESE, TAN CONTENTO?
¡ALGÚN MASOQUISTA!

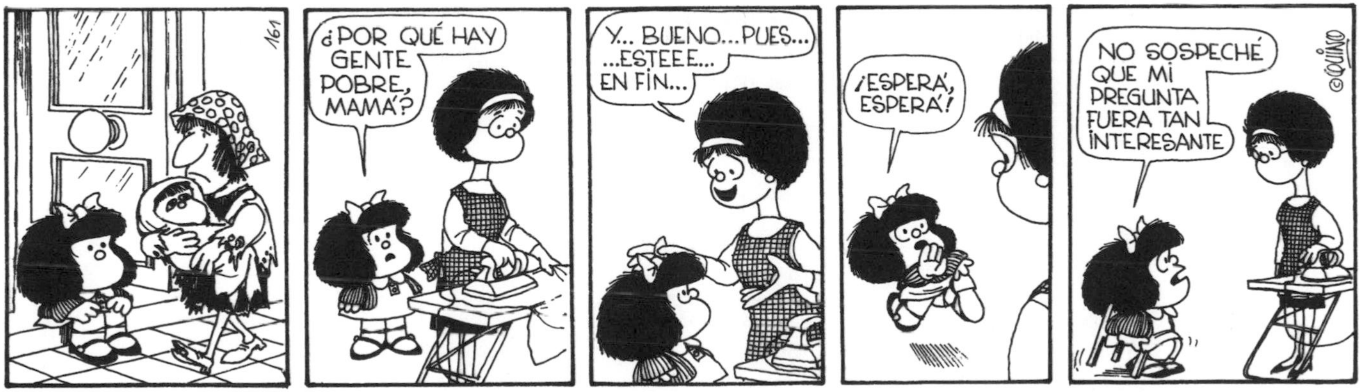
¿POR QUÉ HAY GENTE POBRE, MAMÁ?
Y... BUENO... PUES... ...ESTEEE... EN FIN...
¡ESPERÁ, ESPERÁ!
NO SOSPECHÉ QUE MI PREGUNTA FUERA TAN INTERESANTE

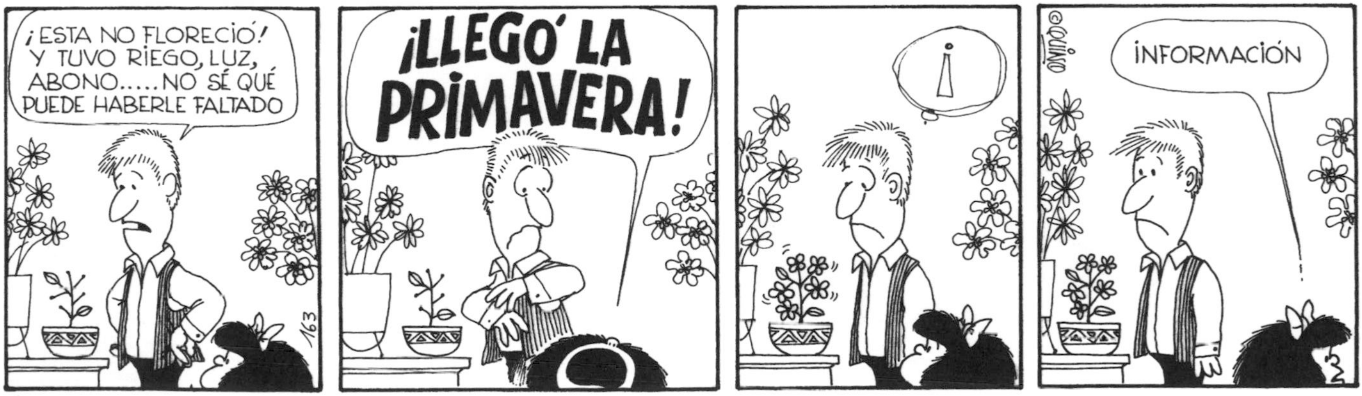
¡ESTA NO FLORECIÓ! Y TUVO RIEGO, LUZ, ABONO..... NO SÉ QUÉ PUEDE HABERLE FALTADO
¡LLEGÓ LA PRIMAVERA!
¡
INFORMACIÓN

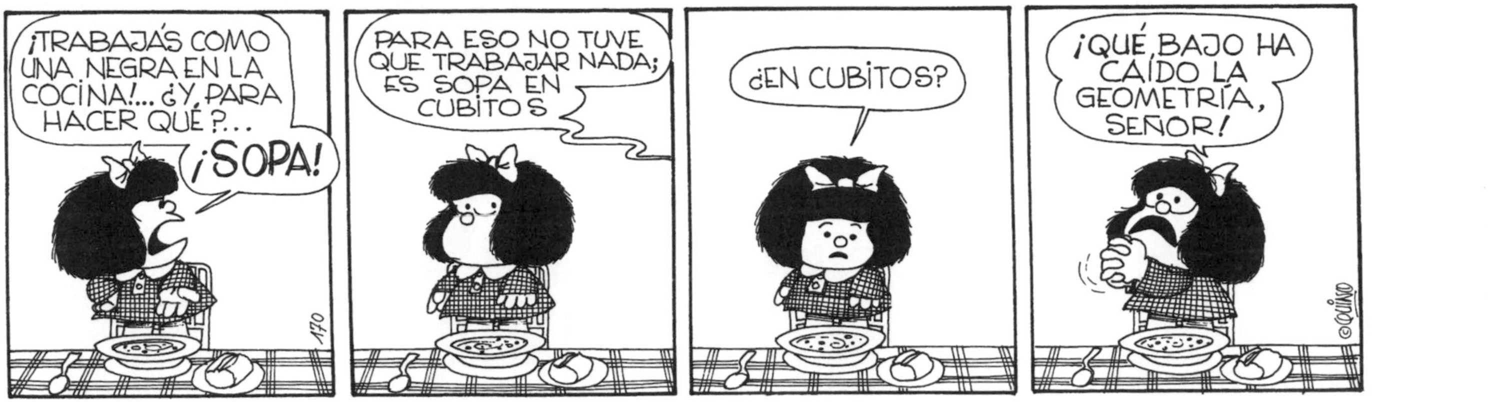
¡TRABAJÁS COMO UNA NEGRA EN LA COCINA!... ¿Y, PARA HACER QUÉ?...
¡SOPA!
170
PARA ESO NO TUVE QUE TRABAJAR NADA; ES SOPA EN CUBITOS
¿EN CUBITOS?
¡QUÉ BAJO HA CAÍDO LA GEOMETRÍA, SEÑOR!
©QUINO

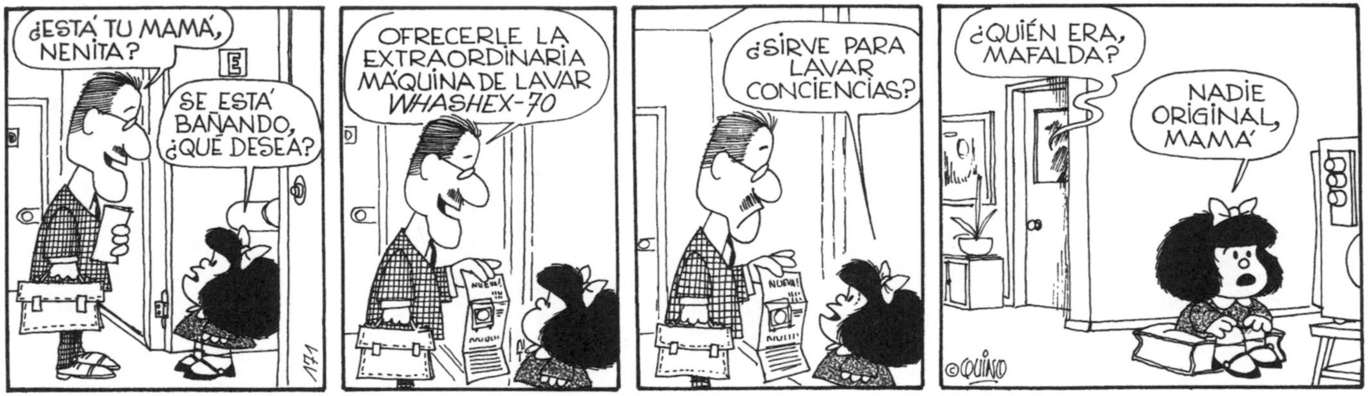
¿ESTÁ TU MAMÁ, NENITA?
SE ESTÁ BAÑANDO, ¿QUÉ DESEA?
171
OFRECERLE LA EXTRAORDINARIA MÁQUINA DE LAVAR WHASHEX-70
¿SIRVE PARA LAVAR CONCIENCIAS?
¿QUIÉN ERA, MAFALDA?
NADIE ORIGINAL, MAMÁ
©QUINO

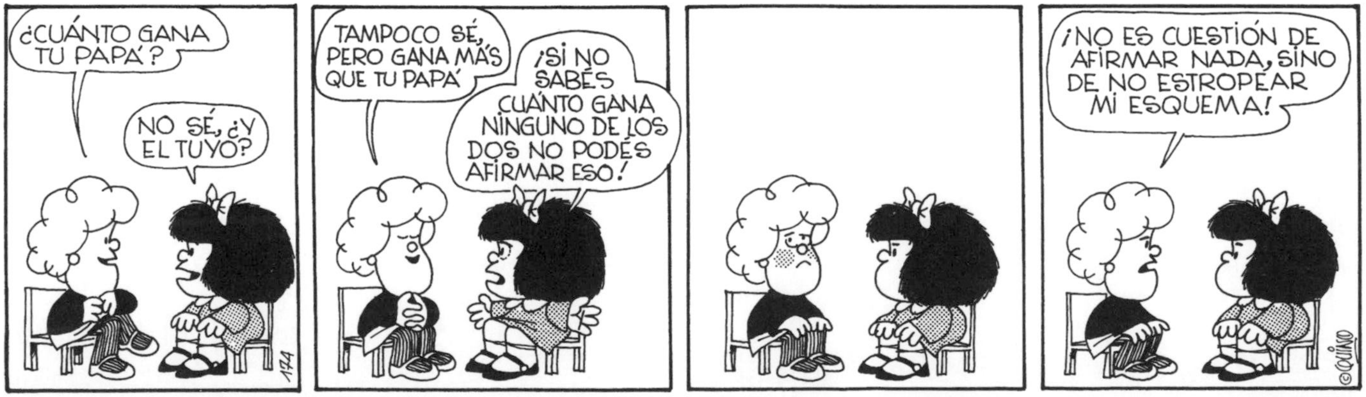
¿CUÁNTO GANA TU PAPÁ?
NO SÉ, ¿Y EL TUYO?
174
TAMPOCO SÉ, PERO GANA MÁS QUE TU PAPÁ
¡SI NO SABÉS CUÁNTO GANA NINGUNO DE LOS DOS NO PODÉS AFIRMAR ESO!
¡NO ES CUESTIÓN DE AFIRMAR NADA, SINO DE NO ESTROPEAR MI ESQUEMA!
©QUINO

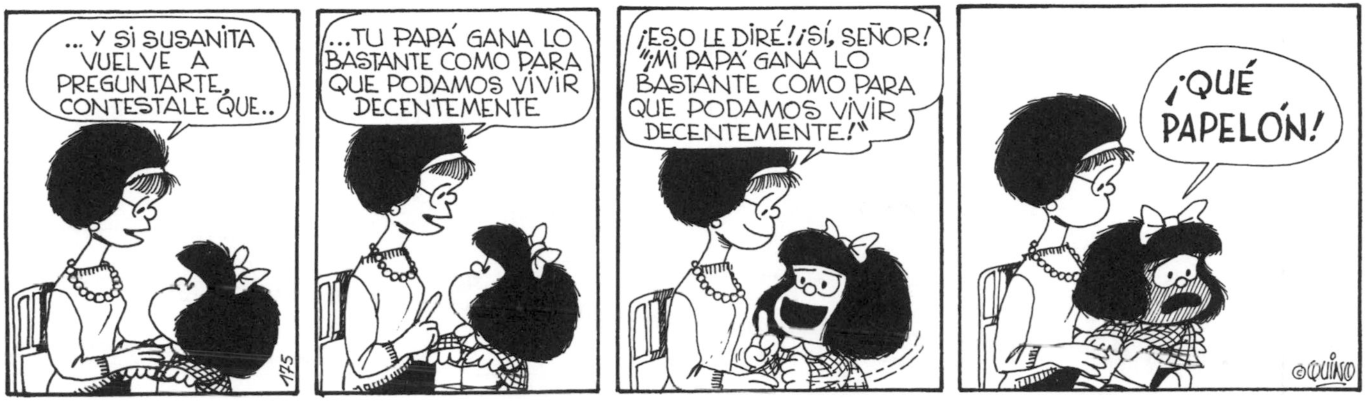
... Y SI SUSANITA VUELVE A PREGUNTARTE, CONTESTALE QUE..
...TU PAPÁ GANA LO BASTANTE COMO PARA QUE PODAMOS VIVIR DECENTEMENTE
¡ESO LE DIRÉ! ¡SÍ, SEÑOR! "¡MI PAPÁ GANA LO BASTANTE COMO PARA QUE PODAMOS VIVIR DECENTEMENTE!"
¡QUÉ PAPELÓN!

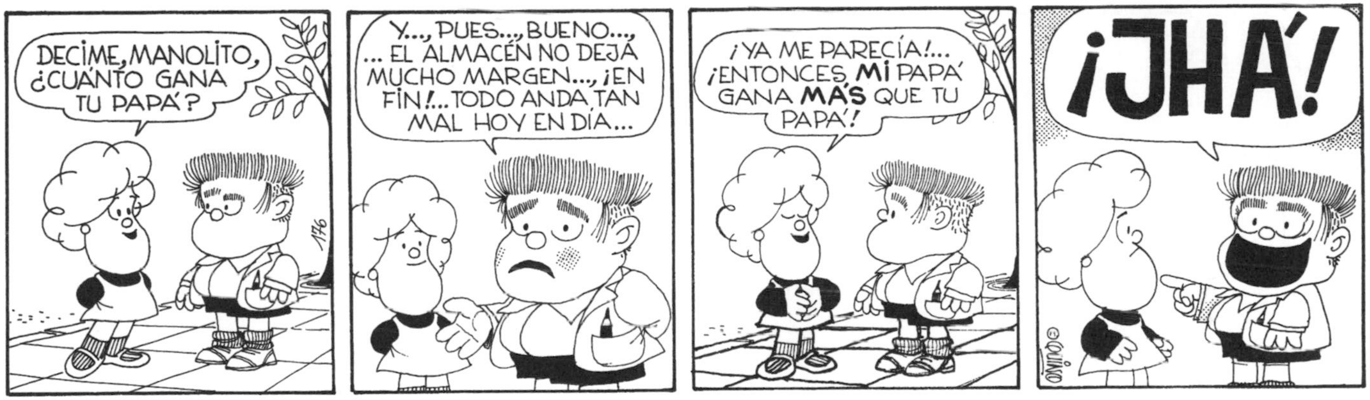
DECIME, MANOLITO, ¿CUÁNTO GANA TU PAPÁ?
Y..., PUES..., BUENO..., ... EL ALMACÉN NO DEJA MUCHO MARGEN..., ¡EN FIN!... TODO ANDA TAN MAL HOY EN DÍA...
¡YA ME PARECÍA!... ¡ENTONCES MI PAPÁ GANA MÁS QUE TU PAPÁ!
¡JHÁ!

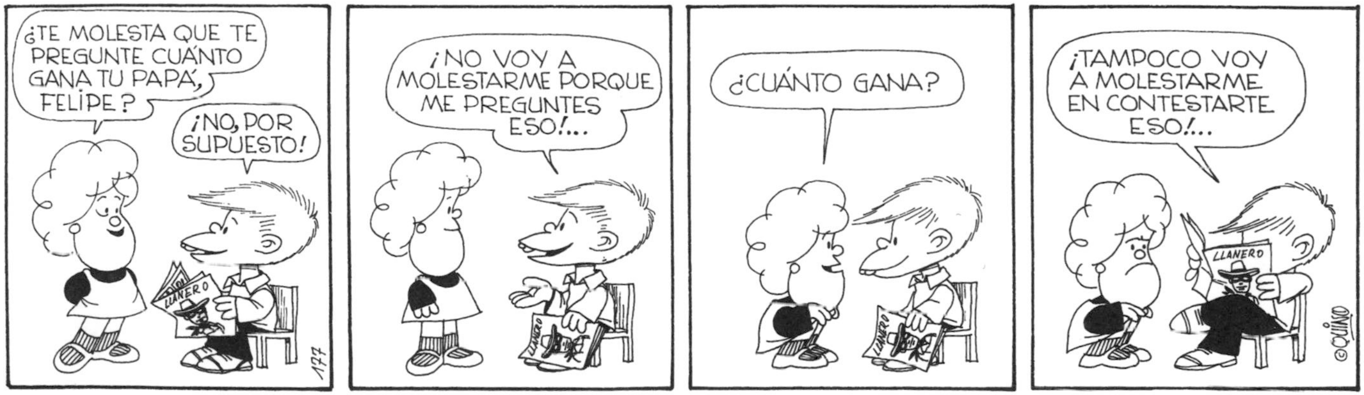
¿TE MOLESTA QUE TE PREGUNTE CUÁNTO GANA TU PAPÁ, FELIPE?
¡NO, POR SUPUESTO!
¡NO VOY A MOLESTARME PORQUE ME PREGUNTES ESO!...
¿CUÁNTO GANA?
¡TAMPOCO VOY A MOLESTARME EN CONTESTARTE ESO!...

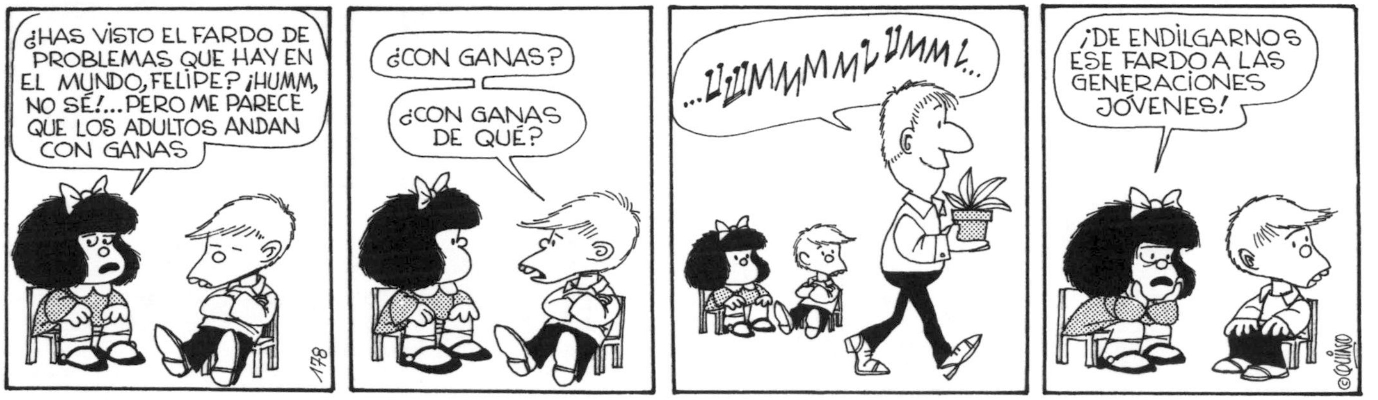
¿HAS VISTO EL FARDO DE PROBLEMAS QUE HAY EN EL MUNDO, FELIPE? ¡HUMM, NO SÉ!... PERO ME PARECE QUE LOS ADULTOS ANDAN CON GANAS
178
¿CON GANAS?
¿CON GANAS DE QUÉ?
...UUMMMMLUMML...
¡DE ENDILGARNOS ESE FARDO A LAS GENERACIONES JÓVENES!
©QUINO

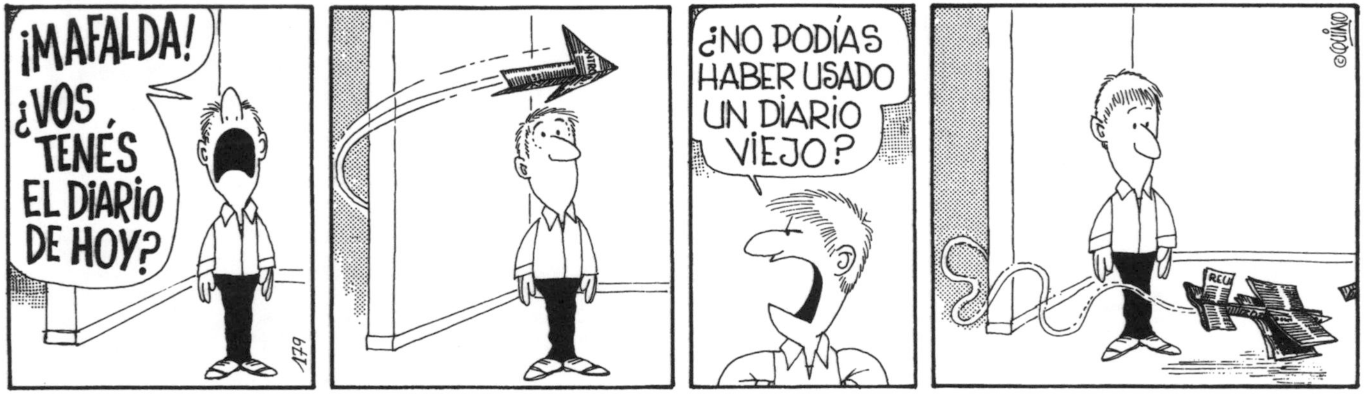
¡MAFALDA! ¿VOS TENÉS EL DIARIO DE HOY?
179
¿NO PODÍAS HABER USADO UN DIARIO VIEJO?
©QUINO

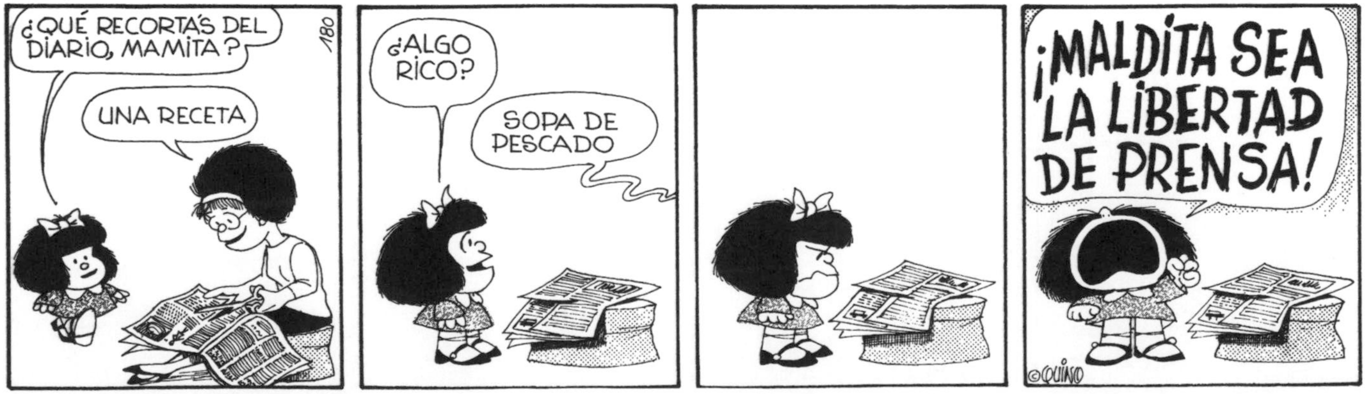
¿QUÉ RECORTÁS DEL DIARIO, MAMITA?
180
UNA RECETA
¿ALGO RICO?
SOPA DE PESCADO
¡MALDITA SEA LA LIBERTAD DE PRENSA!
©QUINO

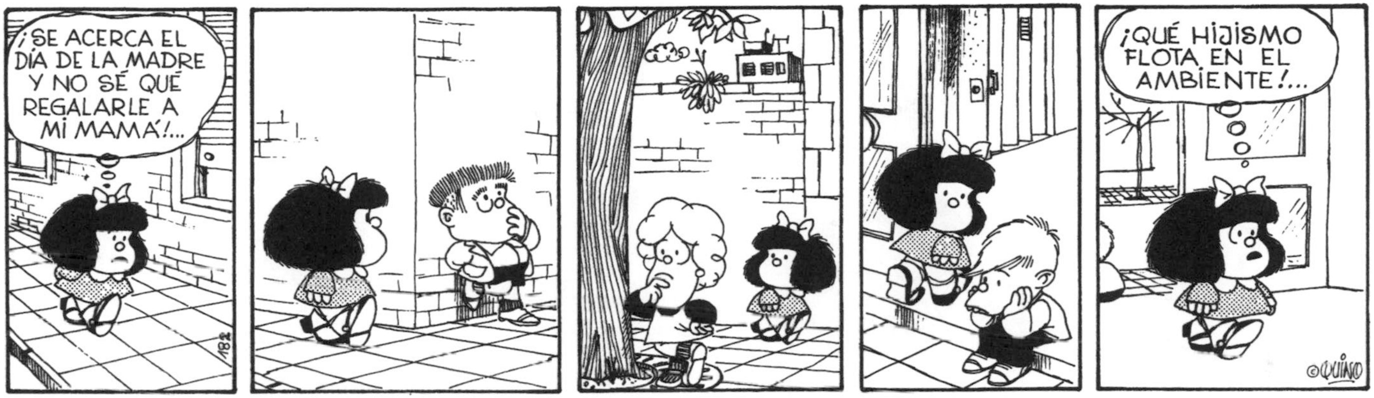
¡SE ACERCA EL DÍA DE LA MADRE Y NO SÉ QUÉ REGALARLE A MI MAMÁ!...
¡QUÉ HIJISMO FLOTA EN EL AMBIENTE!...

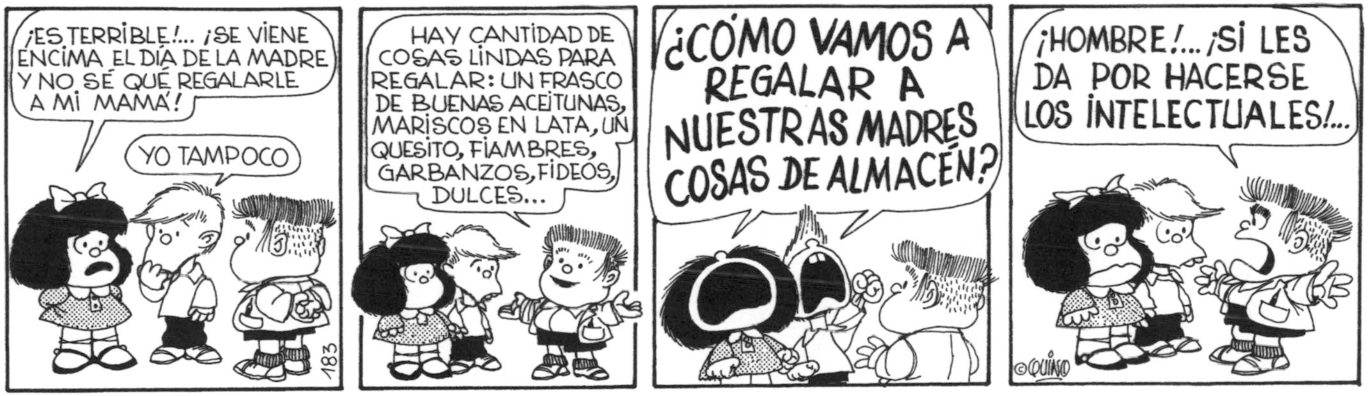
¡ES TERRIBLE!... ¡SE VIENE ENCIMA EL DÍA DE LA MADRE Y NO SÉ QUÉ REGALARLE A MI MAMÁ!
YO TAMPOCO
HAY CANTIDAD DE COSAS LINDAS PARA REGALAR: UN FRASCO DE BUENAS ACEITUNAS, MARISCOS EN LATA, UN QUESITO, FIAMBRES, GARBANZOS, FIDEOS, DULCES...
¿CÓMO VAMOS A REGALAR A NUESTRAS MADRES COSAS DE ALMACÉN?
¡HOMBRE!... ¡SI LES DA POR HACERSE LOS INTELECTUALES!...

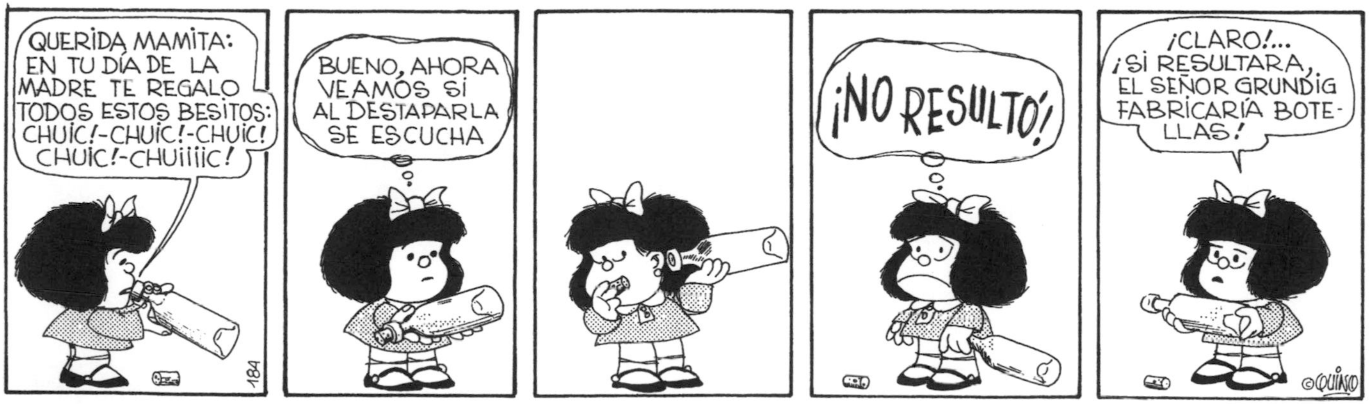
QUERIDA MAMITA: EN TU DÍA DE LA MADRE TE REGALO TODOS ESTOS BESITOS: CHUIC!-CHUIC!-CHUIC! CHUIC!-CHUIIIIC!
BUENO, AHORA VEAMOS SI AL DESTAPARLA SE ESCUCHA
¡NO RESULTÓ!
¡CLARO!... ¡SI RESULTARA, EL SEÑOR GRUNDIG FABRICARÍA BOTELLAS!

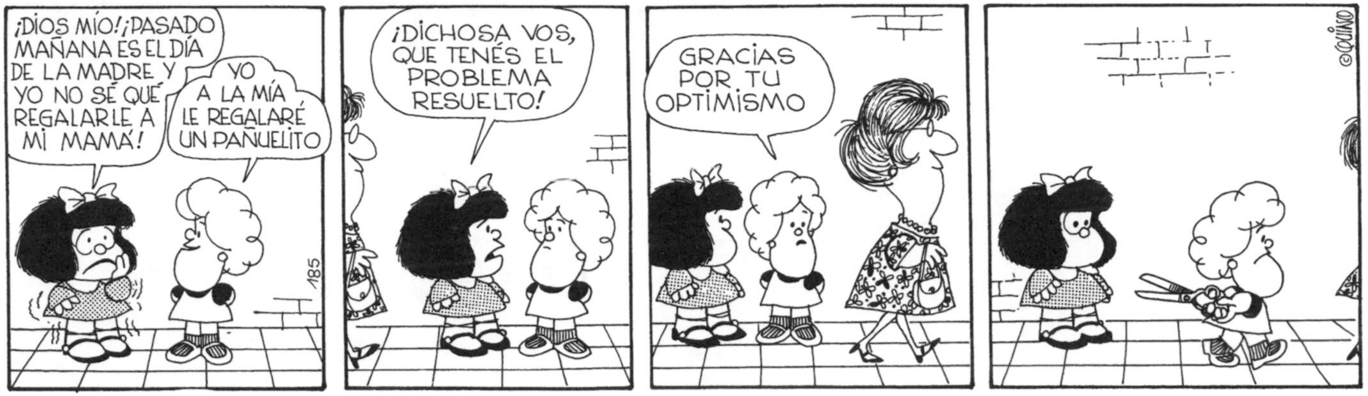
¡DIOS MÍO! ¡PASADO MAÑANA ES EL DÍA DE LA MADRE Y YO NO SÉ QUÉ REGALARLE A MI MAMÁ!
YO A LA MÍA LE REGALARÉ UN PAÑUELITO
185
¡DICHOSA VOS, QUE TENÉS EL PROBLEMA RESUELTO!
GRACIAS POR TU OPTIMISMO
©QUINO

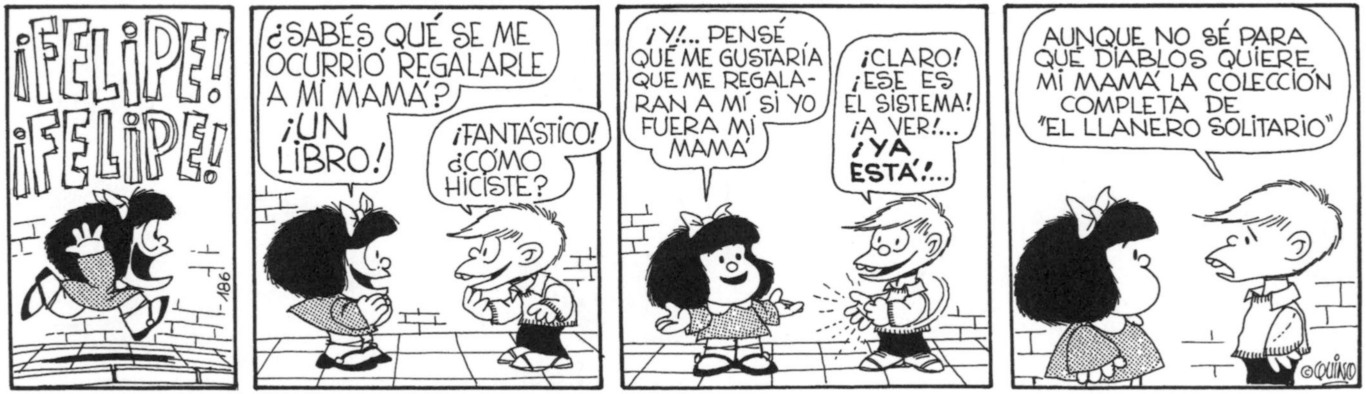
¡FELIPE! ¡FELIPE!
186
¿SABÉS QUÉ SE ME OCURRIÓ REGALARLE A MI MAMÁ? ¡UN LIBRO!
¡FANTÁSTICO! ¿CÓMO HICISTE?
¡Y!... PENSÉ QUÉ ME GUSTARÍA QUE ME REGALARAN A MÍ SI YO FUERA MI MAMÁ
¡CLARO! ¡ESE ES EL SISTEMA! ¡A VER!... ¡YA ESTÁ!...
AUNQUE NO SÉ PARA QUÉ DIABLOS QUIERE MI MAMÁ LA COLECCIÓN COMPLETA DE "EL LLANERO SOLITARIO"
©QUINO

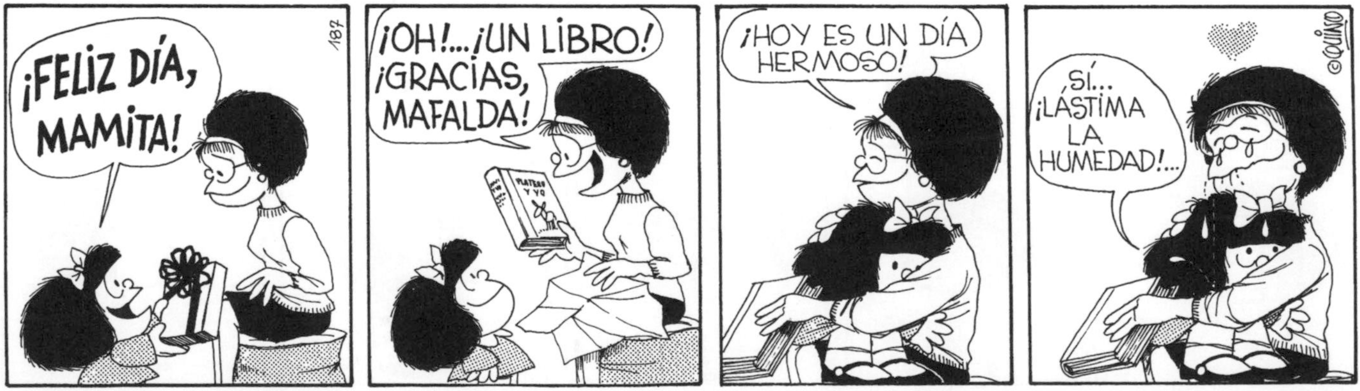
¡FELIZ DÍA, MAMITA!
187
¡OH!... ¡UN LIBRO! ¡GRACIAS, MAFALDA!
PLATERO Y YO
¡HOY ES UN DÍA HERMOSO!
SÍ... ¡LÁSTIMA LA HUMEDAD!...
©QUINO

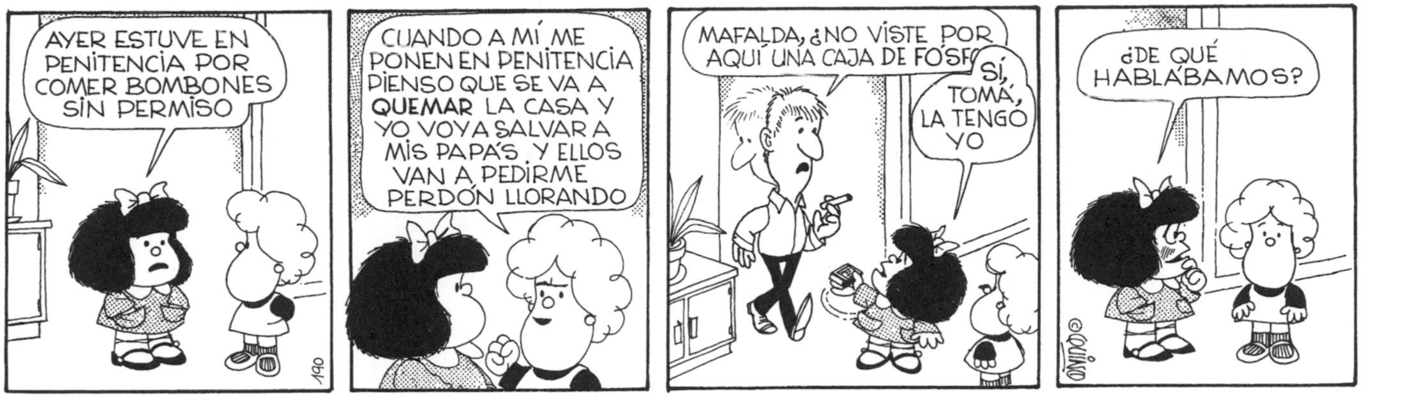
AYER ESTUVE EN PENITENCIA POR COMER BOMBONES SIN PERMISO
CUANDO A MÍ ME PONEN EN PENITENCIA PIENSO QUE SE VA A **QUEMAR** LA CASA Y YO VOY A SALVAR A MIS PAPÁS Y ELLOS VAN A PEDIRME PERDÓN LLORANDO
MAFALDA, ¿NO VISTE POR AQUÍ UNA CAJA DE FÓSF
SÍ, TOMÁ, LA TENGO YO
¿DE QUÉ HABLÁBAMOS?

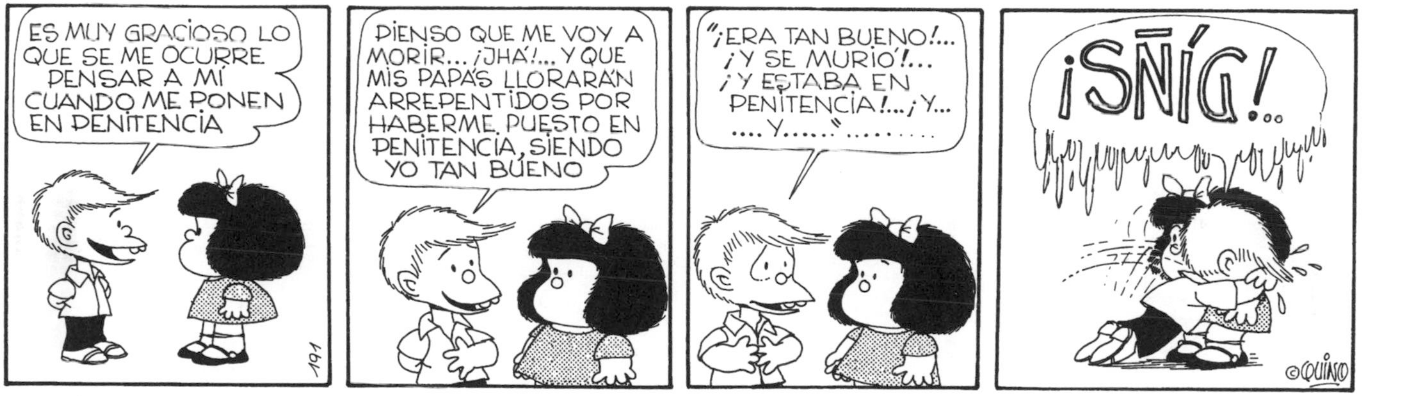
ES MUY GRACIOSO LO QUE SE ME OCURRE PENSAR A MÍ CUANDO ME PONEN EN PENITENCIA
PIENSO QUE ME VOY A MORIR... ¡JHÁ!... Y QUE MIS PAPÁS LLORARÁN ARREPENTIDOS POR HABERME PUESTO EN PENITENCIA, SIENDO YO TAN BUENO
"¡ERA TAN BUENO!... ¡Y SE MURIÓ!... ¡Y ESTABA EN PENITENCIA!... ¡Y... .... Y....." ....
¡SÑIG!..

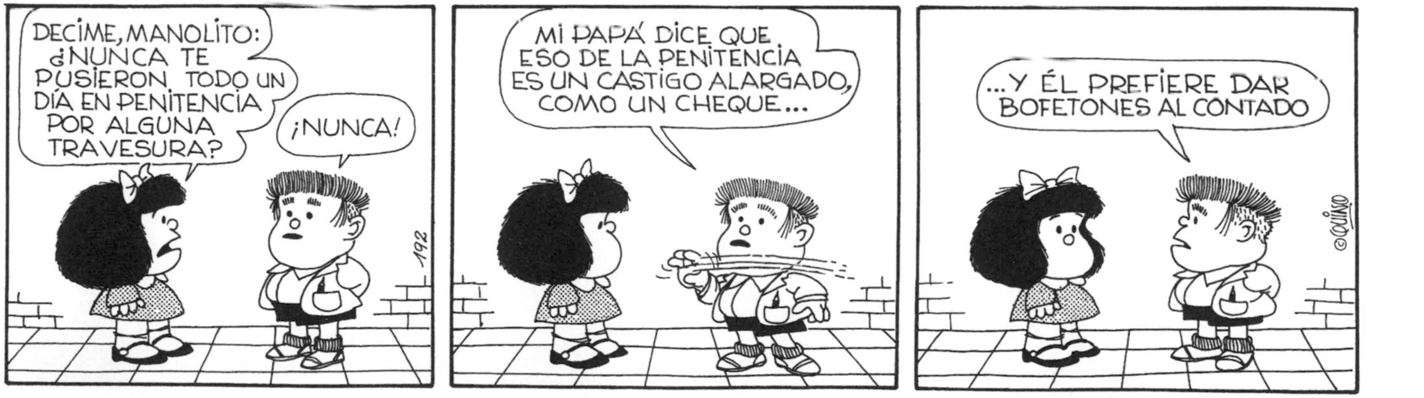
DECIME, MANOLITO: ¿NUNCA TE PUSIERON TODO UN DÍA EN PENITENCIA POR ALGUNA TRAVESURA?
¡NUNCA!
MI PAPÁ DICE QUE ESO DE LA PENITENCIA ES UN CASTIGO ALARGADO, COMO UN CHEQUE...
...Y ÉL PREFIERE DAR BOFETONES AL CONTADO

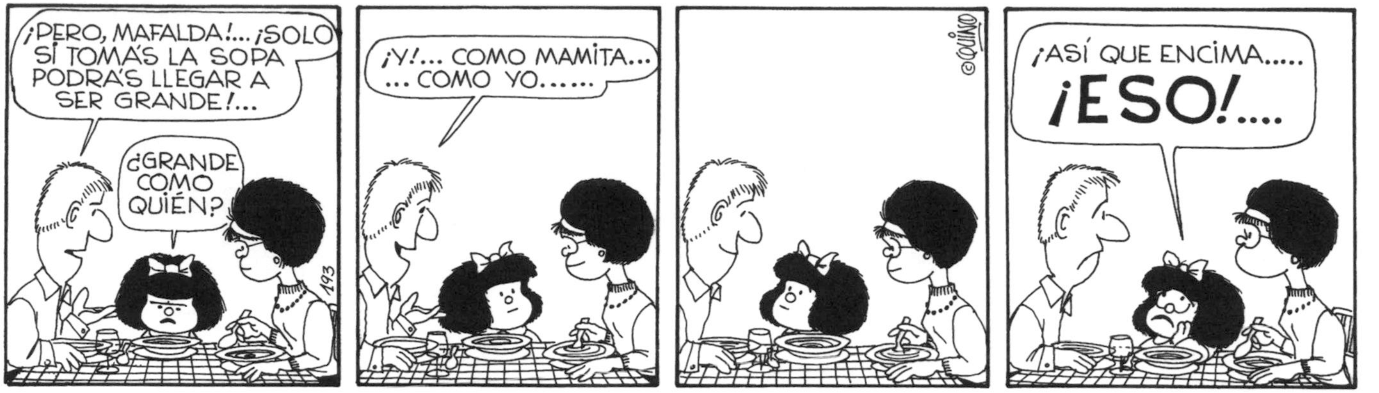
¡PERO, MAFALDA!... ¡SOLO SÍ TOMÁS LA SOPA PODRÁS LLEGAR A SER GRANDE!...
¿GRANDE COMO QUIÉN?
193
¡Y!... COMO MAMITA... ... COMO YO......
©QUINO
¡ASÍ QUE ENCIMA..... ¡ESO!....

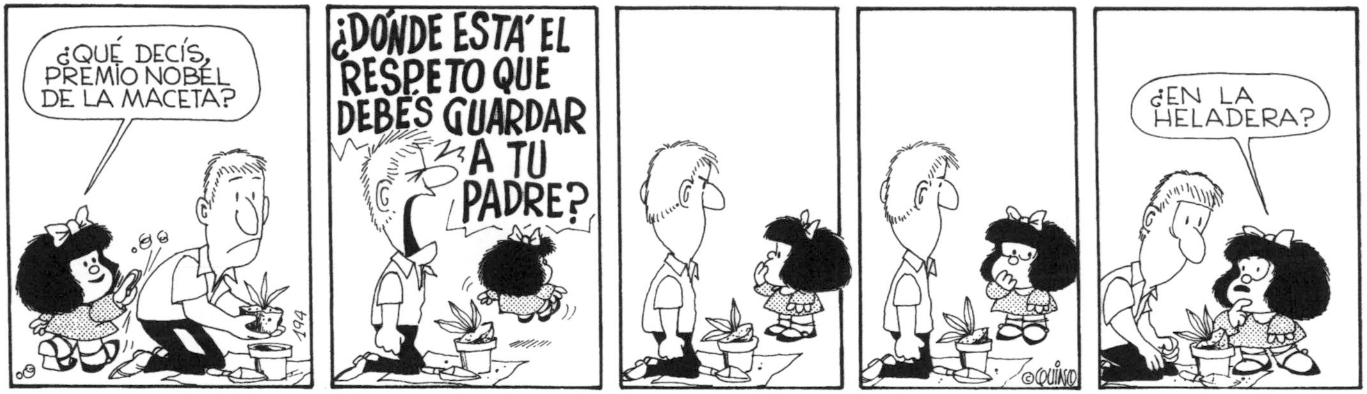
¿QUÉ DECÍS, PREMIO NOBEL DE LA MACETA?
194
¿DÓNDE ESTÁ EL RESPETO QUE DEBÉS GUARDAR A TU PADRE?
©QUINO
¿EN LA HELADERA?

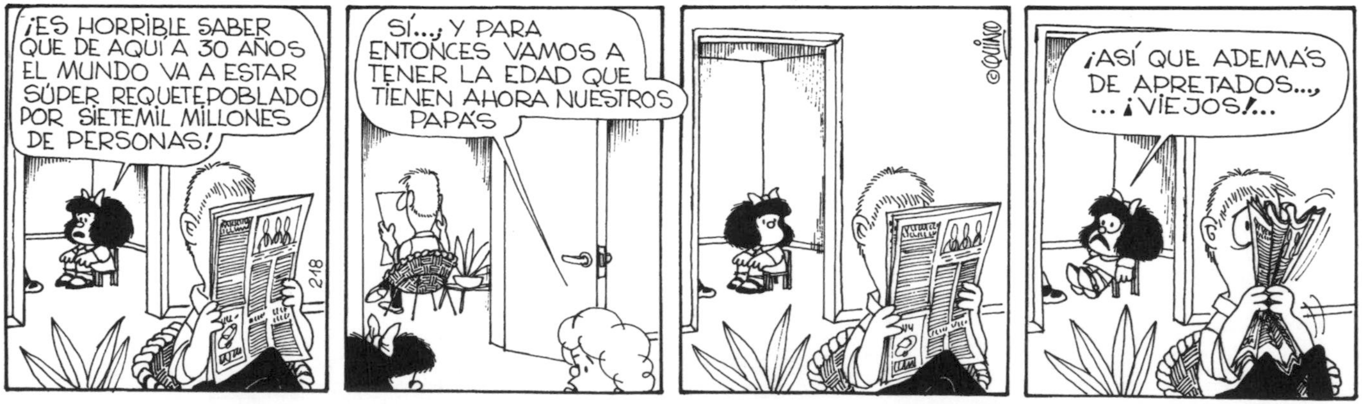
¡ES HORRIBLE SABER QUE DE AQUÍ A 30 AÑOS EL MUNDO VA A ESTAR SÚPER REQUETEPOBLADO POR SIETEMIL MILLONES DE PERSONAS!
218
SÍ..., Y PARA ENTONCES VAMOS A TENER LA EDAD QUE TIENEN AHORA NUESTROS PAPÁS
©QUINO
¡ASÍ QUE ADEMÁS DE APRETADOS..., ... ¡VIEJOS!...

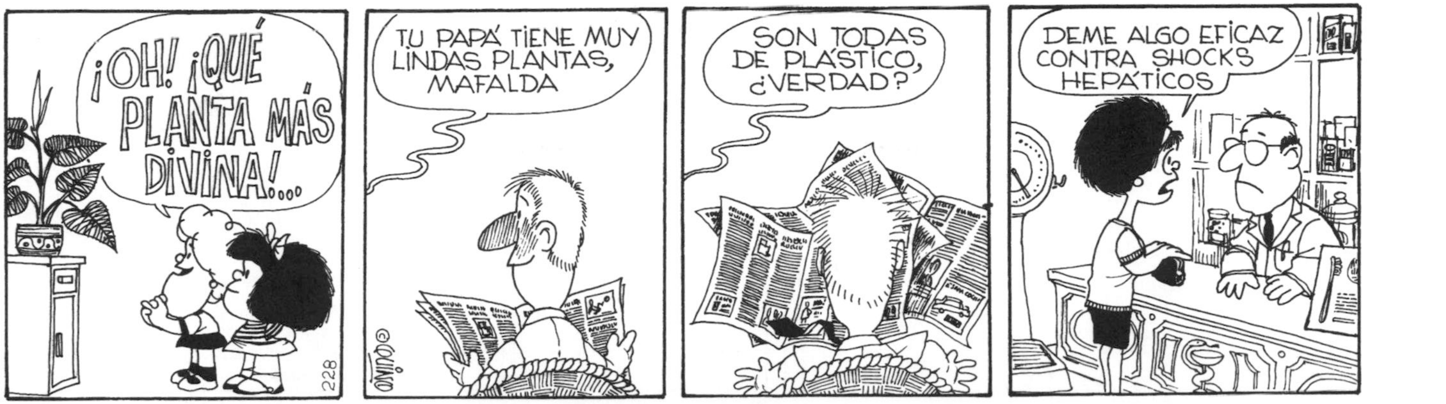
¡OH! ¡QUÉ PLANTA MÁS DIVINA!...
228
TU PAPÁ TIENE MUY LINDAS PLANTAS, MAFALDA
© QUINO
SON TODAS DE PLÁSTICO, ¿VERDAD?
DEME ALGO EFICAZ CONTRA SHOCKS HEPÁTICOS

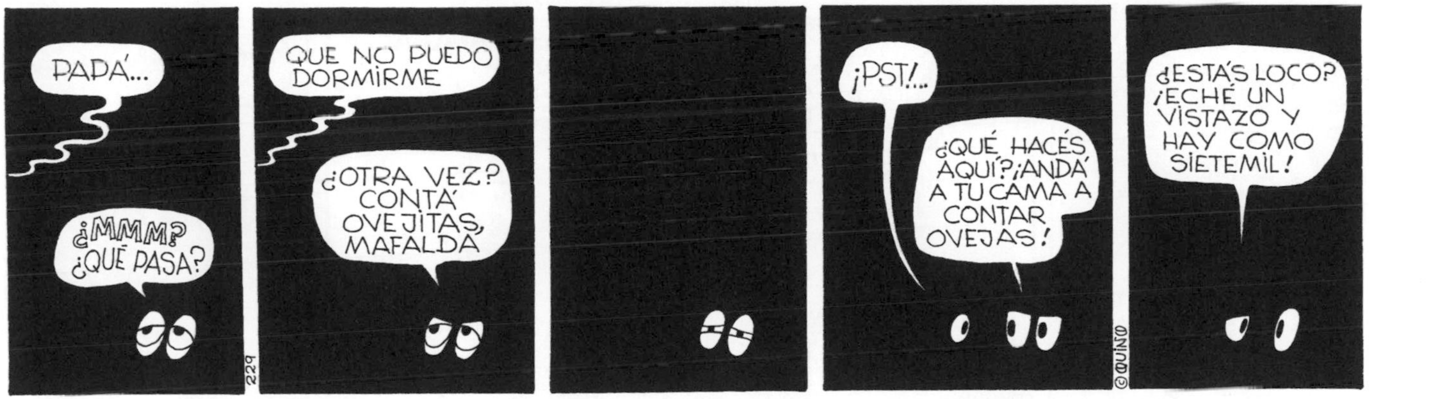
PAPÁ...
¿MMM? ¿QUÉ PASA?
229
QUE NO PUEDO DORMIRME
¿OTRA VEZ? CONTÁ OVEJITAS, MAFALDA
¡PST!...
¿QUÉ HACÉS AQUÍ? ¡ANDÁ A TU CAMA A CONTAR OVEJAS!
© QUINO
¿ESTÁS LOCO? ¡ECHÉ UN VISTAZO Y HAY COMO SIETEMIL!

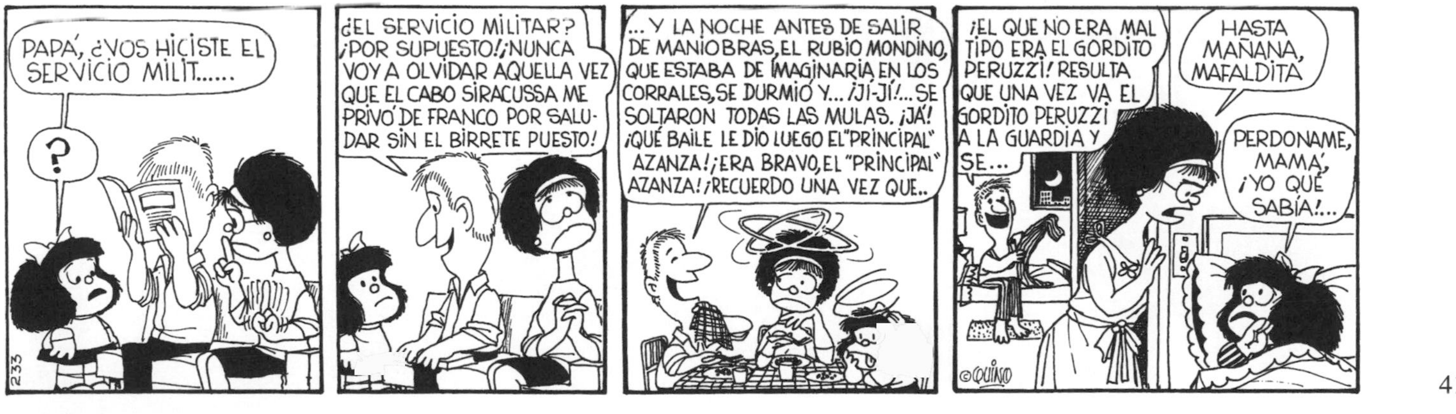
PAPÁ, ¿VOS HICISTE EL SERVICIO MILIT......
?
233
¿EL SERVICIO MILITAR? ¡POR SUPUESTO! ¡NUNCA VOY A OLVIDAR AQUELLA VEZ QUE EL CABO SIRACUSSA ME PRIVÓ DE FRANCO POR SALUDAR SIN EL BIRRETE PUESTO!
...Y LA NOCHE ANTES DE SALIR DE MANIOBRAS, EL RUBIO MONDINO, QUE ESTABA DE IMAGINARIA EN LOS CORRALES, SE DURMIÓ Y... ¡JÍ-JÍ!... SE SOLTARON TODAS LAS MULAS. ¡JA! ¡QUÉ BAILE LE DIO LUEGO EL "PRINCIPAL" AZANZA! ¡ERA BRAVO, EL "PRINCIPAL" AZANZA! ¡RECUERDO UNA VEZ QUE..
¡EL QUE NO ERA MAL TIPO ERA EL GORDITO PERUZZI! RESULTA QUE UNA VEZ VA EL GORDITO PERUZZI A LA GUARDIA Y SE...
HASTA MAÑANA, MAFALDITA
PERDONAME, MAMÁ, ¡YO QUÉ SABÍA!...
© QUINO

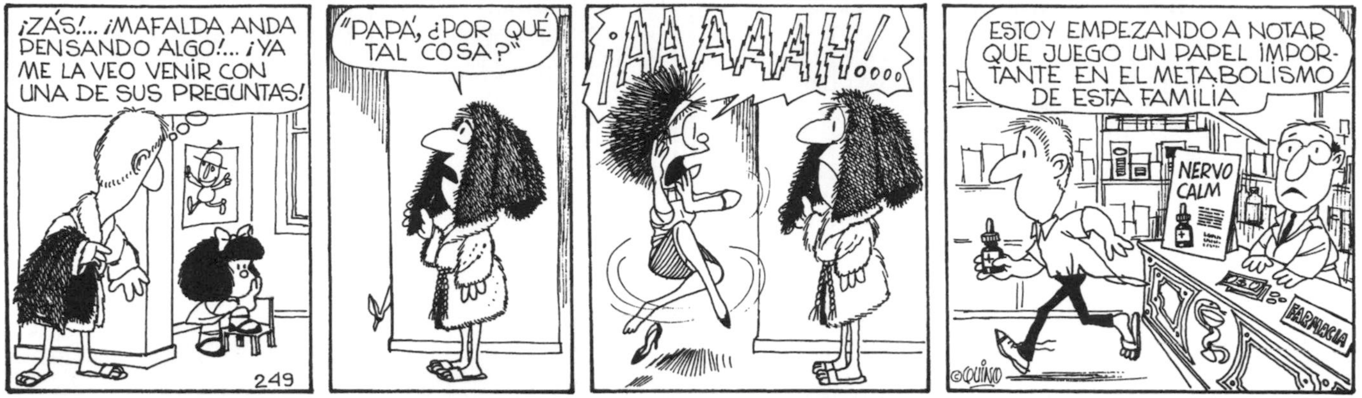
¡ZÁS!... ¡MAFALDA ANDA PENSANDO ALGO!... ¡YA ME LA VEO VENIR CON UNA DE SUS PREGUNTAS!
249
"PAPÁ, ¿POR QUÉ TAL COSA?"
¡AAAAAH!....
ESTOY EMPEZANDO A NOTAR QUE JUEGO UN PAPEL IMPORTANTE EN EL METABOLISMO DE ESTA FAMILIA
NERVO CALM
FARMACIA
©QUINO

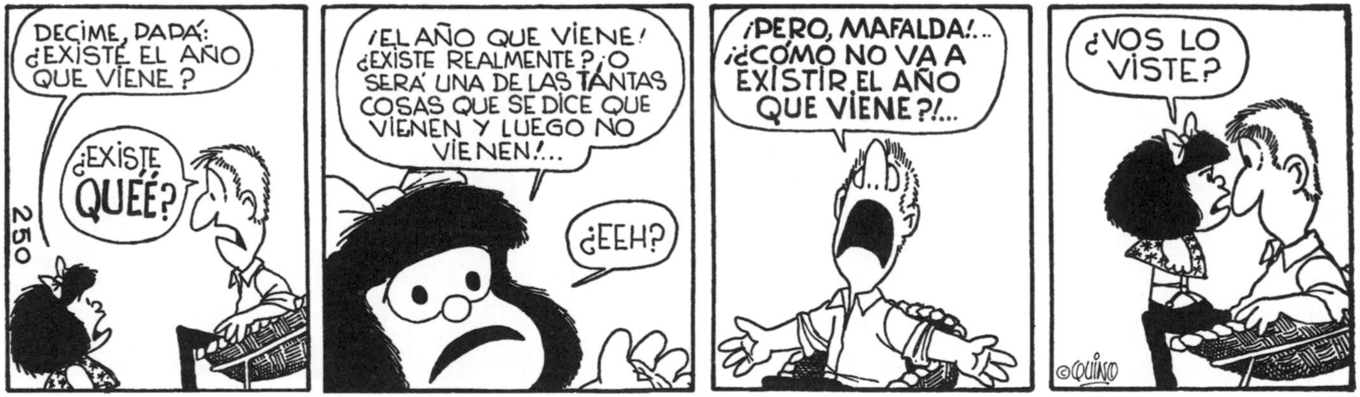
DECIME, PAPÁ: ¿EXISTE EL AÑO QUE VIENE?
¿EXISTE QUEÉ?
250
¡EL AÑO QUE VIENE! ¿EXISTE REALMENTE? ¿O SERÁ UNA DE LAS TANTAS COSAS QUE SE DICE QUE VIENEN Y LUEGO NO VIENEN!...
¿EEH?
¡PERO, MAFALDA!... ¡¿CÓMO NO VA A EXISTIR EL AÑO QUE VIENE?!...
¿VOS LO VISTE?
©QUINO

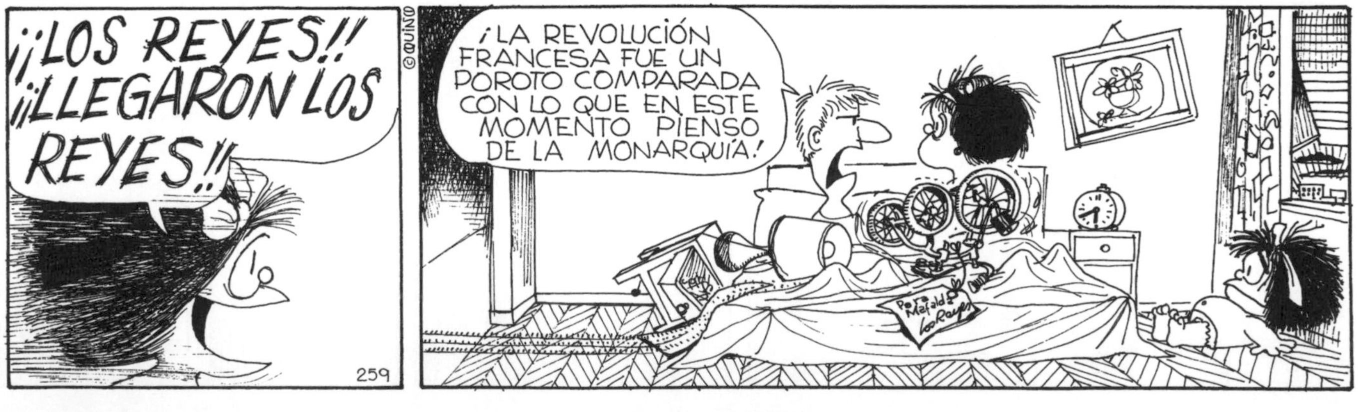
¡¡LOS REYES!! ¡¡LLEGARON LOS REYES!!
259
©QUINO
¡LA REVOLUCIÓN FRANCESA FUE UN POROTO COMPARADA CON LO QUE EN ESTE MOMENTO PIENSO DE LA MONARQUÍA!

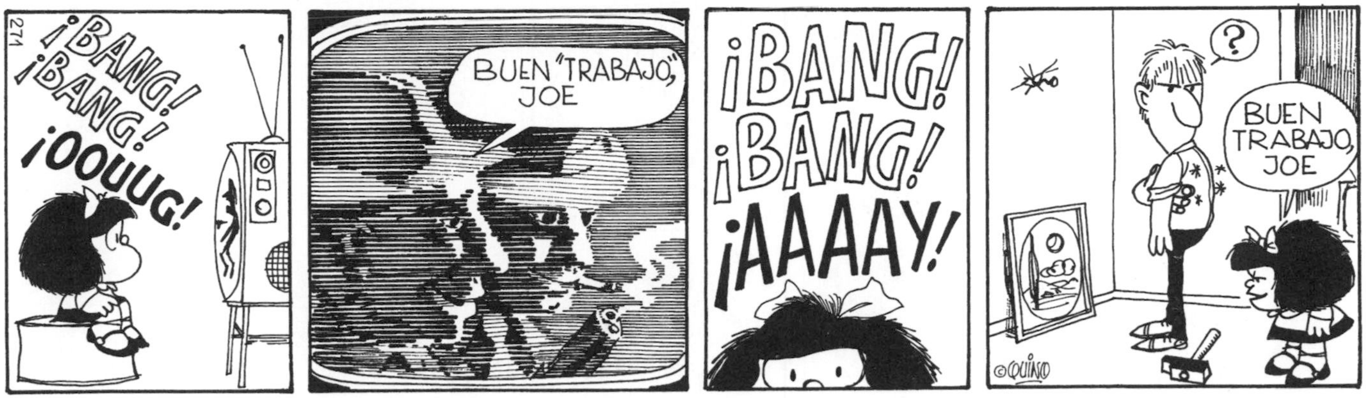
271
¡BANG! ¡BANG! ¡OOUUG!
BUEN "TRABAJO" JOE
¡BANG! ¡BANG! ¡AAAAY!
?
BUEN TRABAJO, JOE
©QUINO

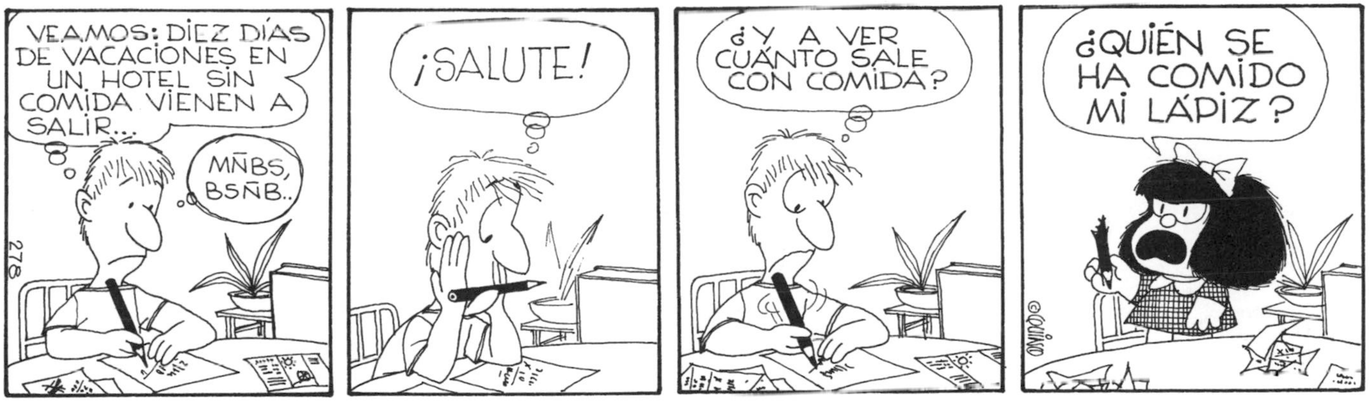
278
VEAMOS: DIEZ DÍAS DE VACACIONES EN UN HOTEL SIN COMIDA VIENEN A SALIR...
MÑBS, BSÑB..
¡SALUTE!
¿Y A VER CUÁNTO SALE CON COMIDA?
¿QUIÉN SE HA COMIDO MI LÁPIZ?
©QUINO

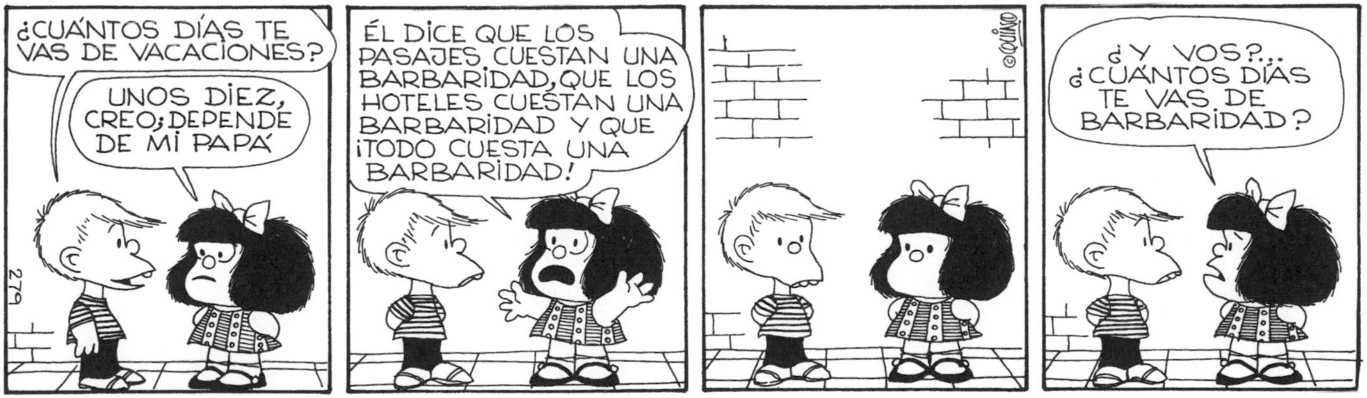
279
¿CUÁNTOS DÍAS TE VAS DE VACACIONES?
UNOS DIEZ, CREO; DEPENDE DE MI PAPÁ
ÉL DICE QUE LOS PASAJES CUESTAN UNA BARBARIDAD, QUE LOS HOTELES CUESTAN UNA BARBARIDAD Y QUE ¡TODO CUESTA UNA BARBARIDAD!
©QUINO
¿Y VOS?... ¿CUÁNTOS DÍAS TE VAS DE BARBARIDAD?

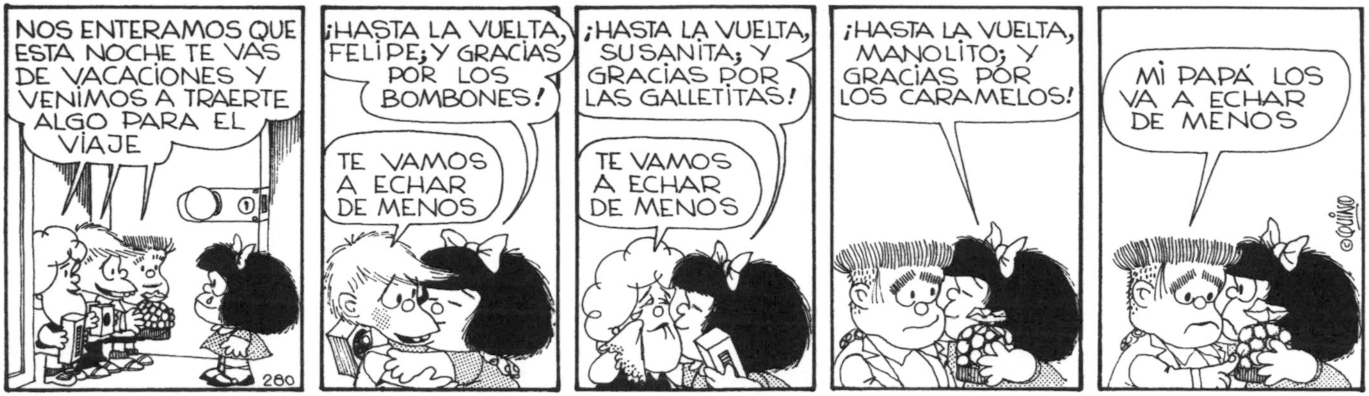
NOS ENTERAMOS QUE ESTA NOCHE TE VAS DE VACACIONES Y VENIMOS A TRAERTE ALGO PARA EL VIAJE
280
¡HASTA LA VUELTA, FELIPE; Y GRACIAS POR LOS BOMBONES!
TE VAMOS A ECHAR DE MENOS
¡HASTA LA VUELTA, SUSANITA; Y GRACIAS POR LAS GALLETITAS!
TE VAMOS A ECHAR DE MENOS
¡HASTA LA VUELTA, MANOLITO; Y GRACIAS POR LOS CARAMELOS!
MI PAPÁ LOS VA A ECHAR DE MENOS
© QUINO

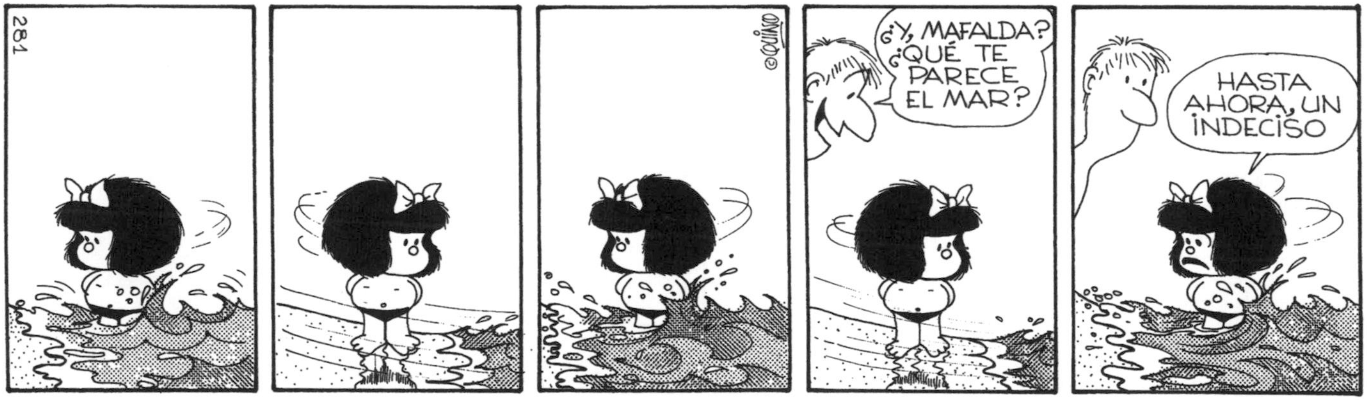
281
© QUINO
¿Y, MAFALDA? ¿QUÉ TE PARECE EL MAR?
HASTA AHORA, UN INDECISO

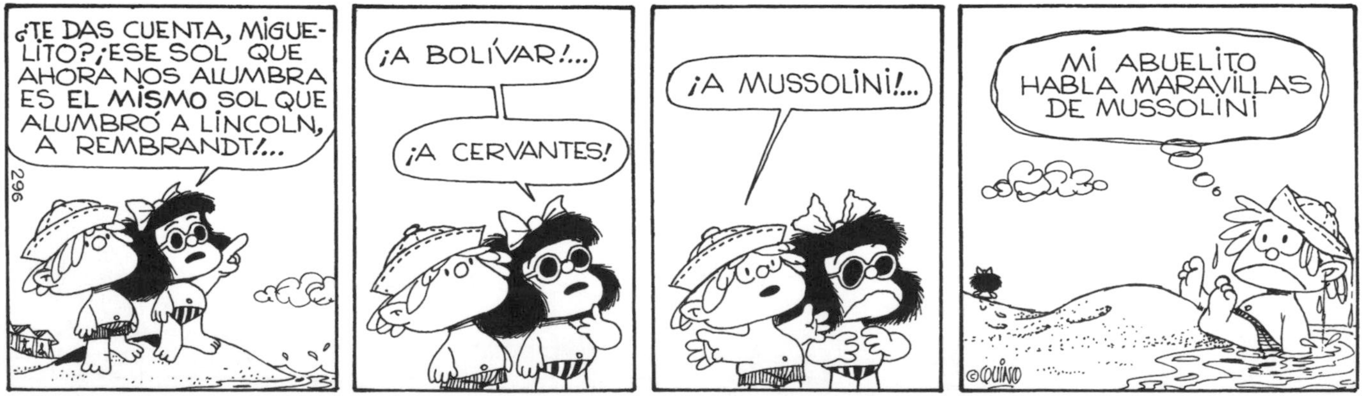
¿TE DAS CUENTA, MIGUELITO? ¡ESE SOL QUE AHORA NOS ALUMBRA ES EL MISMO SOL QUE ALUMBRÓ A LINCOLN, A REMBRANDT!...
296
¡A BOLÍVAR!...
¡A CERVANTES!
¡A MUSSOLINI!...
MI ABUELITO HABLA MARAVILLAS DE MUSSOLINI
© QUINO

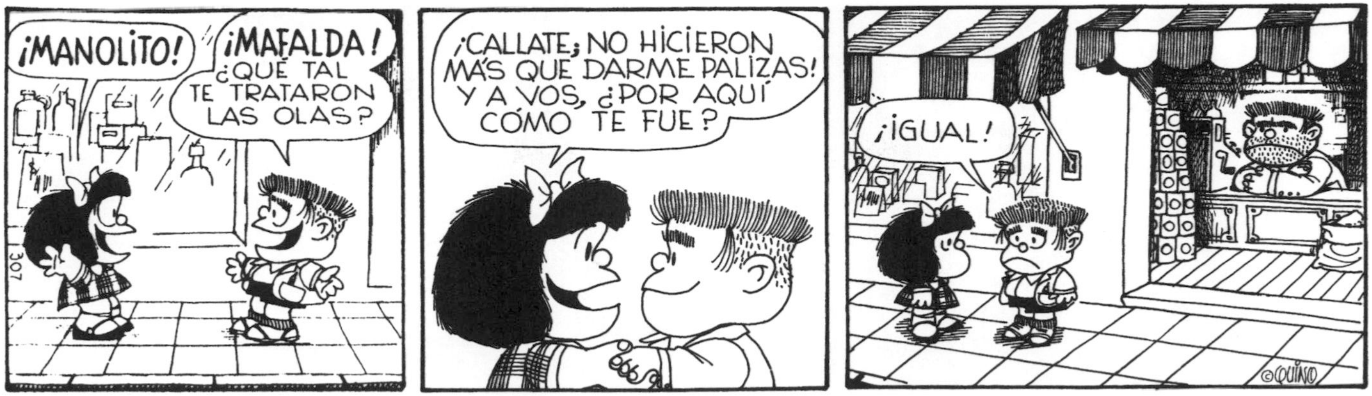
307
¡MANOLITO!
¡MAFALDA! ¿QUÉ TAL TE TRATARON LAS OLAS?
¡CALLATE; NO HICIERON MÁS QUE DARME PALIZAS! Y A VOS, ¿POR AQUÍ CÓMO TE FUE?
¡IGUAL!
©QUINO

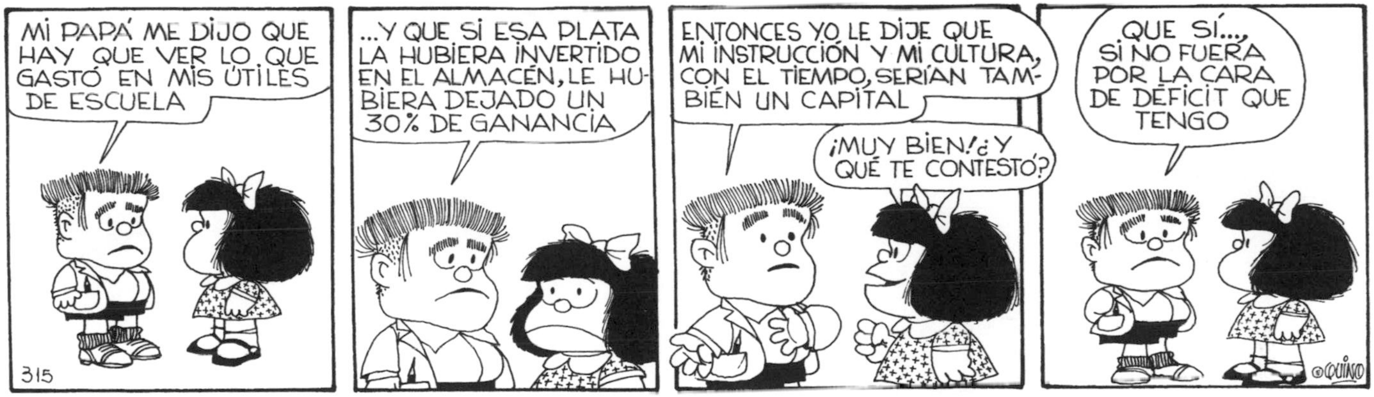
MI PAPÁ ME DIJO QUE HAY QUE VER LO QUE GASTÓ EN MIS ÚTILES DE ESCUELA
315
...Y QUE SI ESA PLATA LA HUBIERA INVERTIDO EN EL ALMACÉN, LE HUBIERA DEJADO UN 30% DE GANANCIA
ENTONCES YO LE DIJE QUE MI INSTRUCCIÓN Y MI CULTURA, CON EL TIEMPO, SERÍAN TAMBIÉN UN CAPITAL
¡MUY BIEN! ¿Y QUÉ TE CONTESTÓ?
QUE SÍ..., SI NO FUERA POR LA CARA DE DÉFICIT QUE TENGO
©QUINO

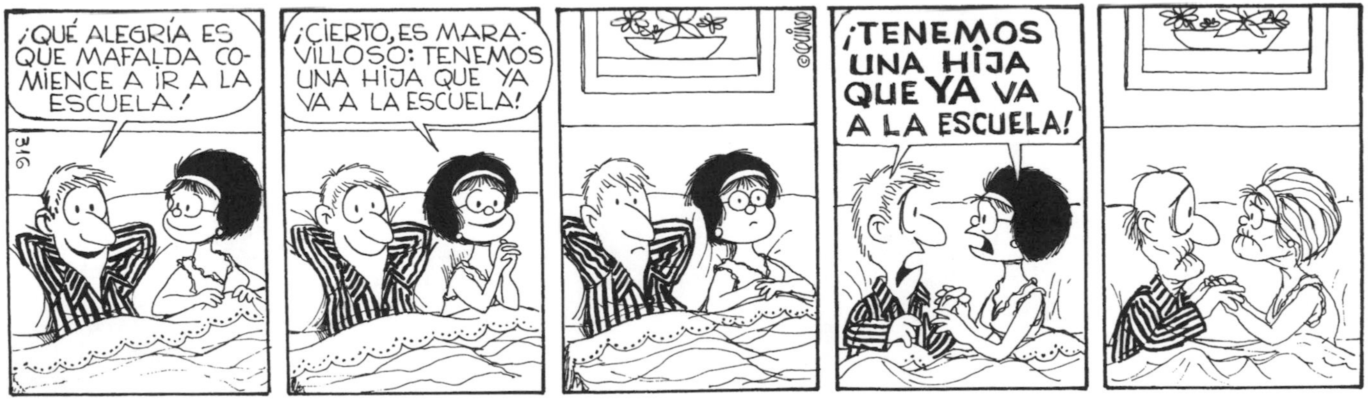
¡QUÉ ALEGRÍA ES QUE MAFALDA COMIENCE A IR A LA ESCUELA!
316
¡CIERTO, ES MARAVILLOSO: TENEMOS UNA HIJA QUE YA VA A LA ESCUELA!
©QUINO
¡TENEMOS UNA HIJA QUE YA VA A LA ESCUELA!

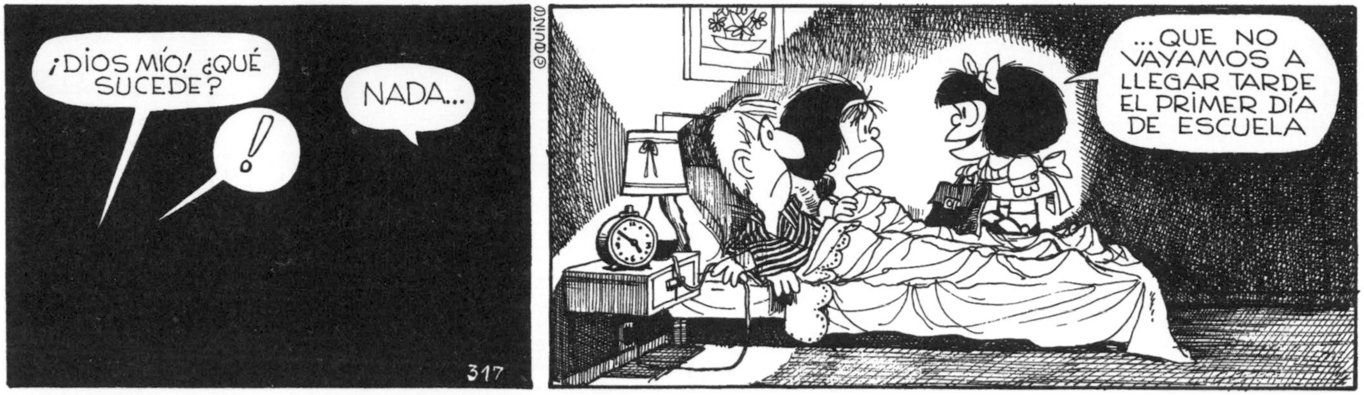
¡DIOS MÍO! ¿QUÉ SUCEDE?
!
NADA...
...QUE NO VAYAMOS A LLEGAR TARDE EL PRIMER DÍA DE ESCUELA

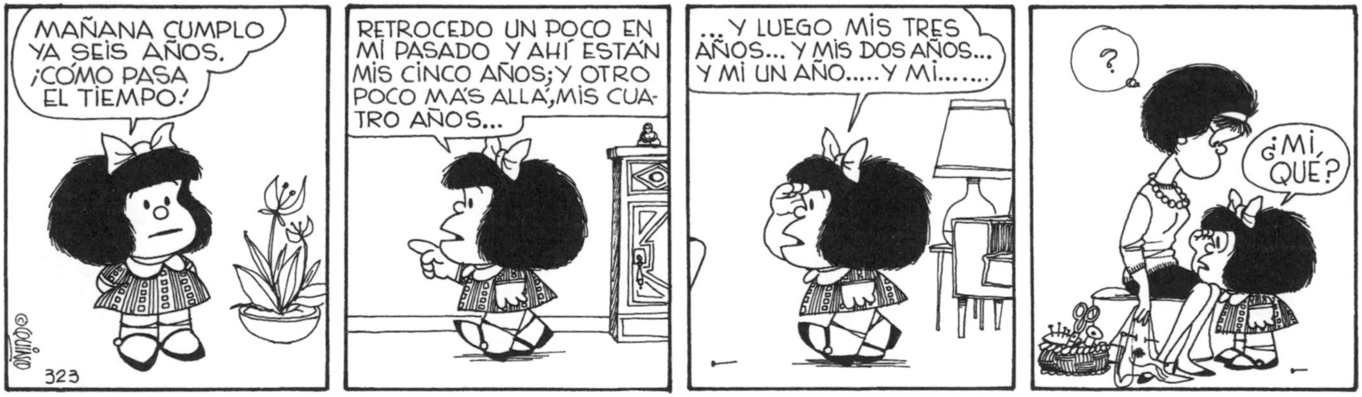
MAÑANA CUMPLO YA SEIS AÑOS. ¡CÓMO PASA EL TIEMPO!
RETROCEDO UN POCO EN MI PASADO Y AHÍ ESTÁN MIS CINCO AÑOS; Y OTRO POCO MÁS ALLÁ, MIS CUATRO AÑOS...
...Y LUEGO MIS TRES AÑOS... Y MIS DOS AÑOS... Y MI UN AÑO..... Y MI......
?
¿MI, QUÉ?

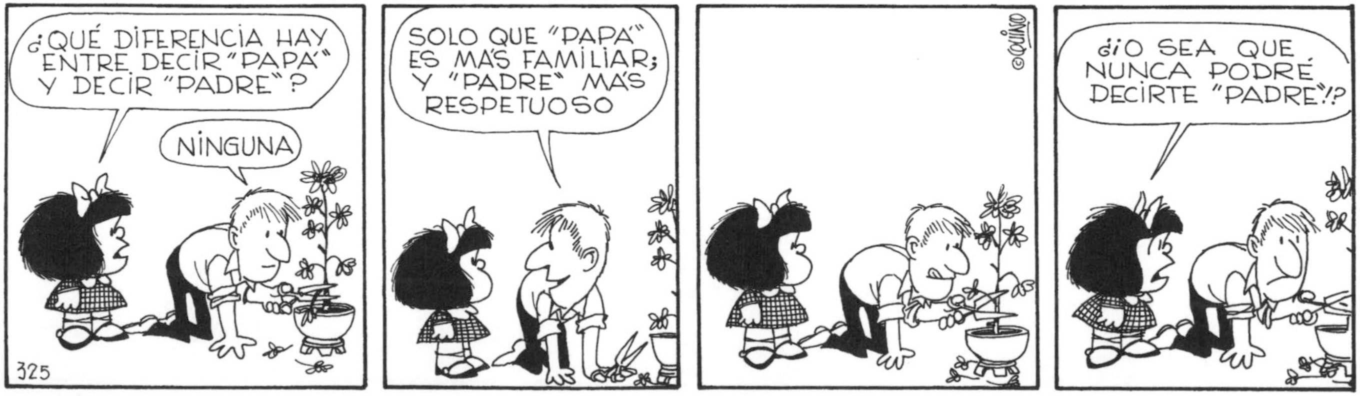
¿QUÉ DIFERENCIA HAY ENTRE DECIR "PAPÁ" Y DECIR "PADRE"?
NINGUNA
SOLO QUE "PAPÁ" ES MÁS FAMILIAR; Y "PADRE" MÁS RESPETUOSO
¿¡O SEA QUE NUNCA PODRÉ DECIRTE "PADRE"!?

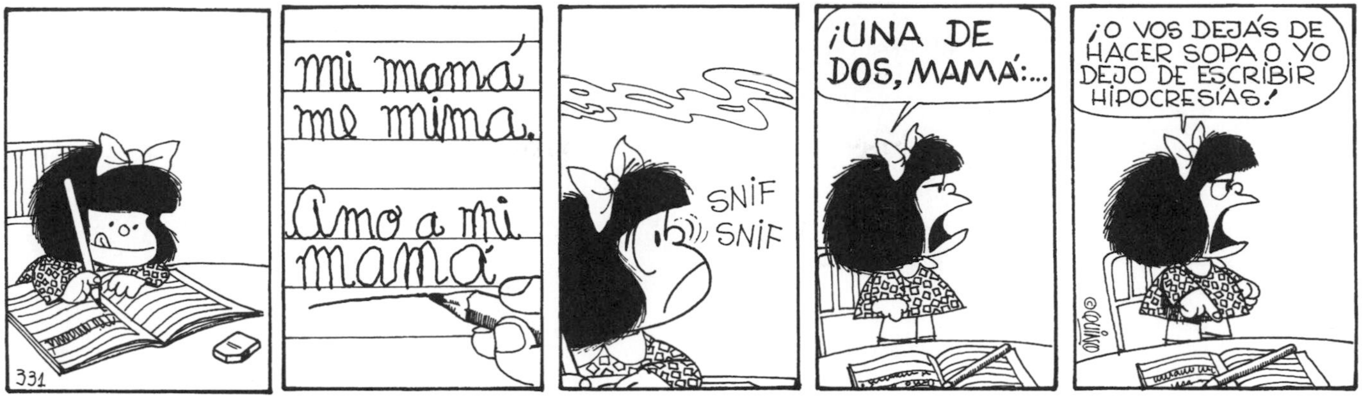
331
mi mamá me mima.
Amo a mi mamá
SNIF SNIF
¡UNA DE DOS, MAMÁ:...
¡O VOS DEJÁS DE HACER SOPA O YO DEJO DE ESCRIBIR HIPOCRESÍAS!

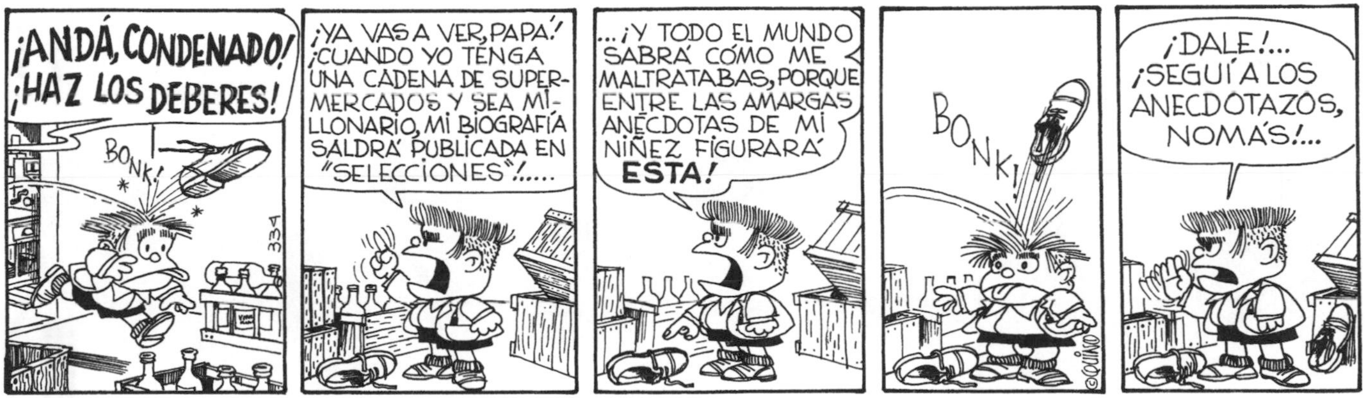
¡ANDÁ, CONDENADO! ¡HAZ LOS DEBERES!
BONK!
334
¡YA VAS A VER, PAPÁ! ¡CUANDO YO TENGA UNA CADENA DE SUPERMERCADOS Y SEA MILLONARIO, MI BIOGRAFÍA SALDRÁ PUBLICADA EN "SELECCIONES"!....
...¡Y TODO EL MUNDO SABRÁ CÓMO ME MALTRATABAS, PORQUE ENTRE LAS AMARGAS ANÉCDOTAS DE MI NIÑEZ FIGURARÁ ESTA!
BONK!
¡DALE!... ¡SEGUÍ A LOS ANECDOTAZOS, NOMÁS!...

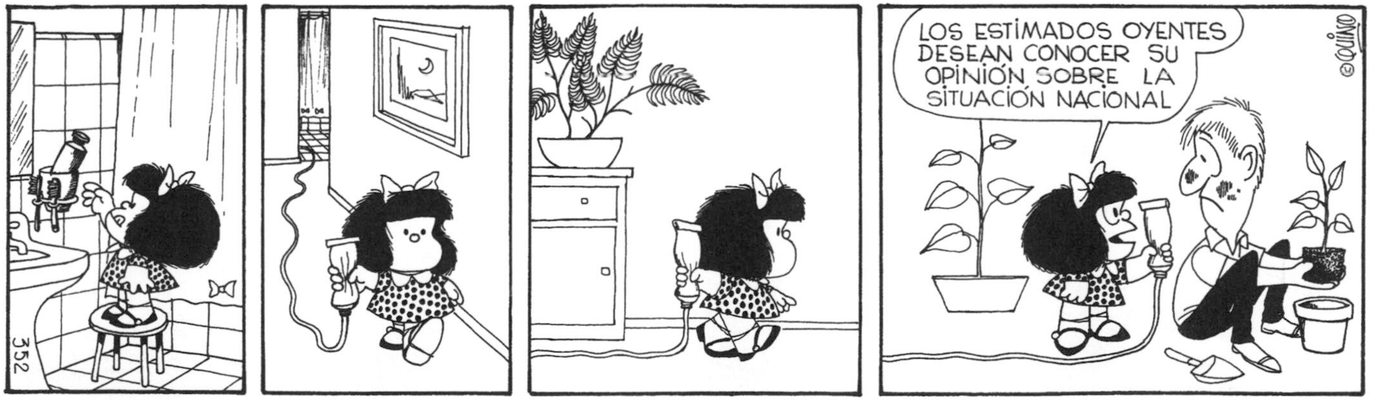
352
LOS ESTIMADOS OYENTES DESEAN CONOCER SU OPINIÓN SOBRE LA SITUACIÓN NACIONAL

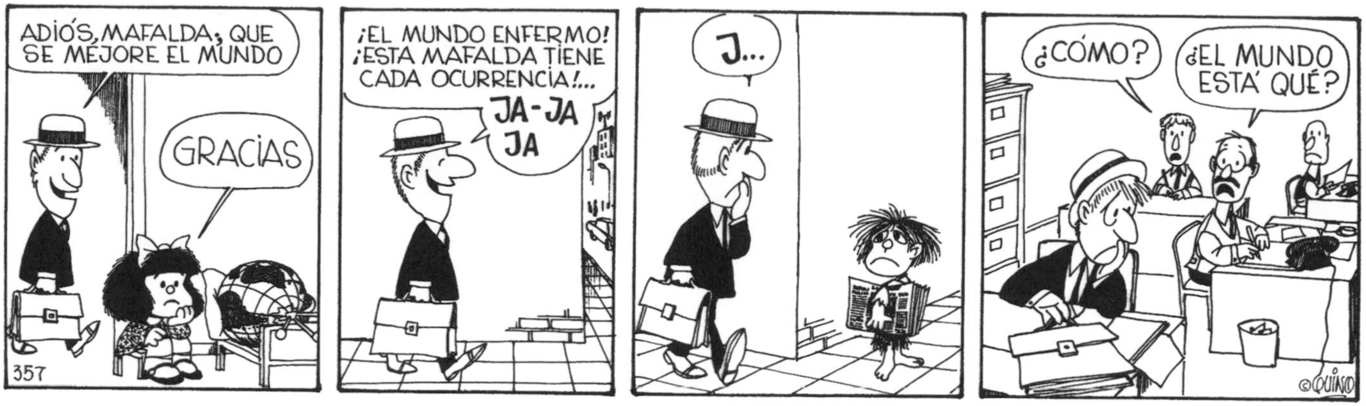
ADIÓS, MAFALDA; QUE SE MEJORE EL MUNDO
GRACIAS
357
¡EL MUNDO ENFERMO! ¡ESTA MAFALDA TIENE CADA OCURRENCIA!...
JA-JA JA
J...
¿CÓMO?
¿EL MUNDO ESTÁ QUÉ?
©QUINO

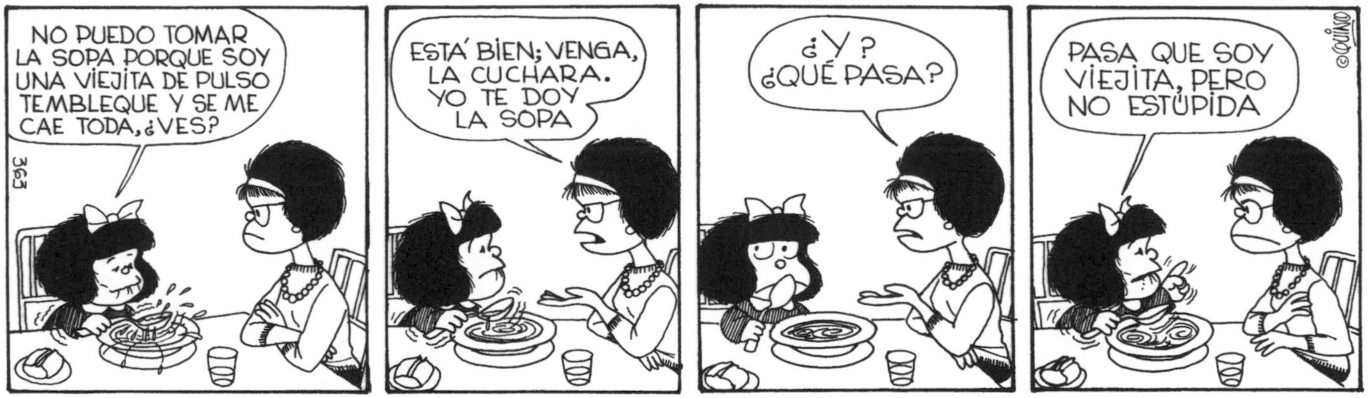
NO PUEDO TOMAR LA SOPA PORQUE SOY UNA VIEJITA DE PULSO TEMBLEQUE Y SE ME CAE TODA, ¿VES?
363
ESTÁ BIEN; VENGA, LA CUCHARA. YO TE DOY LA SOPA
¿Y? ¿QUÉ PASA?
PASA QUE SOY VIEJITA, PERO NO ESTÚPIDA
©QUINO

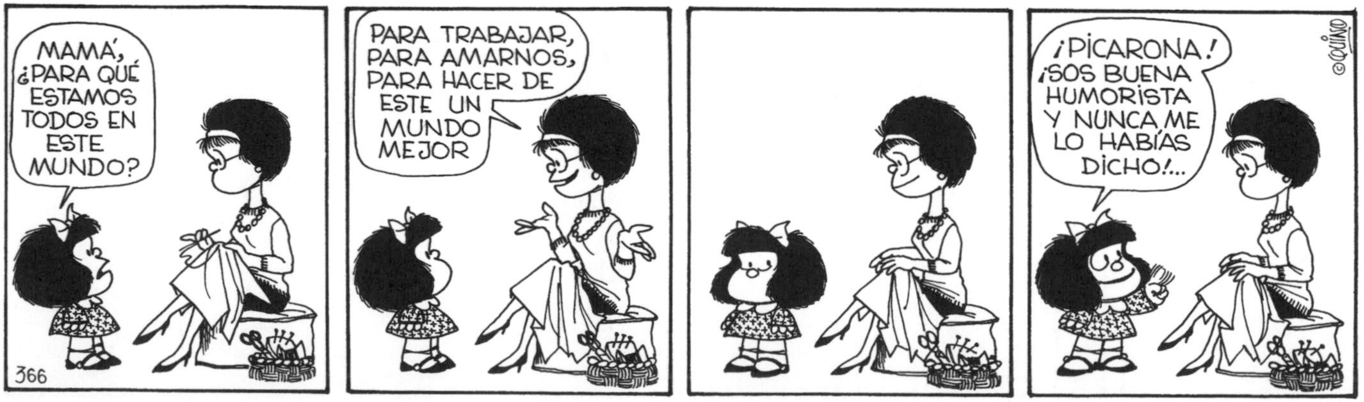
MAMÁ, ¿PARA QUÉ ESTAMOS TODOS EN ESTE MUNDO?
366
PARA TRABAJAR, PARA AMARNOS, PARA HACER DE ESTE UN MUNDO MEJOR
¡PICARONA! ¡SOS BUENA HUMORISTA Y NUNCA ME LO HABÍAS DICHO!...
©QUINO

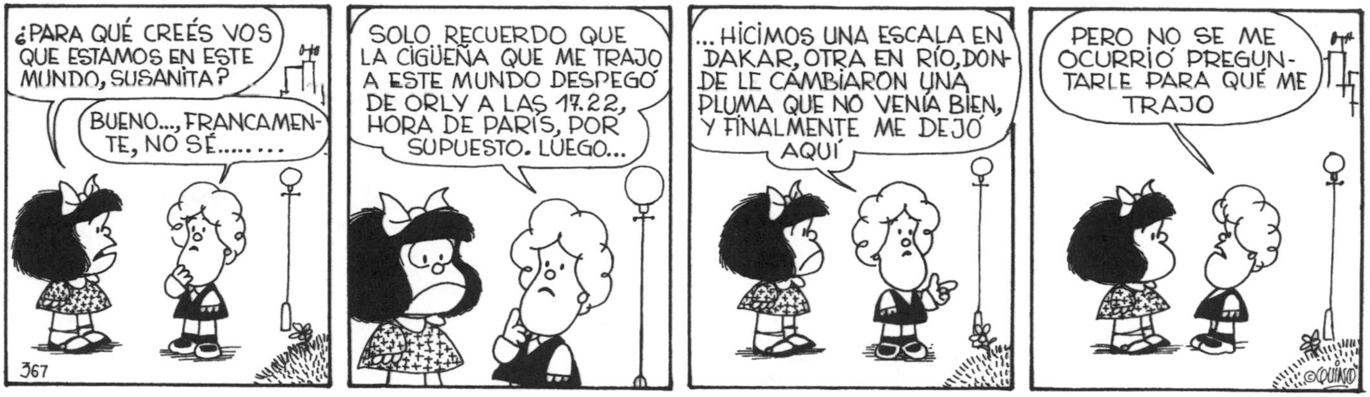
¿PARA QUÉ CREÉS VOS QUE ESTAMOS EN ESTE MUNDO, SUSANITA?
BUENO..., FRANCAMENTE, NO SÉ.........
367
SOLO RECUERDO QUE LA CIGÜEÑA QUE ME TRAJO A ESTE MUNDO DESPEGÓ DE ORLY A LAS 17.22, HORA DE PARÍS, POR SUPUESTO. LUEGO...
... HICIMOS UNA ESCALA EN DAKAR, OTRA EN RÍO, DONDE LE CAMBIARON UNA PLUMA QUE NO VENÍA BIEN, Y FINALMENTE ME DEJÓ AQUÍ
PERO NO SE ME OCURRIÓ PREGUNTARLE PARA QUÉ ME TRAJO
©QUINO
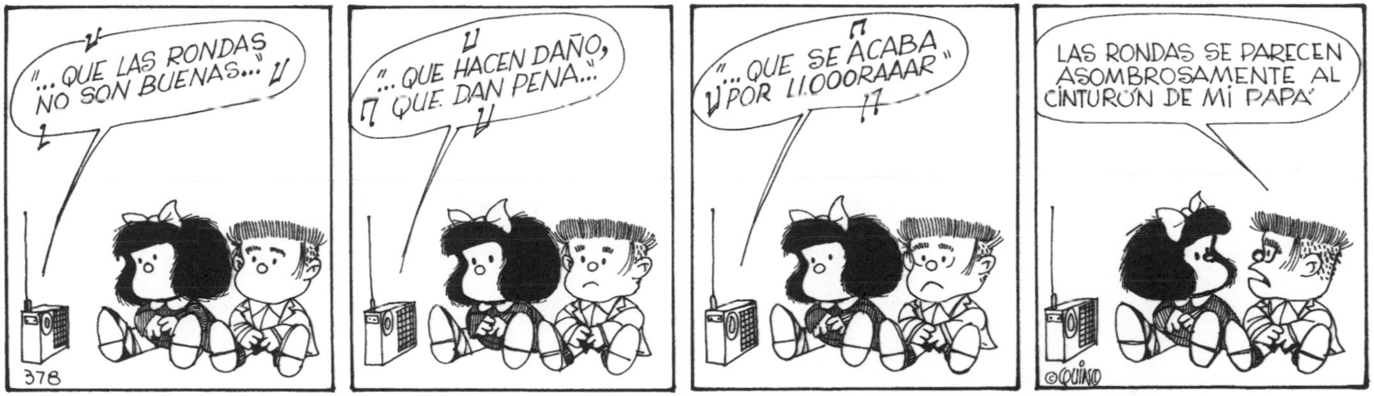
"... QUE LAS RONDAS NO SON BUENAS..."
378
"... QUE HACEN DAÑO, QUE DAN PENA..."
"... QUE SE ACABA POR LLOOORAAAR"
LAS RONDAS SE PARECEN ASOMBROSAMENTE AL CINTURÓN DE MI PAPÁ
©QUINO
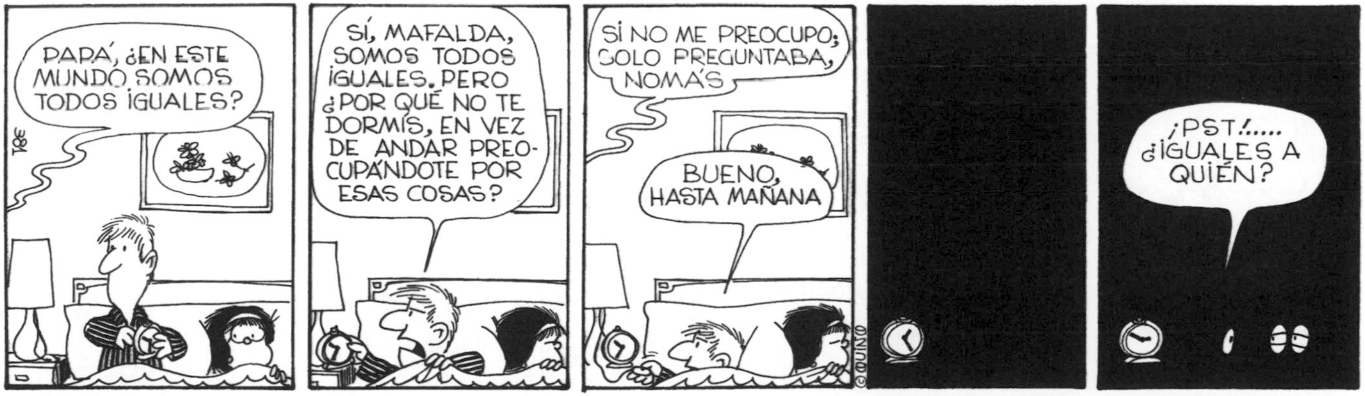
PAPÁ, ¿EN ESTE MUNDO SOMOS TODOS IGUALES?
SÍ, MAFALDA, SOMOS TODOS IGUALES. PERO ¿POR QUÉ NO TE DORMÍS, EN VEZ DE ANDAR PREOCUPÁNDOTE POR ESAS COSAS?
SI NO ME PREOCUPO; SOLO PREGUNTABA, NOMÁS
BUENO, HASTA MAÑANA
©QUINO
¡PST!..... ¿IGUALES A QUIÉN?

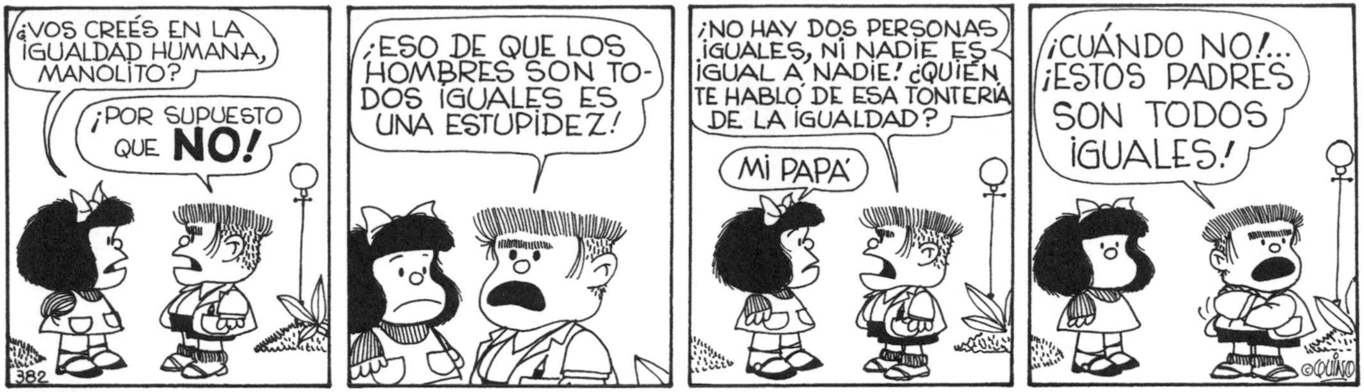
¿VOS CREÉS EN LA IGUALDAD HUMANA, MANOLITO?
¡POR SUPUESTO QUE NO!
382
¡ESO DE QUE LOS HOMBRES SON TODOS IGUALES ES UNA ESTUPIDEZ!
¡NO HAY DOS PERSONAS IGUALES, NI NADIE ES IGUAL A NADIE! ¿QUIÉN TE HABLÓ DE ESA TONTERÍA DE LA IGUALDAD?
MI PAPÁ
¡CUÁNDO NO!... ¡ESTOS PADRES SON TODOS IGUALES!
©QUINO

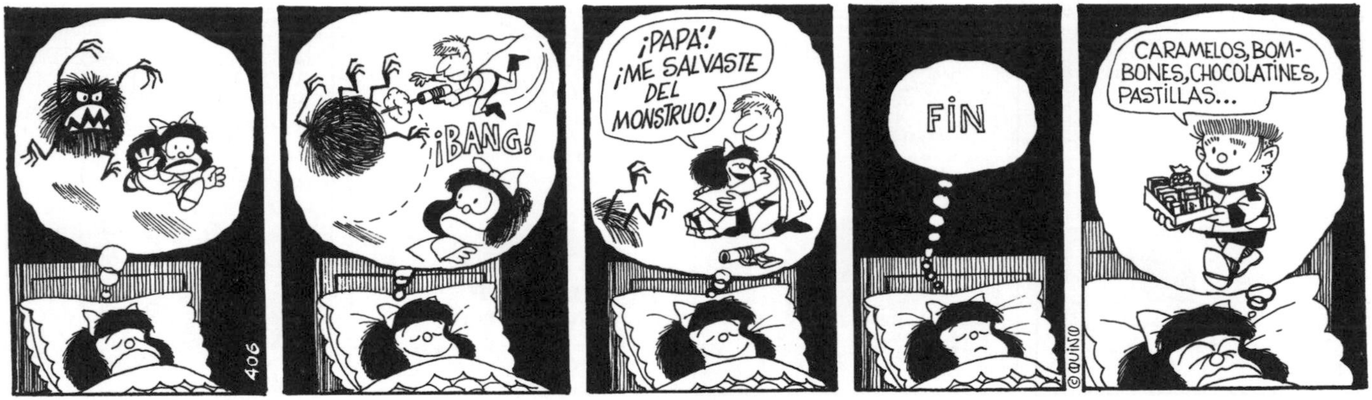
406
¡BANG!
¡PAPÁ! ¡ME SALVASTE DEL MONSTRUO!
FIN
©QUINO
CARAMELOS, BOMBONES, CHOCOLATINES, PASTILLAS...

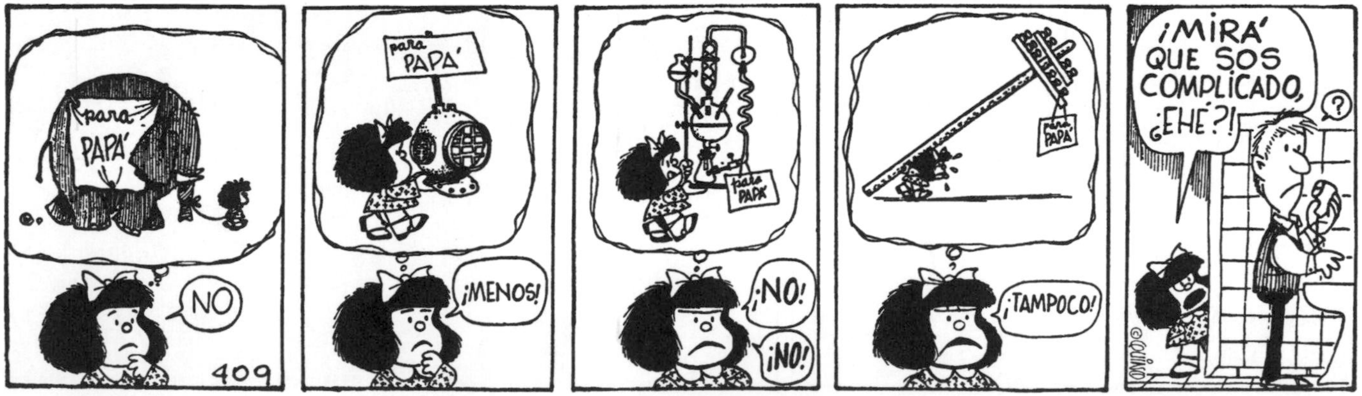
para PAPÁ
NO
409
para PAPÁ
¡MENOS!
para PAPÁ
¡NO!
¡NO!
para PAPÁ
¡TAMPOCO!
¡MIRÁ QUE SOS COMPLICADO, ¿EHÉ?!
?
©QUINO

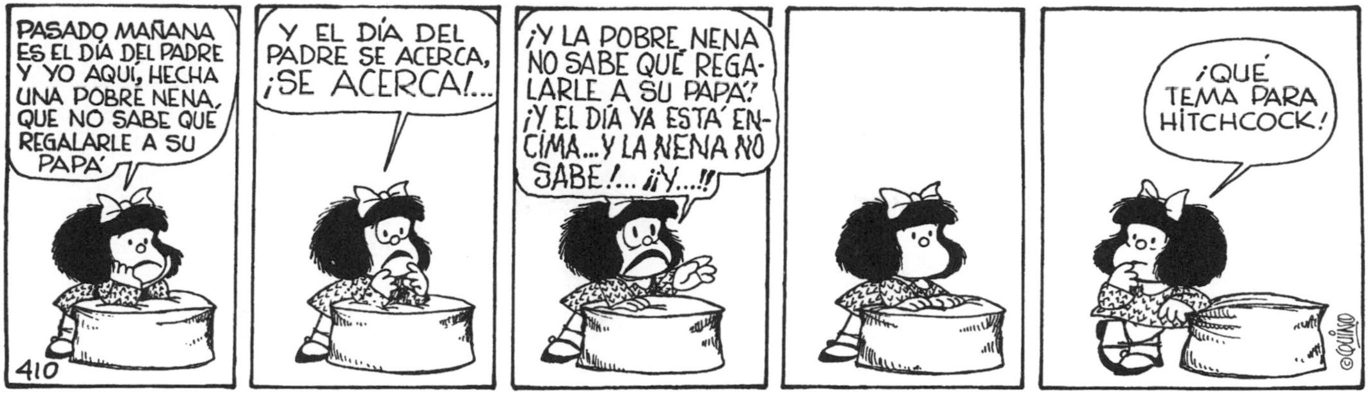
410
PASADO MAÑANA ES EL DÍA DEL PADRE Y YO AQUÍ, HECHA UNA POBRE NENA, QUE NO SABE QUÉ REGALARLE A SU PAPÁ
Y EL DÍA DEL PADRE SE ACERCA, ¡SE ACERCA!...
¡Y LA POBRE NENA NO SABE QUÉ REGALARLE A SU PAPÁ! ¡Y EL DÍA YA ESTÁ ENCIMA... Y LA NENA NO SABE!... ¡¡Y...!!
¡QUÉ TEMA PARA HITCHCOCK!
©QUINO

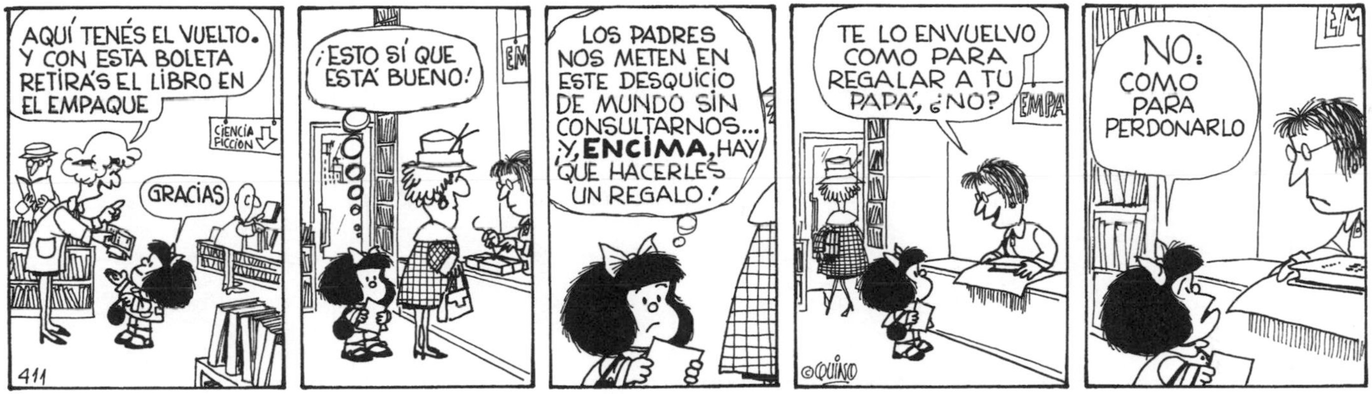
411
AQUÍ TENÉS EL VUELTO. Y CON ESTA BOLETA RETIRÁS EL LIBRO EN EL EMPAQUE
CIENCIA FICCIÓN
GRACIAS
¡ESTO SÍ QUE ESTÁ BUENO!
LOS PADRES NOS METEN EN ESTE DESQUICIO DE MUNDO SIN CONSULTARNOS... ¡Y, **ENCIMA**, HAY QUE HACERLES UN REGALO!
TE LO ENVUELVO COMO PARA REGALAR A TU PAPÁ, ¿NO?
©QUINO
NO: COMO PARA PERDONARLO

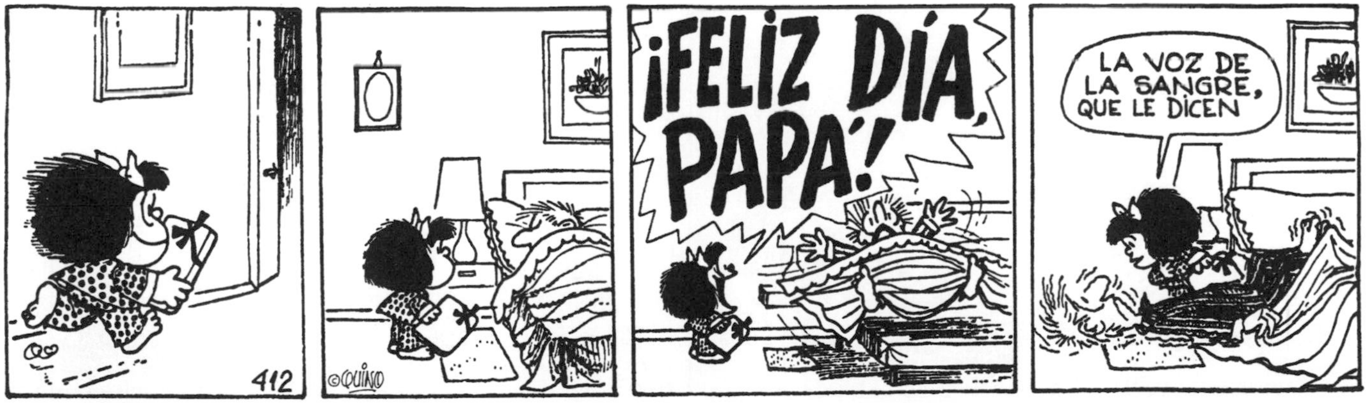
412
©QUINO
¡FELIZ DÍA, PAPÁ!
LA VOZ DE LA SANGRE, QUE LE DICEN

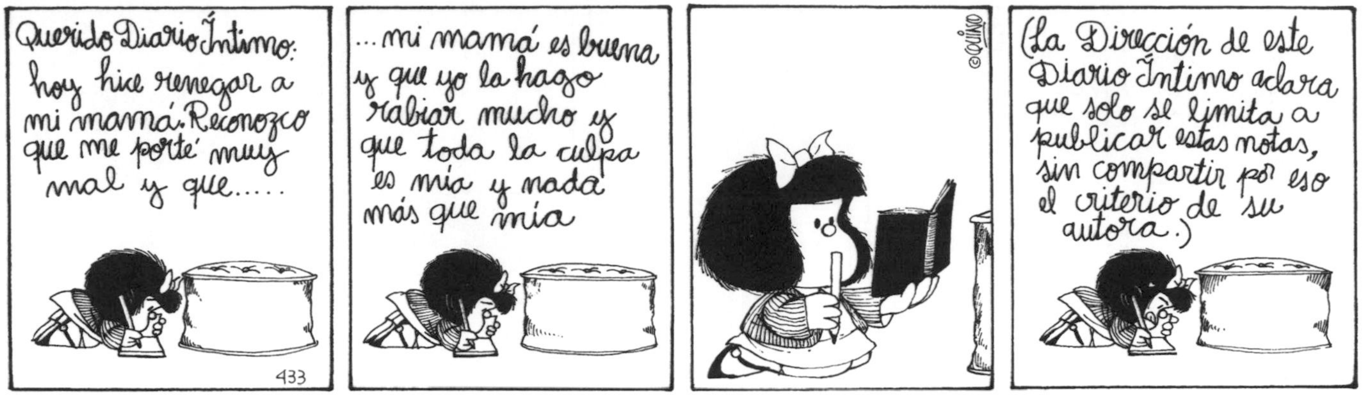
Querido Diario Íntimo: hoy hice renegar a mi mamá. Reconozco que me porté muy mal y que.....
433
...mi mamá es buena y que yo la hago rabiar mucho y que toda la culpa es mía y nada más que mía
©QUINO
(La Dirección de este Diario Íntimo aclara que solo se limita a publicar estas notas, sin compartir por eso el criterio de su autora.)

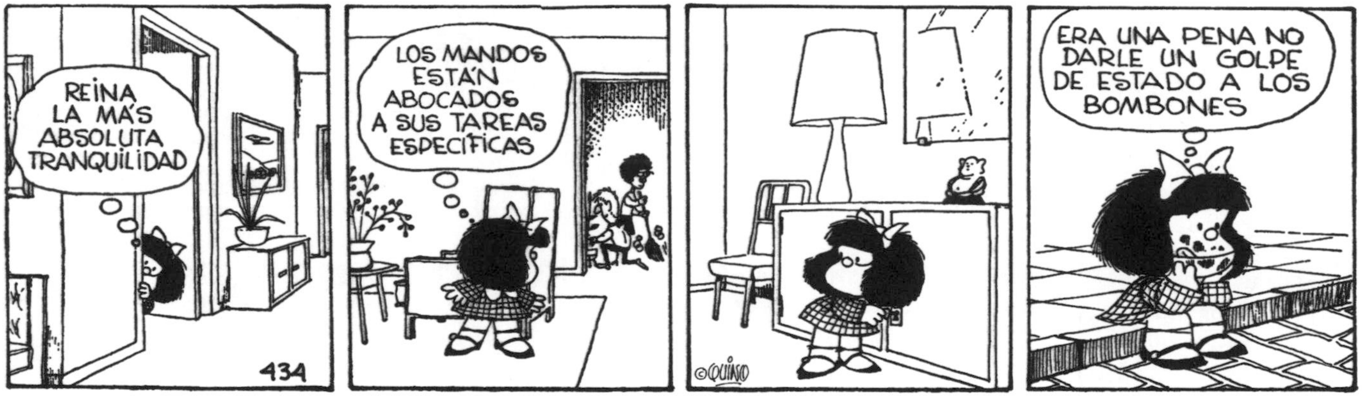
REINA LA MÁS ABSOLUTA TRANQUILIDAD
434
LOS MANDOS ESTÁN ABOCADOS A SUS TAREAS ESPECÍFICAS
©QUINO
ERA UNA PENA NO DARLE UN GOLPE DE ESTADO A LOS BOMBONES

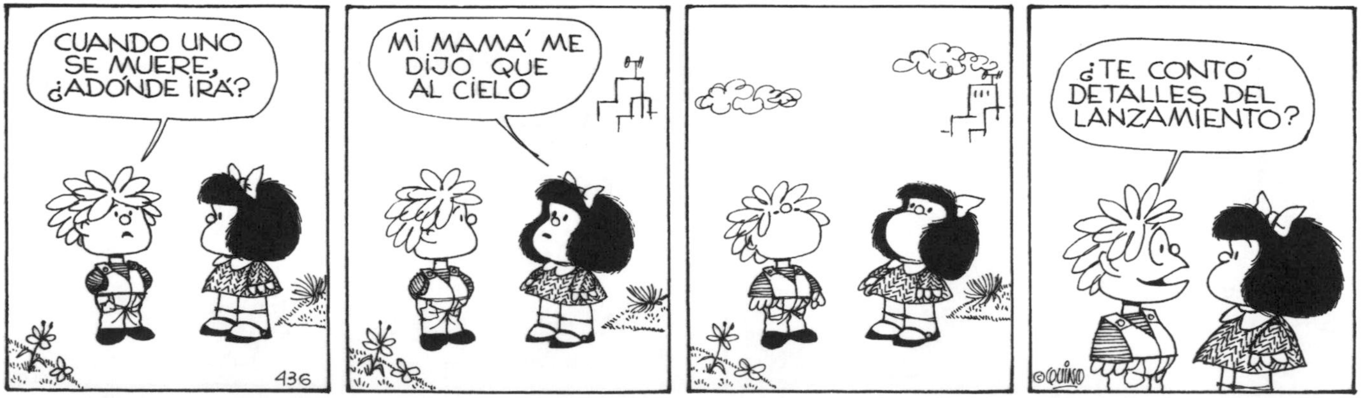
CUANDO UNO SE MUERE, ¿ADÓNDE IRÁ?
436
MI MAMÁ ME DIJO QUE AL CIELO
¿TE CONTÓ DETALLES DEL LANZAMIENTO?
©QUINO

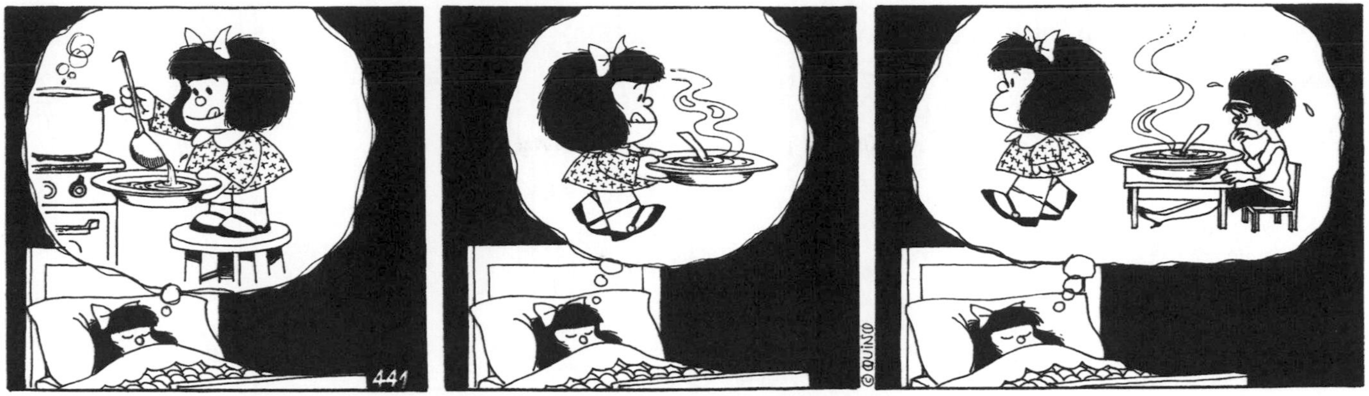
441
©QUINO

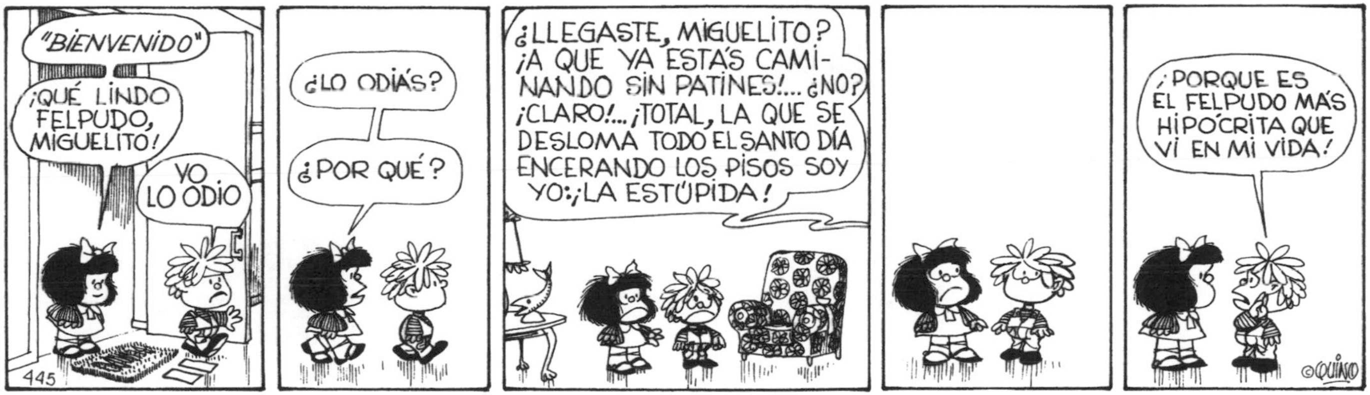
445
"BIENVENIDO"
¡QUÉ LINDO FELPUDO, MIGUELITO!
YO LO ODIO
¿LO ODIÁS?
¿POR QUÉ?
¿LLEGASTE, MIGUELITO? ¡A QUE YA ESTÁS CAMINANDO SIN PATINES!... ¿NO? ¡CLARO!... ¡TOTAL, LA QUE SE DESLOMA TODO EL SANTO DÍA ENCERANDO LOS PISOS SOY YO: ¡LA ESTÚPIDA!
¡PORQUE ES EL FELPUDO MÁS HIPÓCRITA QUE VI EN MI VIDA!
©QUINO

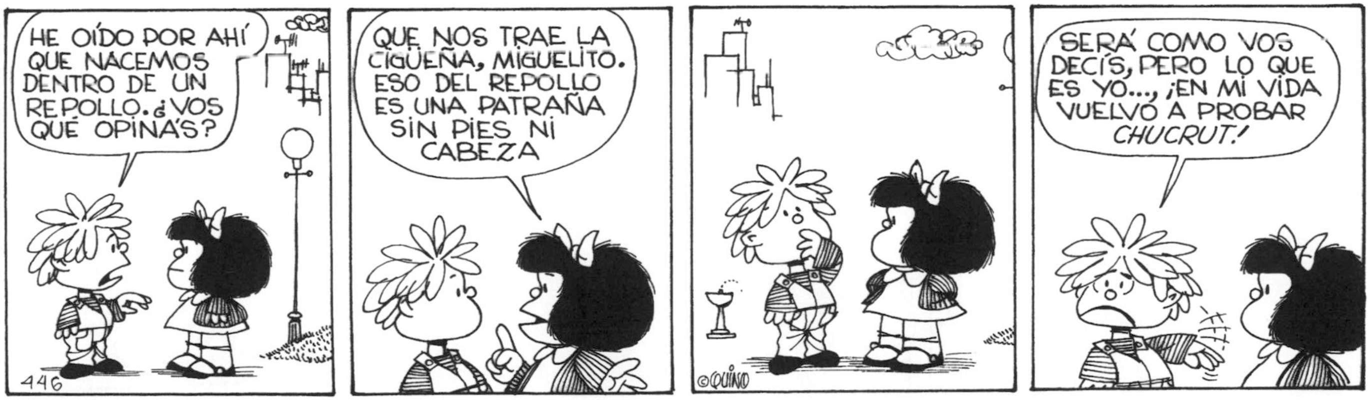
446
HE OÍDO POR AHÍ QUE NACEMOS DENTRO DE UN REPOLLO. ¿VOS QUÉ OPINÁS?
QUE NOS TRAE LA CIGÜEÑA, MIGUELITO. ESO DEL REPOLLO ES UNA PATRAÑA SIN PIES NI CABEZA
©QUINO
SERÁ COMO VOS DECÍS, PERO LO QUE ES YO..., ¡EN MI VIDA VUELVO A PROBAR *CHUCRUT*!

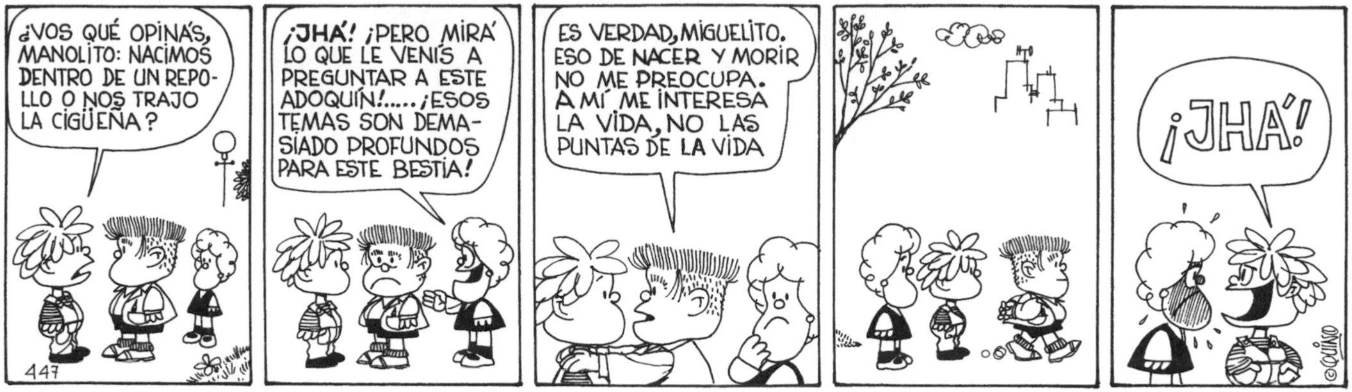
¿VOS QUÉ OPINÁS, MANOLITO: NACIMOS DENTRO DE UN REPOLLO O NOS TRAJO LA CIGÜEÑA?
447
¡JHÁ! ¡PERO MIRÁ LO QUE LE VENÍS A PREGUNTAR A ESTE ADOQUÍN!.....¡ESOS TEMAS SON DEMASIADO PROFUNDOS PARA ESTE BESTIA!
ES VERDAD, MIGUELITO. ESO DE NACER Y MORIR NO ME PREOCUPA. A MÍ ME INTERESA LA VIDA, NO LAS PUNTAS DE LA VIDA
¡JHÁ!
©QUINO

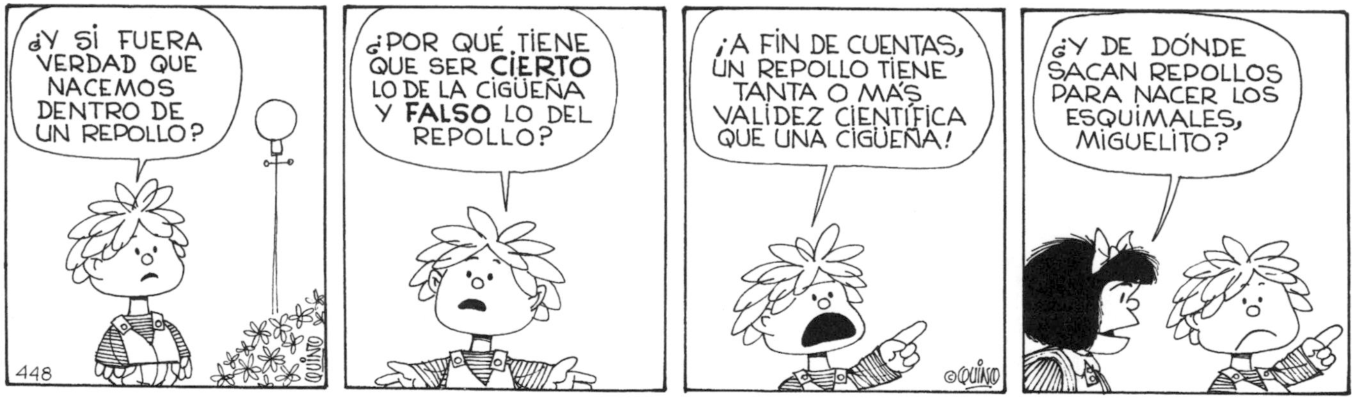
¿Y SI FUERA VERDAD QUE NACEMOS DENTRO DE UN REPOLLO?
448
©QUINO
¿POR QUÉ TIENE QUE SER CIERTO LO DE LA CIGÜEÑA Y FALSO LO DEL REPOLLO?
¡A FIN DE CUENTAS, UN REPOLLO TIENE TANTA O MÁS VALIDEZ CIENTÍFICA QUE UNA CIGÜEÑA!
©QUINO
¿Y DE DÓNDE SACAN REPOLLOS PARA NACER LOS ESQUIMALES, MIGUELITO?

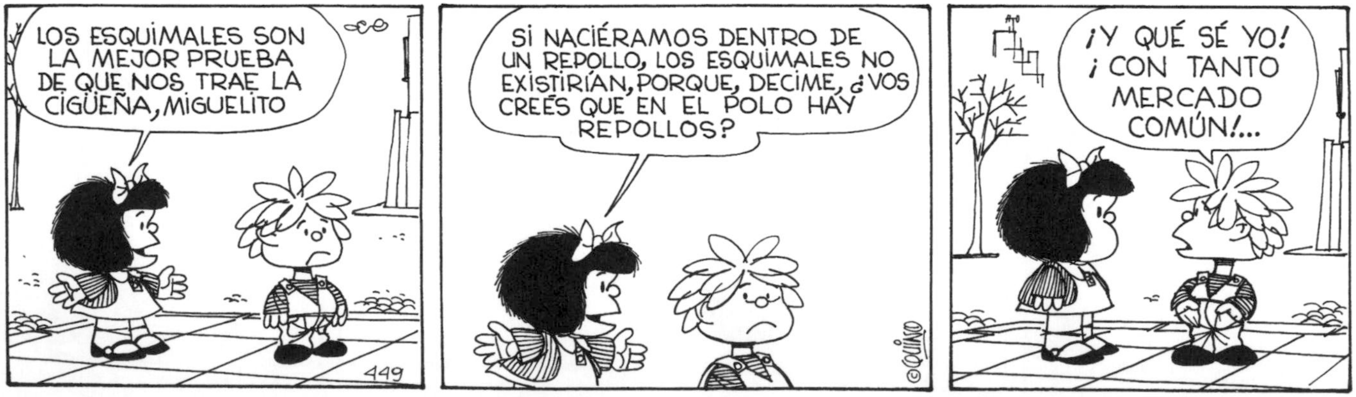
LOS ESQUIMALES SON LA MEJOR PRUEBA DE QUE NOS TRAE LA CIGÜEÑA, MIGUELITO
449
SI NACIÉRAMOS DENTRO DE UN REPOLLO, LOS ESQUIMALES NO EXISTIRÍAN, PORQUE, DECIME, ¿VOS CREÉS QUE EN EL POLO HAY REPOLLOS?
©QUINO
¡Y QUÉ SÉ YO! ¡CON TANTO MERCADO COMÚN!...

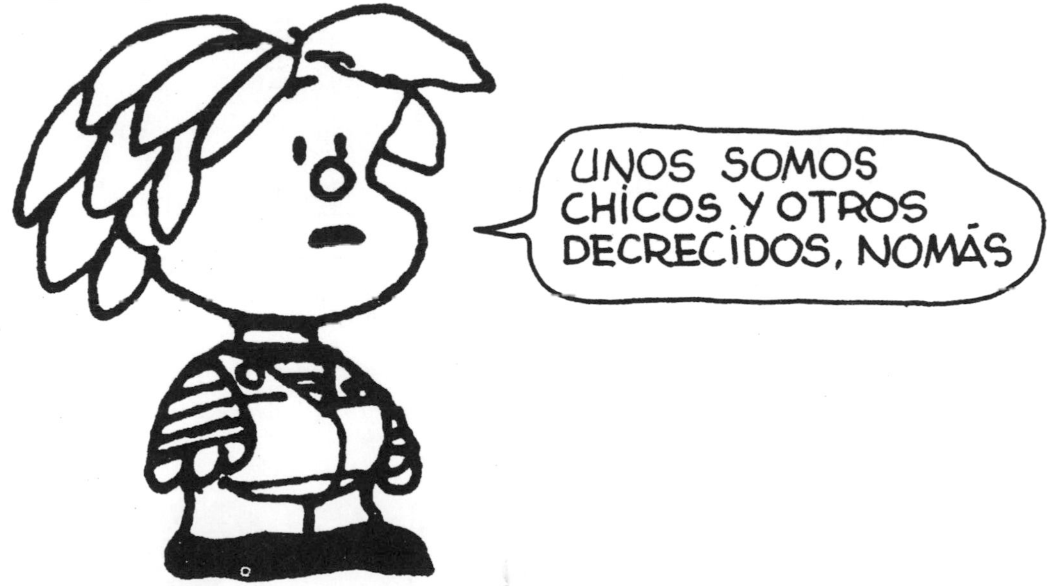
UNOS SOMOS CHICOS Y OTROS DECRECIDOS, NOMÁS

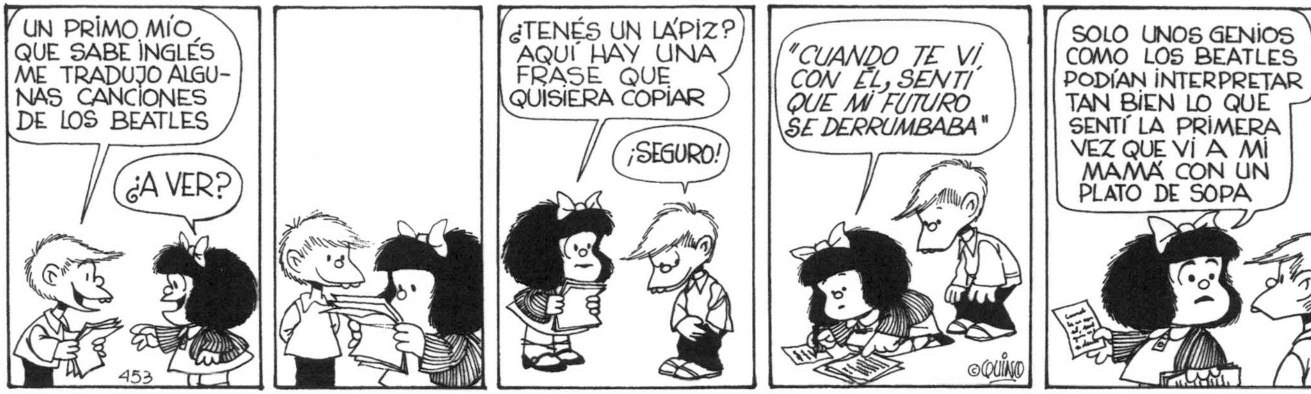
UN PRIMO MÍO QUE SABE INGLÉS ME TRADUJO ALGUNAS CANCIONES DE LOS BEATLES
¿A VER?
453
¿TENÉS UN LÁPIZ? AQUÍ HAY UNA FRASE QUE QUISIERA COPIAR
¡SEGURO!
"CUANDO TE VI CON ÉL, SENTÍ QUE MI FUTURO SE DERRUMBABA"
©QUINO
SOLO UNOS GENIOS COMO LOS BEATLES PODÍAN INTERPRETAR TAN BIEN LO QUE SENTÍ LA PRIMERA VEZ QUE VI A MI MAMÁ CON UN PLATO DE SOPA

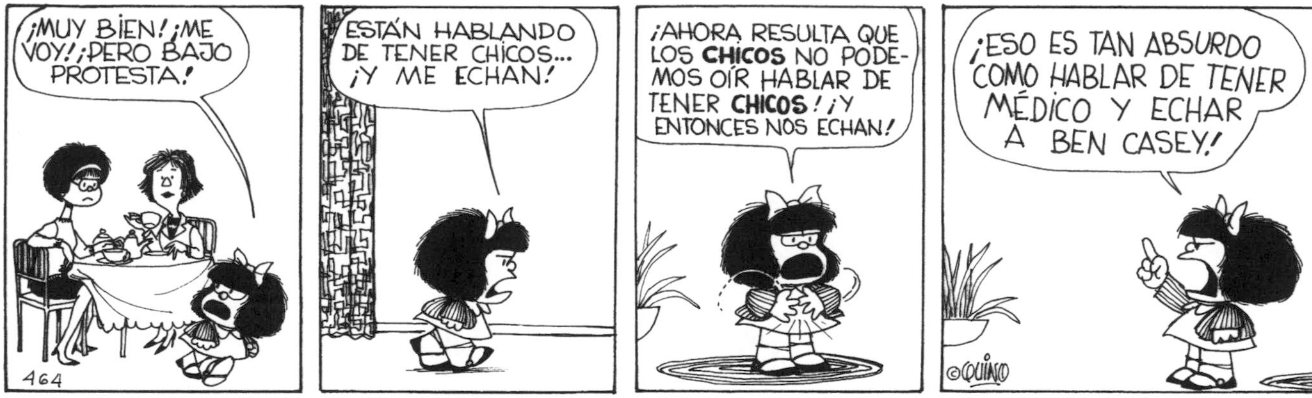
¡MUY BIEN! ¡ME VOY! ¡PERO BAJO PROTESTA!
464
ESTÁN HABLANDO DE TENER CHICOS... ¡Y ME ECHAN!
¡AHORA RESULTA QUE LOS **CHICOS** NO PODEMOS OÍR HABLAR DE TENER **CHICOS**! ¡Y ENTONCES NOS ECHAN!
¡ESO ES TAN ABSURDO COMO HABLAR DE TENER MÉDICO Y ECHAR A BEN CASEY!
©QUINO

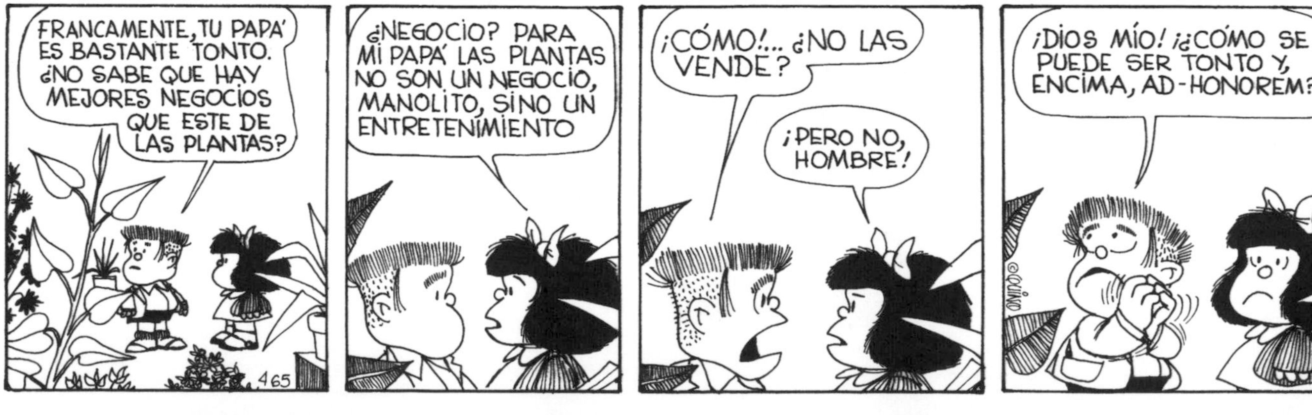
FRANCAMENTE, TU PAPÁ ES BASTANTE TONTO. ¿NO SABE QUE HAY MEJORES NEGOCIOS QUE ESTE DE LAS PLANTAS?
465
¿NEGOCIO? PARA MI PAPÁ LAS PLANTAS NO SON UN NEGOCIO, MANOLITO, SINO UN ENTRETENIMIENTO
¡CÓMO!... ¿NO LAS VENDE?
¡PERO NO, HOMBRE!
¡DIOS MÍO! ¡¿CÓMO SE PUEDE SER TONTO Y, ENCIMA, AD-HONOREM?!
©QUINO

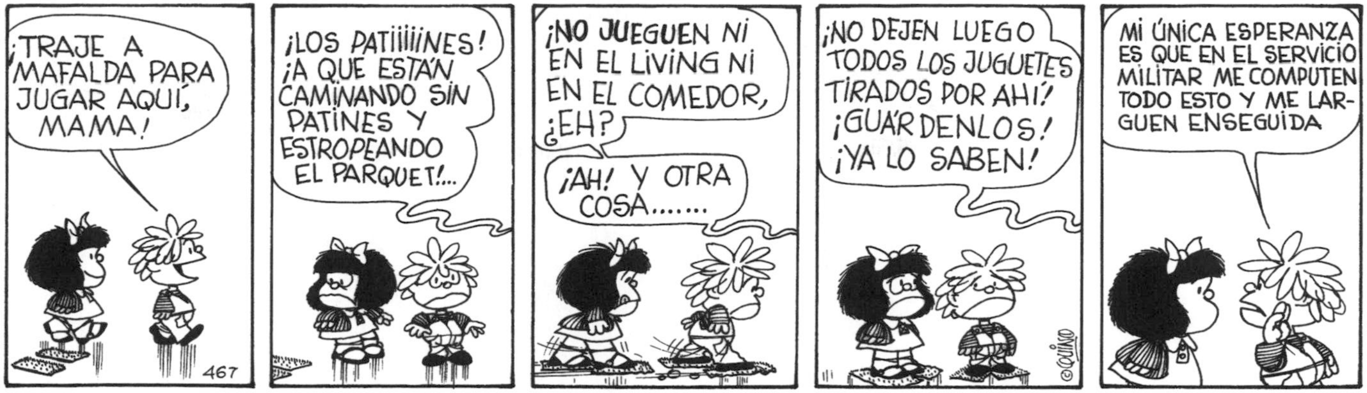
¡TRAJE A MAFALDA PARA JUGAR AQUÍ, MAMA!
467
¡LOS PATIIIIIINES! ¡A QUE ESTÁN CAMINANDO SIN PATINES Y ESTROPEANDO EL PARQUET!...
¡NO JUEGUEN NI EN EL LIVING NI EN EL COMEDOR, ¿EH?
¡AH! Y OTRA COSA.......
¡NO DEJEN LUEGO TODOS LOS JUGUETES TIRADOS POR AHÍ! ¡GUÁRDENLOS! ¡YA LO SABEN!
©QUINO
MI ÚNICA ESPERANZA ES QUE EN EL SERVICIO MILITAR ME COMPUTEN TODO ESTO Y ME LARGUEN ENSEGUIDA

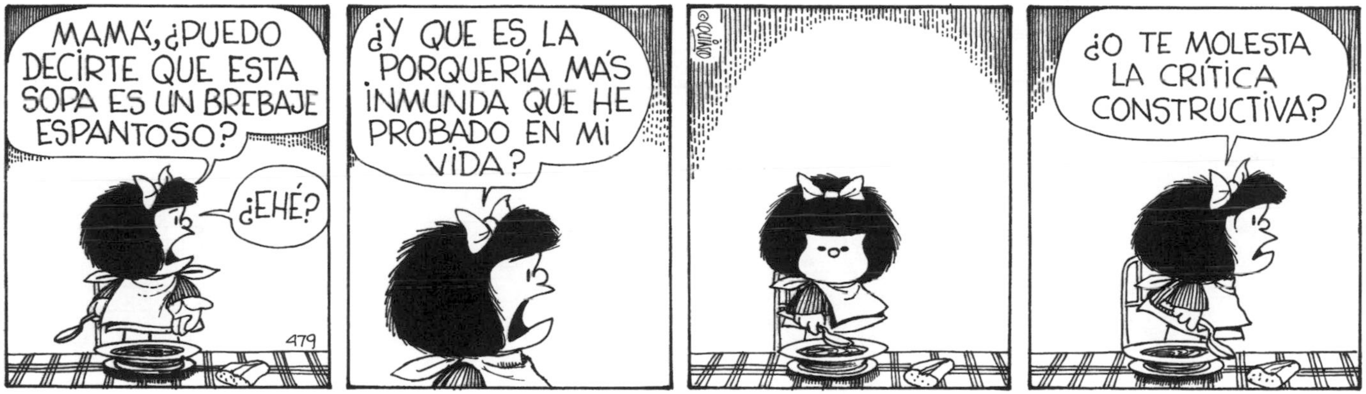
MAMÁ, ¿PUEDO DECIRTE QUE ESTA SOPA ES UN BREBAJE ESPANTOSO?
¿EHÉ?
479
¿Y QUE ES LA PORQUERÍA MÁS INMUNDA QUE HE PROBADO EN MI VIDA?
©QUINO
¿O TE MOLESTA LA CRÍTICA CONSTRUCTIVA?

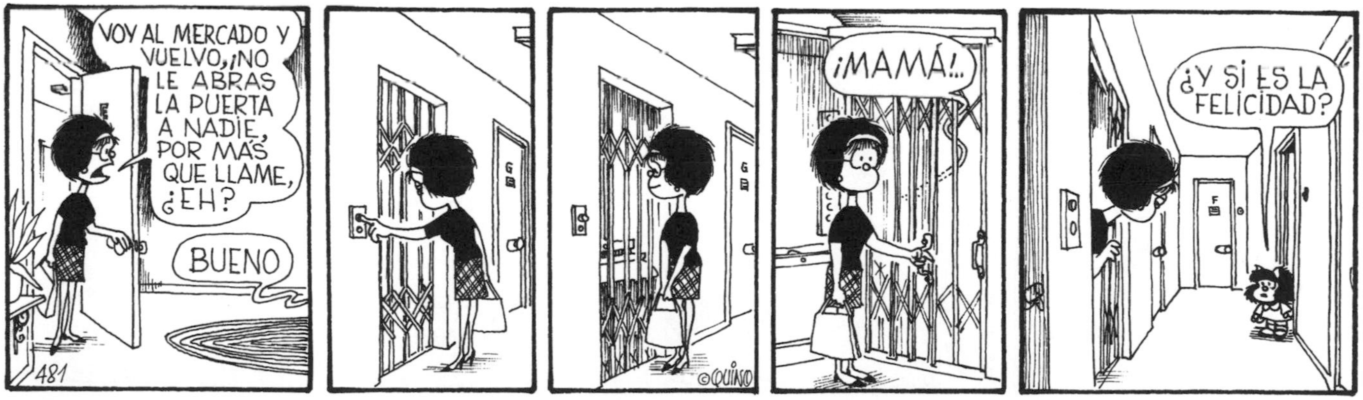
VOY AL MERCADO Y VUELVO, ¡NO LE ABRAS LA PUERTA A NADIE, POR MÁS QUE LLAME, ¿EH?
BUENO
481
©QUINO
¡MAMÁ!..
¿Y SI ES LA FELICIDAD?

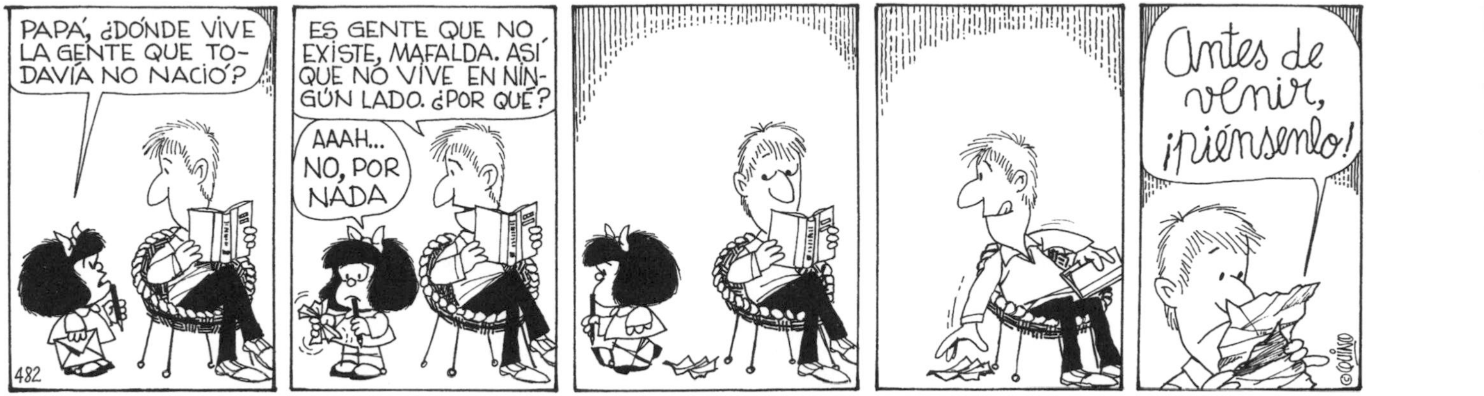
PAPÁ, ¿DÓNDE VIVE LA GENTE QUE TODAVÍA NO NACIÓ?
482
ES GENTE QUE NO EXISTE, MAFALDA. ASÍ QUE NO VIVE EN NINGÚN LADO. ¿POR QUÉ?
AAAH... NO, POR NADA
Antes de venir, ¡piénsenlo!

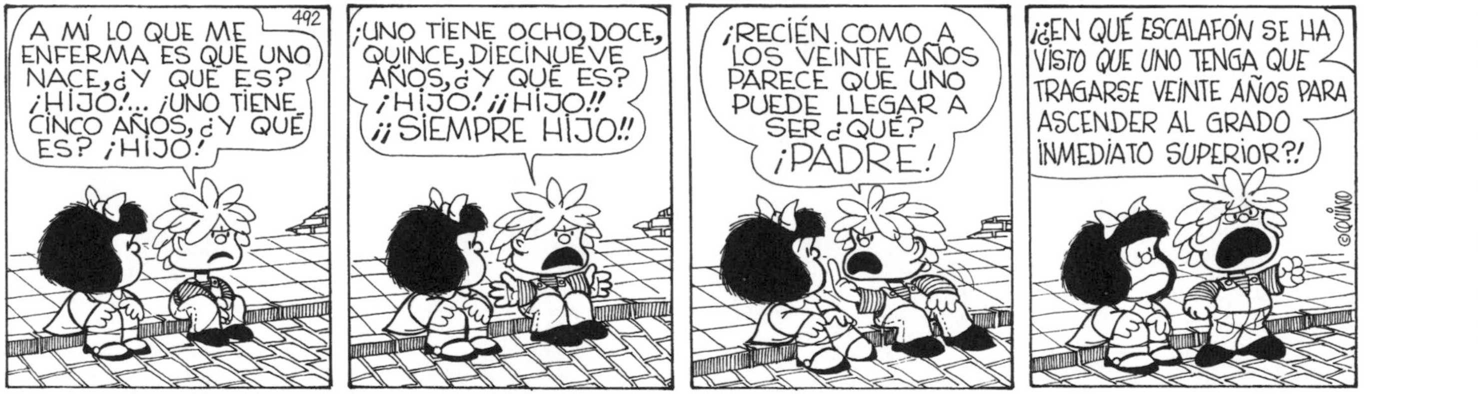
492
A MÍ LO QUE ME ENFERMA ES QUE UNO NACE, ¿Y QUÉ ES? ¡HIJO!... ¡UNO TIENE CINCO AÑOS, ¿Y QUÉ ES? ¡HIJO!
¡UNO TIENE OCHO, DOCE, QUINCE, DIECINUEVE AÑOS, ¿Y QUÉ ES? ¡HIJO! ¡¡HIJO!! ¡¡SIEMPRE HIJO!!
¡RECIÉN COMO A LOS VEINTE AÑOS PARECE QUE UNO PUEDE LLEGAR A SER ¿QUÉ? ¡PADRE!
¡¿EN QUÉ ESCALAFÓN SE HA VISTO QUE UNO TENGA QUE TRAGARSE VEINTE AÑOS PARA ASCENDER AL GRADO INMEDIATO SUPERIOR?!

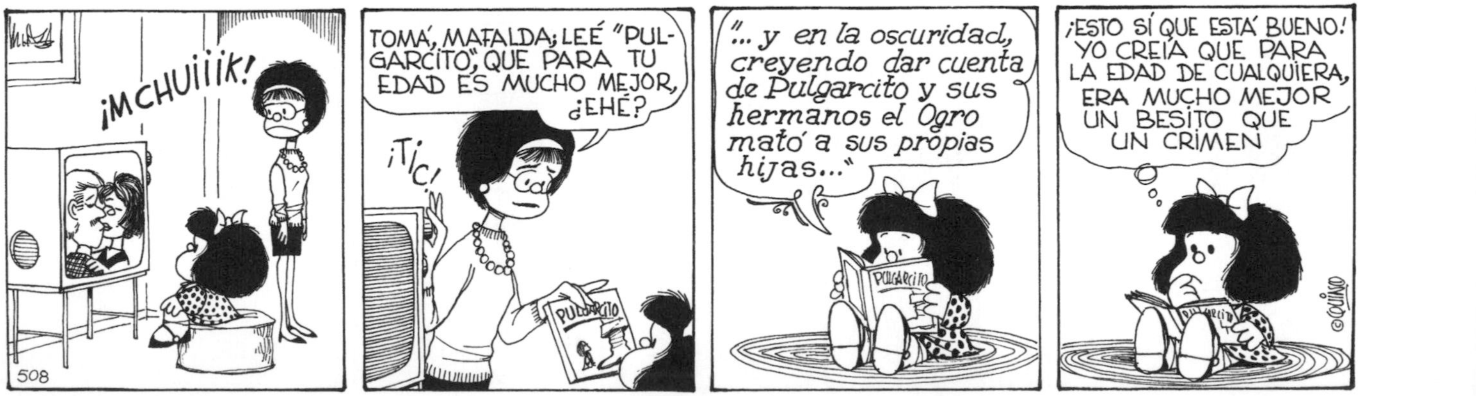
¡MCHUIIIK!
508
TOMÁ, MAFALDA; LEÉ "PULGARCITO", QUE PARA TU EDAD ES MUCHO MEJOR, ¿EHÉ?
¡TIC!
PULGARCITO
"... y en la oscuridad, creyendo dar cuenta de Pulgarcito y sus hermanos el Ogro mató a sus propias hijas..."
PULGARCITO
¡ESTO SÍ QUE ESTÁ BUENO! YO CREÍA QUE PARA LA EDAD DE CUALQUIERA, ERA MUCHO MEJOR UN BESITO QUE UN CRIMEN

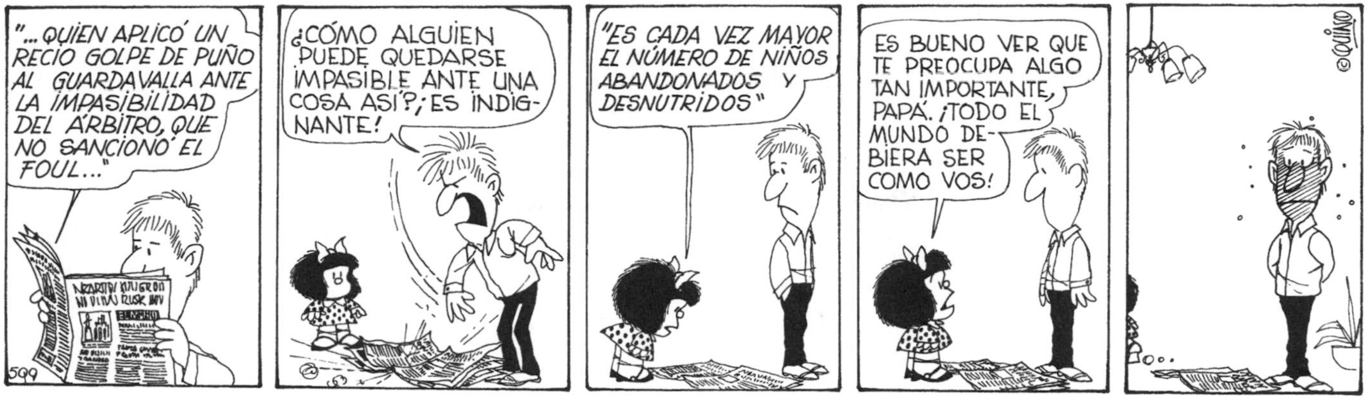
"... QUIEN APLICÓ UN RECIO GOLPE DE PUÑO AL GUARDAVALLA ANTE LA IMPASIBILIDAD DEL ÁRBITRO, QUE NO SANCIONÓ EL FOUL..."
¿CÓMO ALGUIEN PUEDE QUEDARSE IMPASIBLE ANTE UNA COSA ASÍ?¡ES INDIGNANTE!
"ES CADA VEZ MAYOR EL NÚMERO DE NIÑOS ABANDONADOS Y DESNUTRIDOS"
ES BUENO VER QUE TE PREOCUPA ALGO TAN IMPORTANTE, PAPÁ. ¡TODO EL MUNDO DEBIERA SER COMO VOS!
509

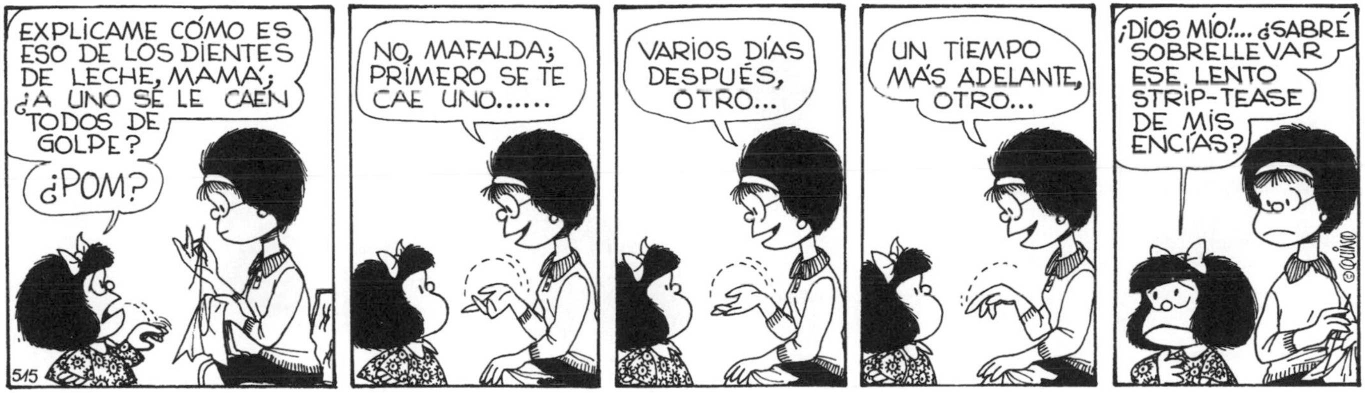
EXPLICAME CÓMO ES ESO DE LOS DIENTES DE LECHE, MAMÁ; ¿A UNO SE LE CAEN TODOS DE GOLPE?
¿POM?
NO, MAFALDA; PRIMERO SE TE CAE UNO......
VARIOS DÍAS DESPUÉS, OTRO...
UN TIEMPO MÁS ADELANTE, OTRO...
¡DIOS MÍO!... ¿SABRÉ SOBRELLEVAR ESE LENTO STRIP-TEASE DE MIS ENCÍAS?
515

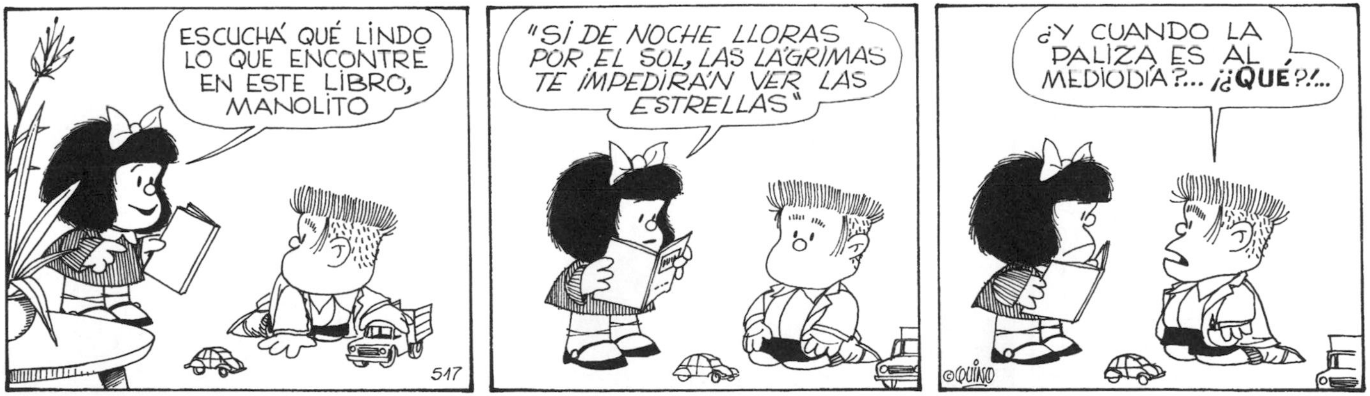
ESCUCHÁ QUÉ LINDO LO QUE ENCONTRÉ EN ESTE LIBRO, MANOLITO
517
"SI DE NOCHE LLORAS POR EL SOL, LAS LÁGRIMAS TE IMPEDIRÁN VER LAS ESTRELLAS"
¿Y CUANDO LA PALIZA ES AL MEDIODÍA?... ¡¿QUÉ?!...

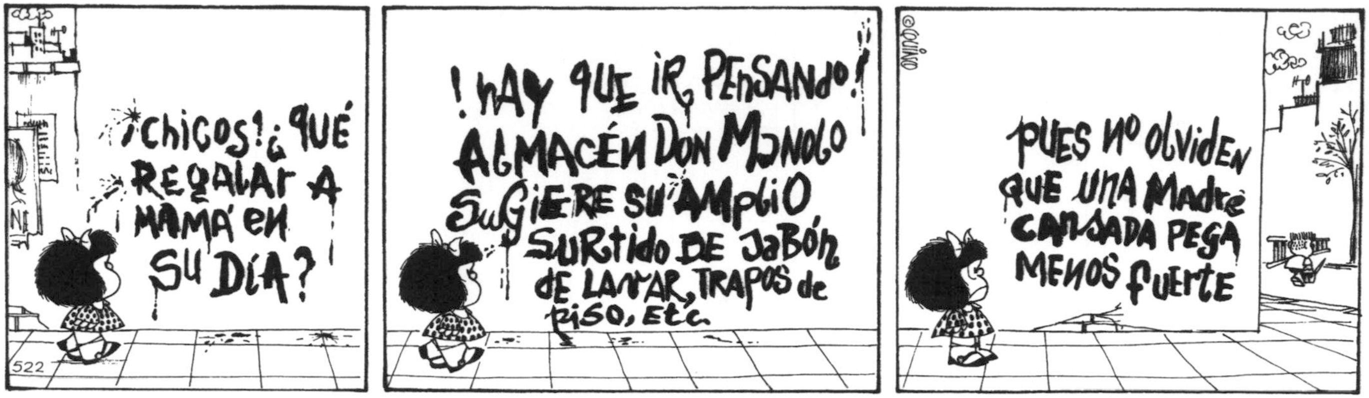
522
¡CHICOS! ¿QUÉ REGALAR A MAMÁ EN SU DÍA?
¡HAY QUE IR PENSANDO! ALMACÉN DON MANOLO SUGIERE SU AMPLIO SURTIDO DE JABÓN DE LAVAR, TRAPOS DE PISO, ETC.
PUES NO OLVIDEN QUE UNA MADRE CANSADA PEGA MENOS FUERTE
©QUINO

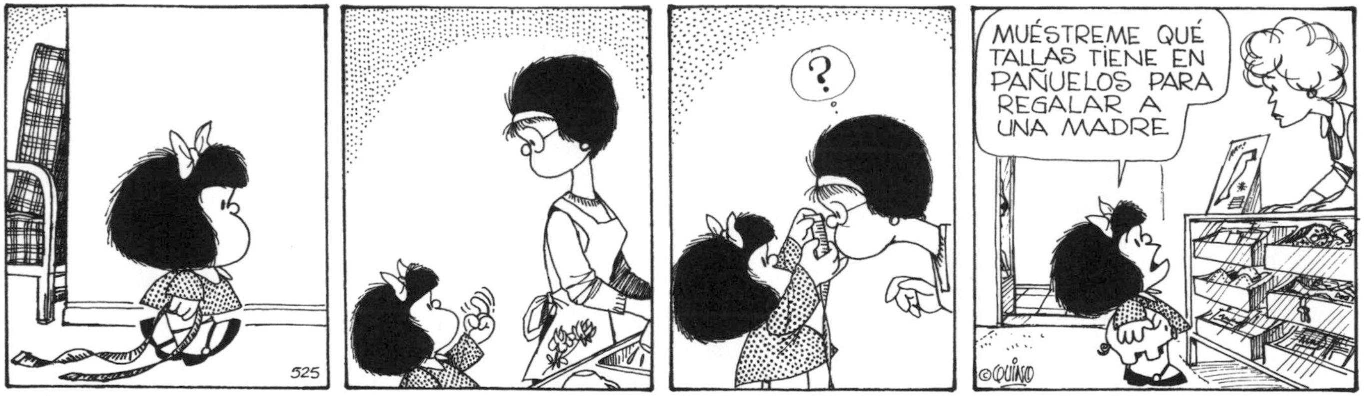
525
?
MUÉSTREME QUÉ TALLAS TIENE EN PAÑUELOS PARA REGALAR A UNA MADRE
©QUINO

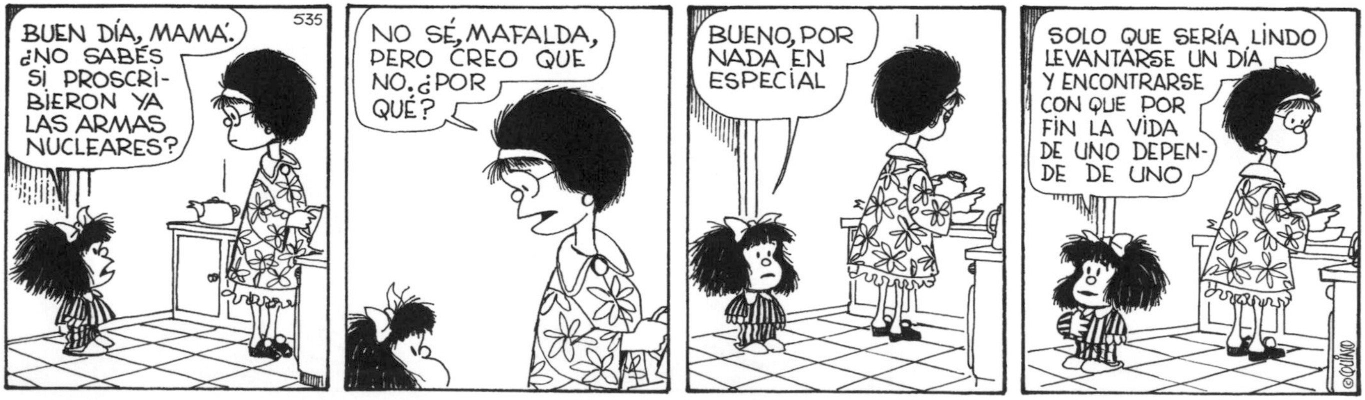
535
BUEN DÍA, MAMÁ. ¿NO SABÉS SI PROSCRIBIERON YA LAS ARMAS NUCLEARES?
NO SÉ, MAFALDA, PERO CREO QUE NO. ¿POR QUÉ?
BUENO, POR NADA EN ESPECIAL
SOLO QUE SERÍA LINDO LEVANTARSE UN DÍA Y ENCONTRARSE CON QUE POR FIN LA VIDA DE UNO DEPENDE DE UNO
©QUINO

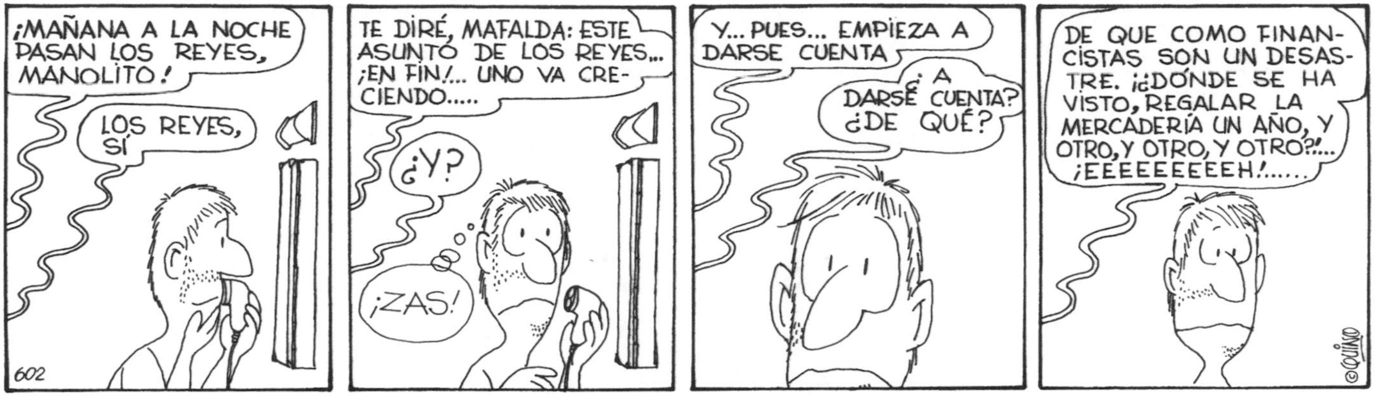
602
¡MAÑANA A LA NOCHE PASAN LOS REYES, MANOLITO!
LOS REYES, SÍ
TE DIRÉ, MAFALDA: ESTE ASUNTO DE LOS REYES... ¡EN FIN!... UNO VA CRECIENDO.....
¿Y?
¡ZAS!
Y... PUES... EMPIEZA A DARSE CUENTA
¿A DARSE CUENTA? ¿DE QUÉ?
DE QUE COMO FINANCISTAS SON UN DESASTRE. ¡¿DÓNDE SE HA VISTO, REGALAR LA MERCADERÍA UN AÑO, Y OTRO, Y OTRO, Y OTRO?!... ¡EEEEEEEEEH!......
©QUINO

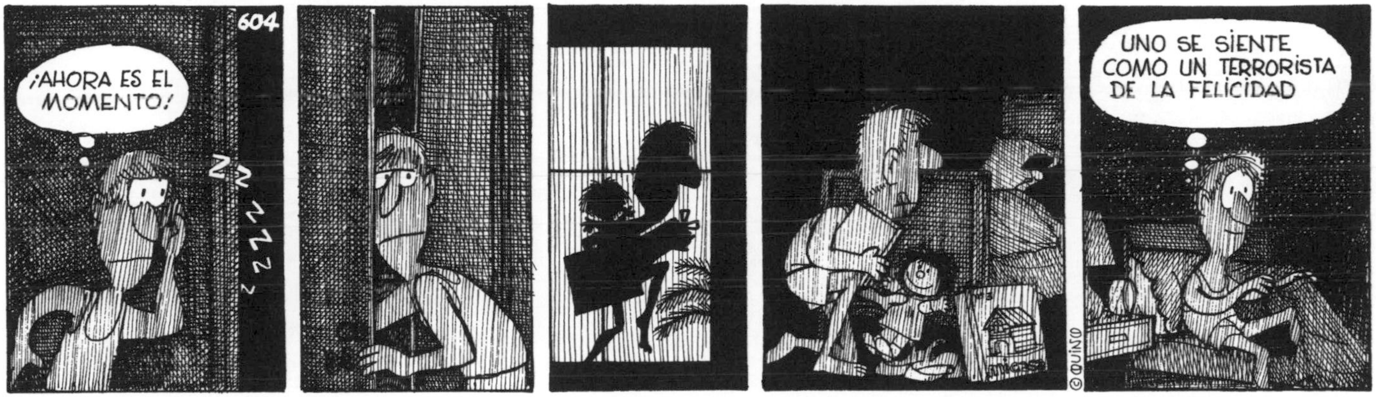
604
¡AHORA ES EL MOMENTO!
Z Z Z Z Z Z
UNO SE SIENTE COMO UN TERRORISTA DE LA FELICIDAD
©QUINO

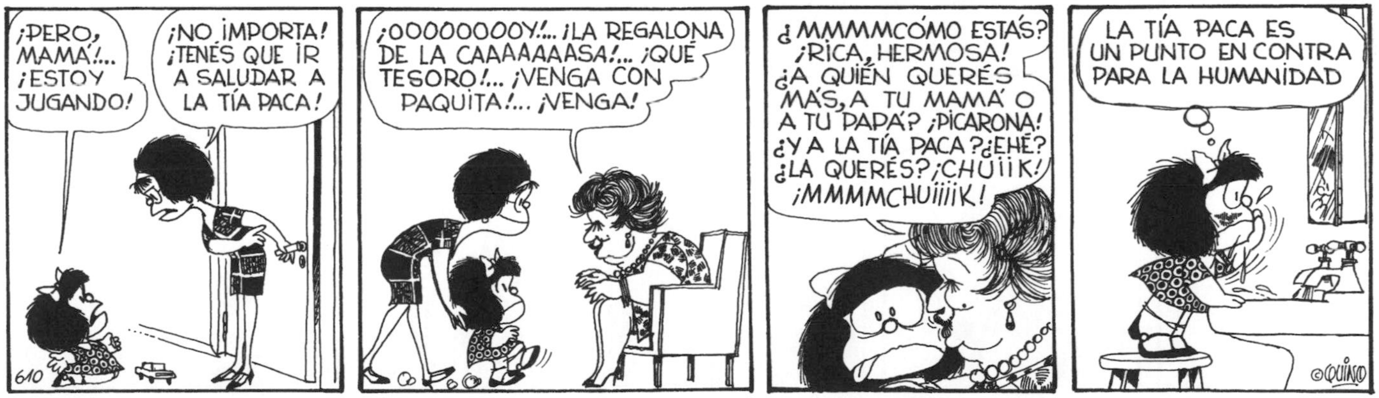
610
¡PERO, MAMÁ!... ¡ESTOY JUGANDO!
¡NO IMPORTA! ¡TENÉS QUE IR A SALUDAR A LA TÍA PACA!
¡OOOOOOOOY!... ¡LA REGALONA DE LA CAAAAAAASA!... ¡QUÉ TESORO!... ¡VENGA CON PAQUITA!... ¡VENGA!
¿MMMMCÓMO ESTÁS? ¡RICA, HERMOSA! ¿A QUIÉN QUERÉS MÁS, A TU MAMÁ O A TU PAPÁ? ¡PICARONA! ¿Y A LA TÍA PACA? ¿EHÉ? ¿LA QUERÉS? ¡CHUIIIK! ¡MMMMCHUIIIIK!
LA TÍA PACA ES UN PUNTO EN CONTRA PARA LA HUMANIDAD
©QUINO

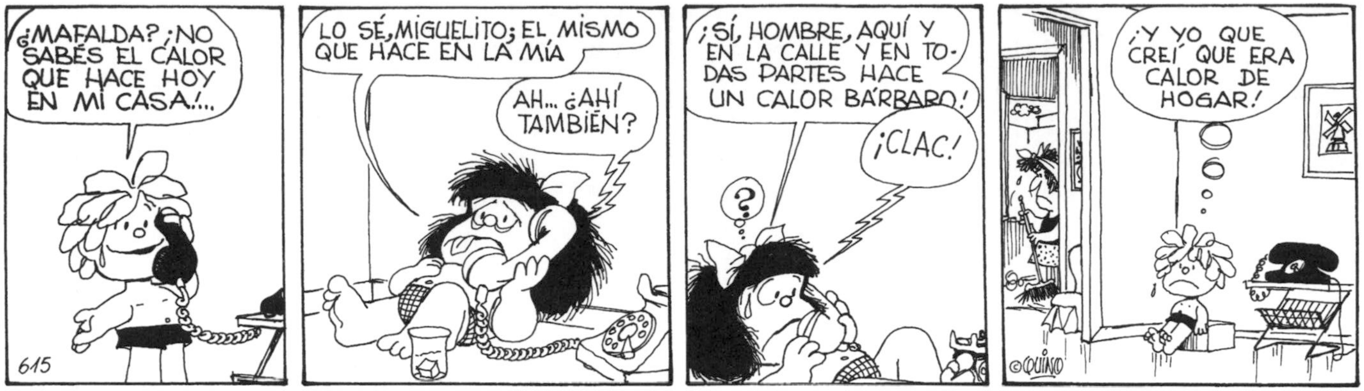
615
¿MAFALDA? ¡NO SABÉS EL CALOR QUE HACE HOY EN MI CASA!...
LO SÉ, MIGUELITO; EL MISMO QUE HACE EN LA MÍA
AH... ¿AHÍ TAMBIÉN?
¡SÍ, HOMBRE, AQUÍ Y EN LA CALLE Y EN TODAS PARTES HACE UN CALOR BÁRBARO!
¡CLAC!
?
¡Y YO QUE CREÍ QUE ERA CALOR DE HOGAR!
©QUINO

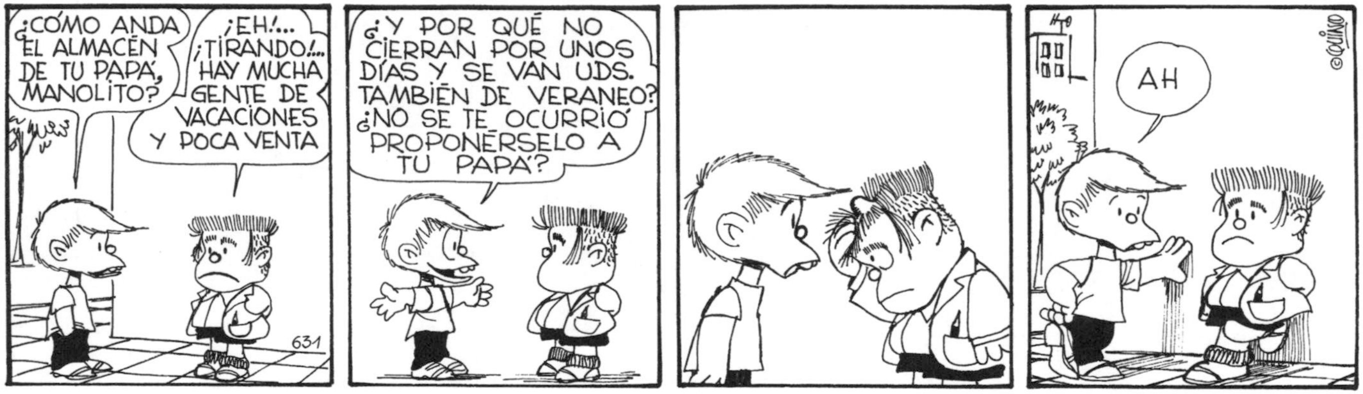
¿CÓMO ANDA EL ALMACÉN DE TU PAPÁ, MANOLITO?
¡EH!... ¡TIRANDO!... HAY MUCHA GENTE DE VACACIONES Y POCA VENTA
631
¿Y POR QUÉ NO CIERRAN POR UNOS DÍAS Y SE VAN UDS. TAMBIÉN DE VERANEO? ¿NO SE TE OCURRIÓ PROPONÉRSELO A TU PAPÁ?
AH
©QUINO

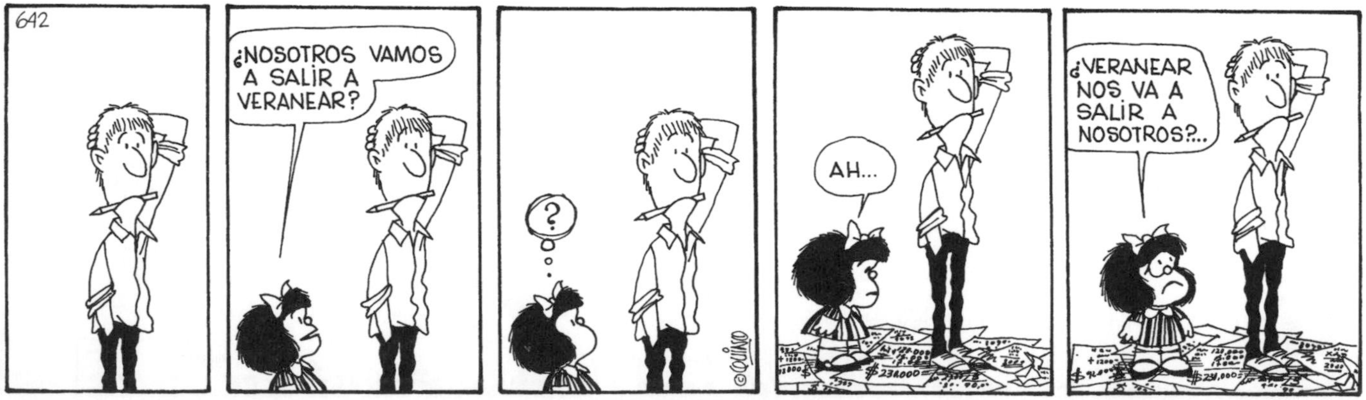
642
¿NOSOTROS VAMOS A SALIR A VERANEAR?
?
©QUINO
AH...
¿VERANEAR NOS VA A SALIR A NOSOTROS?...

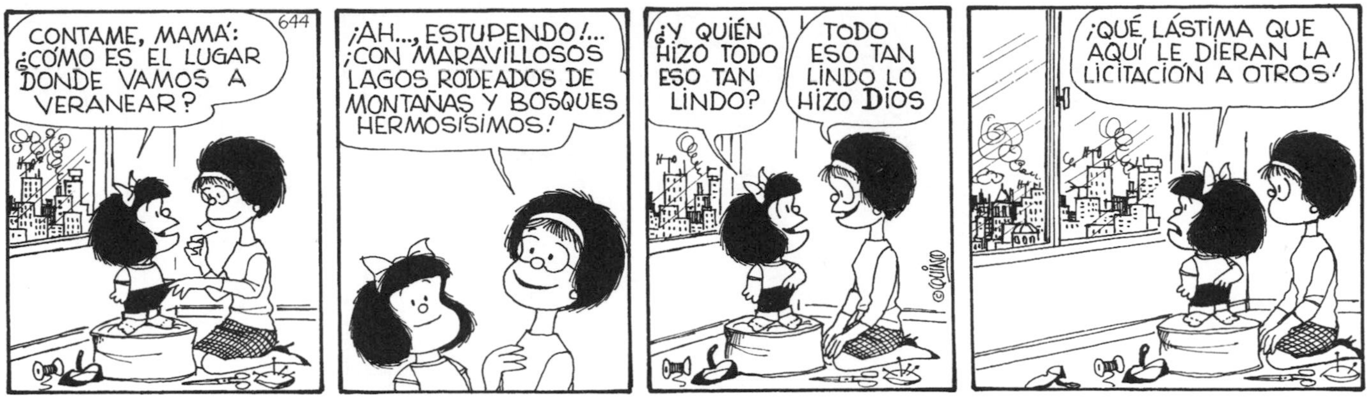
644
CONTAME, MAMÁ: ¿CÓMO ES EL LUGAR DONDE VAMOS A VERANEAR?
¡AH..., ESTUPENDO!... ¡CON MARAVILLOSOS LAGOS RODEADOS DE MONTAÑAS Y BOSQUES HERMOSÍSIMOS!
¿Y QUIÉN HIZO TODO ESO TAN LINDO?
TODO ESO TAN LINDO LO HIZO DIOS
©QUINO
¡QUÉ LÁSTIMA QUE AQUÍ LE DIERAN LA LICITACIÓN A OTROS!

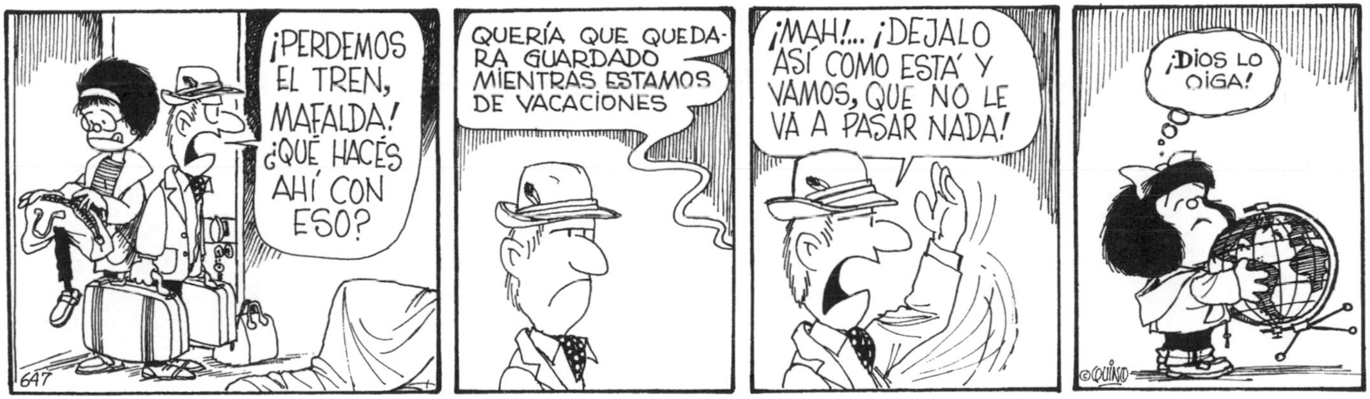
¡PERDEMOS EL TREN, MAFALDA! ¿QUÉ HACÉS AHÍ CON ESO?
647
QUERÍA QUE QUEDARA GUARDADO MIENTRAS ESTAMOS DE VACACIONES
¡MAH!... ¡DEJALO ASÍ COMO ESTÁ Y VAMOS, QUE NO LE VA A PASAR NADA!
¡DIOS LO OIGA!
©QUINO

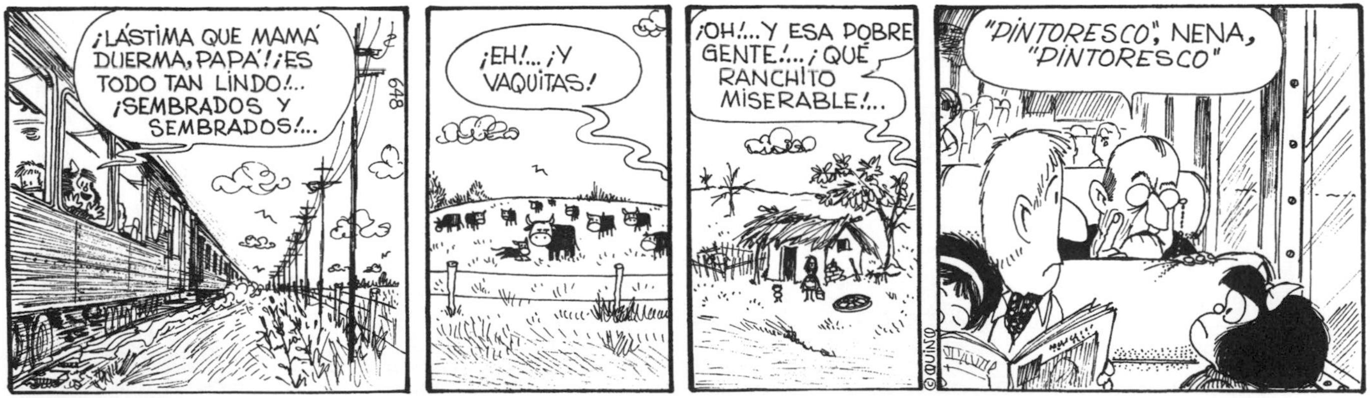
¡LÁSTIMA QUE MAMÁ DUERMA, PAPÁ! ¡ES TODO TAN LINDO!... ¡SEMBRADOS Y SEMBRADOS!...
648
¡EH!... ¡Y VAQUITAS!
¡OH!... Y ESA POBRE GENTE!... ¡QUÉ RANCHITO MISERABLE!...
©QUINO
"PINTORESCO", NENA, "PINTORESCO"

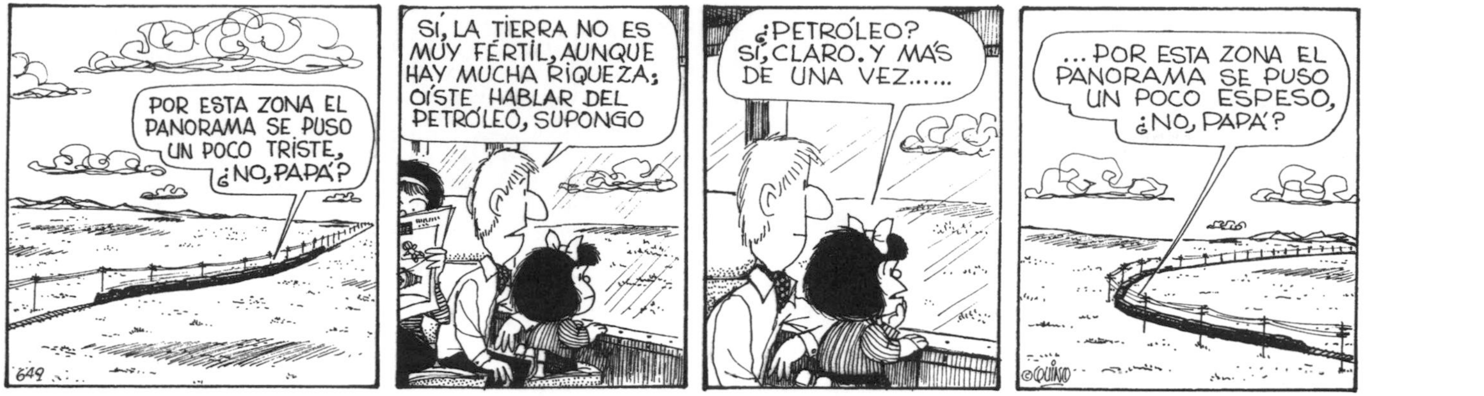
649
POR ESTA ZONA EL PANORAMA SE PUSO UN POCO TRISTE, ¿NO, PAPÁ?
SÍ, LA TIERRA NO ES MUY FÉRTIL, AUNQUE HAY MUCHA RIQUEZA; OÍSTE HABLAR DEL PETRÓLEO, SUPONGO
¿PETRÓLEO? SÍ, CLARO. Y MÁS DE UNA VEZ......
... POR ESTA ZONA EL PANORAMA SE PUSO UN POCO ESPESO, ¿NO, PAPÁ?
© QUINO

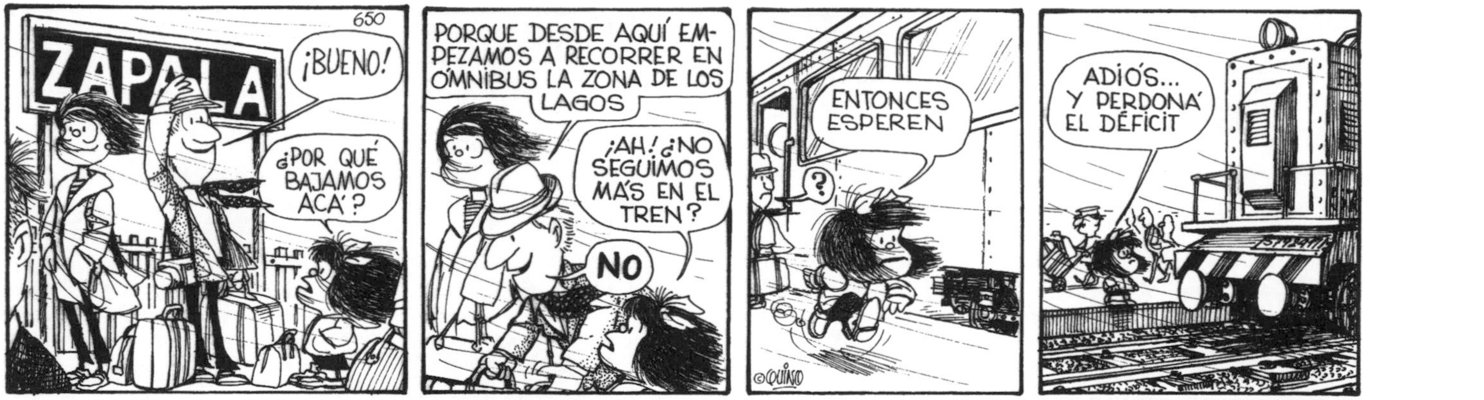
650
ZAPALA
¡BUENO!
¿POR QUÉ BAJAMOS ACÁ?
PORQUE DESDE AQUÍ EMPEZAMOS A RECORRER EN ÓMNIBUS LA ZONA DE LOS LAGOS
¡AH! ¿NO SEGUIMOS MÁS EN EL TREN?
NO
ENTONCES ESPEREN
?
© QUINO
ADIÓS... Y PERDONÁ EL DÉFICIT

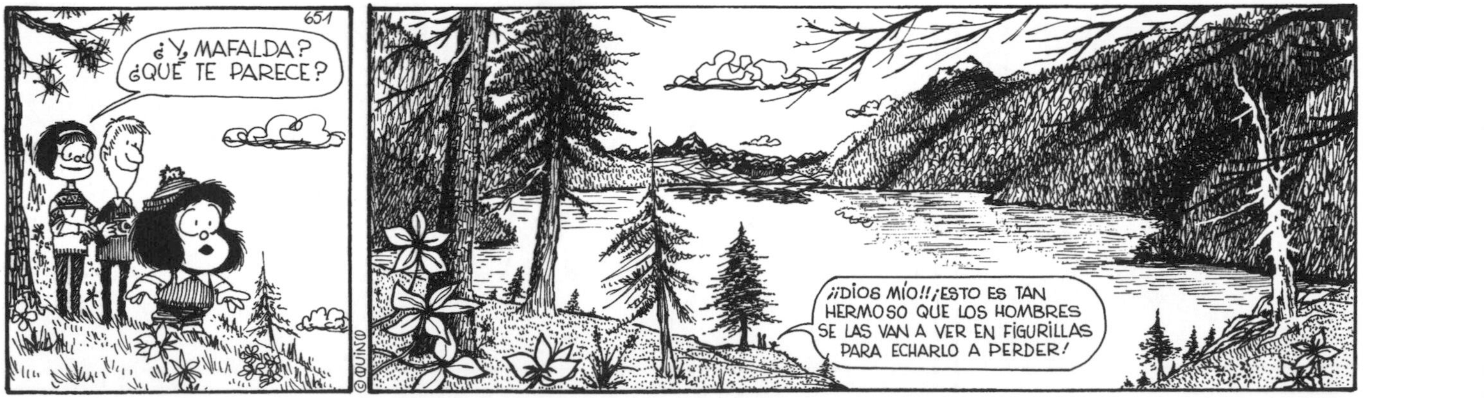
651
¿Y, MAFALDA? ¿QUÉ TE PARECE?
© QUINO
¡¡DIOS MÍO!! ¡ESTO ES TAN HERMOSO QUE LOS HOMBRES SE LAS VAN A VER EN FIGURILLAS PARA ECHARLO A PERDER!

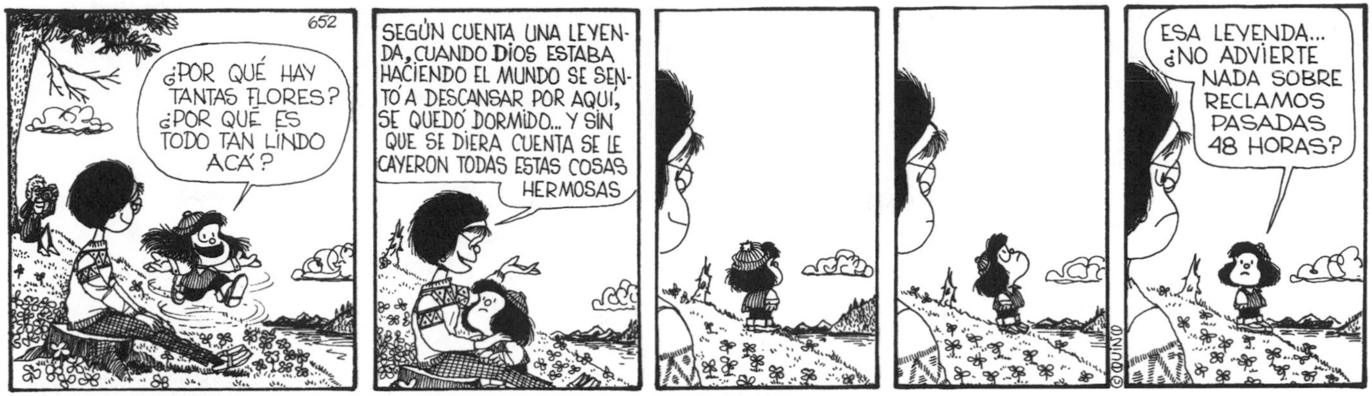
¿POR QUÉ HAY TANTAS FLORES? ¿POR QUÉ ES TODO TAN LINDO ACÁ?
SEGÚN CUENTA UNA LEYENDA, CUANDO DIOS ESTABA HACIENDO EL MUNDO SE SENTÓ A DESCANSAR POR AQUÍ, SE QUEDÓ DORMIDO... Y SIN QUE SE DIERA CUENTA SE LE CAYERON TODAS ESTAS COSAS HERMOSAS
ESA LEYENDA... ¿NO ADVIERTE NADA SOBRE RECLAMOS PASADAS 48 HORAS?

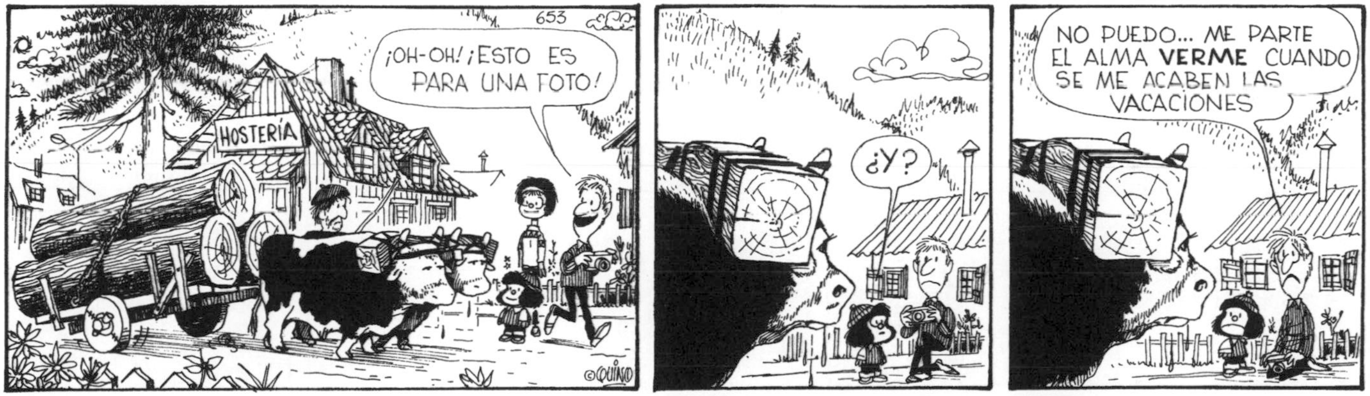
HOSTERÍA
¡OH-OH! ¡ESTO ES PARA UNA FOTO!
¿Y?
NO PUEDO... ME PARTE EL ALMA VERME CUANDO SE ME ACABEN LAS VACACIONES

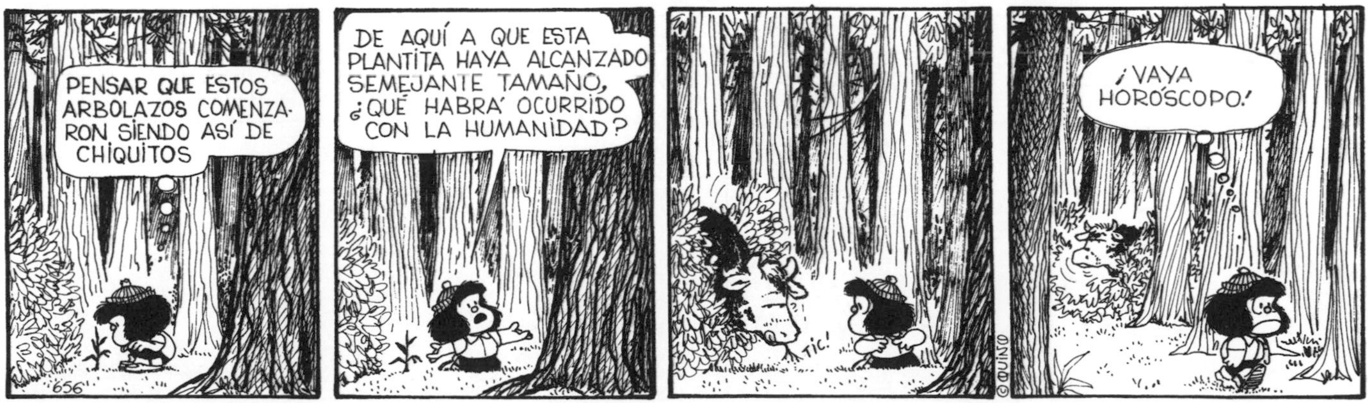
PENSAR QUE ESTOS ARBOLAZOS COMENZARON SIENDO ASÍ DE CHIQUITOS
DE AQUÍ A QUE ESTA PLANTITA HAYA ALCANZADO SEMEJANTE TAMAÑO, ¿QUÉ HABRÁ OCURRIDO CON LA HUMANIDAD?
TIC!
¡VAYA HORÓSCOPO!

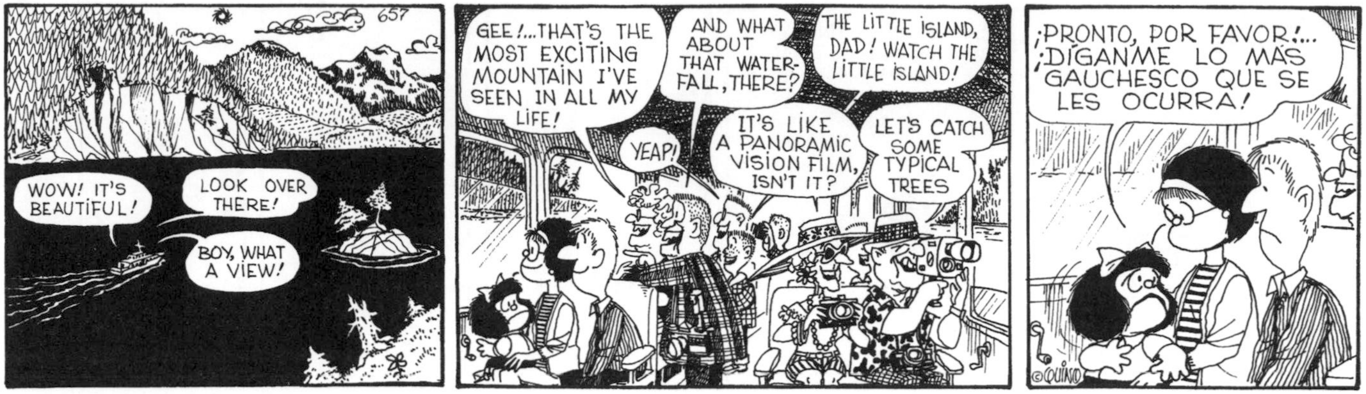
WOW! IT'S BEAUTIFUL!
LOOK OVER THERE!
BOY, WHAT A VIEW!
GEE!... THAT'S THE MOST EXCITING MOUNTAIN I'VE SEEN IN ALL MY LIFE!
YEAP!
AND WHAT ABOUT THAT WATER-FALL, THERE?
IT'S LIKE A PANORAMIC VISION FILM, ISN'T IT?
THE LITTLE ISLAND, DAD! WATCH THE LITTLE ISLAND!
LET'S CATCH SOME TYPICAL TREES
¡PRONTO, POR FAVOR!... ¡DÍGANME LO MÁS GAUCHESCO QUE SE LES OCURRA!

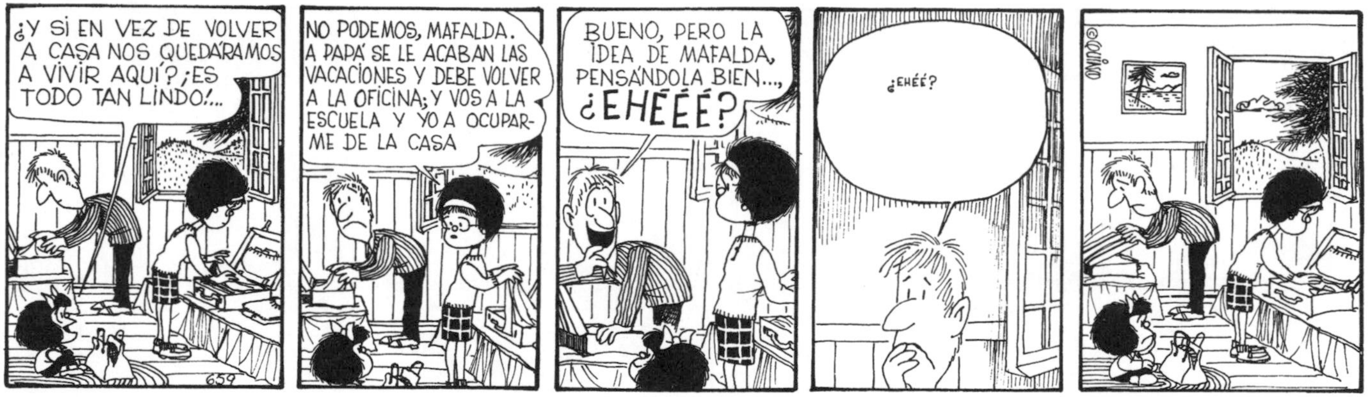
¿Y SI EN VEZ DE VOLVER A CASA NOS QUEDÁRAMOS A VIVIR AQUÍ? ¡ES TODO TAN LINDO!...
NO PODEMOS, MAFALDA. A PAPÁ SE LE ACABAN LAS VACACIONES Y DEBE VOLVER A LA OFICINA; Y VOS A LA ESCUELA Y YO A OCUPARME DE LA CASA
BUENO, PERO LA IDEA DE MAFALDA, PENSÁNDOLA BIEN..., ¿EHÉÉÉ?
¿EHÉÉ?

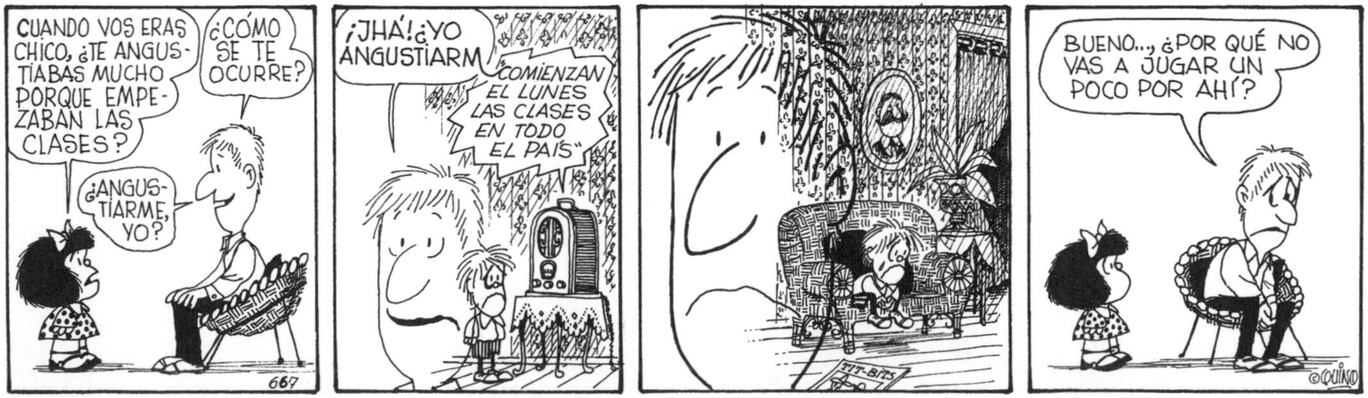
CUANDO VOS ERAS CHICO, ¿TE ANGUSTIABAS MUCHO PORQUE EMPEZABAN LAS CLASES?
¿CÓMO SE TE OCURRE?
¿ANGUSTIARME, YO?
¡JHÁ! ¿YO ANGUSTIARM
"COMIENZAN EL LUNES LAS CLASES EN TODO EL PAÍS"
BUENO..., ¿POR QUÉ NO VAS A JUGAR UN POCO POR AHÍ?

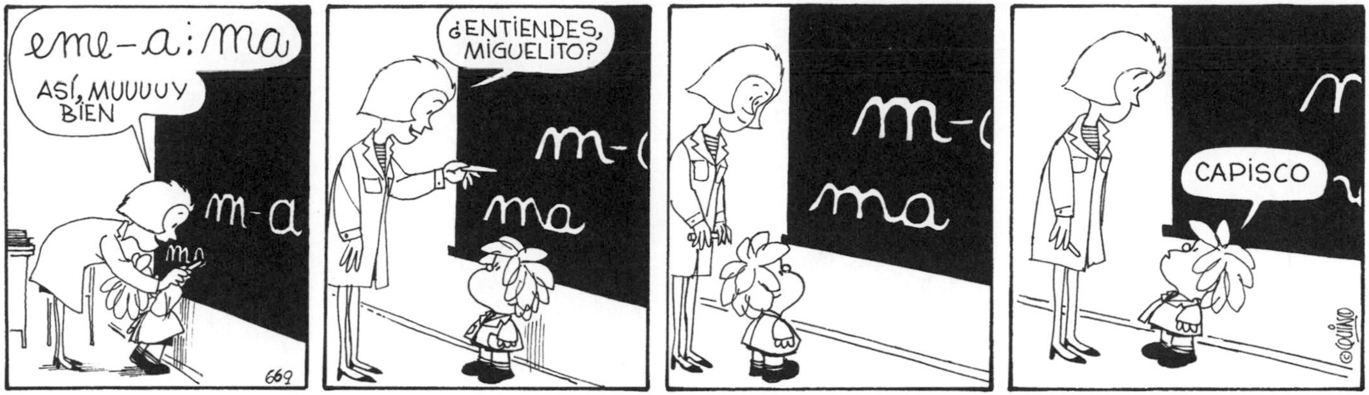
eme-a: ma
ASÍ, MUUUUY BIEN
m-a
¿ENTIENDES, MIGUELITO?
ma
CAPISCO

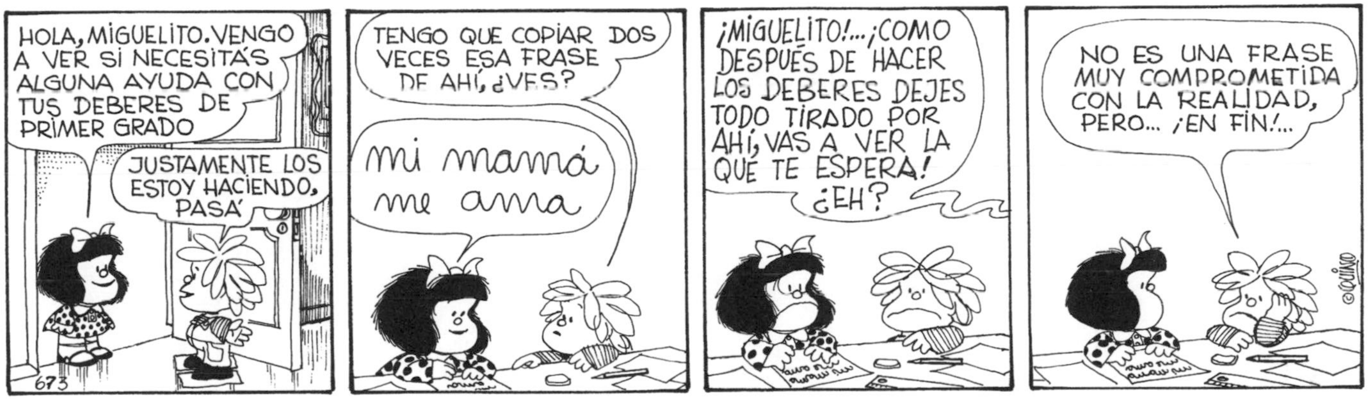
HOLA, MIGUELITO. VENGO A VER SI NECESITÁS ALGUNA AYUDA CON TUS DEBERES DE PRIMER GRADO
JUSTAMENTE LOS ESTOY HACIENDO, PASÁ
TENGO QUE COPIAR DOS VECES ESA FRASE DE AHÍ, ¿VES?
mi mamá me ama
¡MIGUELITO!... ¡COMO DESPUÉS DE HACER LOS DEBERES DEJES TODO TIRADO POR AHÍ, VAS A VER LA QUE TE ESPERA!
¿EH?
NO ES UNA FRASE MUY COMPROMETIDA CON LA REALIDAD, PERO... ¡EN FIN!...

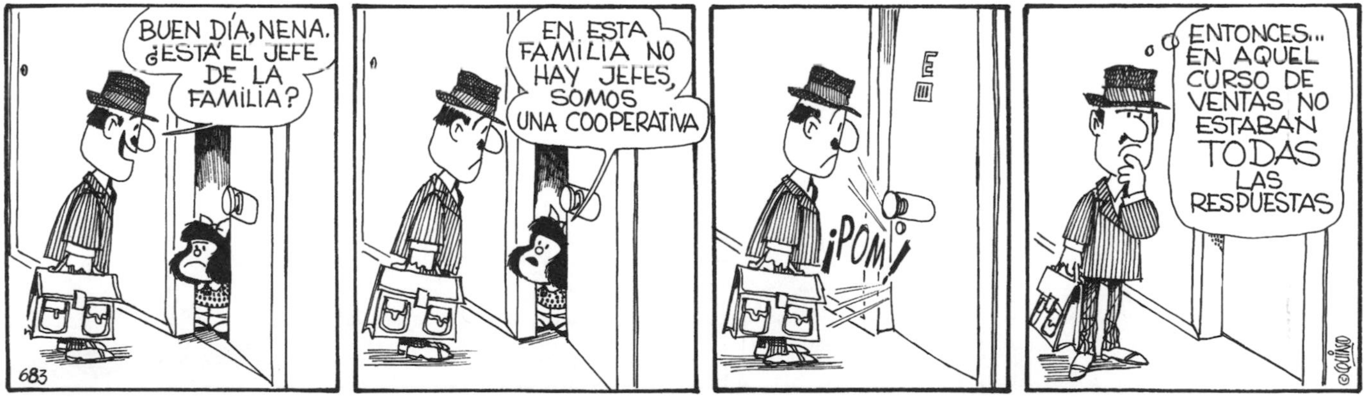
BUEN DÍA, NENA. ¿ESTÁ EL JEFE DE LA FAMILIA?
EN ESTA FAMILIA NO HAY JEFES, SOMOS UNA COOPERATIVA
¡POM!
ENTONCES... EN AQUEL CURSO DE VENTAS NO ESTABAN TODAS LAS RESPUESTAS

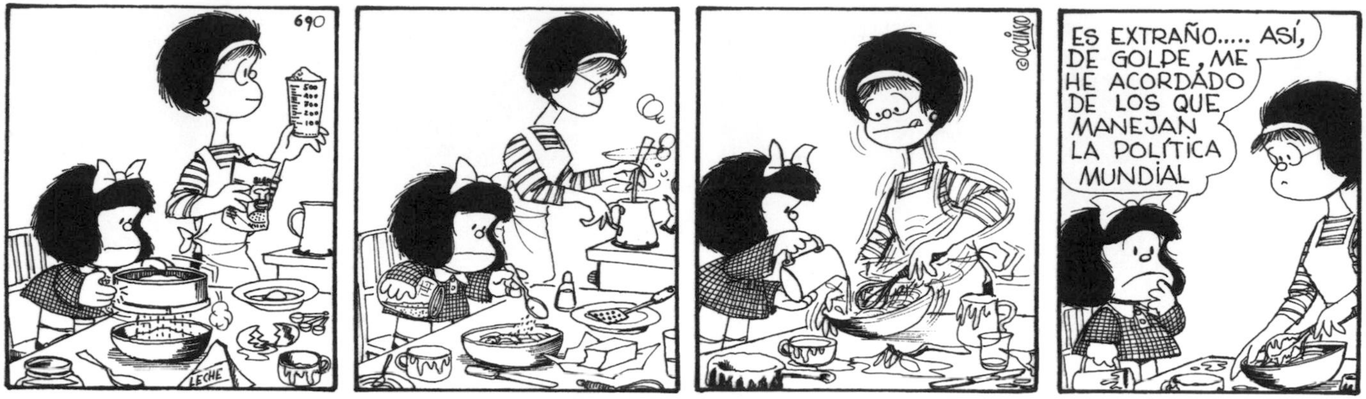

690
ES EXTRAÑO..... ASÍ, DE GOLPE, ME HE ACORDADO DE LOS QUE MANEJAN LA POLÍTICA MUNDIAL

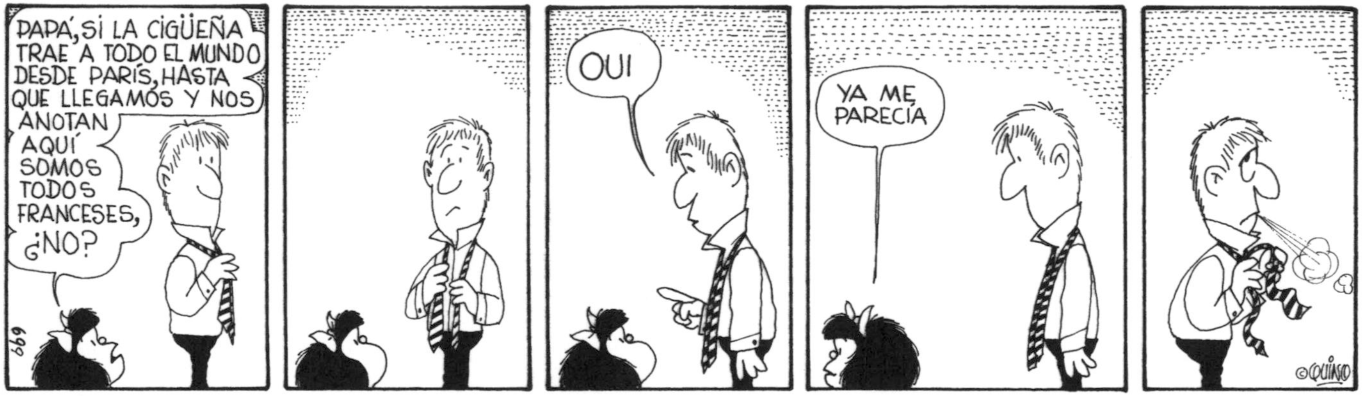

PAPÁ, SI LA CIGÜEÑA TRAE A TODO EL MUNDO DESDE PARÍS, HASTA QUE LLEGAMOS Y NOS ANOTAN AQUÍ SOMOS TODOS FRANCESES, ¿NO?
699
OUI
YA ME PARECÍA

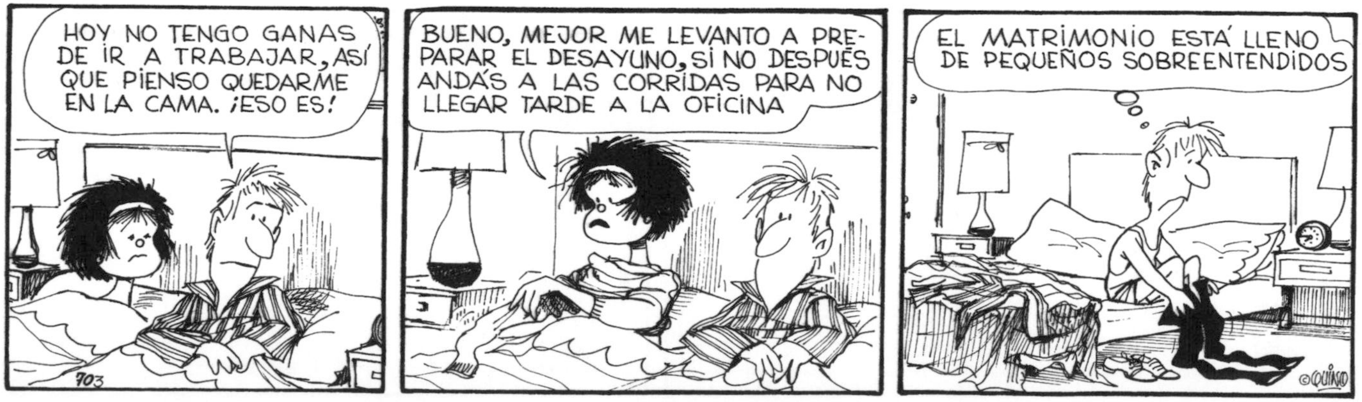

HOY NO TENGO GANAS DE IR A TRABAJAR, ASÍ QUE PIENSO QUEDARME EN LA CAMA. ¡ESO ES!
703
BUENO, MEJOR ME LEVANTO A PREPARAR EL DESAYUNO, SI NO DESPUÉS ANDÁS A LAS CORRIDAS PARA NO LLEGAR TARDE A LA OFICINA
EL MATRIMONIO ESTÁ LLENO DE PEQUEÑOS SOBREENTENDIDOS

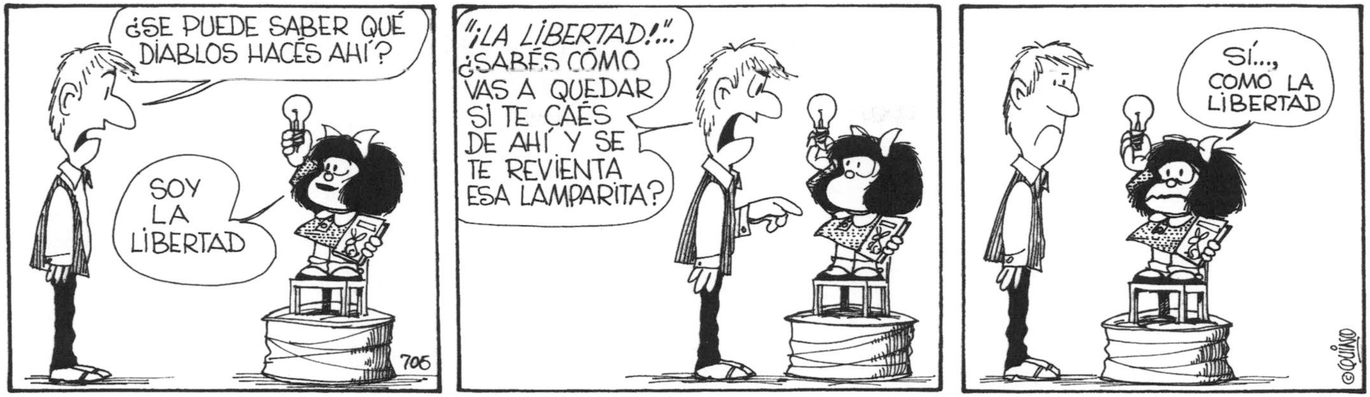

¿SE PUEDE SABER QUÉ DIABLOS HACÉS AHÍ?
SOY LA LIBERTAD
705
"¡LA LIBERTAD!"... ¿SABÉS CÓMO VAS A QUEDAR SI TE CAÉS DE AHÍ Y SE TE REVIENTA ESA LAMPARITA?
SÍ..., COMO LA LIBERTAD
©QUINO

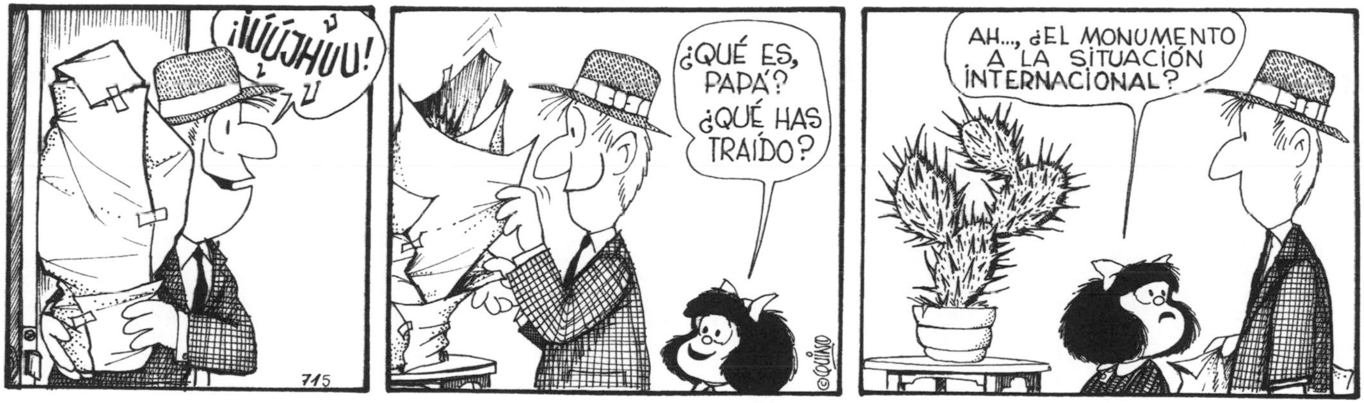

¡ÚÚJHUU!
715
¿QUÉ ES, PAPÁ? ¿QUÉ HAS TRAÍDO?
©QUINO
AH..., ¿EL MONUMENTO A LA SITUACIÓN INTERNACIONAL?

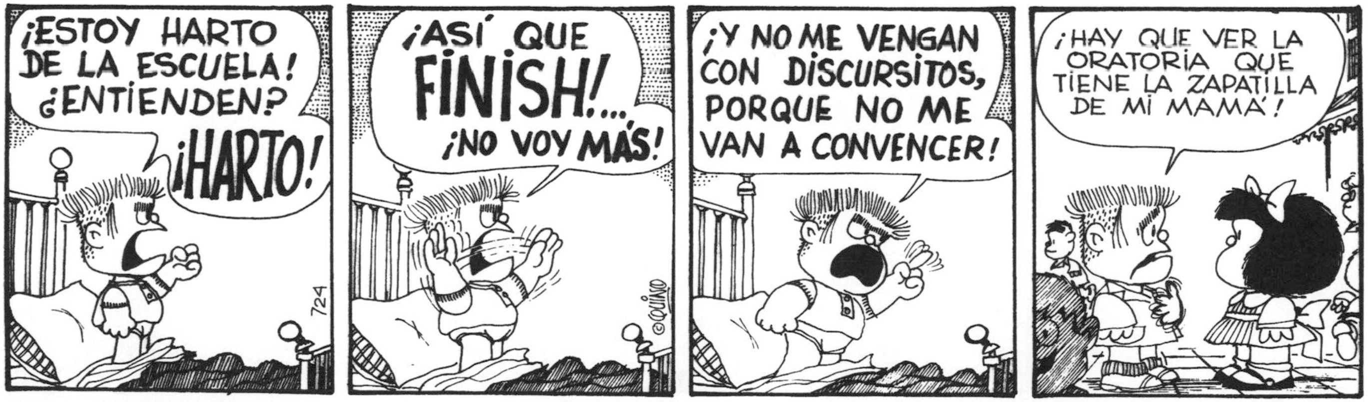

¡ESTOY HARTO DE LA ESCUELA! ¿ENTIENDEN?
¡HARTO!
724
¡ASÍ QUE FINISH!... ¡NO VOY MÁS!
©QUINO
¡Y NO ME VENGAN CON DISCURSITOS, PORQUE NO ME VAN A CONVENCER!
¡HAY QUE VER LA ORATORIA QUE TIENE LA ZAPATILLA DE MI MAMÁ!

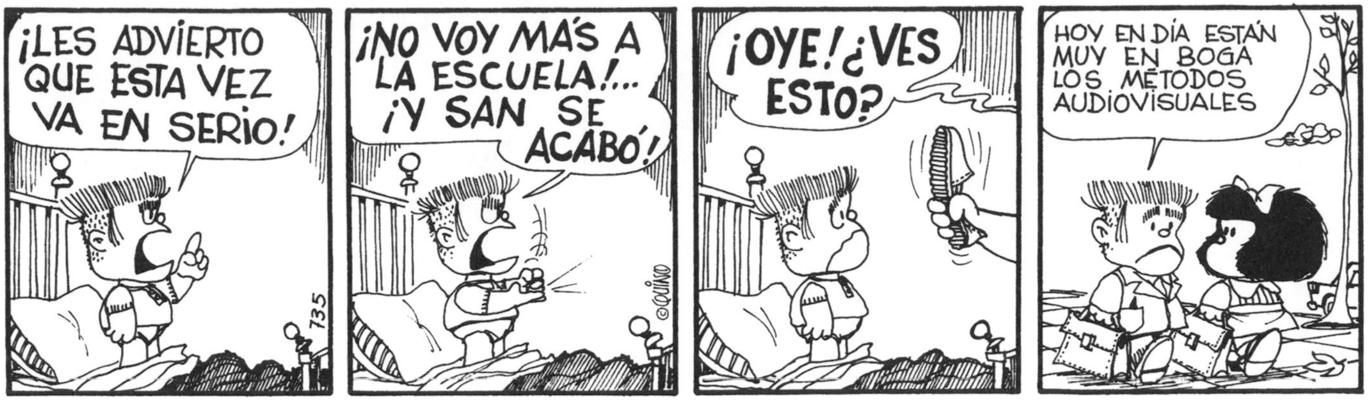
¡LES ADVIERTO QUE ESTA VEZ VA EN SERIO!
735
¡NO VOY MÁS A LA ESCUELA!... ¡Y SAN SE ACABÓ!
¡OYE! ¿VES ESTO?
HOY EN DÍA ESTÁN MUY EN BOGA LOS MÉTODOS AUDIOVISUALES

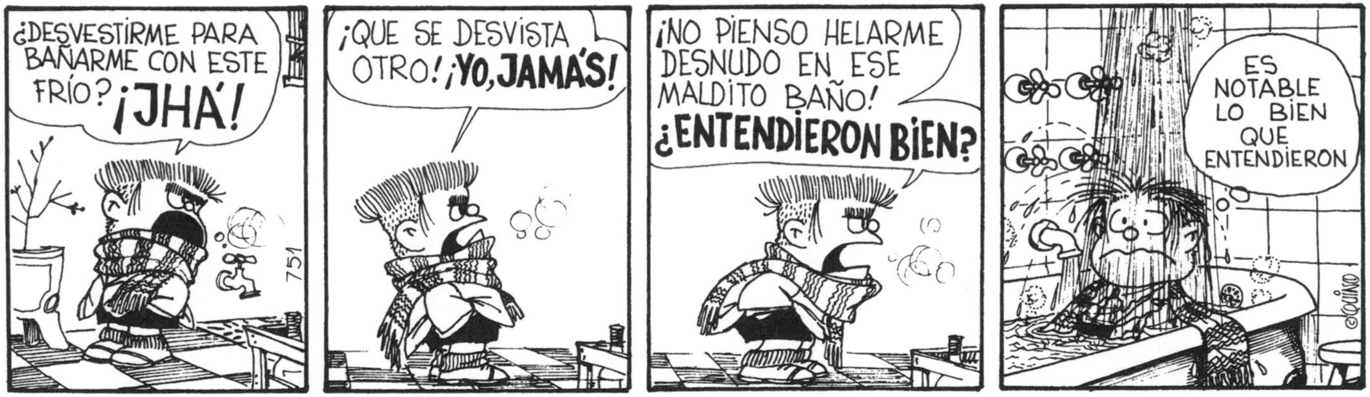
¿DESVESTIRME PARA BAÑARME CON ESTE FRÍO? ¡JHÁ!
751
¡QUE SE DESVISTA OTRO! ¡YO, JAMÁS!
¡NO PIENSO HELARME DESNUDO EN ESE MALDITO BAÑO! ¿ENTENDIERON BIEN?
ES NOTABLE LO BIEN QUE ENTENDIERON

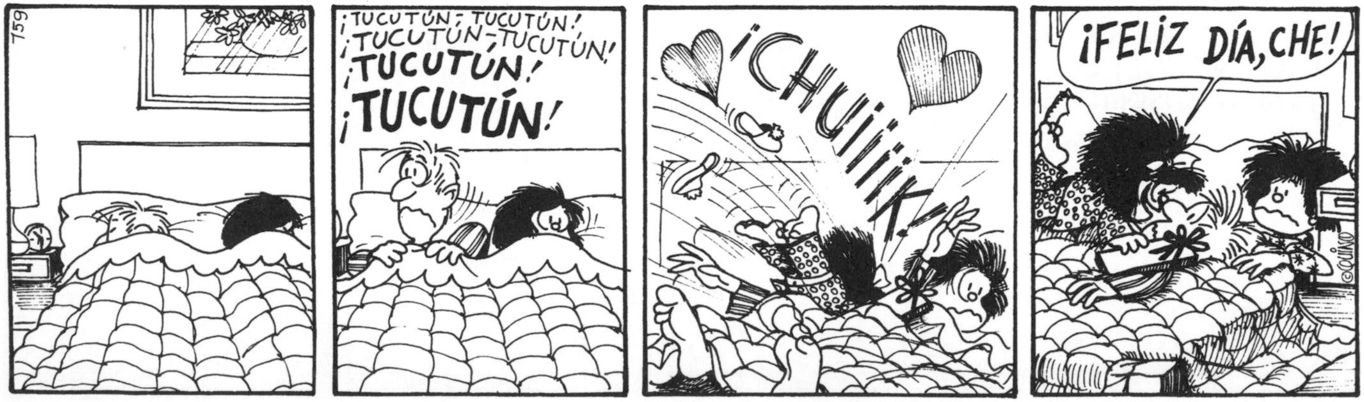
759
¡TUCUTÚN-TUCUTÚN! ¡TUCUTÚN-TUCUTÚN! ¡TUCUTÚN! ¡TUCUTÚN!
¡CHUIIIIK!
¡FELIZ DÍA, CHE!

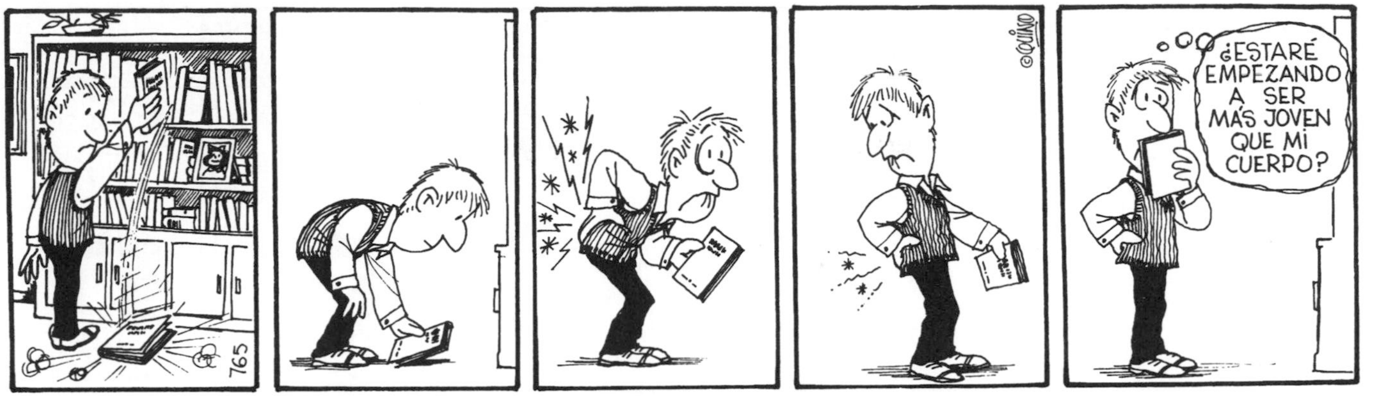
765
©QUINO
¿ESTARÉ EMPEZANDO A SER MÁS JOVEN QUE MI CUERPO?

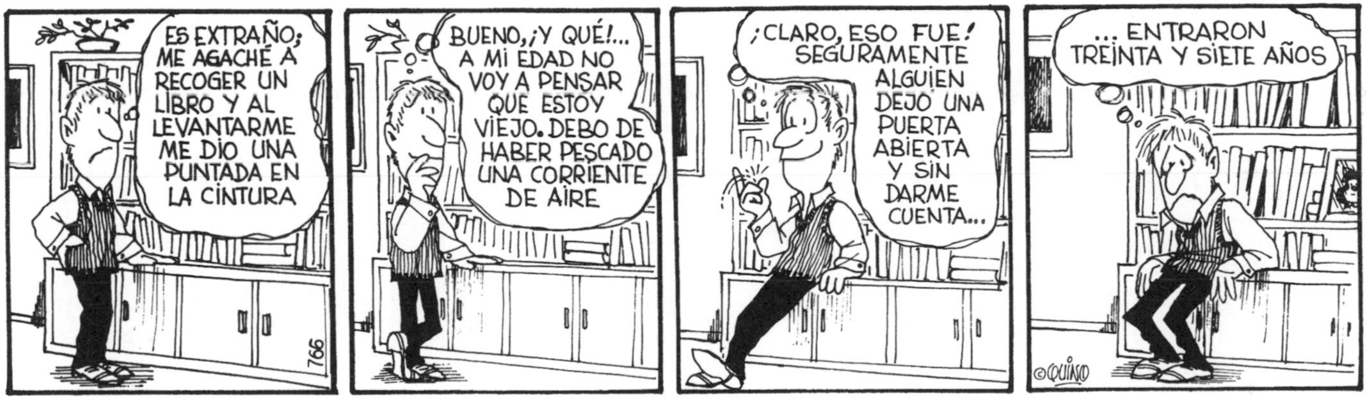
ES EXTRAÑO; ME AGACHÉ A RECOGER UN LIBRO Y AL LEVANTARME ME DIO UNA PUNTADA EN LA CINTURA
766
BUENO, ¡Y QUÉ!... A MI EDAD NO VOY A PENSAR QUE ESTOY VIEJO. DEBO DE HABER PESCADO UNA CORRIENTE DE AIRE
¡CLARO, ESO FUE! SEGURAMENTE ALGUIEN DEJO UNA PUERTA ABIERTA Y SIN DARME CUENTA...
... ENTRARON TREINTA Y SIETE AÑOS
©QUINO

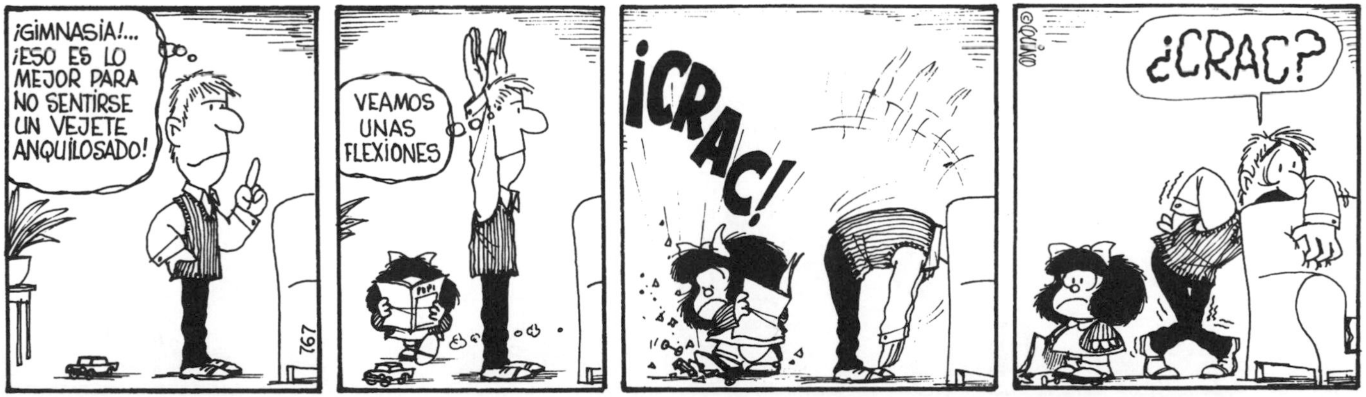
¡GIMNASIA!... ¡ESO ES LO MEJOR PARA NO SENTIRSE UN VEJETE ANQUILOSADO!
767
VEAMOS UNAS FLEXIONES
POPI
¡CRAC!
©QUINO
¿CRAC?

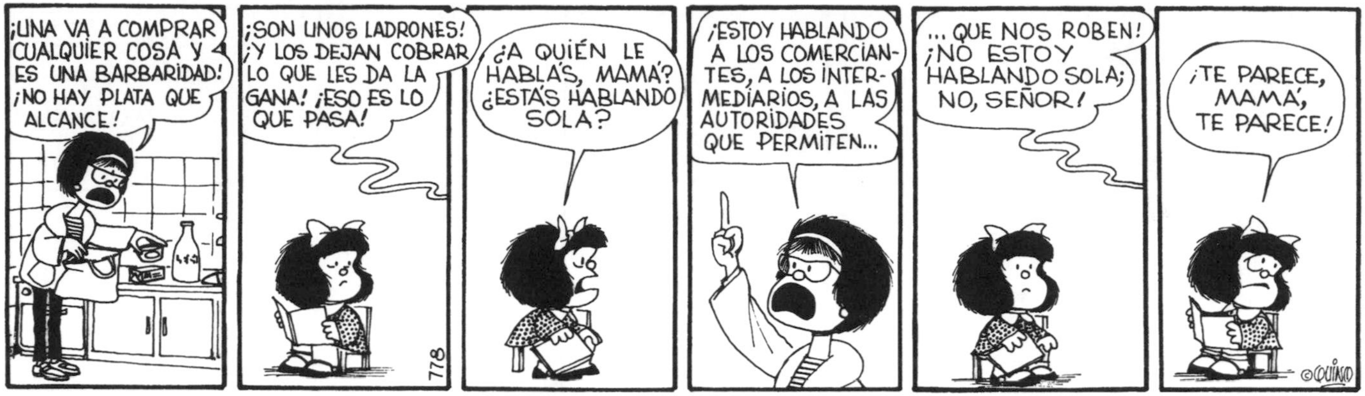
¡UNA VA A COMPRAR CUALQUIER COSA Y ES UNA BARBARIDAD! ¡NO HAY PLATA QUE ALCANCE!
¡SON UNOS LADRONES! ¡Y LOS DEJAN COBRAR LO QUE LES DA LA GANA! ¡ESO ES LO QUE PASA!
778
¿A QUIÉN LE HABLÁS, MAMÁ? ¿ESTÁS HABLANDO SOLA?
¡ESTOY HABLANDO A LOS COMERCIANTES, A LOS INTERMEDIARIOS, A LAS AUTORIDADES QUE PERMITEN...
... QUE NOS ROBEN! ¡NO ESTOY HABLANDO SOLA; NO, SEÑOR!
¡TE PARECE, MAMÁ, TE PARECE!
©QUINO

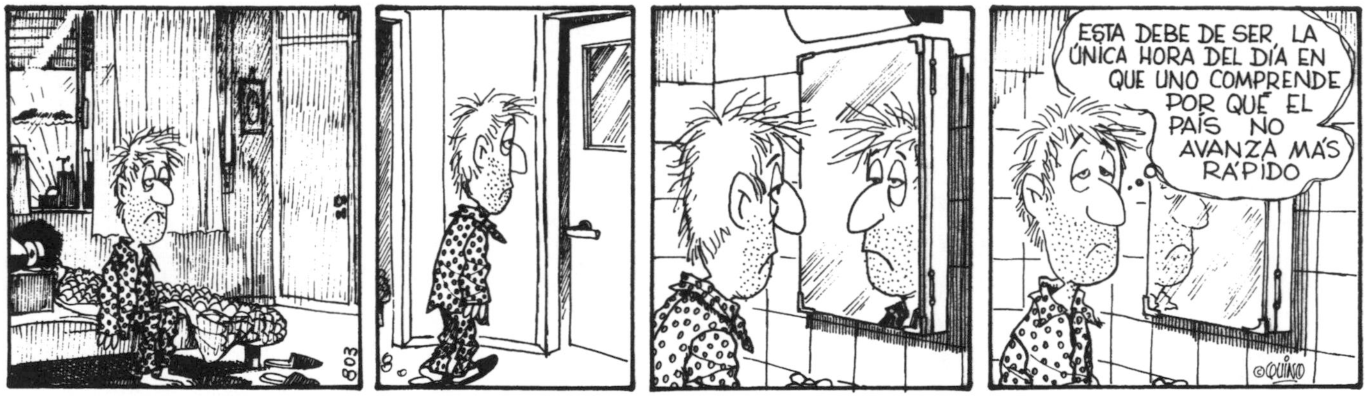
803
ESTA DEBE DE SER LA ÚNICA HORA DEL DÍA EN QUE UNO COMPRENDE POR QUÉ EL PAÍS NO AVANZA MÁS RÁPIDO
©QUINO

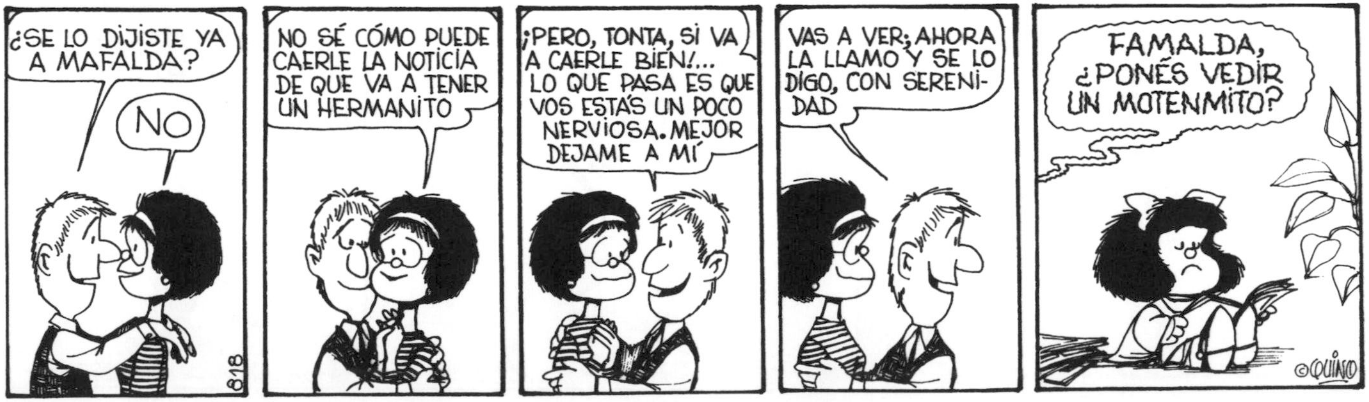
¿SE LO DIJISTE YA A MAFALDA?
NO
818
NO SÉ CÓMO PUEDE CAERLE LA NOTICIA DE QUE VA A TENER UN HERMANITO
¡PERO, TONTA, SI VA A CAERLE BIEN!... LO QUE PASA ES QUE VOS ESTÁS UN POCO NERVIOSA. MEJOR DEJAME A MÍ
VAS A VER; AHORA LA LLAMO Y SE LO DIGO, CON SERENIDAD
FAMALDA, ¿PONÉS VEDIR UN MOTENMITO?
©QUINO

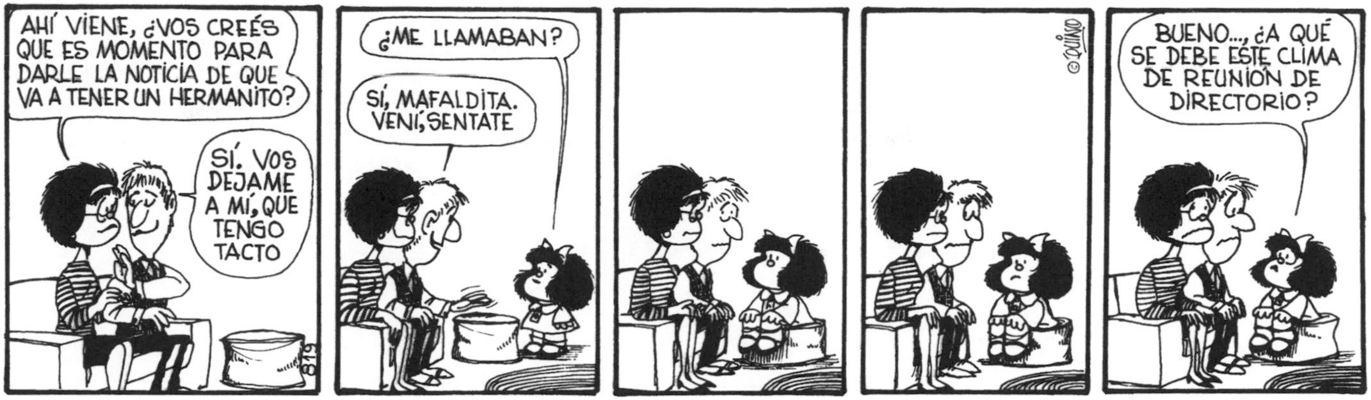
AHÍ VIENE, ¿VOS CREÉS QUE ES MOMENTO PARA DARLE LA NOTICIA DE QUE VA A TENER UN HERMANITO?
SÍ. VOS DEJAME A MÍ, QUE TENGO TACTO
¿ME LLAMABAN?
SÍ, MAFALDITA. VENÍ, SENTATE
BUENO..., ¿A QUÉ SE DEBE ESTE CLIMA DE REUNIÓN DE DIRECTORIO?

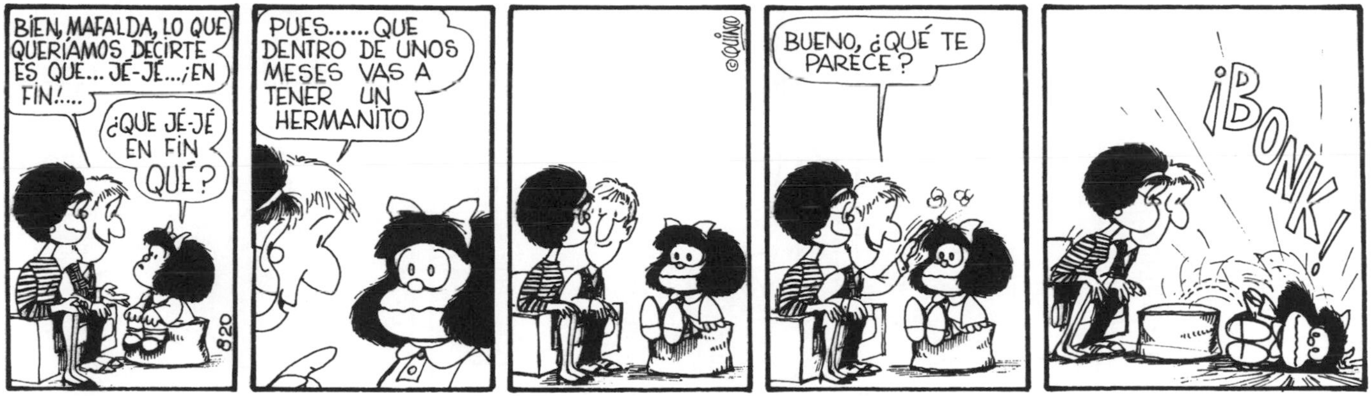
BIEN, MAFALDA, LO QUE QUERÍAMOS DECIRTE ES QUE... JÉ-JÉ...¡EN FIN!....
¿QUE JÉ-JÉ EN FIN QUÉ?
PUES...... QUE DENTRO DE UNOS MESES VAS A TENER UN HERMANITO
BUENO, ¿QUÉ TE PARECE?
¡BONK!

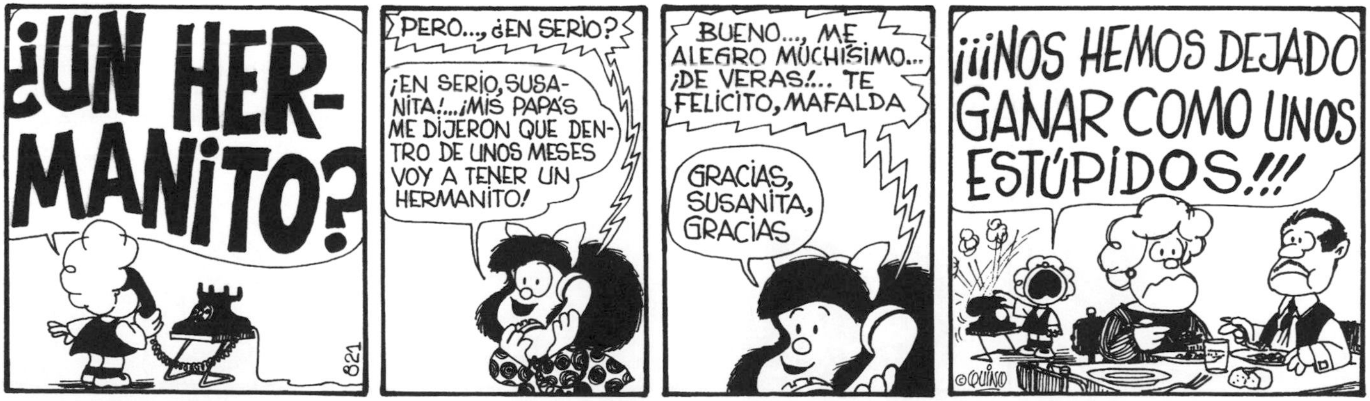
¿UN HERMANITO?
PERO..., ¿EN SERIO?
¡EN SERIO, SUSANITA!...¡MIS PAPÁS ME DIJERON QUE DENTRO DE UNOS MESES VOY A TENER UN HERMANITO!
BUENO..., ME ALEGRO MUCHÍSIMO... ¡DE VERAS!... TE FELICITO, MAFALDA
GRACIAS, SUSANITA, GRACIAS
¡¡¡NOS HEMOS DEJADO GANAR COMO UNOS ESTÚPIDOS!!!

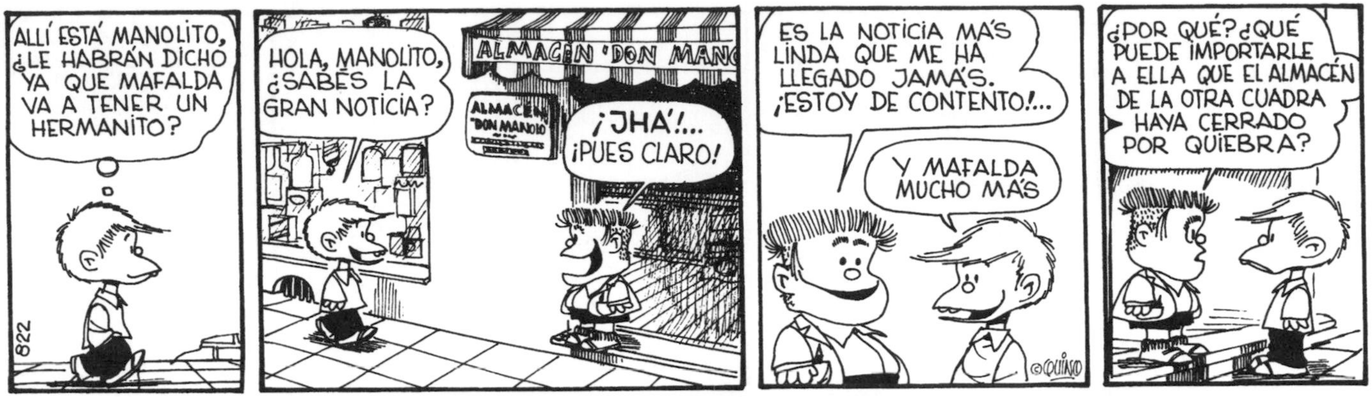
822
ALLÍ ESTÁ MANOLITO, ¿LE HABRÁN DICHO YA QUE MAFALDA VA A TENER UN HERMANITO?
HOLA, MANOLITO, ¿SABÉS LA GRAN NOTICIA?
ALMACÉN 'DON MANO
ALMACÉN "DON MANOLO"
¡JHA'!... ¡PUES CLARO!
ES LA NOTICIA MÁS LINDA QUE ME HA LLEGADO JAMÁS. ¡ESTOY DE CONTENTO!...
Y MAFALDA MUCHO MÁS
¿POR QUÉ? ¿QUÉ PUEDE IMPORTARLE A ELLA QUE EL ALMACÉN DE LA OTRA CUADRA HAYA CERRADO POR QUIEBRA?

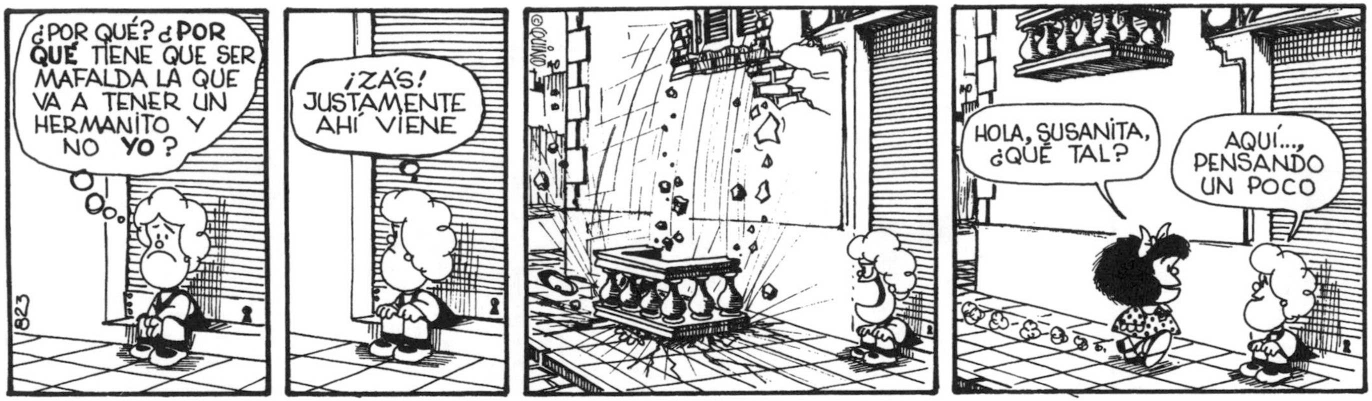
823
¿POR QUÉ? ¿**POR QUÉ** TIENE QUE SER MAFALDA LA QUE VA A TENER UN HERMANITO Y NO **YO**?
¡ZÁS! JUSTAMENTE AHÍ VIENE
HOLA, SUSANITA, ¿QUÉ TAL?
AQUÍ..., PENSANDO UN POCO

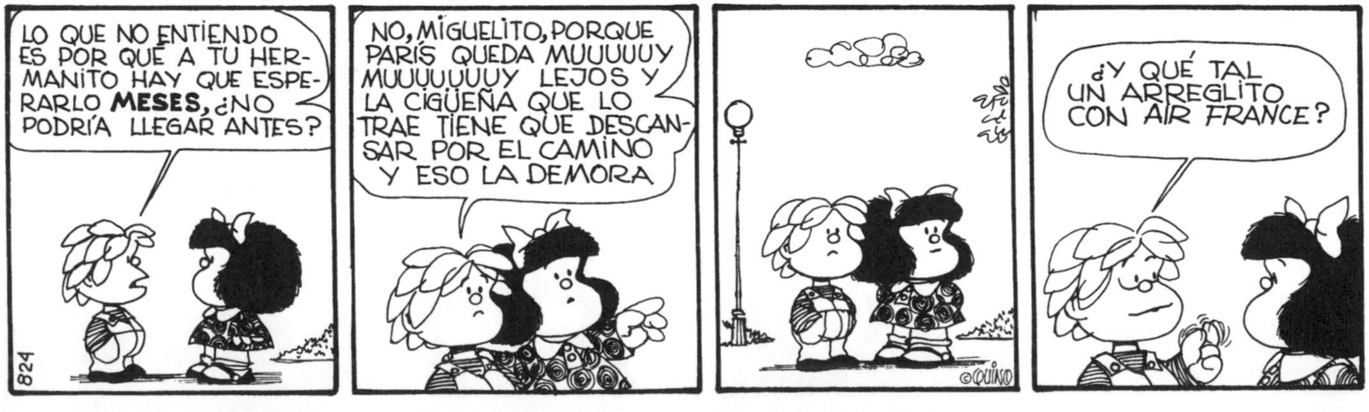
824
LO QUE NO ENTIENDO ES POR QUÉ A TU HERMANITO HAY QUE ESPERARLO **MESES**, ¿NO PODRÍA LLEGAR ANTES?
NO, MIGUELITO, PORQUE PARÍS QUEDA MUUUUUY MUUUUUUUY LEJOS Y LA CIGÜEÑA QUE LO TRAE TIENE QUE DESCANSAR POR EL CAMINO Y ESO LA DEMORA
¿Y QUÉ TAL UN ARREGLITO CON *AIR FRANCE*?

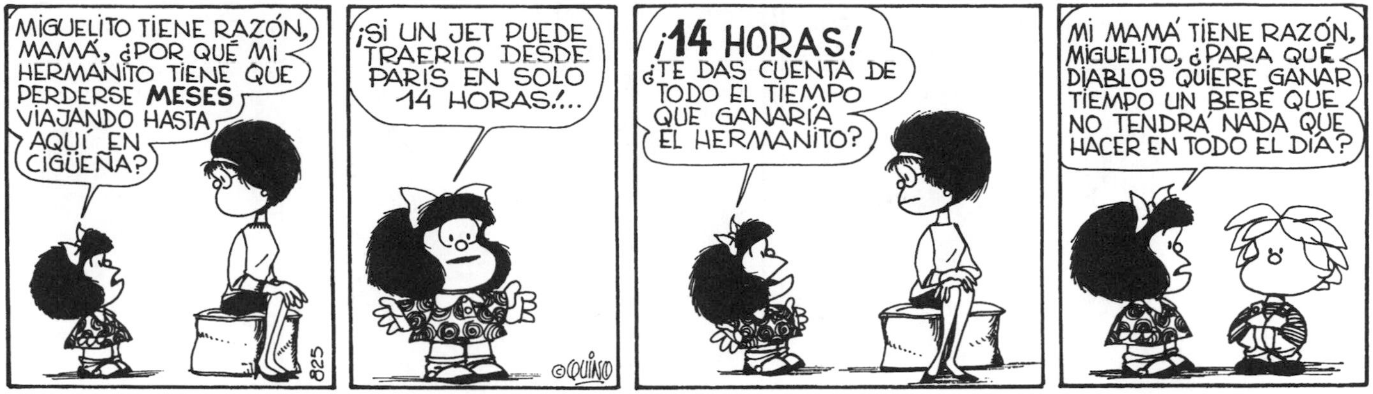
MIGUELITO TIENE RAZÓN, MAMÁ, ¿POR QUÉ MI HERMANITO TIENE QUE PERDERSE **MESES** VIAJANDO HASTA AQUÍ EN CIGÜEÑA?
825
¡SI UN JET PUEDE TRAERLO DESDE PARÍS EN SOLO 14 HORAS!...
©QUINO
¡14 HORAS! ¿TE DAS CUENTA DE TODO EL TIEMPO QUE GANARÍA EL HERMANITO?
MI MAMÁ TIENE RAZÓN, MIGUELITO, ¿PARA QUÉ DIABLOS QUIERE GANAR TIEMPO UN BEBÉ QUE NO TENDRÁ NADA QUE HACER EN TODO EL DÍA?

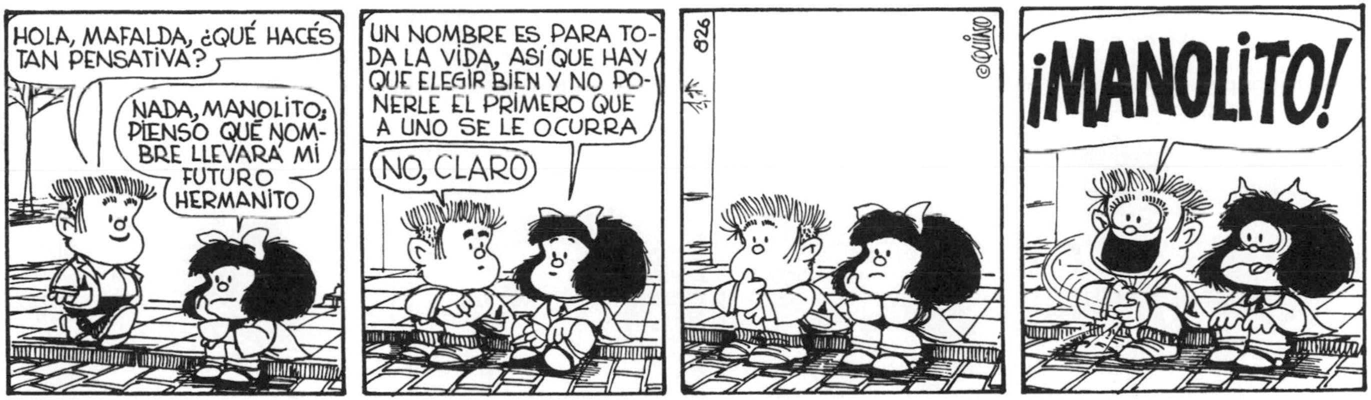
HOLA, MAFALDA, ¿QUÉ HACÉS TAN PENSATIVA?
NADA, MANOLITO; PIENSO QUÉ NOMBRE LLEVARÁ MI FUTURO HERMANITO
UN NOMBRE ES PARA TODA LA VIDA, ASÍ QUE HAY QUE ELEGIR BIEN Y NO PONERLE EL PRIMERO QUE A UNO SE LE OCURRA
NO, CLARO
826
©QUINO
¡MANOLITO!

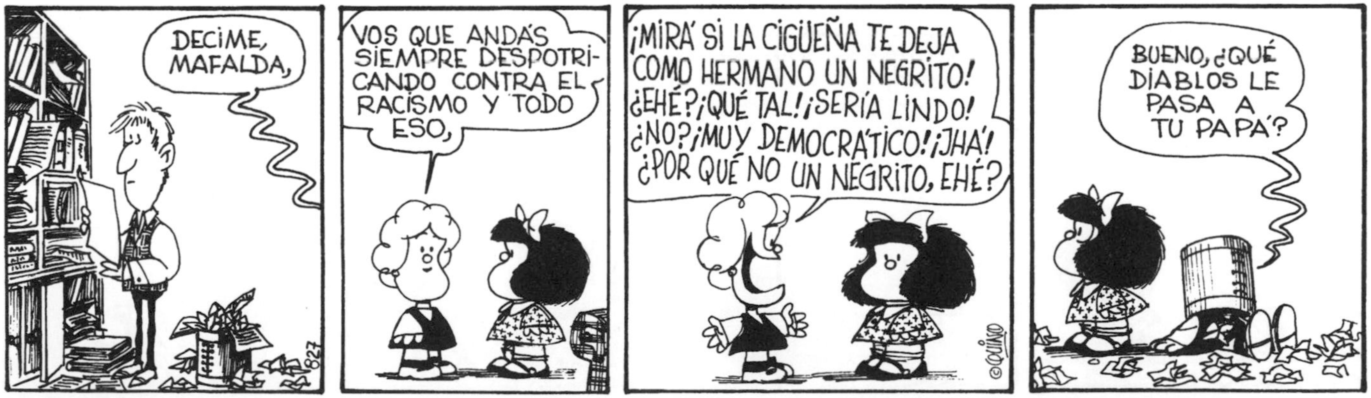
DECIME, MAFALDA,
827
VOS QUE ANDÁS SIEMPRE DESPOTRICANDO CONTRA EL RACISMO Y TODO ESO,
¡MIRÁ SI LA CIGÜEÑA TE DEJA COMO HERMANO UN NEGRITO! ¿EHÉ? ¡QUÉ TAL! ¡SERÍA LINDO! ¿NO? ¡MUY DEMOCRÁTICO! ¡JHÁ! ¿POR QUÉ NO UN NEGRITO, EHÉ?
©QUINO
BUENO, ¿QUÉ DIABLOS LE PASA A TU PAPÁ?

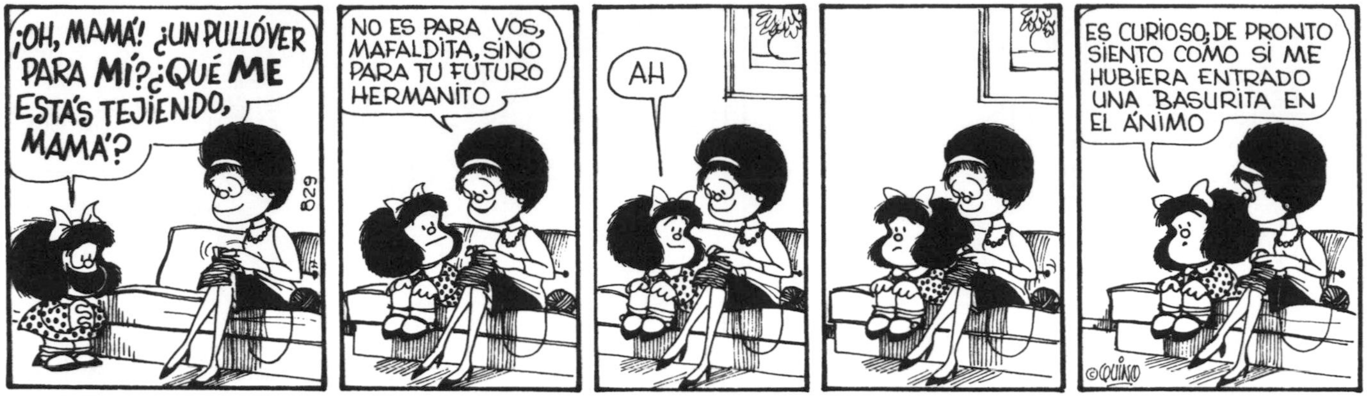
¡OH, MAMÁ! ¿UN PULLÓVER PARA MÍ? ¿QUÉ ME ESTÁS TEJIENDO, MAMÁ?
NO ES PARA VOS, MAFALDITA, SINO PARA TU FUTURO HERMANITO
AH
ES CURIOSO; DE PRONTO SIENTO COMO SI ME HUBIERA ENTRADO UNA BASURITA EN EL ÁNIMO

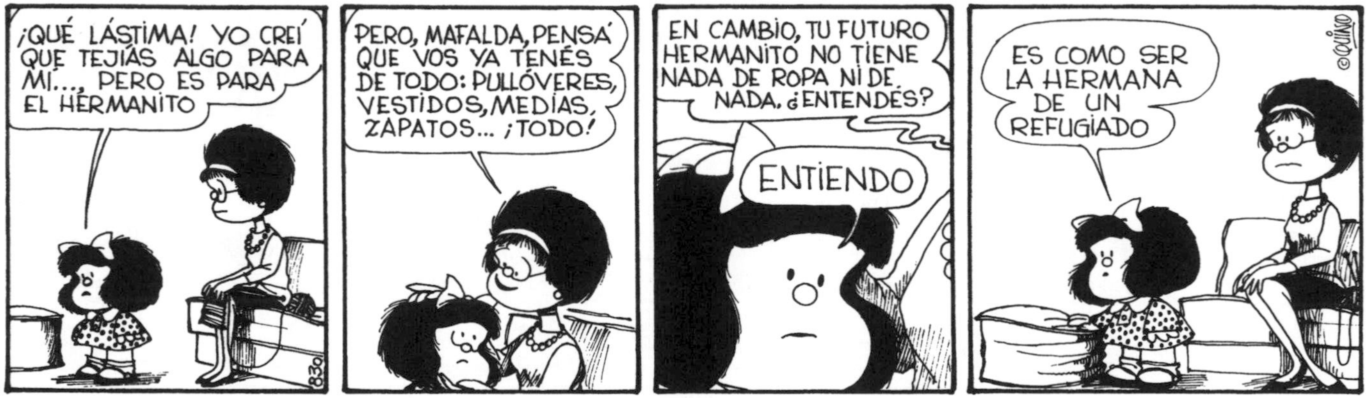
¡QUÉ LÁSTIMA! YO CREÍ QUE TEJÍAS ALGO PARA MÍ..., PERO ES PARA EL HERMANITO
PERO, MAFALDA, PENSÁ QUE VOS YA TENÉS DE TODO: PULLÓVERES, VESTIDOS, MEDIAS, ZAPATOS... ¡TODO!
EN CAMBIO, TU FUTURO HERMANITO NO TIENE NADA DE ROPA NI DE NADA. ¿ENTENDÉS?
ENTIENDO
ES COMO SER LA HERMANA DE UN REFUGIADO

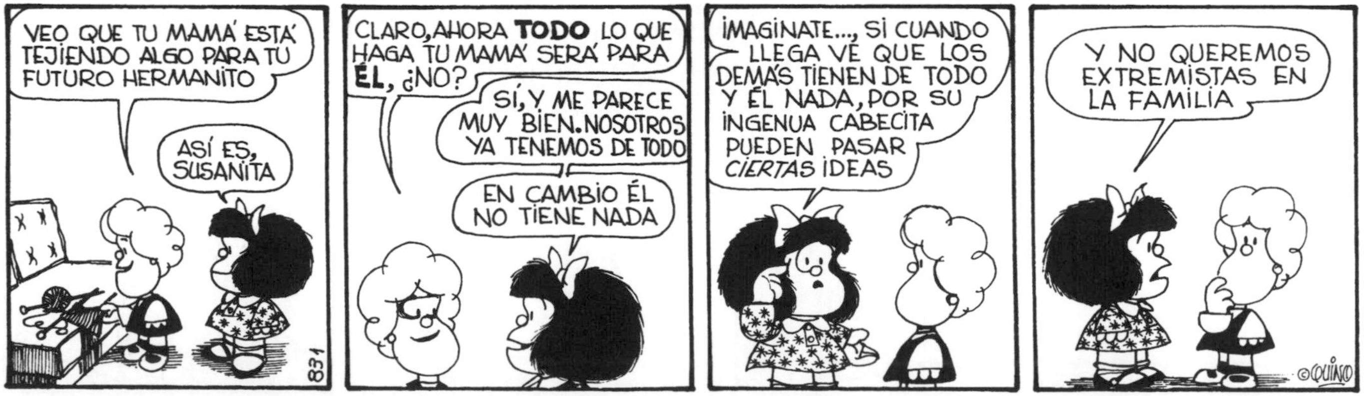
VEO QUE TU MAMÁ ESTÁ TEJIENDO ALGO PARA TU FUTURO HERMANITO
ASÍ ES, SUSANITA
CLARO, AHORA TODO LO QUE HAGA TU MAMÁ SERÁ PARA ÉL, ¿NO?
SÍ, Y ME PARECE MUY BIEN. NOSOTROS YA TENEMOS DE TODO
EN CAMBIO ÉL NO TIENE NADA
IMAGINATE..., SI CUANDO LLEGA VE QUE LOS DEMÁS TIENEN DE TODO Y ÉL NADA, POR SU INGENUA CABECITA PUEDEN PASAR *CIERTAS* IDEAS
Y NO QUEREMOS EXTREMISTAS EN LA FAMILIA

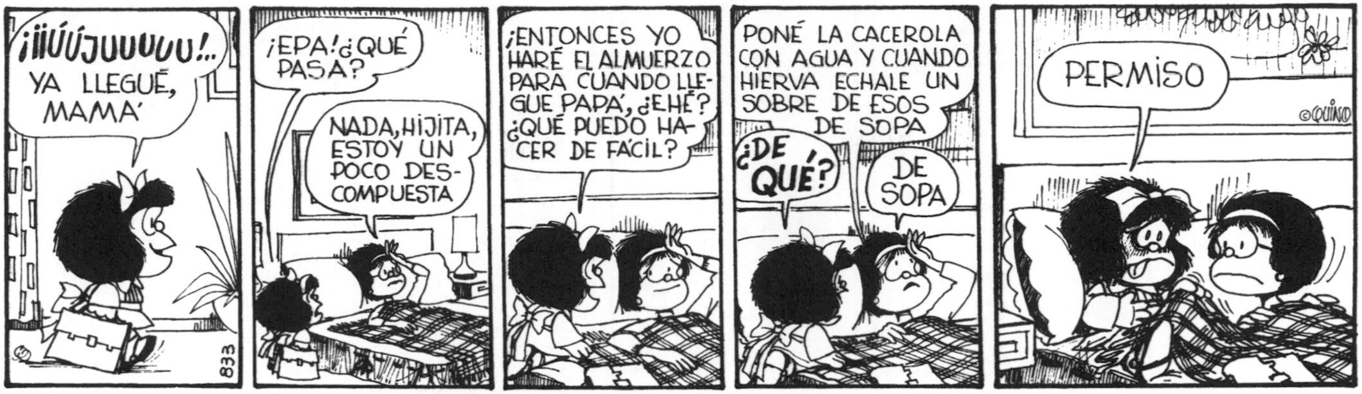
¡¡ÚÚJUUUUU!.. YA LLEGUÉ, MAMÁ
833
¡EPA! ¿QUÉ PASA?
NADA, HIJITA, ESTOY UN POCO DESCOMPUESTA
¡ENTONCES YO HARÉ EL ALMUERZO PARA CUANDO LLEGUE PAPÁ, ¿EHÉ? ¿QUÉ PUEDO HACER DE FÁCIL?
PONÉ LA CACEROLA CON AGUA Y CUANDO HIERVA ECHALE UN SOBRE DE ESOS DE SOPA
¿DE QUÉ?
DE SOPA
PERMISO
©QUINO

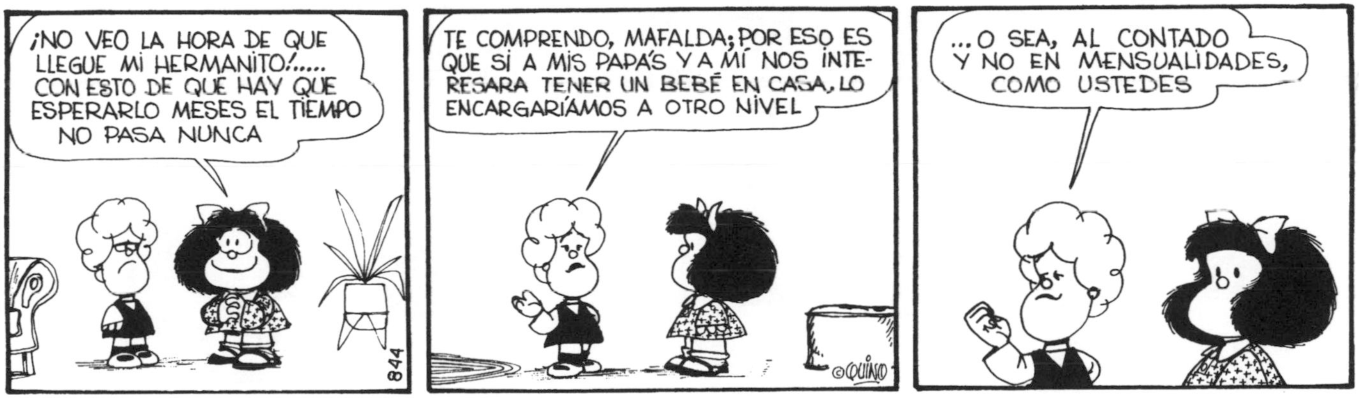
¡NO VEO LA HORA DE QUE LLEGUE MI HERMANITO!..... CON ESTO DE QUE HAY QUE ESPERARLO MESES EL TIEMPO NO PASA NUNCA
844
TE COMPRENDO, MAFALDA; POR ESO ES QUE SI A MIS PAPÁS Y A MÍ NOS INTERESARA TENER UN BEBÉ EN CASA, LO ENCARGARÍAMOS A OTRO NIVEL
©QUINO
...O SEA, AL CONTADO Y NO EN MENSUALIDADES, COMO USTEDES

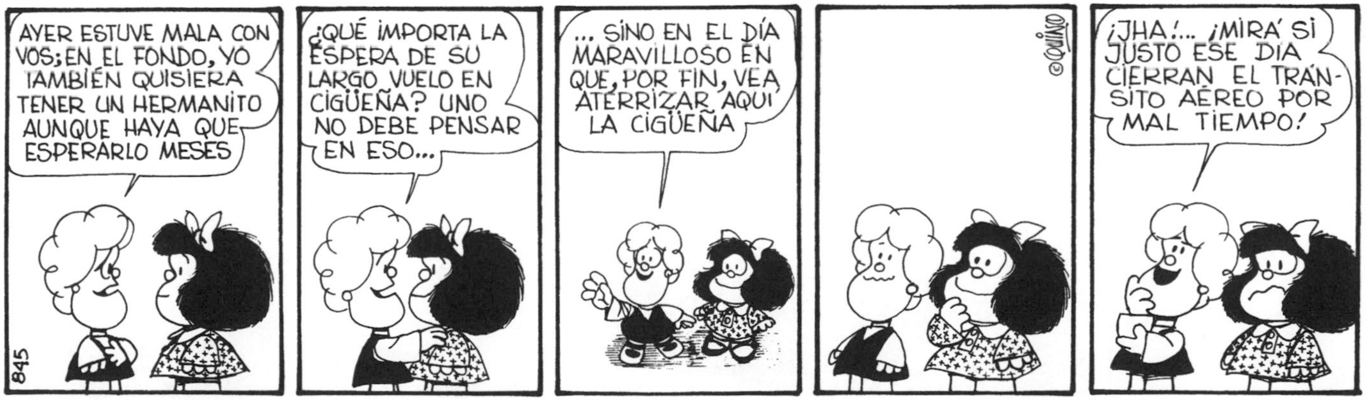
AYER ESTUVE MALA CON VOS; EN EL FONDO, YO TAMBIÉN QUISIERA TENER UN HERMANITO AUNQUE HAYA QUE ESPERARLO MESES
845
¿QUÉ IMPORTA LA ESPERA DE SU LARGO VUELO EN CIGÜEÑA? UNO NO DEBE PENSAR EN ESO...
... SINO EN EL DÍA MARAVILLOSO EN QUE, POR FIN, VEA ATERRIZAR AQUÍ LA CIGÜEÑA
©QUINO
¡JHA!... ¡MIRÁ SI JUSTO ESE DÍA CIERRAN EL TRÁNSITO AÉREO POR MAL TIEMPO!

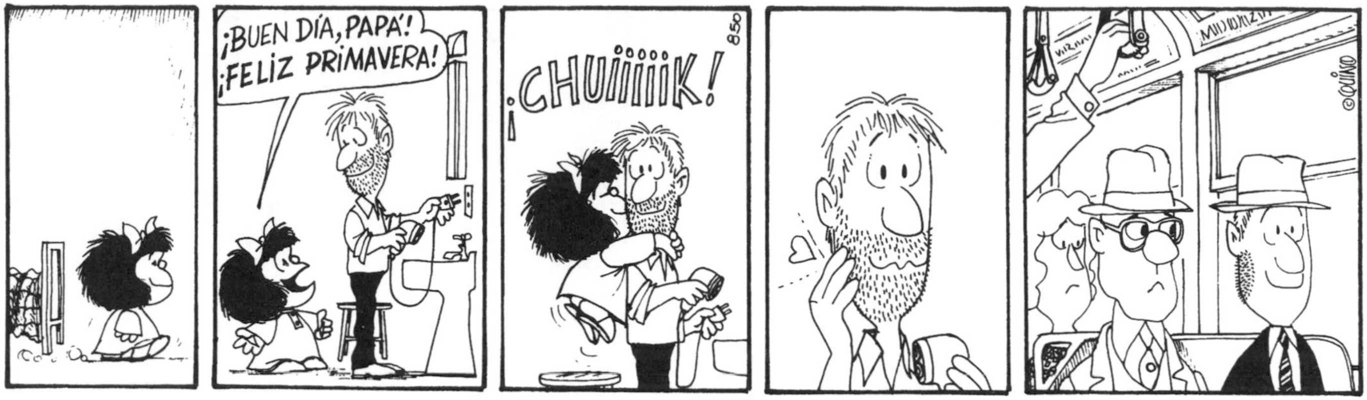
¡BUEN DÍA, PAPÁ!
¡FELIZ PRIMAVERA!
850
¡CHUiiiiiK!
©QUINO

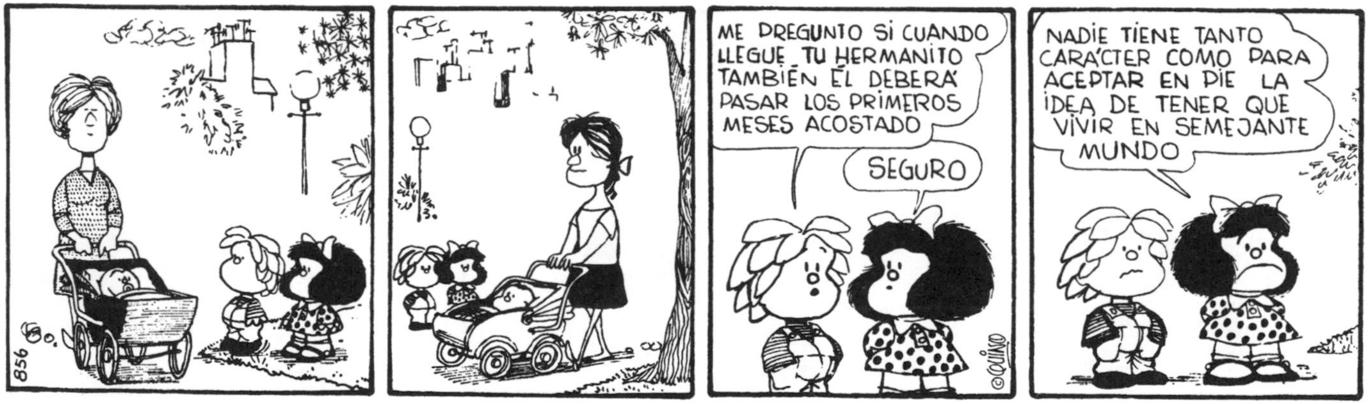
856
ME PREGUNTO SI CUANDO LLEGUE TU HERMANITO TAMBIÉN ÉL DEBERÁ PASAR LOS PRIMEROS MESES ACOSTADO
SEGURO
©QUINO
NADIE TIENE TANTO CARÁCTER COMO PARA ACEPTAR EN PIE LA IDEA DE TENER QUE VIVIR EN SEMEJANTE MUNDO

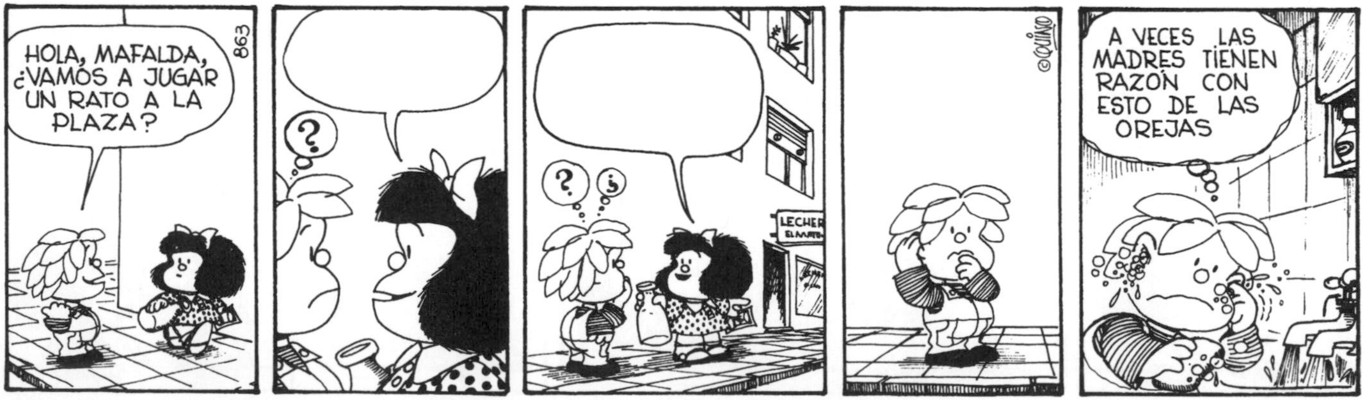
863
HOLA, MAFALDA, ¿VAMOS A JUGAR UN RATO A LA PLAZA?
?
? ¿
LECHER
©QUINO
A VECES LAS MADRES TIENEN RAZÓN CON ESTO DE LAS OREJAS

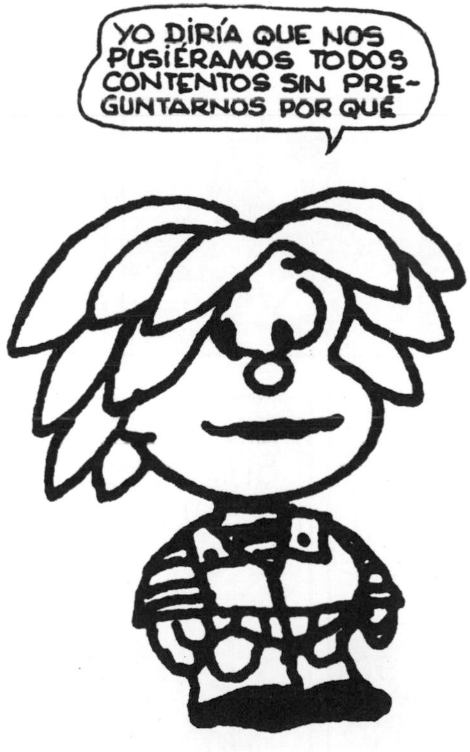
YO DIRÍA QUE NOS PUSIÉRAMOS TODOS CONTENTOS SIN PREGUNTARNOS POR QUÉ

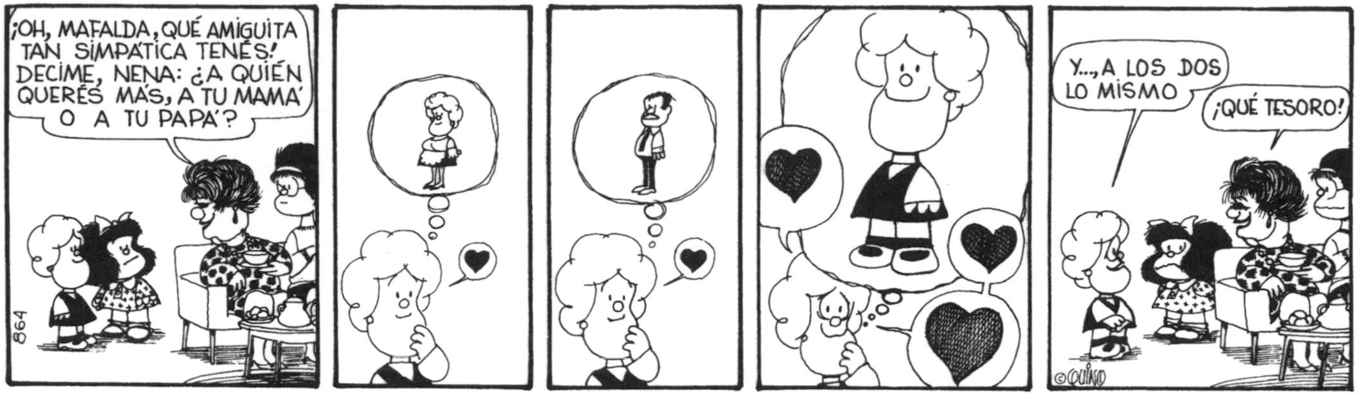
¡OH, MAFALDA, QUÉ AMIGUITA TAN SIMPÁTICA TENÉS! DECIME, NENA: ¿A QUIÉN QUERÉS MÁS, A TU MAMÁ O A TU PAPÁ?
864
Y..., A LOS DOS LO MISMO
¡QUÉ TESORO!
©QUINO

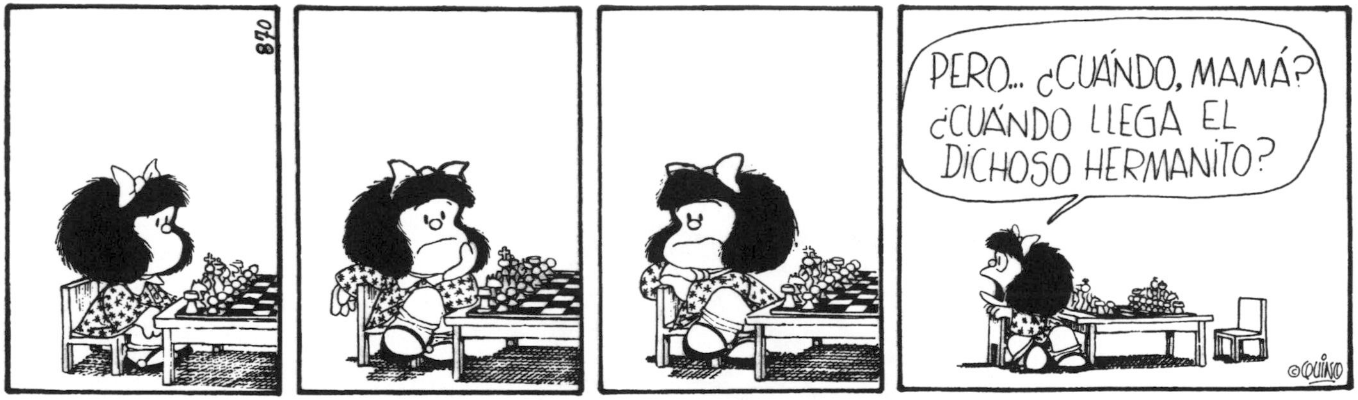
870
PERO... ¿CUÁNDO, MAMÁ? ¿CUÁNDO LLEGA EL DICHOSO HERMANITO?
©QUINO

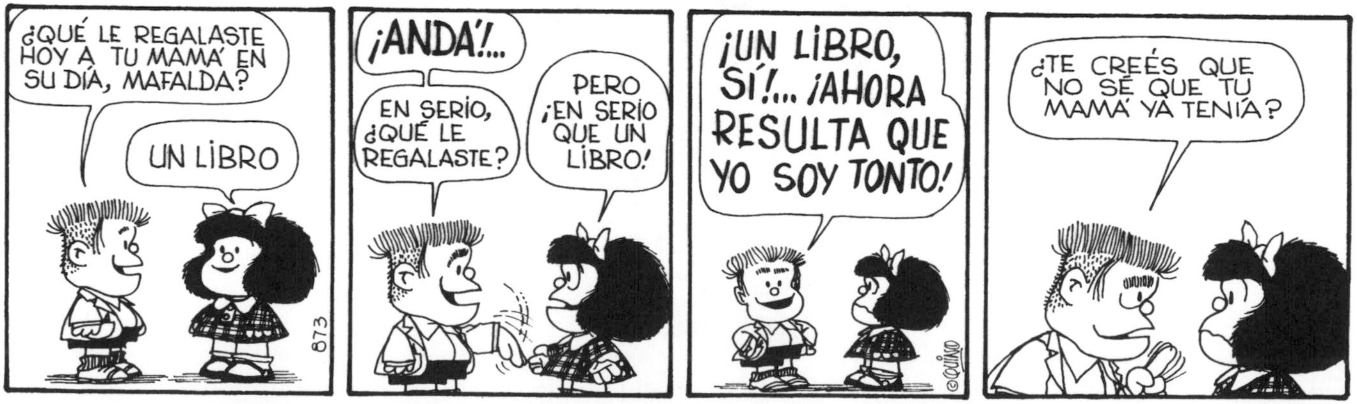
¿QUÉ LE REGALASTE HOY A TU MAMÁ EN SU DÍA, MAFALDA?
UN LIBRO
873
¡ANDÁ!...
EN SERIO, ¿QUÉ LE REGALASTE?
PERO ¡EN SERIO QUE UN LIBRO!
¡UN LIBRO, SÍ!... ¡AHORA RESULTA QUE YO SOY TONTO!
©QUINO
¿TE CREÉS QUE NO SÉ QUE TU MAMÁ YA TENÍA?

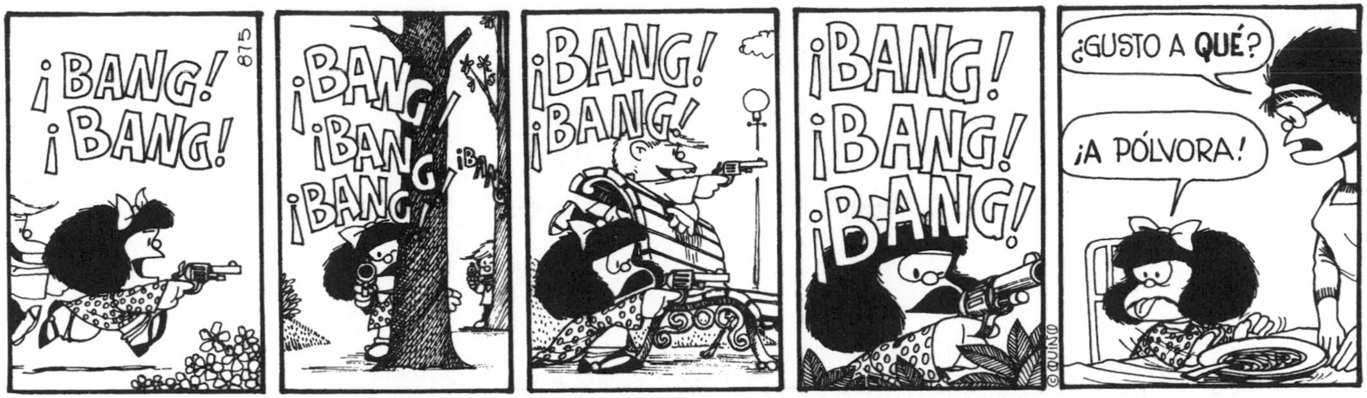
875
¡BANG! ¡BANG!
¡BANG! ¡BANG! ¡BANG!
¡BANG! ¡BANG!
¡BANG! ¡BANG! ¡BANG!
¿GUSTO A **QUÉ**?
¡A PÓLVORA!
©QUINO

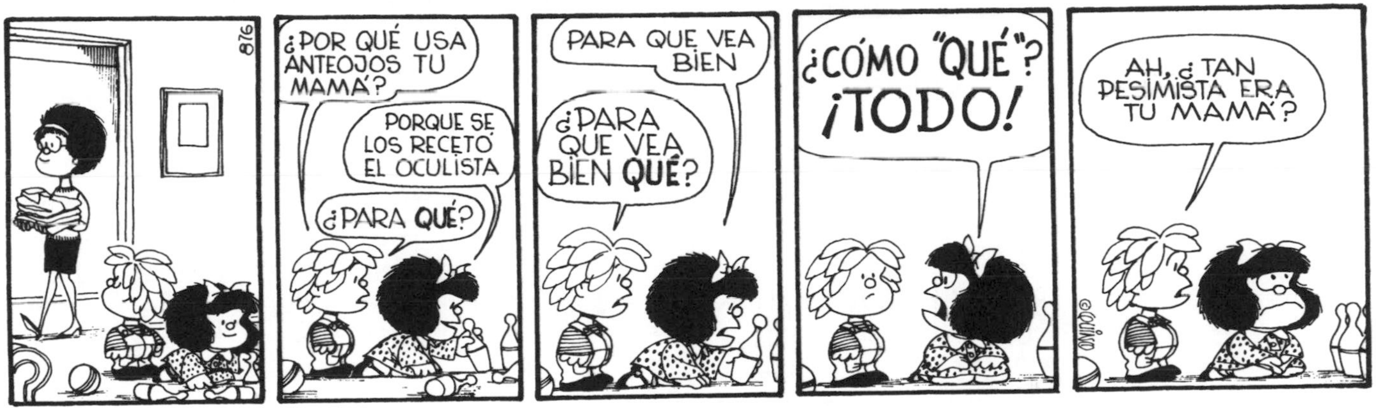
876
¿POR QUÉ USA ANTEOJOS TU MAMÁ?
PORQUE SE LOS RECETÓ EL OCULISTA
¿PARA **QUÉ**?
PARA QUE VEA BIEN
¿PARA QUE VEA BIEN **QUÉ**?
¿CÓMO "**QUÉ**"? ¡TODO!
AH, ¿TAN PESIMISTA ERA TU MAMÁ?
©QUINO

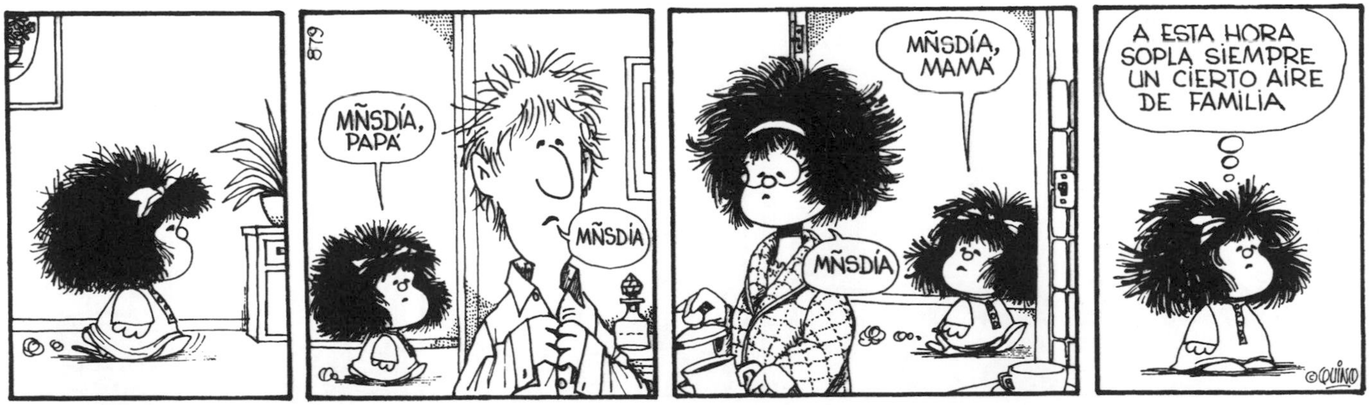
879
MÑSDÍA, PAPÁ
MÑSDÍA
MÑSDÍA, MAMÁ
MÑSDÍA
A ESTA HORA SOPLA SIEMPRE UN CIERTO AIRE DE FAMILIA
©QUINO

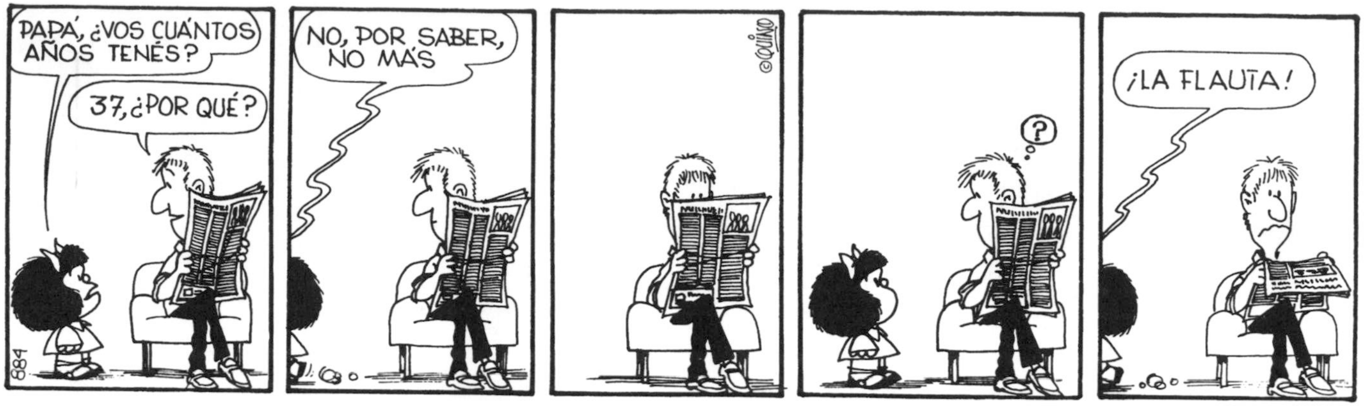
PAPÁ, ¿VOS CUÁNTOS AÑOS TENÉS?
37, ¿POR QUÉ?
NO, POR SABER, NO MÁS
¡LA FLAUTA!

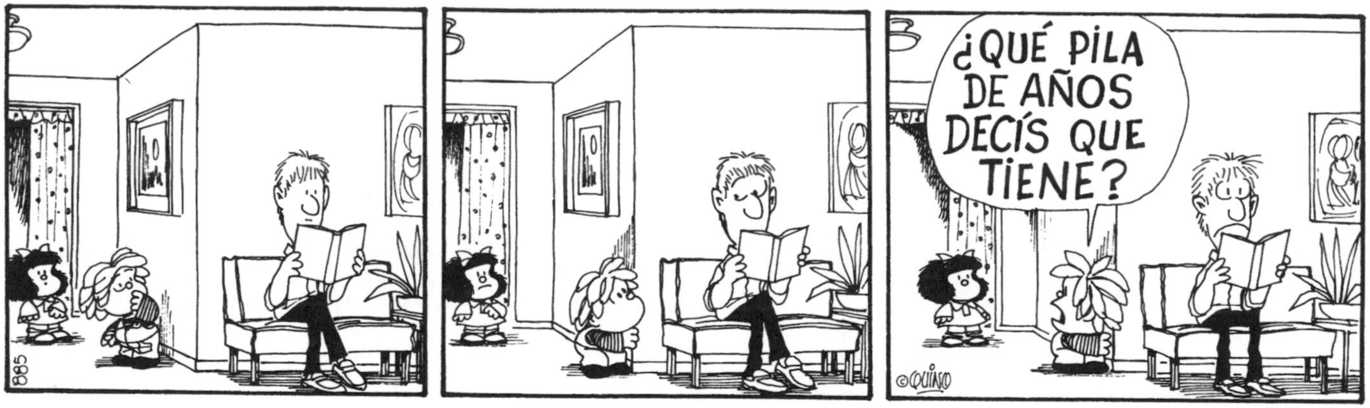
¿QUÉ PILA DE AÑOS DECÍS QUE TIENE?

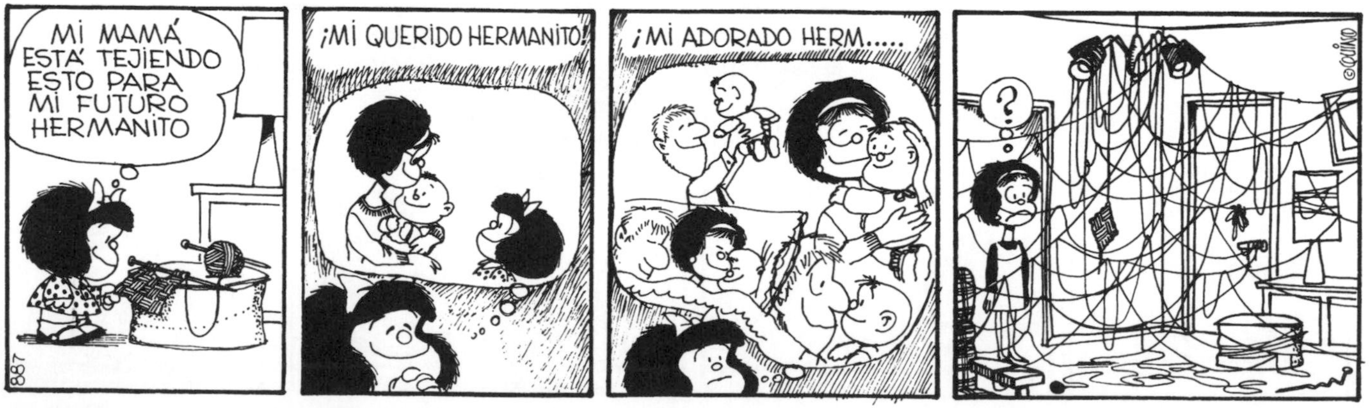
MI MAMÁ ESTÁ TEJIENDO ESTO PARA MI FUTURO HERMANITO
¡MI QUERIDO HERMANITO!
¡MI ADORADO HERM.....

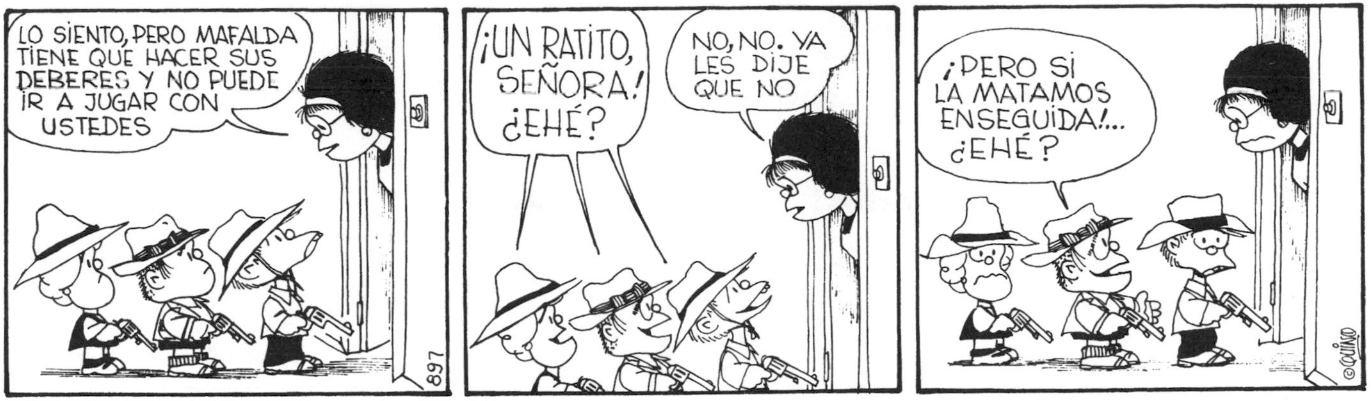
LO SIENTO, PERO MAFALDA TIENE QUE HACER SUS DEBERES Y NO PUEDE IR A JUGAR CON USTEDES
¡UN RATITO, SEÑORA! ¿EHÉ?
NO, NO. YA LES DIJE QUE NO
¡PERO SI LA MATAMOS ENSEGUIDA!... ¿EHÉ?

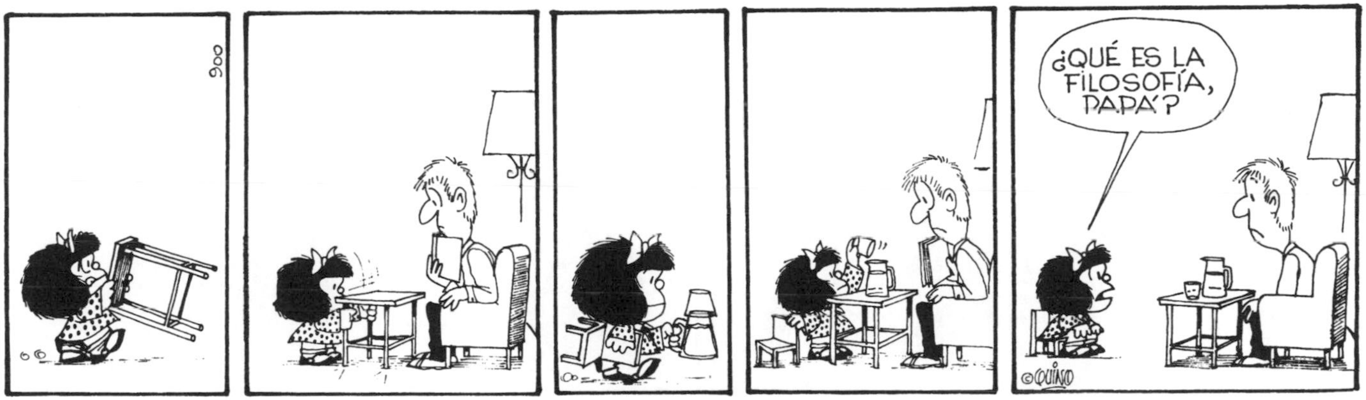
¿QUÉ ES LA FILOSOFÍA, PAPÁ?

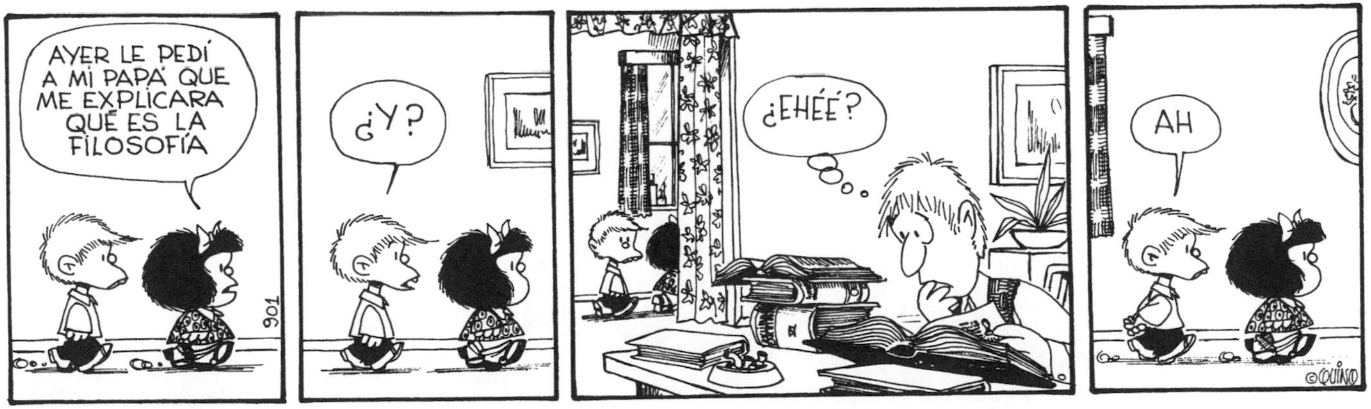
AYER LE PEDÍ A MI PAPÁ QUE ME EXPLICARA QUÉ ES LA FILOSOFÍA
¿Y?
¿EHÉÉ?
AH

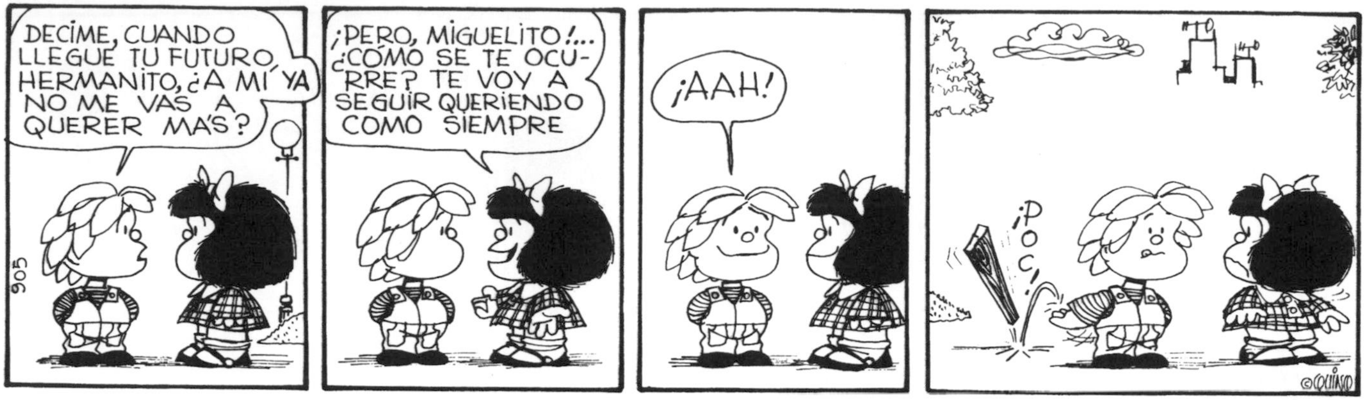
DECIME, CUANDO LLEGUE TU FUTURO HERMANITO, ¿A MÍ YA NO ME VAS A QUERER MÁS?
¡PERO, MIGUELITO!... ¿CÓMO SE TE OCURRE? TE VOY A SEGUIR QUERIENDO COMO SIEMPRE
¡AAH!
¡POC!

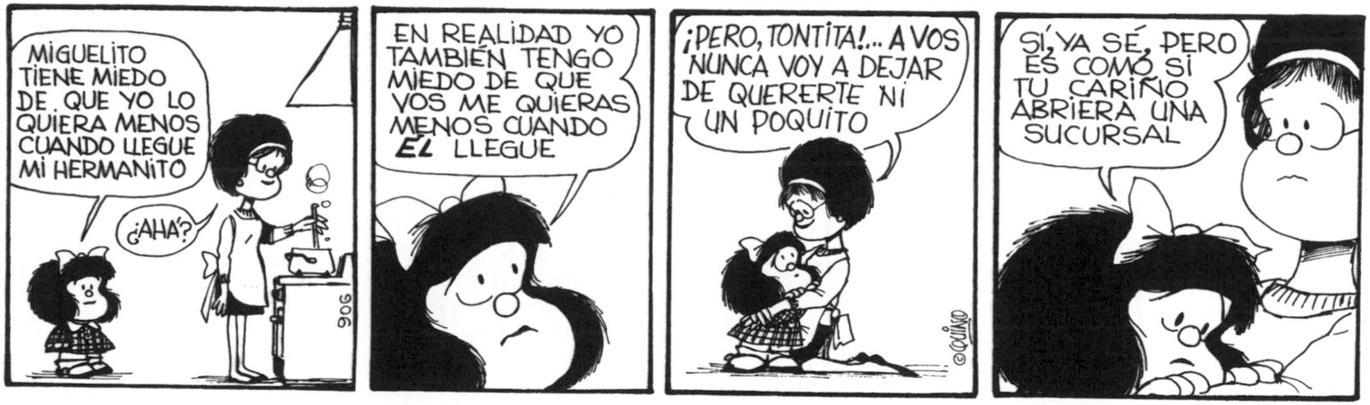
MIGUELITO TIENE MIEDO DE QUE YO LO QUIERA MENOS CUANDO LLEGUE MI HERMANITO
¿AHA?
EN REALIDAD YO TAMBIÉN TENGO MIEDO DE QUE VOS ME QUIERAS MENOS CUANDO *ÉL* LLEGUE
¡PERO, TONTITA!... A VOS NUNCA VOY A DEJAR DE QUERERTE NI UN POQUITO
SÍ, YA SÉ, PERO ES COMO SI TU CARIÑO ABRIERA UNA SUCURSAL

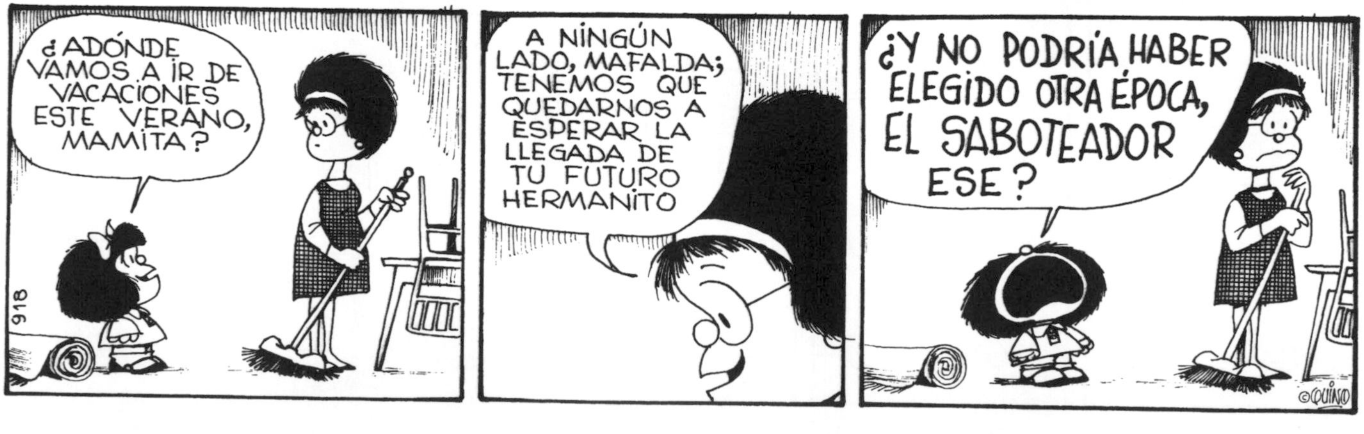
¿ADÓNDE VAMOS A IR DE VACACIONES ESTE VERANO, MAMITA?
A NINGÚN LADO, MAFALDA; TENEMOS QUE QUEDARNOS A ESPERAR LA LLEGADA DE TU FUTURO HERMANITO
¿Y NO PODRÍA HABER ELEGIDO OTRA ÉPOCA, EL SABOTEADOR ESE?

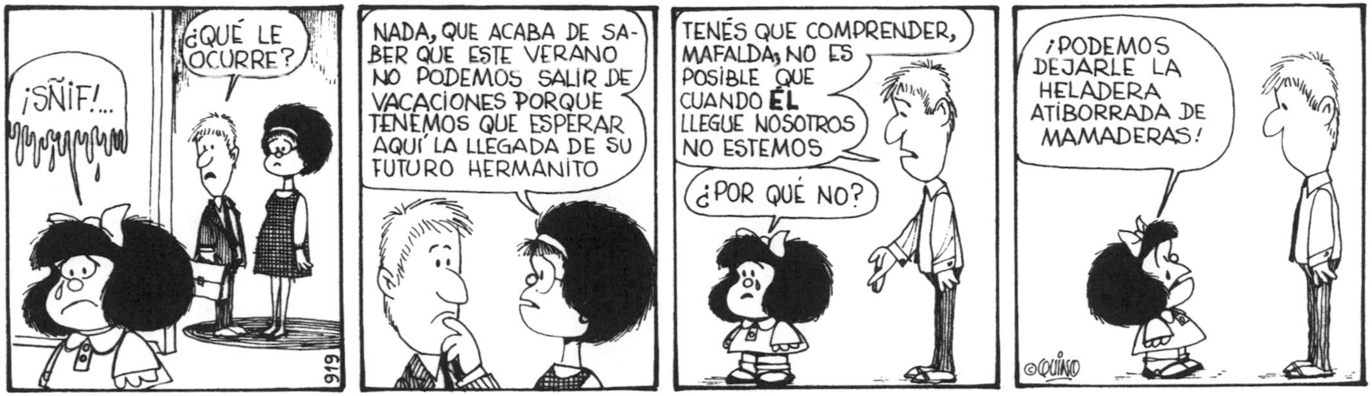
¡SÑIF!...
¿QUÉ LE OCURRE?
NADA, QUE ACABA DE SABER QUE ESTE VERANO NO PODEMOS SALIR DE VACACIONES PORQUE TENEMOS QUE ESPERAR AQUÍ LA LLEGADA DE SU FUTURO HERMANITO
TENÉS QUE COMPRENDER, MAFALDA, NO ES POSIBLE QUE CUANDO ÉL LLEGUE NOSOTROS NO ESTEMOS
¿POR QUÉ NO?
¡PODEMOS DEJARLE LA HELADERA ATIBORRADA DE MAMADERAS!
919
©QUINO

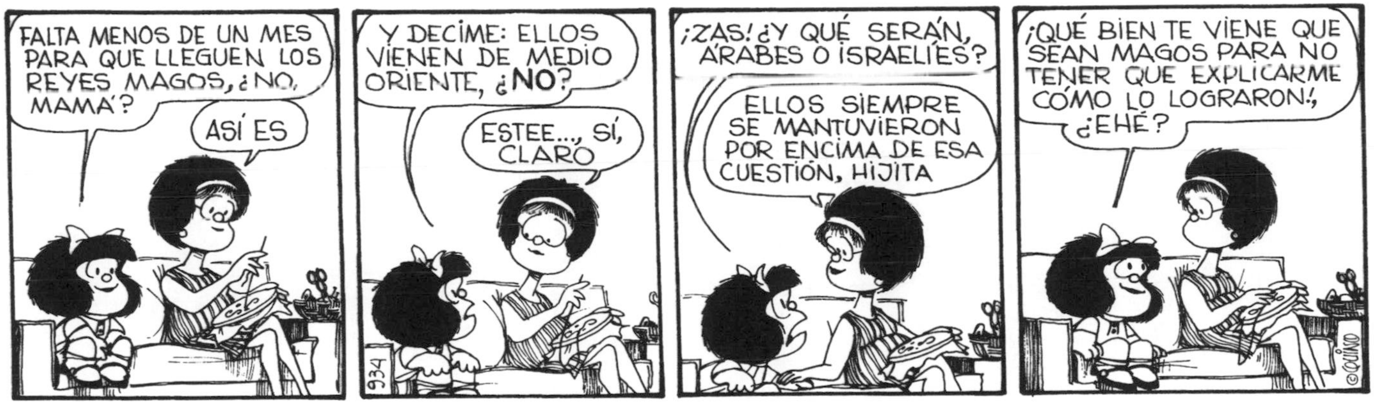
FALTA MENOS DE UN MES PARA QUE LLEGUEN LOS REYES MAGOS, ¿NO, MAMÁ?
ASÍ ES
Y DECIME: ELLOS VIENEN DE MEDIO ORIENTE, ¿NO?
ESTEE..., SÍ, CLARO
¡ZAS! ¿Y QUÉ SERÁN, ÁRABES O ISRAELÍES?
ELLOS SIEMPRE SE MANTUVIERON POR ENCIMA DE ESA CUESTIÓN, HIJITA
¡QUÉ BIEN TE VIENE QUE SEAN MAGOS PARA NO TENER QUE EXPLICARME CÓMO LO LOGRARON!, ¿EHÉ?
934
©QUINO

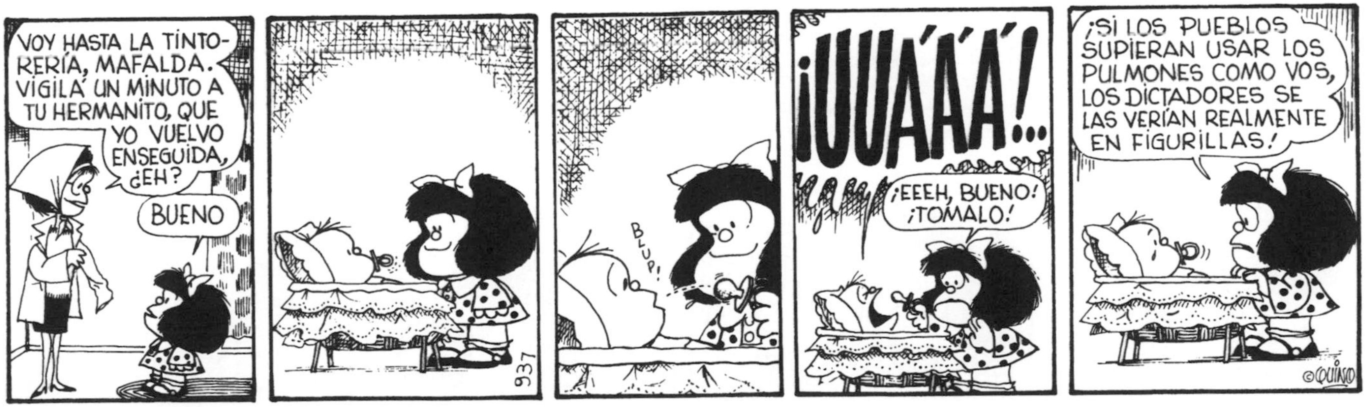
VOY HASTA LA TINTORERÍA, MAFALDA. VIGILÁ UN MINUTO A TU HERMANITO, QUE YO VUELVO ENSEGUIDA, ¿EH?
BUENO
937
BLUP!
¡UUÁÁÁ!...
¡EEEH, BUENO! ¡TOMALO!
¡SI LOS PUEBLOS SUPIERAN USAR LOS PULMONES COMO VOS, LOS DICTADORES SE LAS VERÍAN REALMENTE EN FIGURILLAS!
©QUINO

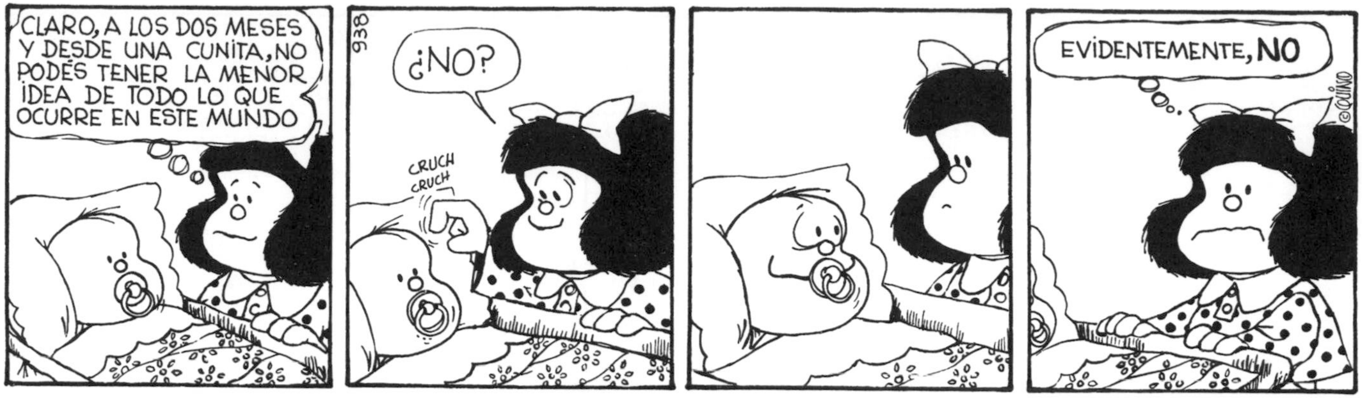
CLARO, A LOS DOS MESES Y DESDE UNA CUNITA, NO PODÉS TENER LA MENOR IDEA DE TODO LO QUE OCURRE EN ESTE MUNDO
938
¿NO?
CRUCH CRUCH
EVIDENTEMENTE, NO
©QUINO

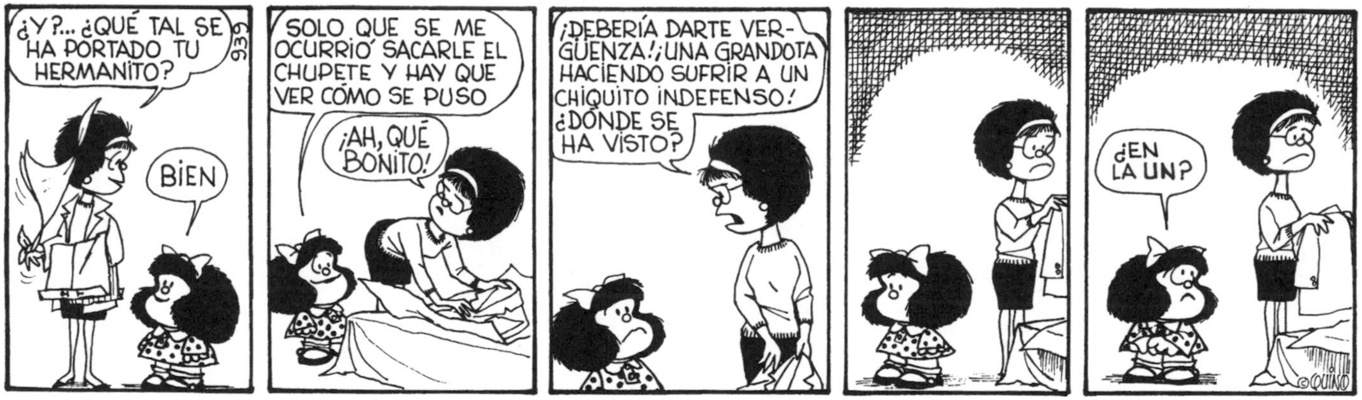
¿Y?... ¿QUÉ TAL SE HA PORTADO TU HERMANITO?
939
BIEN
SOLO QUE SE ME OCURRIÓ SACARLE EL CHUPETE Y HAY QUE VER CÓMO SE PUSO
¡AH, QUÉ BONITO!
¡DEBERÍA DARTE VERGÜENZA! ¡UNA GRANDOTA HACIENDO SUFRIR A UN CHIQUITO INDEFENSO! ¿DÓNDE SE HA VISTO?
¿EN LA UN?
©QUINO

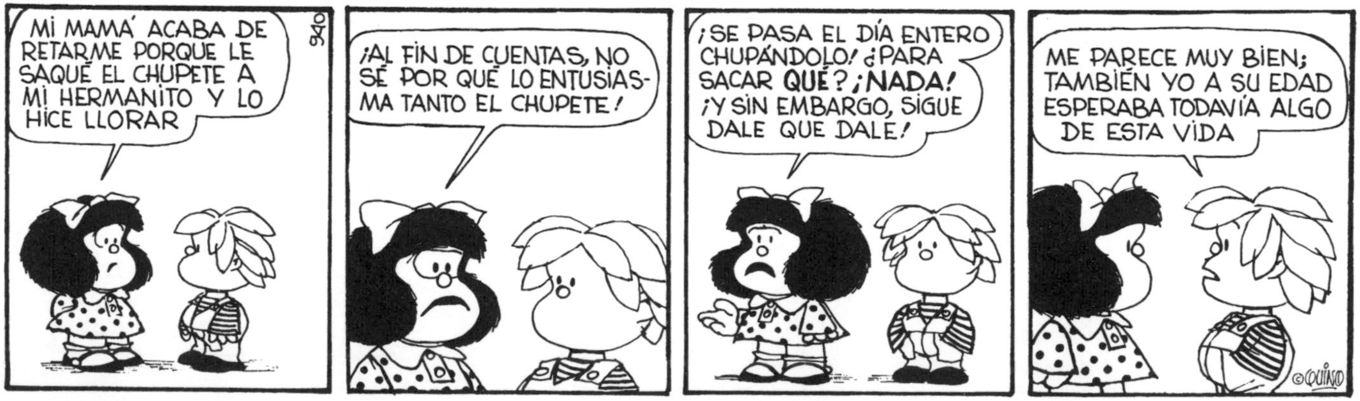
MI MAMÁ ACABA DE RETARME PORQUE LE SAQUÉ EL CHUPETE A MI HERMANITO Y LO HICE LLORAR
940
¡AL FIN DE CUENTAS, NO SÉ POR QUÉ LO ENTUSIASMA TANTO EL CHUPETE!
¡SE PASA EL DÍA ENTERO CHUPÁNDOLO! ¿PARA SACAR QUÉ? ¡NADA! ¡Y SIN EMBARGO, SIGUE DALE QUE DALE!
ME PARECE MUY BIEN; TAMBIÉN YO A SU EDAD ESPERABA TODAVÍA ALGO DE ESTA VIDA
©QUINO

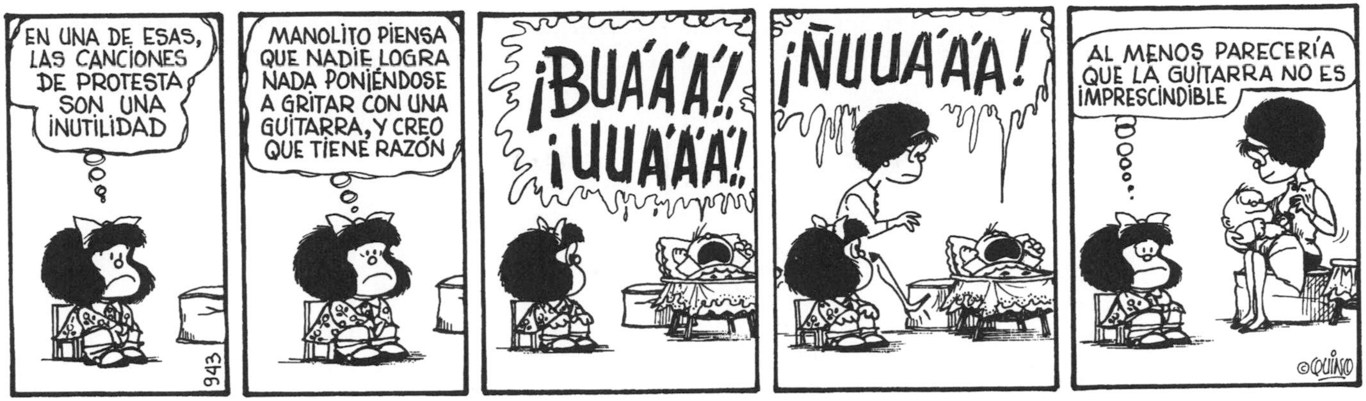
EN UNA DE ESAS, LAS CANCIONES DE PROTESTA SON UNA INUTILIDAD
943
MANOLITO PIENSA QUE NADIE LOGRA NADA PONIÉNDOSE A GRITAR CON UNA GUITARRA, Y CREO QUE TIENE RAZÓN
¡BUÁÁÁ! ¡UUÁÁÁ!
¡ÑUUAÁÁA!
AL MENOS PARECERÍA QUE LA GUITARRA NO ES IMPRESCINDIBLE
©QUINO

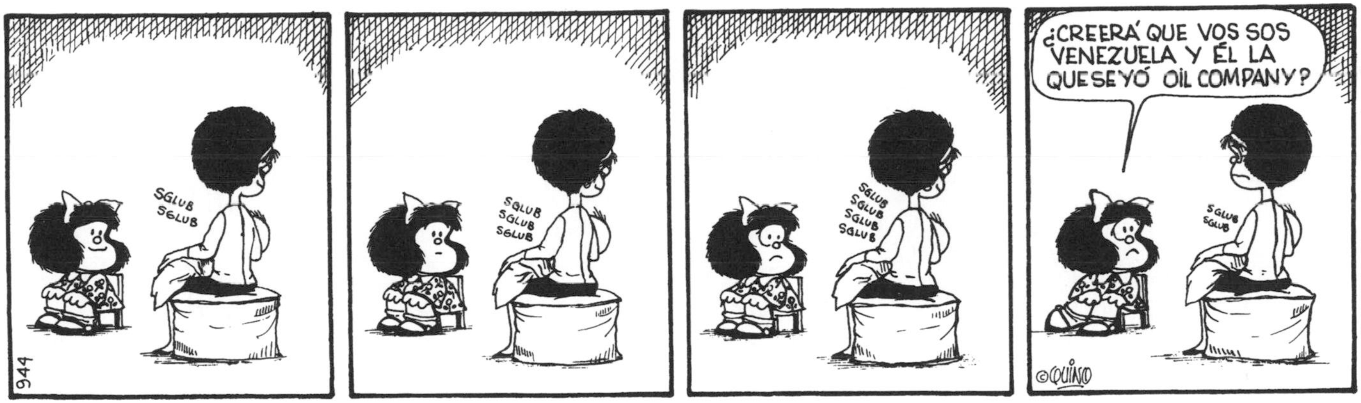
SGLUB SGLUB
944
SGLUB SGLUB SGLUB
SGLUB SGLUB SGLUB SGLUB
¿CREERÁ QUE VOS SOS VENEZUELA Y ÉL LA QUESEYÓ OIL COMPANY?
SGLUB SGLUB
©QUINO

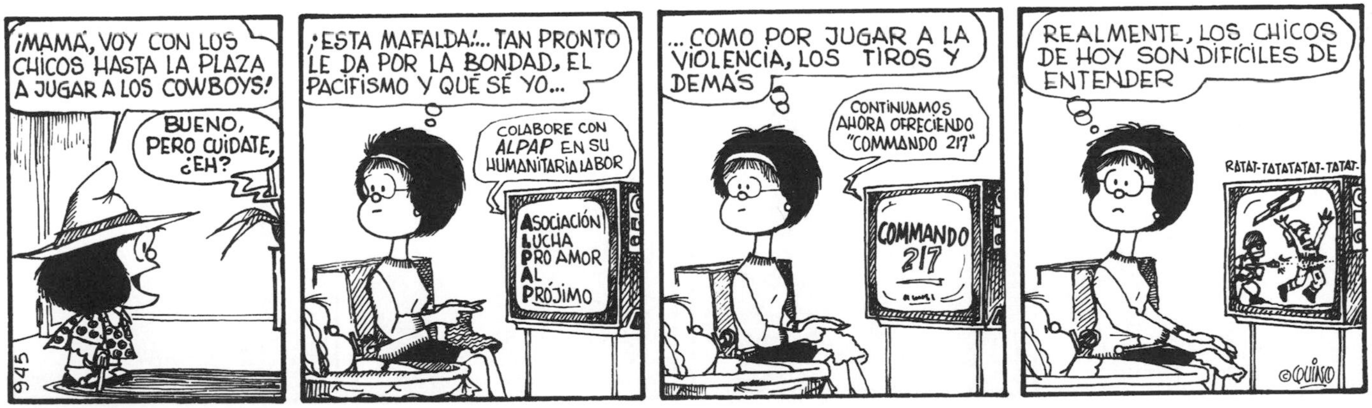
¡MAMÁ, VOY CON LOS CHICOS HASTA LA PLAZA A JUGAR A LOS COWBOYS!
BUENO, PERO CUIDATE, ¿EH?
945
¡ESTA MAFALDA!... TAN PRONTO LE DA POR LA BONDAD, EL PACIFISMO Y QUÉ SÉ YO...
COLABORE CON ALPAP EN SU HUMANITARIA LABOR
ASOCIACIÓN LUCHA PRO AMOR AL PRÓJIMO
...COMO POR JUGAR A LA VIOLENCIA, LOS TIROS Y DEMÁS
CONTINUAMOS AHORA OFRECIENDO "COMMANDO 217"
COMMANDO 217
REALMENTE, LOS CHICOS DE HOY SON DIFÍCILES DE ENTENDER
RATAT-TATATATAT-TATAT-
©QUINO

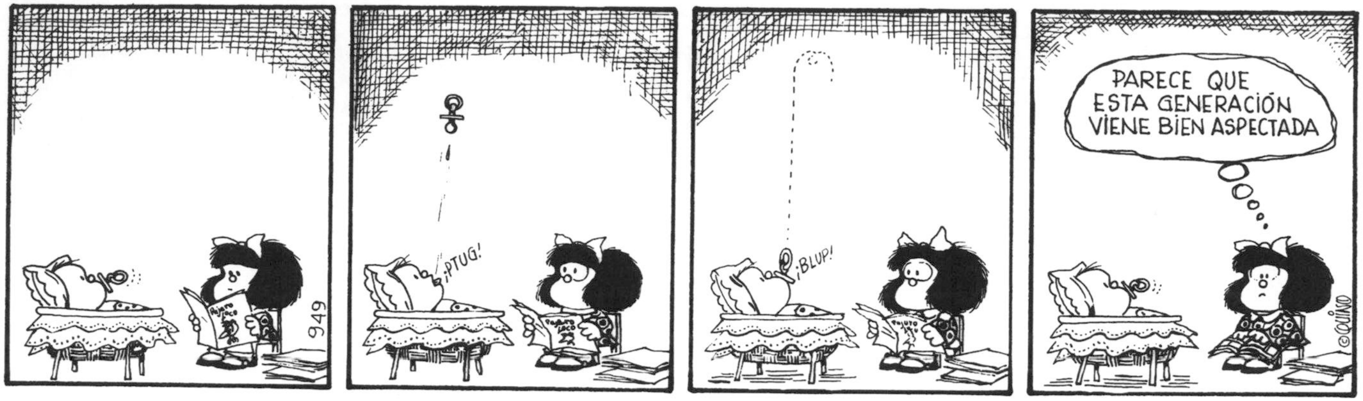
¡PTUG!
¡BLUP!
PARECE QUE ESTA GENERACIÓN VIENE BIEN ASPECTADA

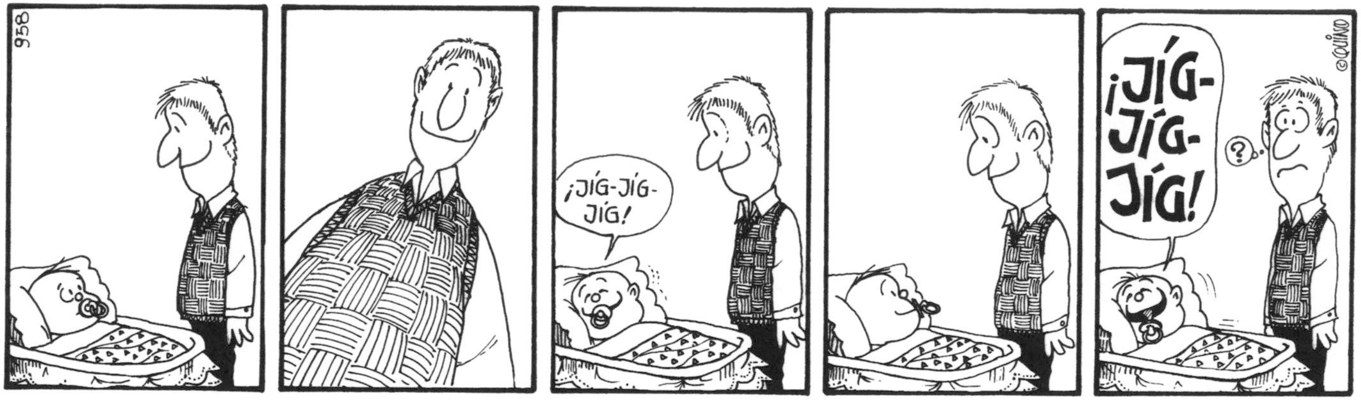
¡JÍG-JÍG-JÍG!
¡JÍG-JÍG-JÍG!

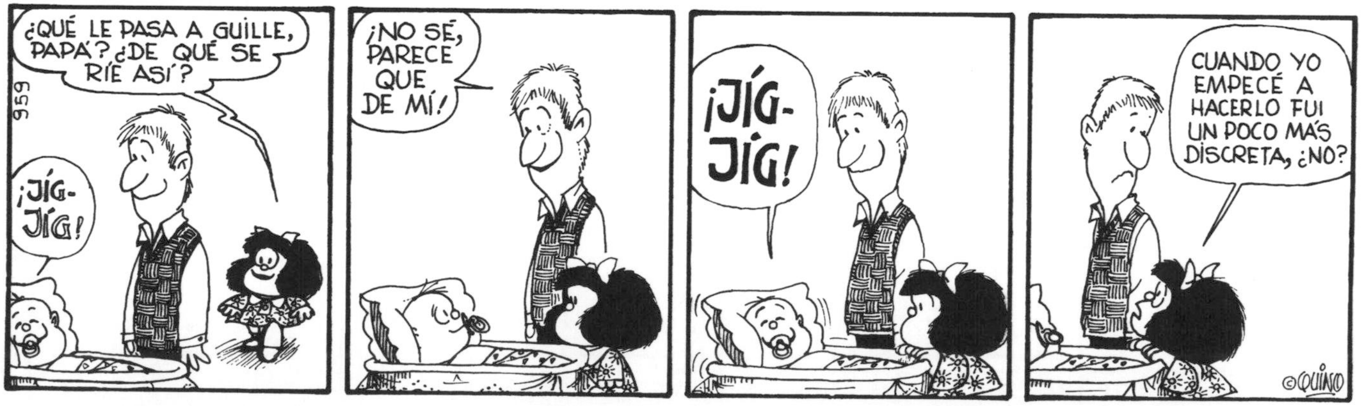
¿QUÉ LE PASA A GUILLE, PAPÁ? ¿DE QUÉ SE RÍE ASÍ?
¡JÍG-JÍG!
¡NO SÉ, PARECE QUE DE MÍ!
¡JÍG-JÍG!
CUANDO YO EMPECÉ A HACERLO FUI UN POCO MÁS DISCRETA, ¿NO?

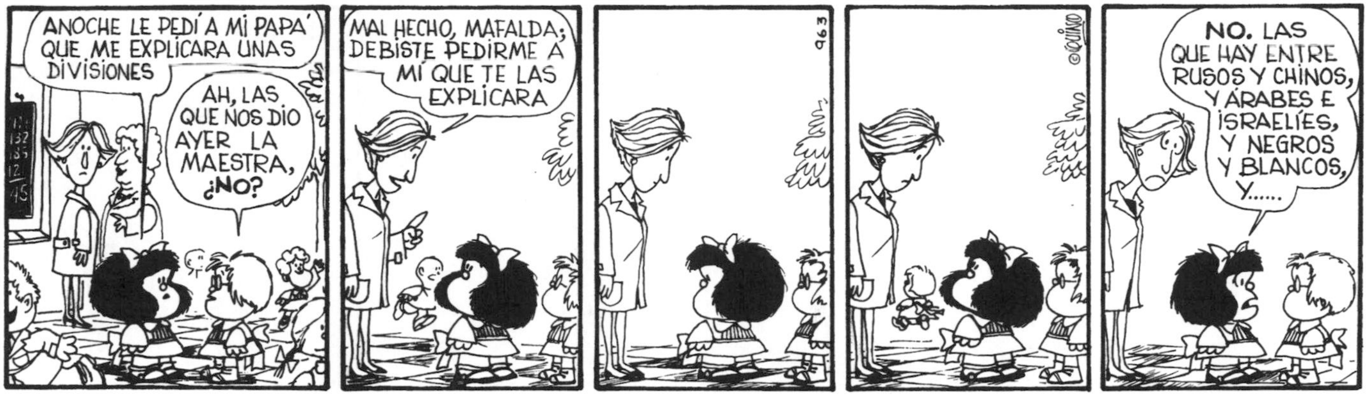
ANOCHE LE PEDÍ A MI PAPÁ QUE ME EXPLICARA UNAS DIVISIONES
AH, LAS QUE NOS DIO AYER LA MAESTRA, ¿NO?
MAL HECHO, MAFALDA; DEBISTE PEDIRME A MÍ QUE TE LAS EXPLICARA
963
©QUINO
NO. LAS QUE HAY ENTRE RUSOS Y CHINOS, Y ÁRABES E ISRAELÍES, Y NEGROS Y BLANCOS, Y......

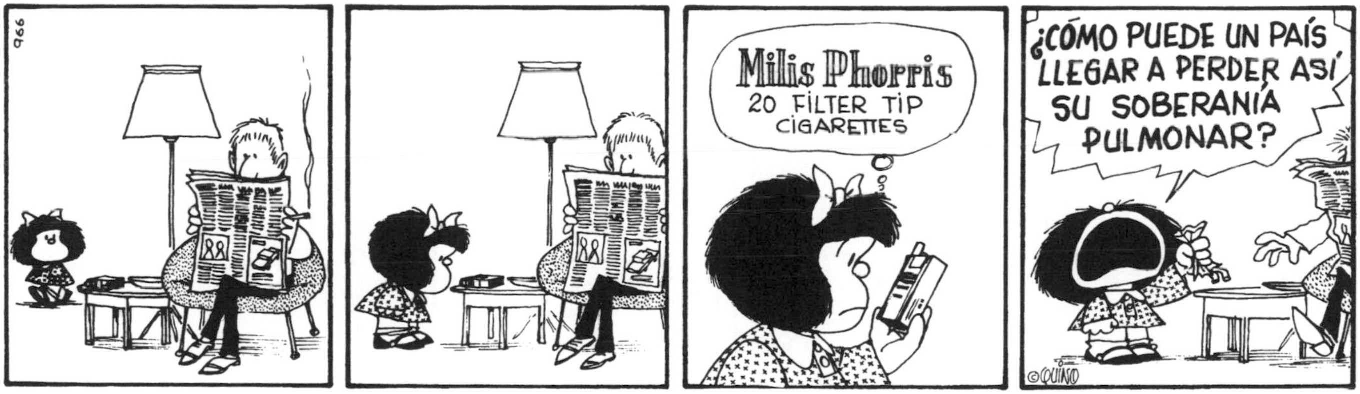
966
Milis Phorris
20 FILTER TIP
CIGARETTES
¿CÓMO PUEDE UN PAÍS LLEGAR A PERDER ASÍ SU SOBERANÍA PULMONAR?
©QUINO

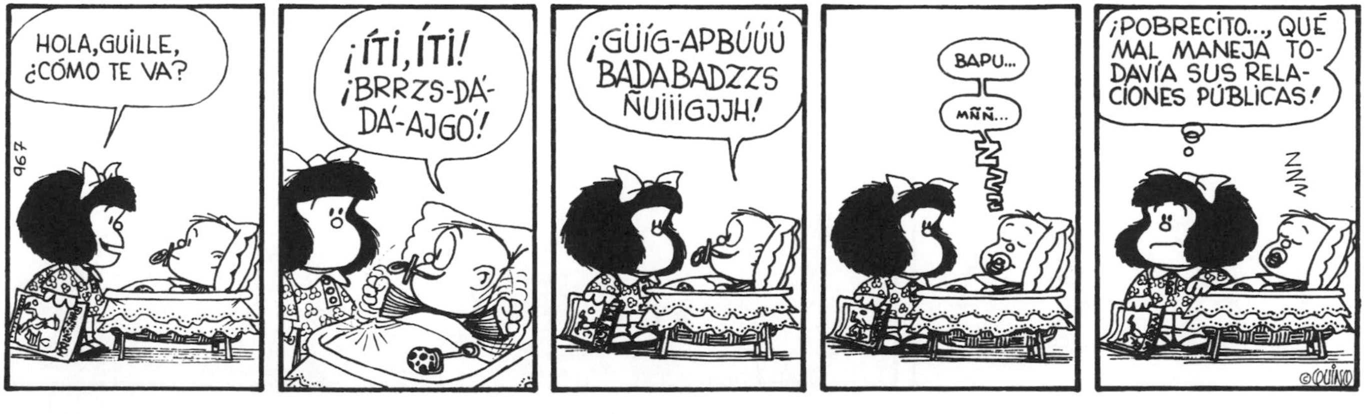
HOLA, GUILLE, ¿CÓMO TE VA?
967
¡ÍTI, ÍTI! ¡BRRZS-DÁ-DÁ-AJGÓ!
¡GÜIG-APBÚÚÚ BADABADZZS ÑUIIIGJJH!
BAPU...
MÑÑ...
¡POBRECITO..., QUÉ MAL MANEJA TODAVÍA SUS RELACIONES PÚBLICAS!
©QUINO

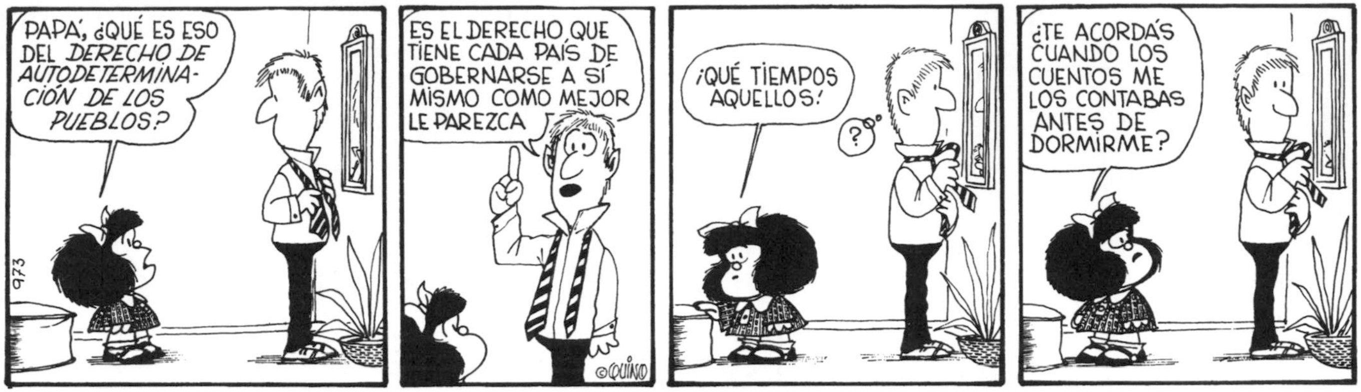
973
PAPÁ, ¿QUÉ ES ESO DEL *DERECHO DE AUTODETERMINACIÓN DE LOS PUEBLOS?*
ES EL DERECHO QUE TIENE CADA PAÍS DE GOBERNARSE A SÍ MISMO COMO MEJOR LE PAREZCA
©QUINO
¡QUÉ TIEMPOS AQUELLOS!
?
¿TE ACORDÁS CUANDO LOS CUENTOS ME LOS CONTABAS ANTES DE DORMIRME?

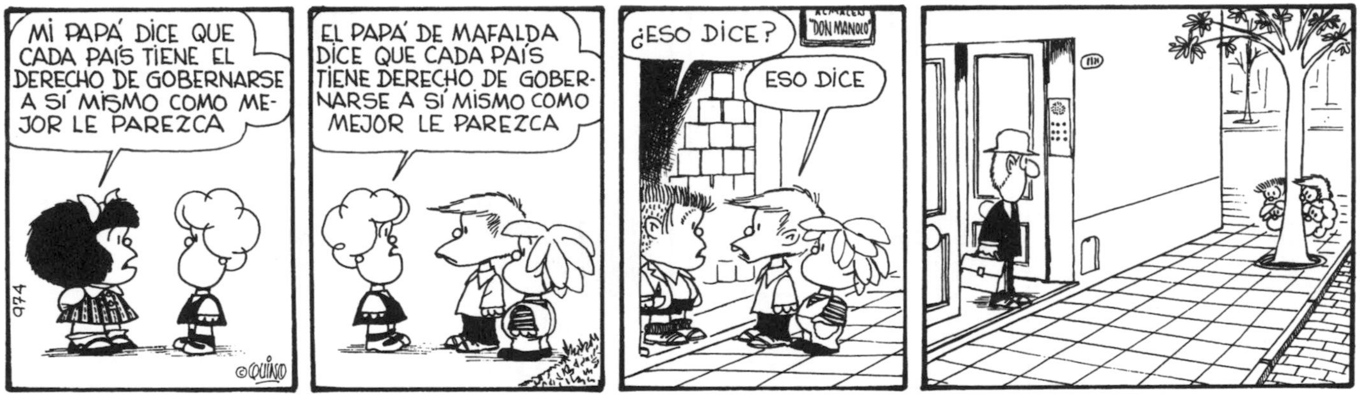
974
MI PAPÁ DICE QUE CADA PAÍS TIENE EL DERECHO DE GOBERNARSE A SÍ MISMO COMO MEJOR LE PAREZCA
©QUINO
EL PAPÁ DE MAFALDA DICE QUE CADA PAÍS TIENE DERECHO DE GOBERNARSE A SÍ MISMO COMO MEJOR LE PAREZCA
"DON MANOLO"
¿ESO DICE?
ESO DICE

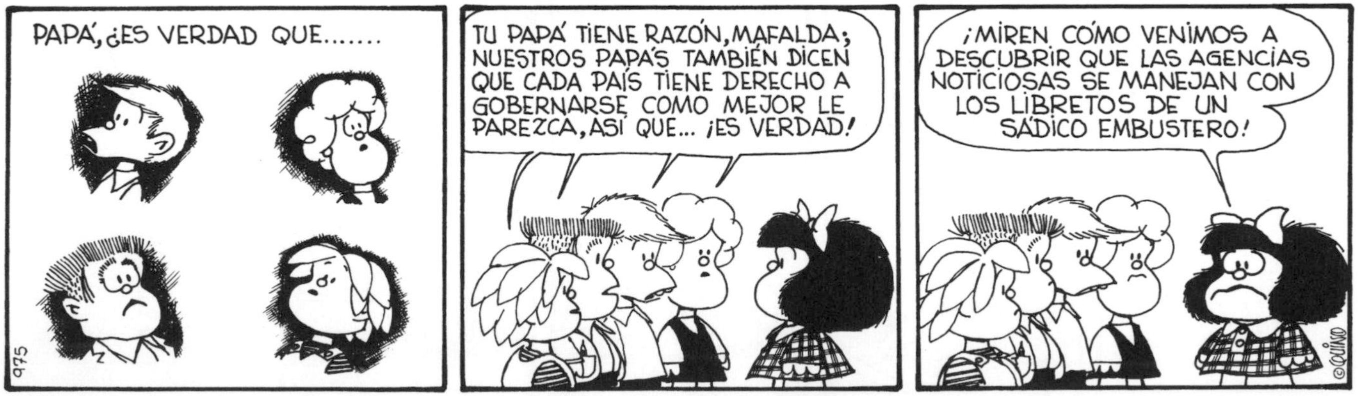
975
PAPÁ, ¿ES VERDAD QUE.......
TU PAPÁ TIENE RAZÓN, MAFALDA; NUESTROS PAPÁS TAMBIÉN DICEN QUE CADA PAÍS TIENE DERECHO A GOBERNARSE COMO MEJOR LE PAREZCA, ASÍ QUE... ¡ES VERDAD!
¡MIREN CÓMO VENIMOS A DESCUBRIR QUE LAS AGENCIAS NOTICIOSAS SE MANEJAN CON LOS LIBRETOS DE UN SÁDICO EMBUSTERO!
©QUINO

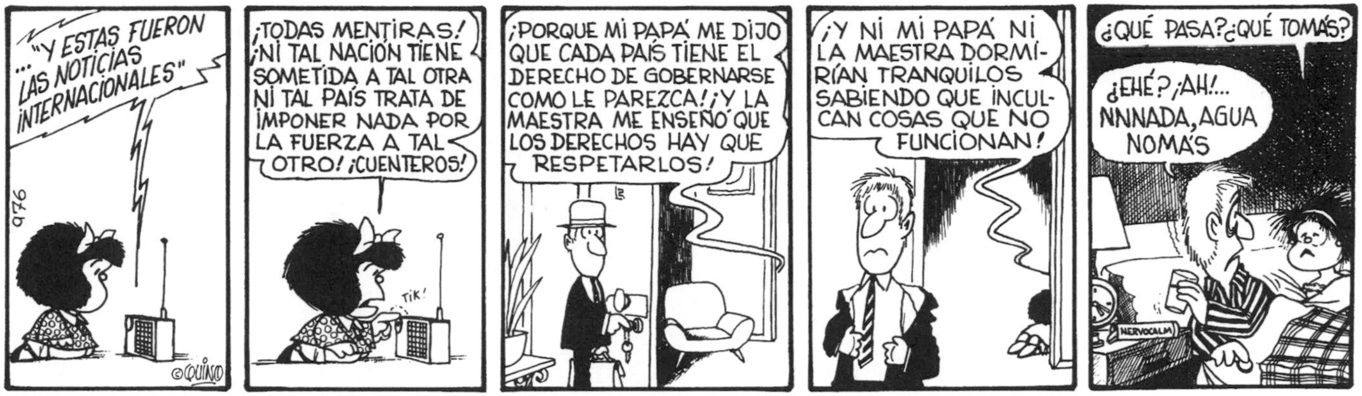
976
..."Y ESTAS FUERON LAS NOTICIAS INTERNACIONALES"
¡TODAS MENTIRAS! ¡NI TAL NACIÓN TIENE SOMETIDA A TAL OTRA NI TAL PAÍS TRATA DE IMPONER NADA POR LA FUERZA A TAL OTRO! ¡CUENTEROS!
TIK!
¡PORQUE MI PAPÁ ME DIJO QUE CADA PAÍS TIENE EL DERECHO DE GOBERNARSE COMO LE PAREZCA! ¡Y LA MAESTRA ME ENSEÑÓ QUE LOS DERECHOS HAY QUE RESPETARLOS!
¡Y NI MI PAPÁ NI LA MAESTRA DORMIRÍAN TRANQUILOS SABIENDO QUE INCULCAN COSAS QUE NO FUNCIONAN!
¿QUÉ PASA? ¿QUÉ TOMÁS?
¿EHÉ? ¡AH!... NNNADA, AGUA NOMÁS
NERVOCALM
©QUINO

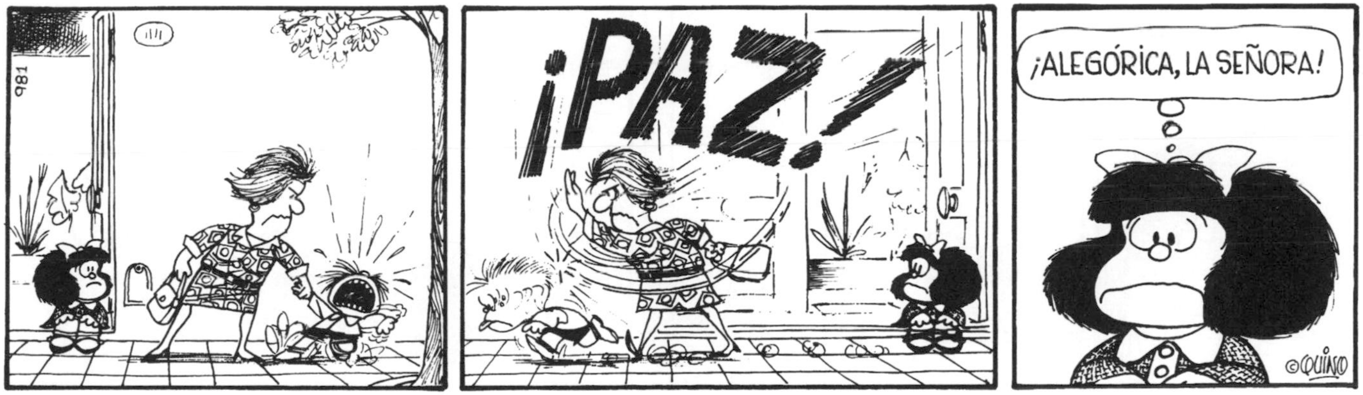
981
¡PAZ!
¡ALEGÓRICA, LA SEÑORA!
©QUINO

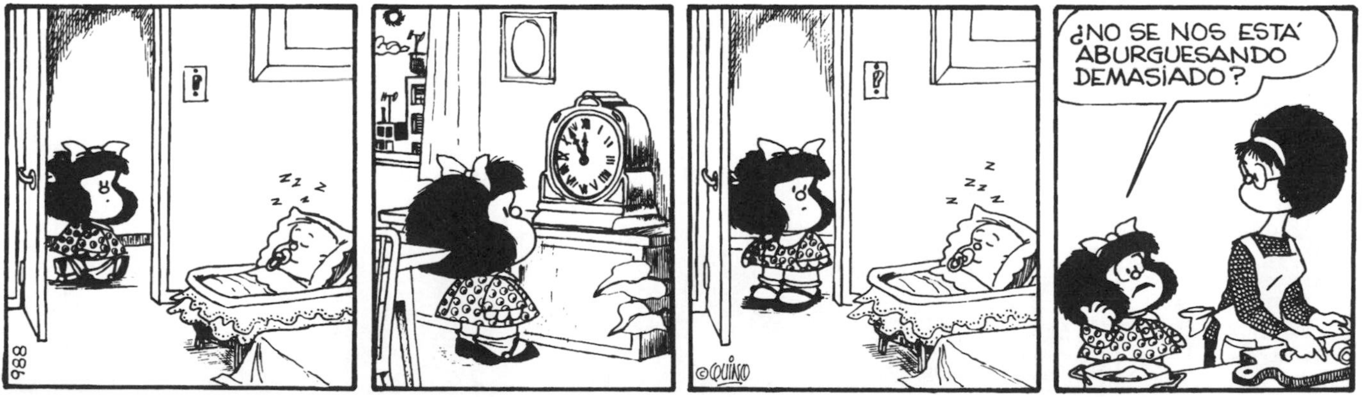
988
©QUINO
¿NO SE NOS ESTÁ ABURGUESANDO DEMASIADO?

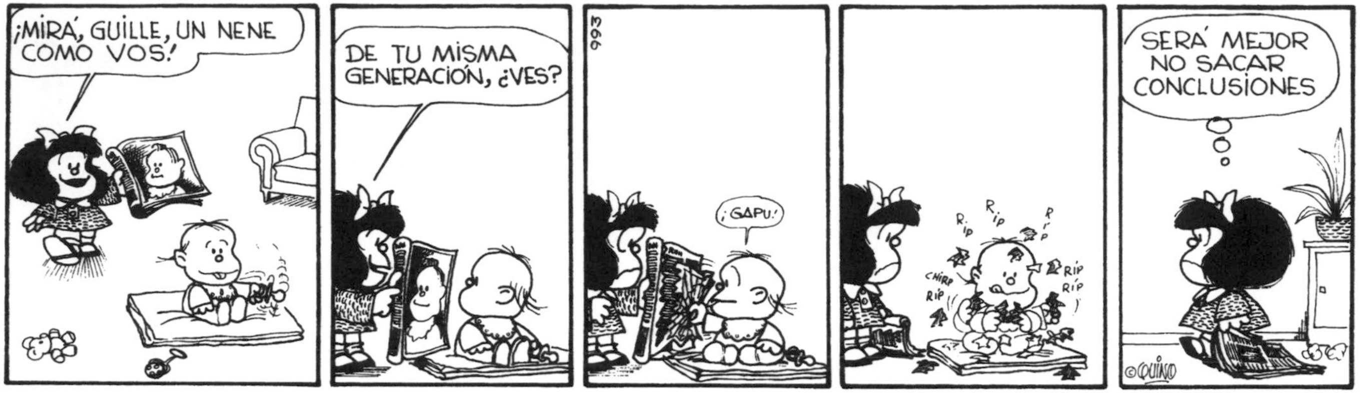
¡MIRÁ, GUILLE, UN NENE COMO VOS!
DE TU MISMA GENERACIÓN, ¿VES?
993
¡GAPU!
RIP RIP RIP CHIRP RIP RIP RIP
SERÁ MEJOR NO SACAR CONCLUSIONES
©QUINO

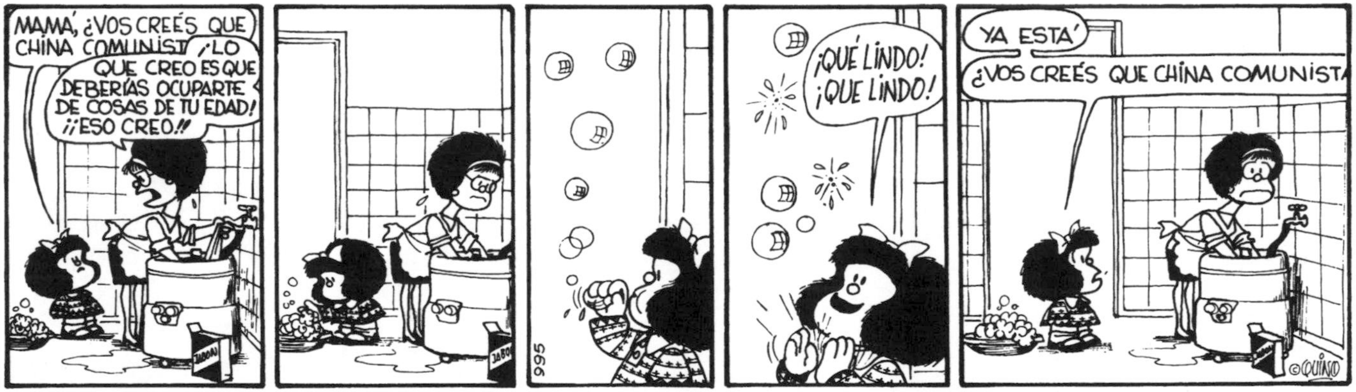
MAMÁ, ¿VOS CREÉS QUE CHINA COMUNIST
¡LO QUE CREO ES QUE DEBERÍAS OCUPARTE DE COSAS DE TU EDAD! ¡¡ESO CREO!!
995
¡QUÉ LINDO! ¡QUE LINDO!
YA ESTÁ
¿VOS CREÉS QUE CHINA COMUNISTA
©QUINO

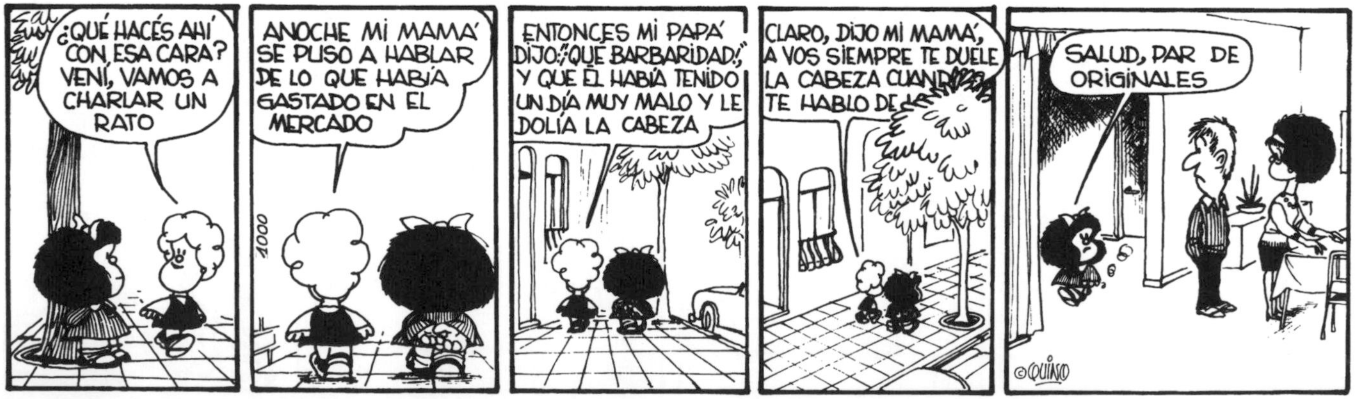
¿QUÉ HACÉS AHÍ CON ESA CARA? VENÍ, VAMOS A CHARLAR UN RATO
1000
ANOCHE MI MAMÁ SE PUSO A HABLAR DE LO QUE HABÍA GASTADO EN EL MERCADO
ENTONCES MI PAPÁ DIJO: ¡QUÉ BARBARIDAD!, Y QUE ÉL HABÍA TENIDO UN DÍA MUY MALO Y LE DOLÍA LA CABEZA
CLARO, DIJO MI MAMÁ, A VOS SIEMPRE TE DUELE LA CABEZA CUAND TE HABLO DE L
SALUD, PAR DE ORIGINALES
©QUINO

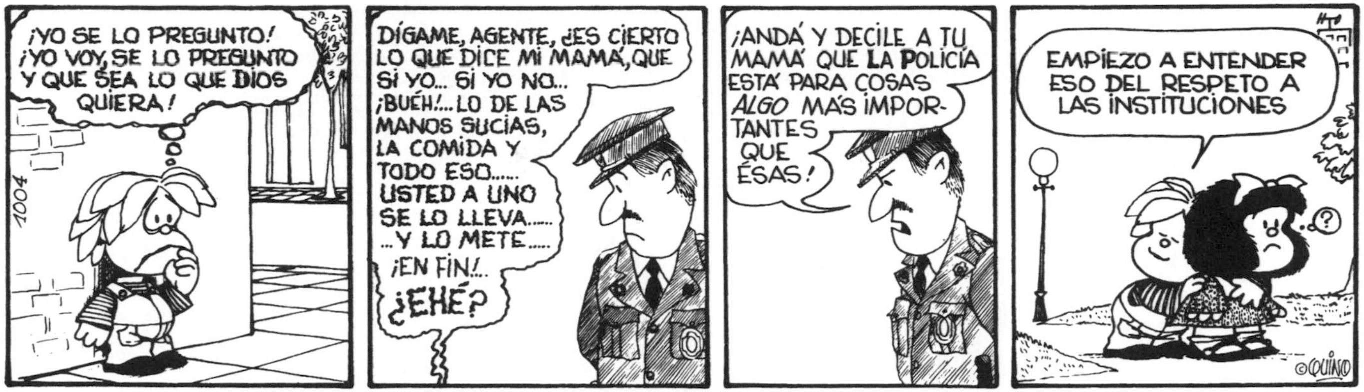
¡YO SE LO PREGUNTO! ¡YO VOY, SE LO PREGUNTO Y QUE SEA LO QUE DIOS QUIERA!
1004
DÍGAME, AGENTE, ¿ES CIERTO LO QUE DICE MI MAMÁ, QUE SI YO... SI YO NO... ¡BUÉH!... LO DE LAS MANOS SUCIAS, LA COMIDA Y TODO ESO...... USTED A UNO SE LO LLEVA...... ...Y LO METE..... ¡EN FIN!...
¿EHÉ?
¡ANDÁ Y DECILE A TU MAMÁ QUE LA POLICÍA ESTÁ PARA COSAS *ALGO* MÁS IMPORTANTES QUE ÉSAS!
EMPIEZO A ENTENDER ESO DEL RESPETO A LAS INSTITUCIONES
?
©QUINO

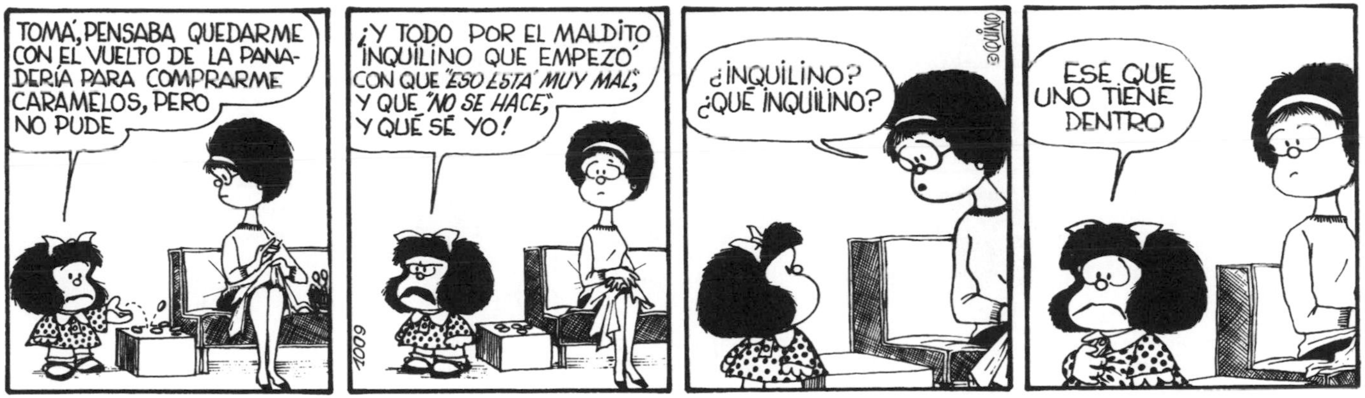
TOMÁ, PENSABA QUEDARME CON EL VUELTO DE LA PANADERÍA PARA COMPRARME CARAMELOS, PERO NO PUDE
¡Y TODO POR EL MALDITO INQUILINO QUE EMPEZÓ CON QUE *"ESO ESTÁ MUY MAL"*, Y QUE *"NO SE HACE"*, Y QUÉ SÉ YO!
1009
©QUINO
¿INQUILINO? ¿QUÉ INQUILINO?
ESE QUE UNO TIENE DENTRO

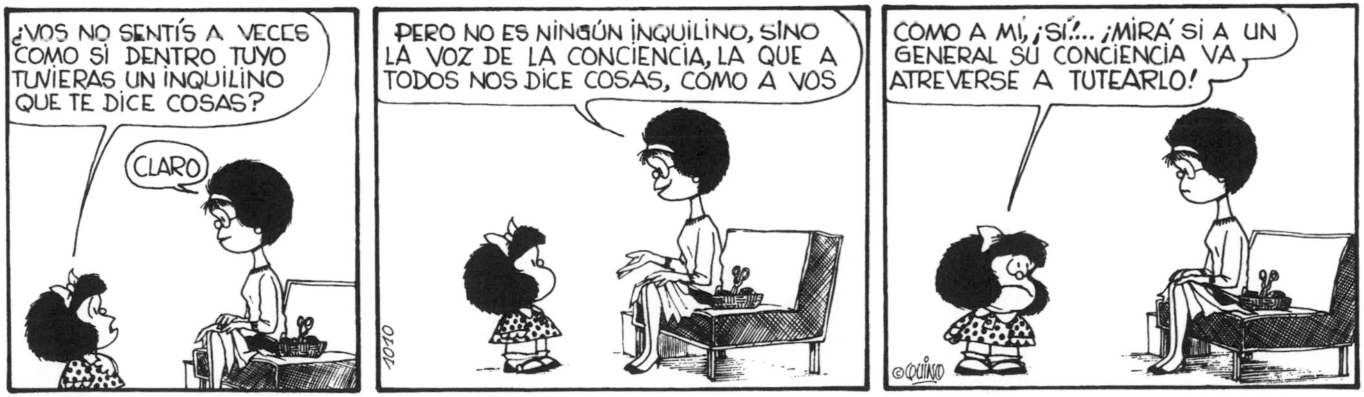
¿VOS NO SENTÍS A VECES COMO SI DENTRO TUYO TUVIERAS UN INQUILINO QUE TE DICE COSAS?
CLARO
PERO NO ES NINGÚN INQUILINO, SINO LA VOZ DE LA CONCIENCIA, LA QUE A TODOS NOS DICE COSAS, COMO A VOS
1010
COMO A MÍ, ¡SÍ!... ¡MIRÁ SI A UN GENERAL SU CONCIENCIA VA A ATREVERSE A TUTEARLO!
©QUINO

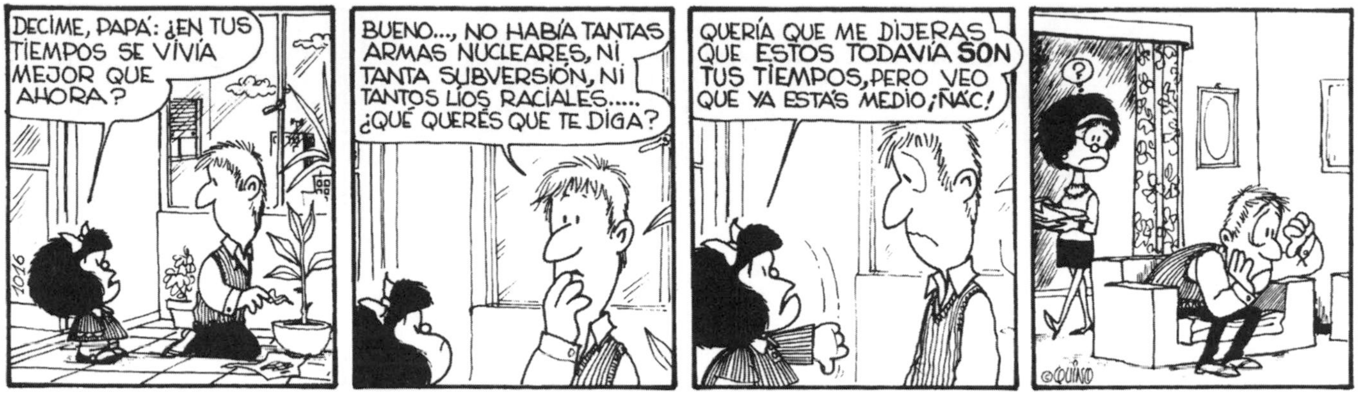
DECIME, PAPÁ: ¿EN TUS TIEMPOS SE VIVÍA MEJOR QUE AHORA?
1016
BUENO..., NO HABÍA TANTAS ARMAS NUCLEARES, NI TANTA SUBVERSIÓN, NI TANTOS LÍOS RACIALES..... ¿QUÉ QUERÉS QUE TE DIGA?
QUERÍA QUE ME DIJERAS QUE ESTOS TODAVÍA **SON** TUS TIEMPOS, PERO VEO QUE YA ESTÁS MEDIO ¡ÑÁC!
?
©QUINO

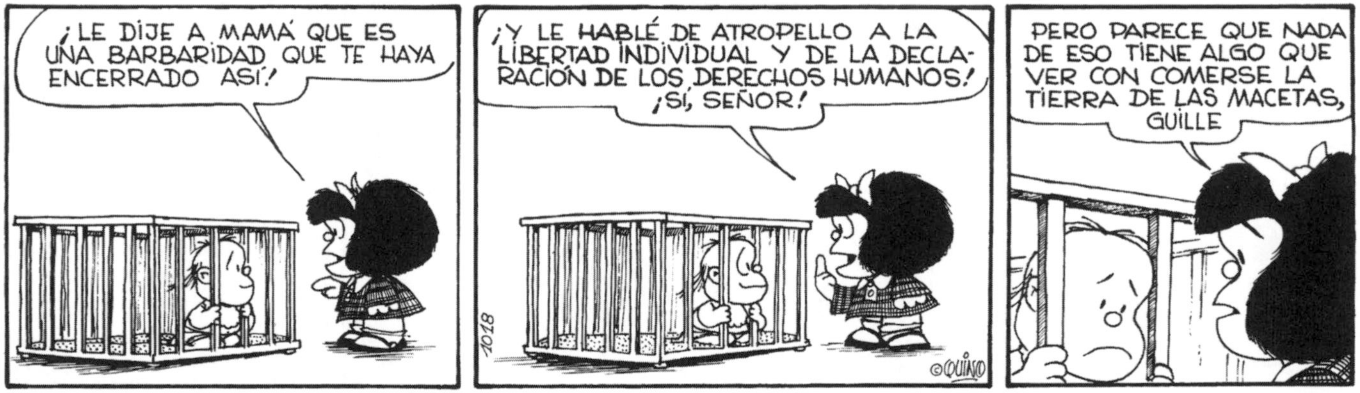
¡LE DIJE A MAMÁ QUE ES UNA BARBARIDAD QUE TE HAYA ENCERRADO ASÍ!
¡Y LE HABLÉ DE ATROPELLO A LA LIBERTAD INDIVIDUAL Y DE LA DECLARACIÓN DE LOS DERECHOS HUMANOS! ¡SÍ, SEÑOR!
1018
©QUINO
PERO PARECE QUE NADA DE ESO TIENE ALGO QUE VER CON COMERSE LA TIERRA DE LAS MACETAS, GUILLE

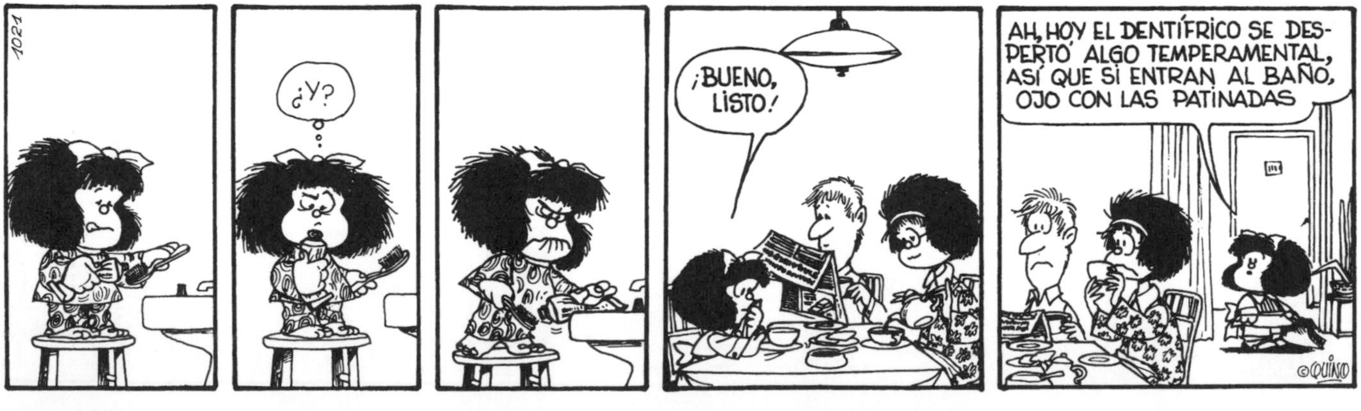
1021
¿Y?
¡BUENO, LISTO!
AH, HOY EL DENTÍFRICO SE DESPERTÓ ALGO TEMPERAMENTAL, ASÍ QUE SI ENTRAN AL BAÑO, OJO CON LAS PATINADAS
©QUINO

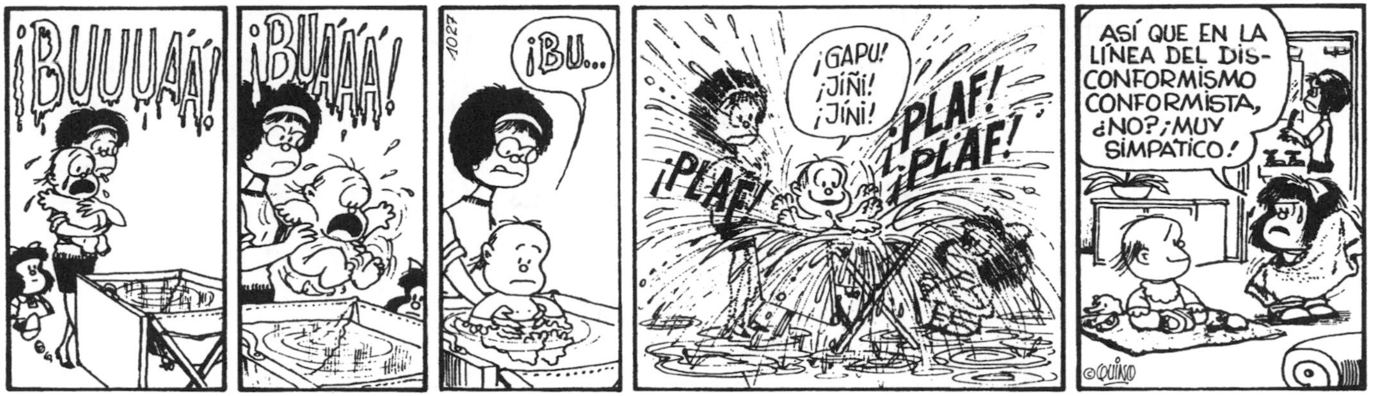
1027
¡BUUUAÁ!
¡BUAÁÁ!
¡BU...
¡GAPU! ¡JÍÑI! ¡JÍNI!
¡PLAF!
¡PLAF! ¡PLAF!
ASÍ QUE EN LA LÍNEA DEL DISCONFORMISMO CONFORMISTA, ¿NO? ¡MUY SIMPÁTICO!
© QUINO

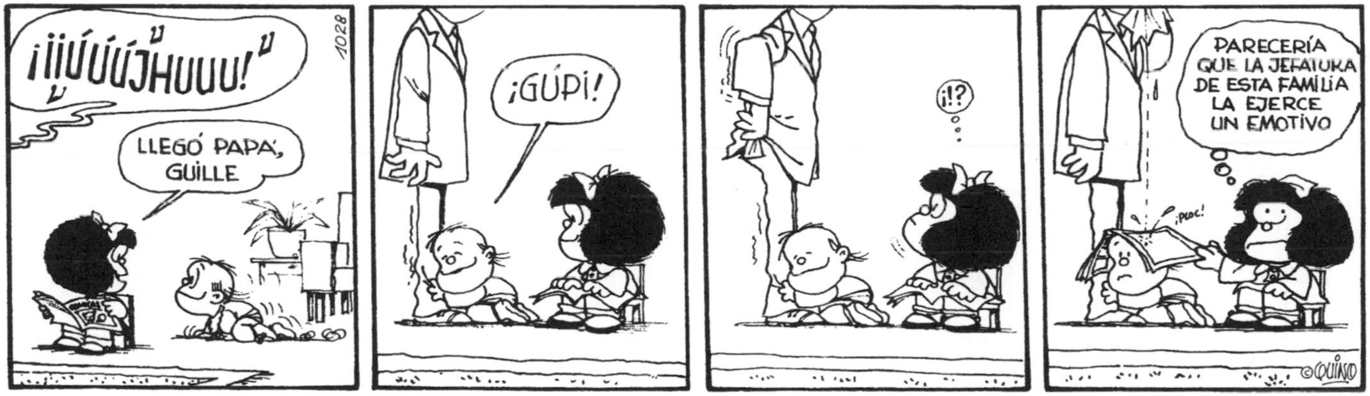
1028
¡¡IJÚÚÚJHUUU!
LLEGÓ PAPÁ, GUILLE
¡GÚPI!
¡!?
¡PLOC!
PARECERÍA QUE LA JEFATURA DE ESTA FAMILIA LA EJERCE UN EMOTIVO
© QUINO

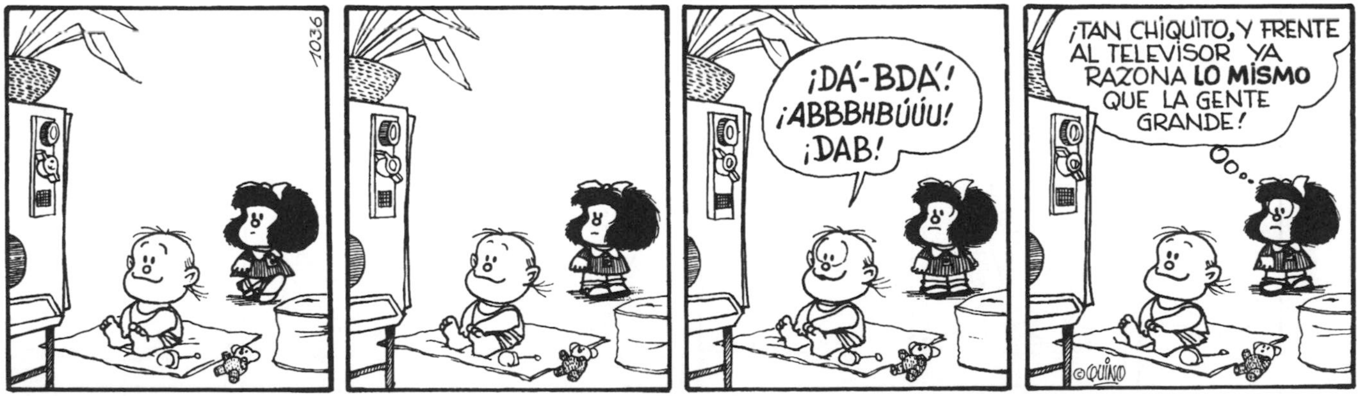
1036
¡DÁ-BDÁ! ¡ABBBHBÚÚU! ¡DAB!
¡TAN CHIQUITO, Y FRENTE AL TELEVISOR YA RAZONA LO MISMO QUE LA GENTE GRANDE!
© QUINO

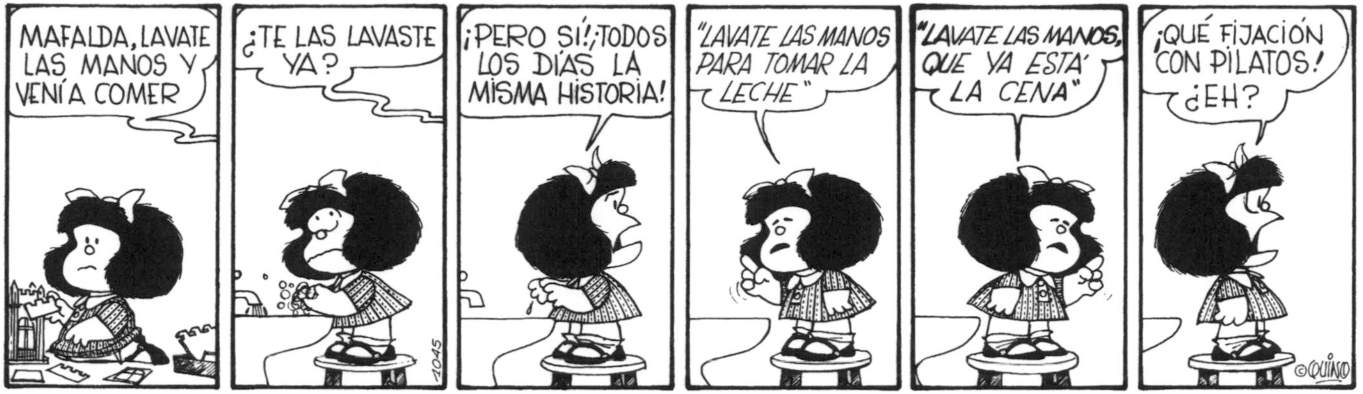

MAFALDA, LAVATE LAS MANOS Y VENÍ A COMER
¿TE LAS LAVASTE YA?
¡PERO SÍ!, ¡TODOS LOS DÍAS LA MISMA HISTORIA!
1045
"LAVATE LAS MANOS PARA TOMAR LA LECHE"
"LAVATE LAS MANOS, QUE YA ESTÁ LA CENA"
¡QUÉ FIJACIÓN CON PILATOS! ¿EH?
©QUINO

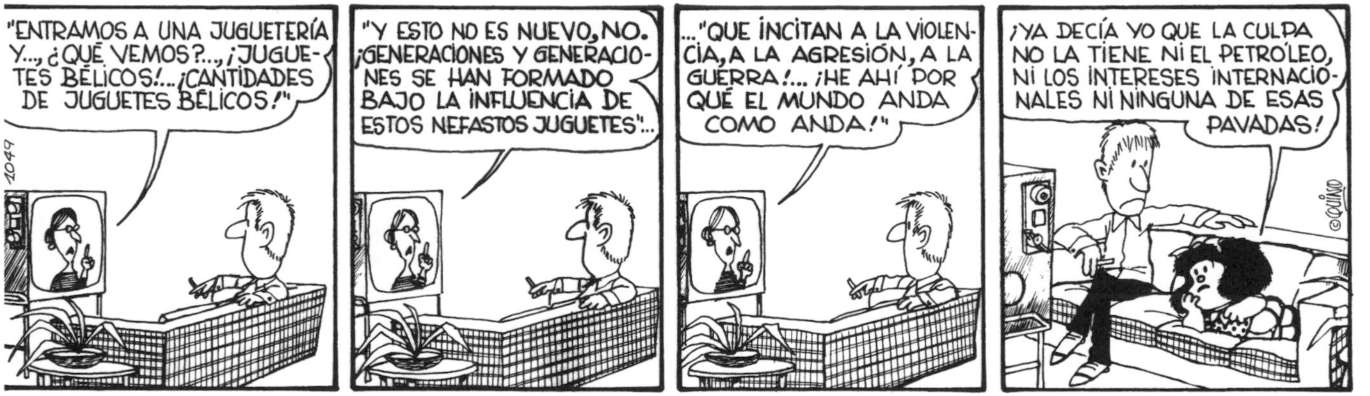

"ENTRAMOS A UNA JUGUETERÍA Y..., ¿QUÉ VEMOS?..., ¡JUGUETES BÉLICOS!... ¡CANTIDADES DE JUGUETES BÉLICOS!"
1049
"Y ESTO NO ES NUEVO, NO. ¡GENERACIONES Y GENERACIONES SE HAN FORMADO BAJO LA INFLUENCIA DE ESTOS NEFASTOS JUGUETES"...
..."QUE INCITAN A LA VIOLENCIA, A LA AGRESIÓN, A LA GUERRA!... ¡HE AHÍ POR QUÉ EL MUNDO ANDA COMO ANDA!"
¡YA DECÍA YO QUE LA CULPA NO LA TIENE NI EL PETRÓLEO, NI LOS INTERESES INTERNACIONALES NI NINGUNA DE ESAS PAVADAS!
©QUINO

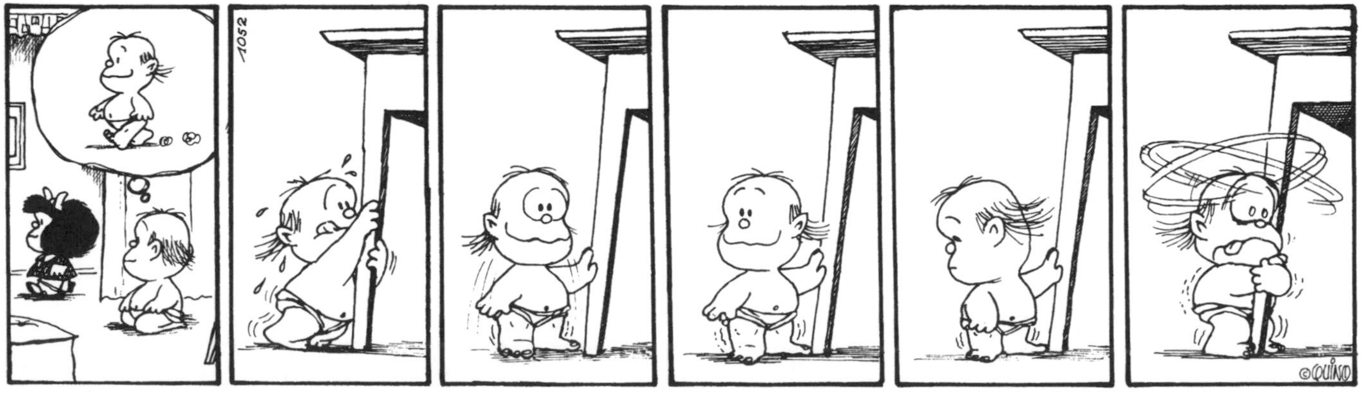

1052
©QUINO

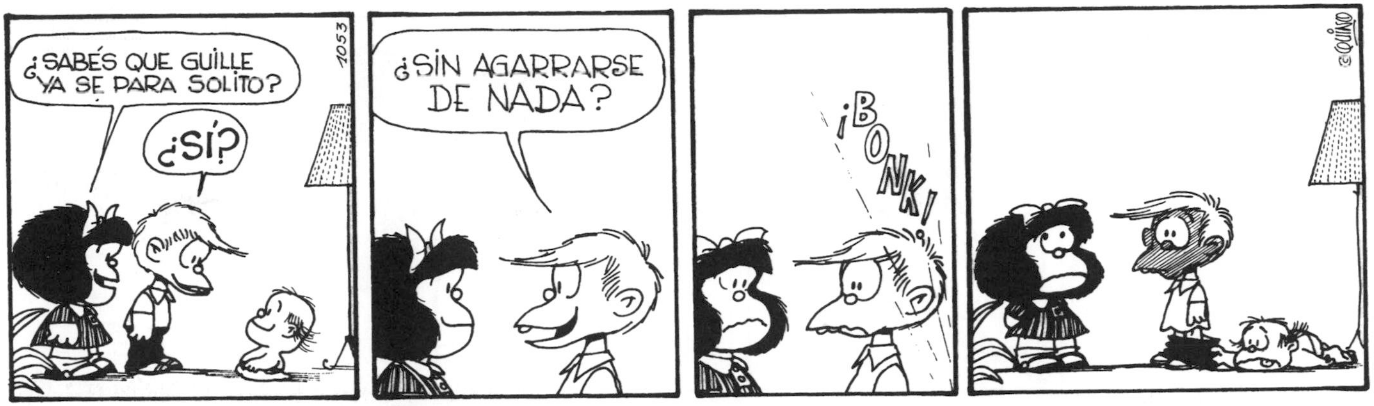
1053
¿SABÉS QUE GUILLE YA SE PARA SOLITO?
¿SÍ?
¿SIN AGARRARSE DE NADA?
¡BONK!
©QUINO

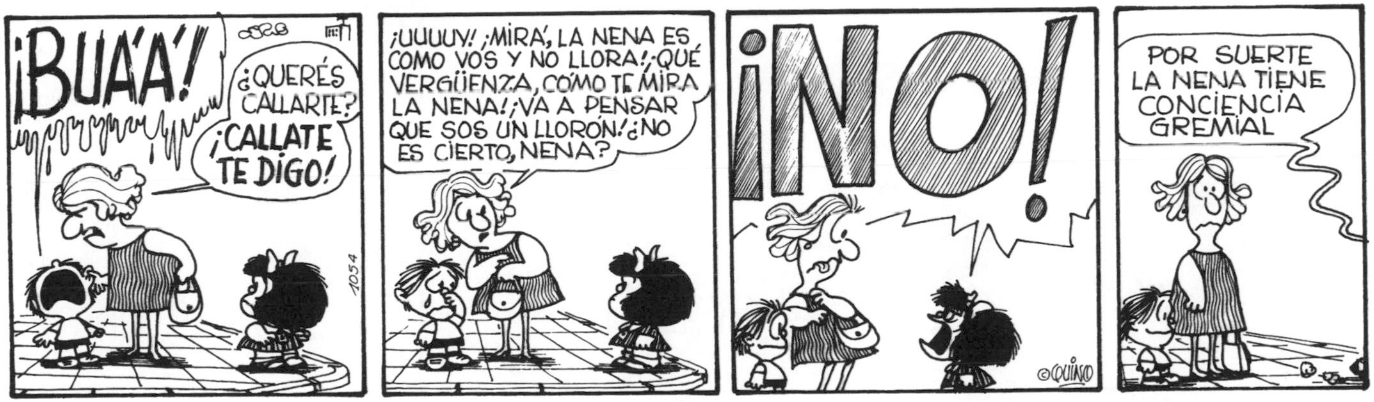
¡BUÁÁ!
¿QUERÉS CALLARTE?
¡CALLATE TE DIGO!
1054
¡UUUUY! ¡MIRÁ, LA NENA ES COMO VOS Y NO LLORA! ¡QUÉ VERGÜENZA, CÓMO TE MIRA LA NENA! ¡VA A PENSAR QUE SOS UN LLORÓN! ¿NO ES CIERTO, NENA?
¡NO!
©QUINO
POR SUERTE LA NENA TIENE CONCIENCIA GREMIAL

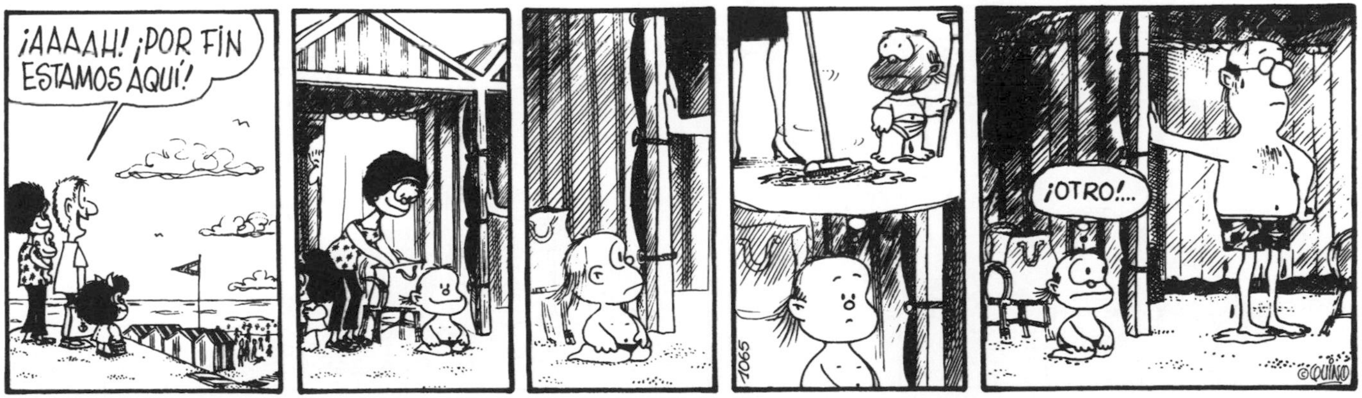
¡AAAAH! ¡POR FIN ESTAMOS AQUÍ!
1065
¡OTRO!...
©QUINO

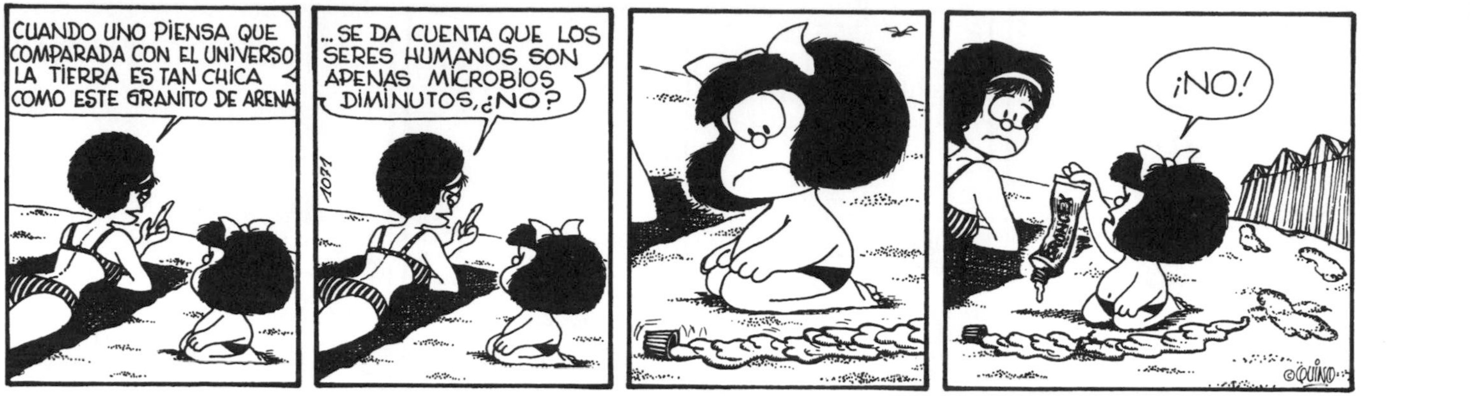
CUANDO UNO PIENSA QUE COMPARADA CON EL UNIVERSO LA TIERRA ES TAN CHICA COMO ESTE GRANITO DE ARENA
...SE DA CUENTA QUE LOS SERES HUMANOS SON APENAS MICROBIOS DIMINUTOS, ¿NO?
1071
¡NO!
©QUINO

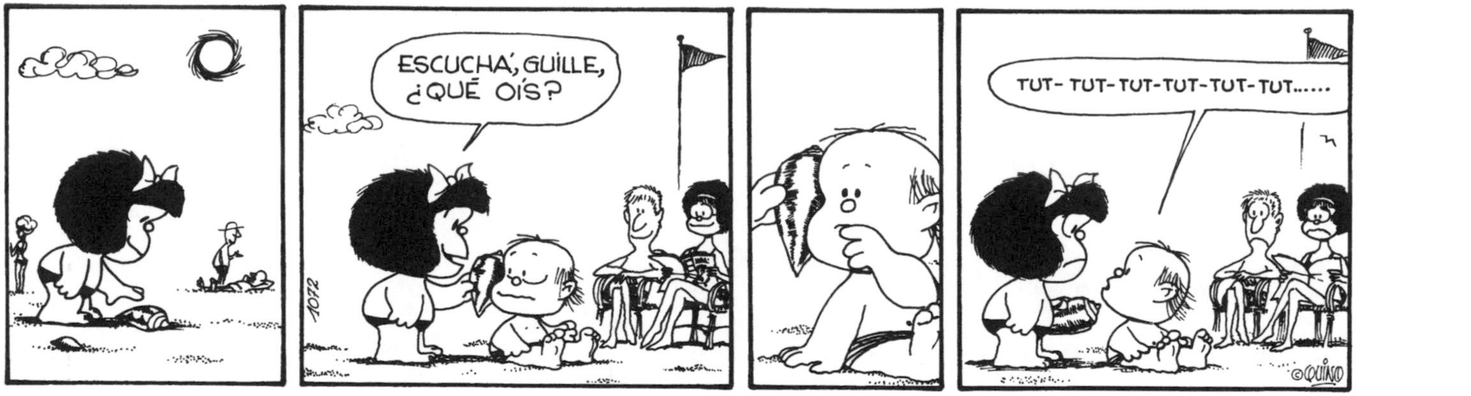
ESCUCHÁ, GUILLE, ¿QUÉ OÍS?
1072
TUT- TUT-TUT-TUT-TUT-TUT......
©QUINO

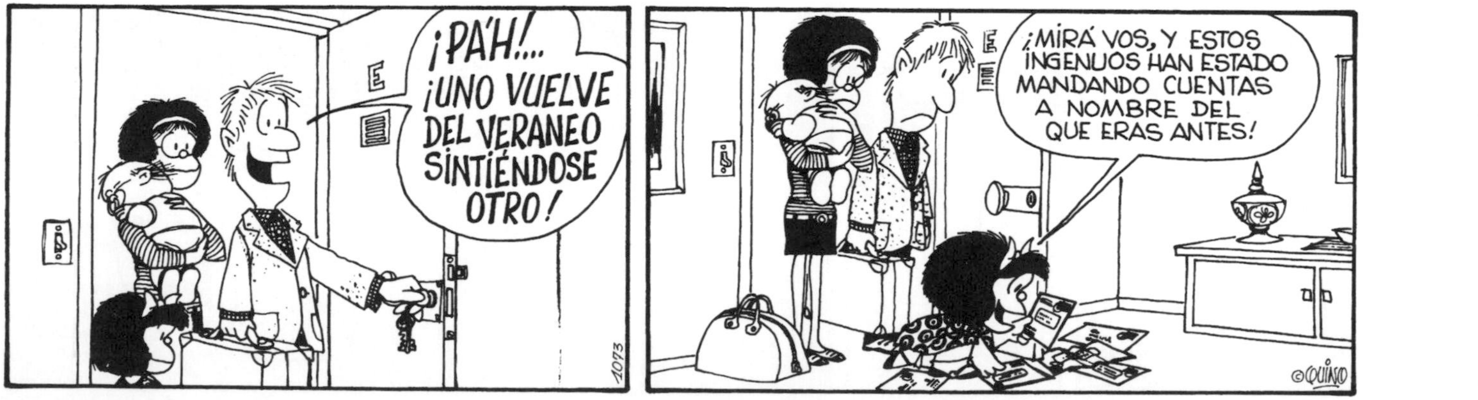
¡PA'H!... ¡UNO VUELVE DEL VERANEO SINTIÉNDOSE OTRO!
1073
¡MIRÁ VOS, Y ESTOS INGENUOS HAN ESTADO MANDANDO CUENTAS A NOMBRE DEL QUE ERAS ANTES!
©QUINO

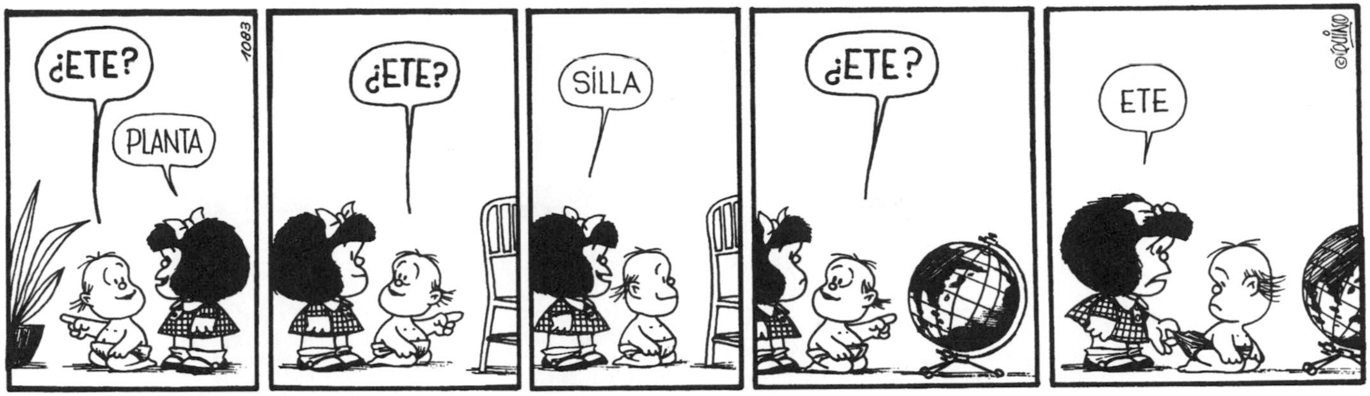
1083
¿ETE?
PLANTA
¿ETE?
SILLA
¿ETE?
ETE
©QUINO

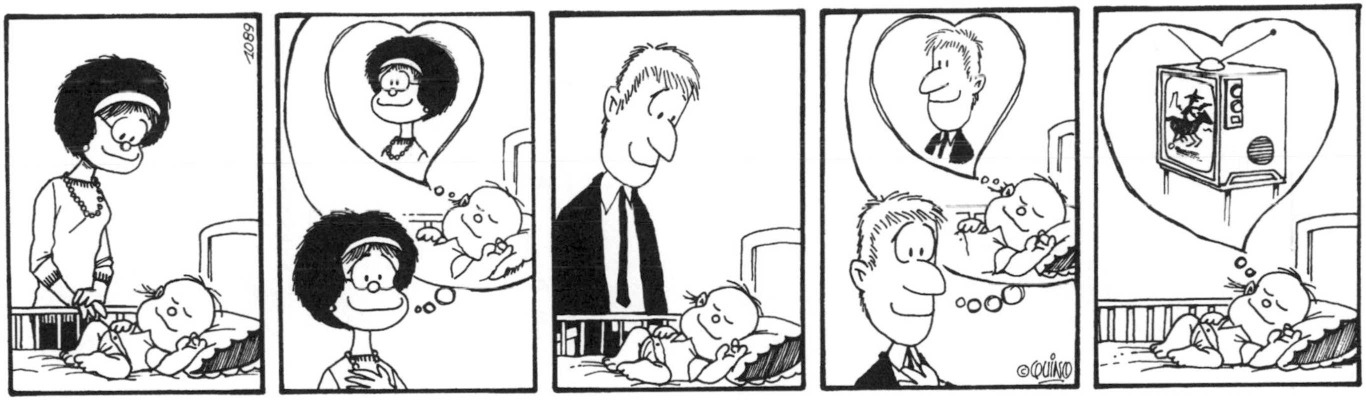
1089
©QUINO

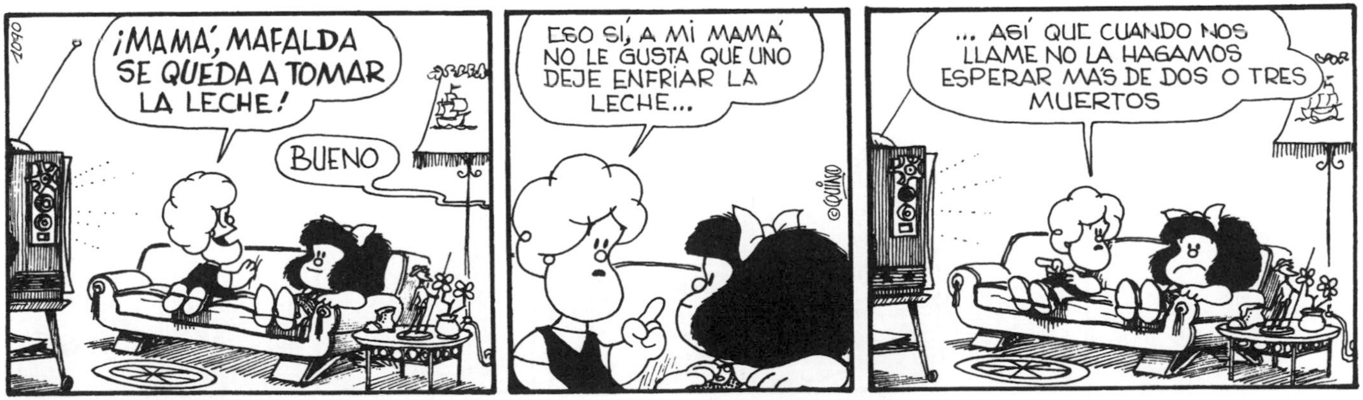
1090
¡MAMÁ, MAFALDA SE QUEDA A TOMAR LA LECHE!
BUENO
ESO SÍ, A MI MAMÁ NO LE GUSTA QUE UNO DEJE ENFRIAR LA LECHE...
©QUINO
... ASÍ QUE CUANDO NOS LLAME NO LA HAGAMOS ESPERAR MÁS DE DOS O TRES MUERTOS

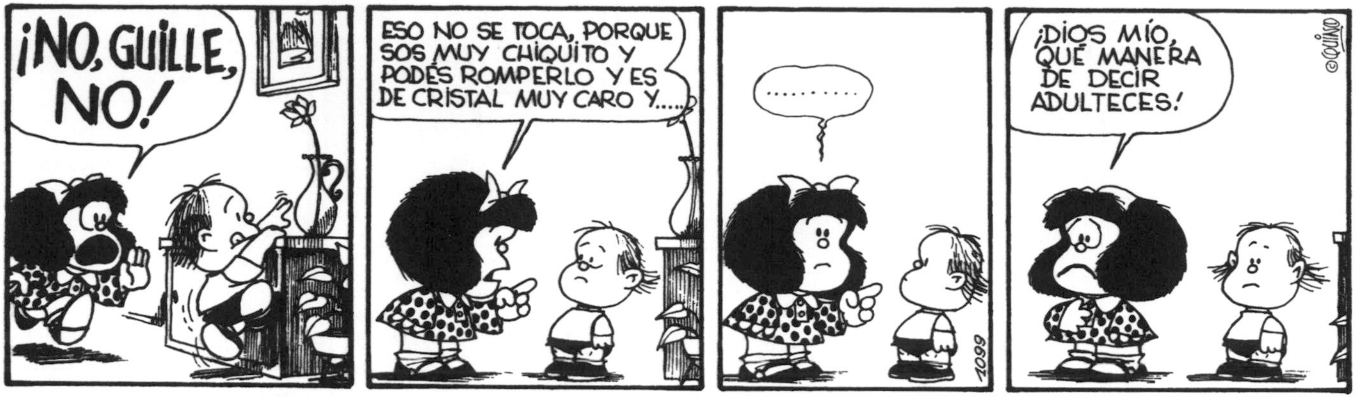
¡NO, GUILLE, NO!
ESO NO SE TOCA, PORQUE SOS MUY CHIQUITO Y PODÉS ROMPERLO Y ES DE CRISTAL MUY CARO Y.....
¡DIOS MÍO, QUÉ MANERA DE DECIR ADULTECES!
©QUINO
1099

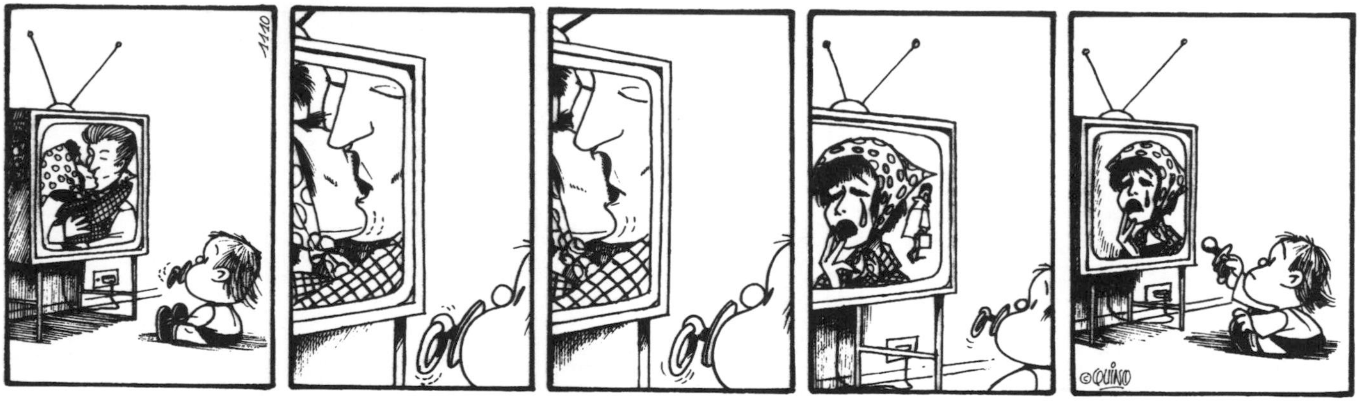
1110
©QUINO

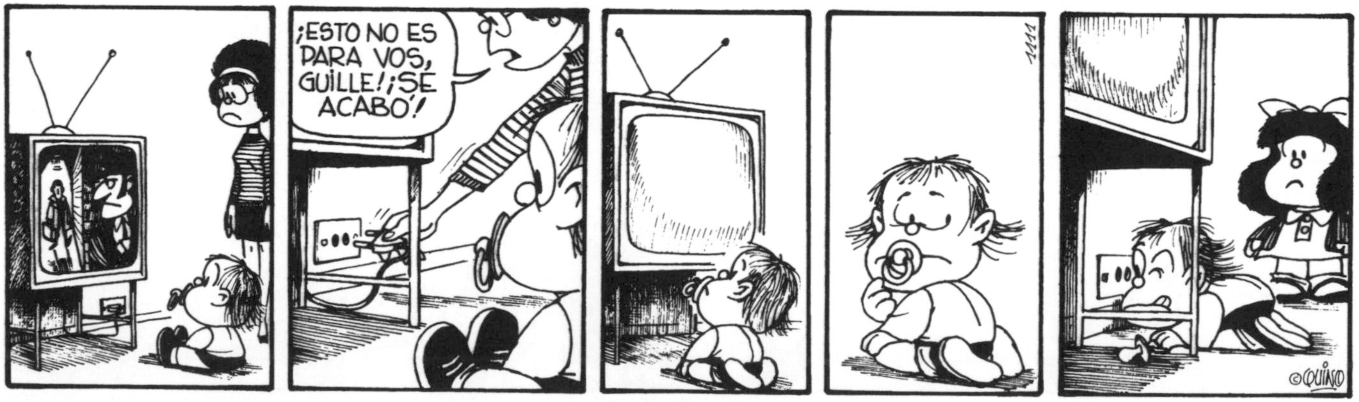
¡ESTO NO ES PARA VOS, GUILLE! ¡SE ACABÓ!
1111
©QUINO

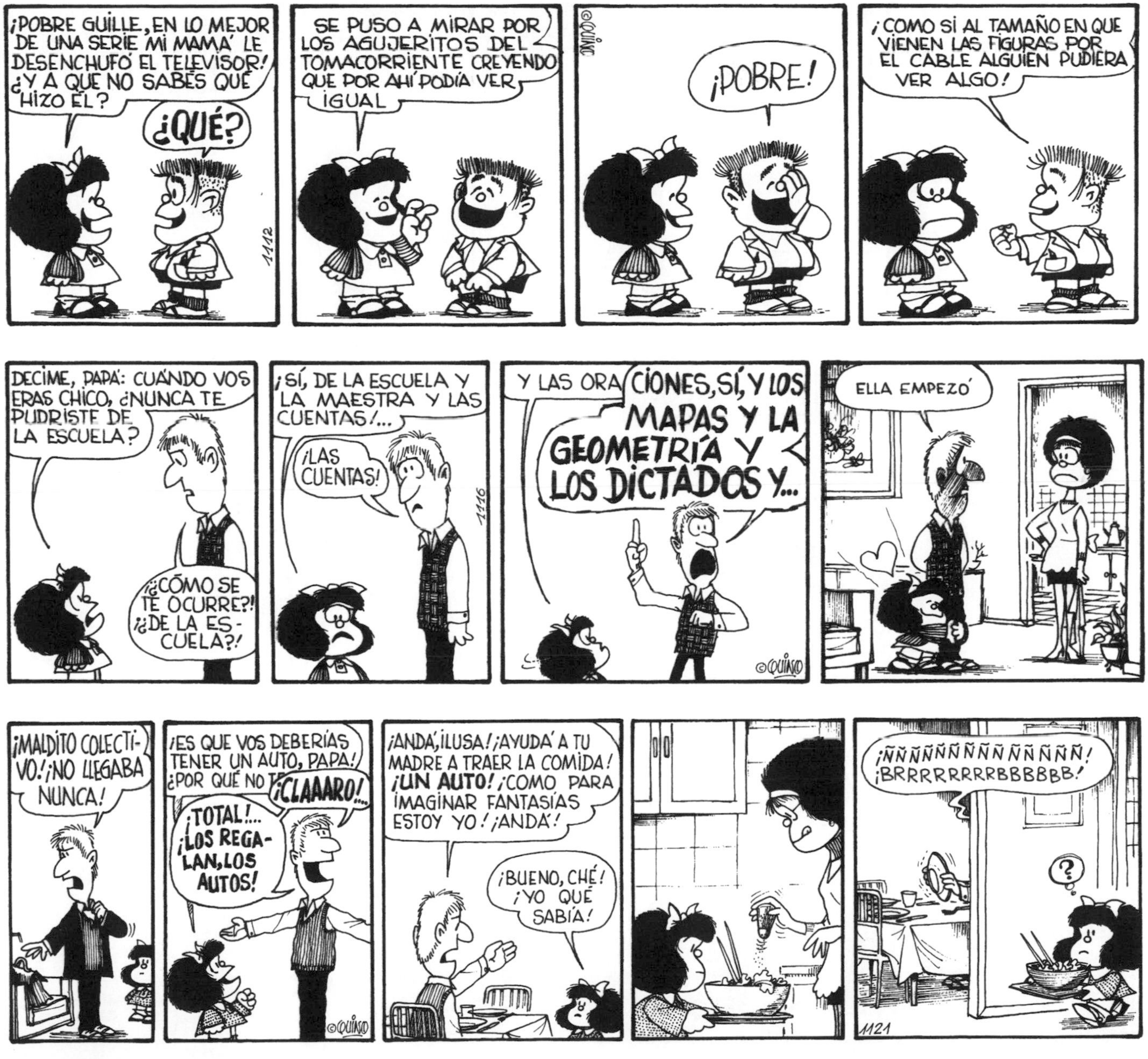
¡POBRE GUILLE, EN LO MEJOR DE UNA SERIE MI MAMÁ LE DESENCHUFÓ EL TELEVISOR! ¿Y A QUE NO SABÉS QUÉ HIZO ÉL?
¿QUÉ?
1112
SE PUSO A MIRAR POR LOS AGUJERITOS DEL TOMACORRIENTE CREYENDO QUE POR AHÍ PODÍA VER IGUAL
©QUINO
¡POBRE!
¡COMO SI AL TAMAÑO EN QUE VIENEN LAS FIGURAS POR EL CABLE ALGUIEN PUDIERA VER ALGO!
DECIME, PAPÁ: CUÁNDO VOS ERAS CHICO, ¿NUNCA TE PUDRISTE DE LA ESCUELA?
¡¿CÓMO SE TE OCURRE?! ¡¿DE LA ESCUELA?!
¡SÍ, DE LA ESCUELA Y LA MAESTRA Y LAS CUENTAS!...
¡LAS CUENTAS!
1116
Y LAS ORACIONES, SÍ, Y LOS MAPAS Y LA GEOMETRÍA Y LOS DICTADOS Y...
©QUINO
ELLA EMPEZÓ
¡MALDITO COLECTIVO! ¡NO LLEGABA NUNCA!
¡ES QUE VOS DEBERÍAS TENER UN AUTO, PAPÁ! ¿POR QUÉ NO T
¡CLAAARO!...
¡TOTAL!... ¡LOS REGALAN, LOS AUTOS!
©QUINO
¡ANDÁ, ILUSA! ¡AYUDÁ A TU MADRE A TRAER LA COMIDA! ¡UN AUTO! ¡COMO PARA IMAGINAR FANTASÍAS ESTOY YO! ¡ANDÁ!
¡BUENO, CHÉ! ¡YO QUÉ SABÍA!
¡ÑÑÑÑÑÑÑÑÑÑÑÑÑÑ! ¡BRRRRRRRRBBBBBB!
?
1121

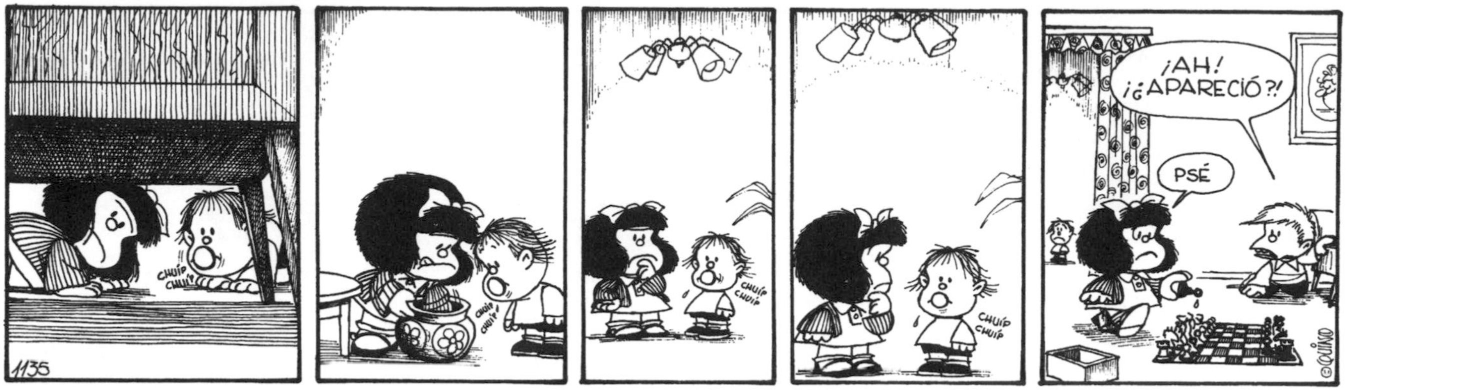

1135
CHUIP CHUIP
CHUIP CHUIP
CHUIP CHUIP
CHUIP CHUIP
¡AH! ¡¿APARECIÓ?!
PSÉ
©QUINO

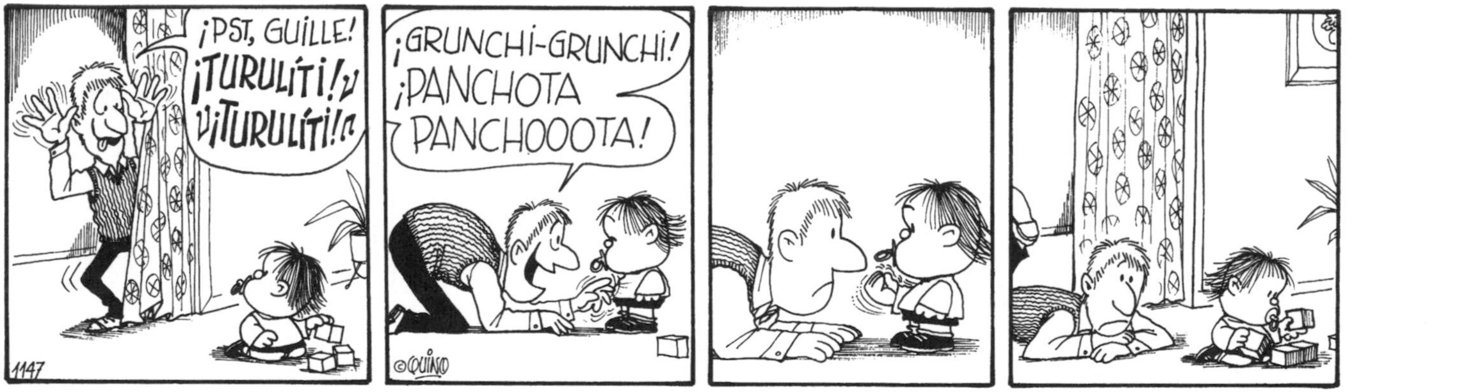

1147
¡PST, GUILLE! ¡TURULÍTI! ¡TURULÍTI!
¡GRUNCHI-GRUNCHI! ¡PANCHOTA PANCHOOOTA!
©QUINO

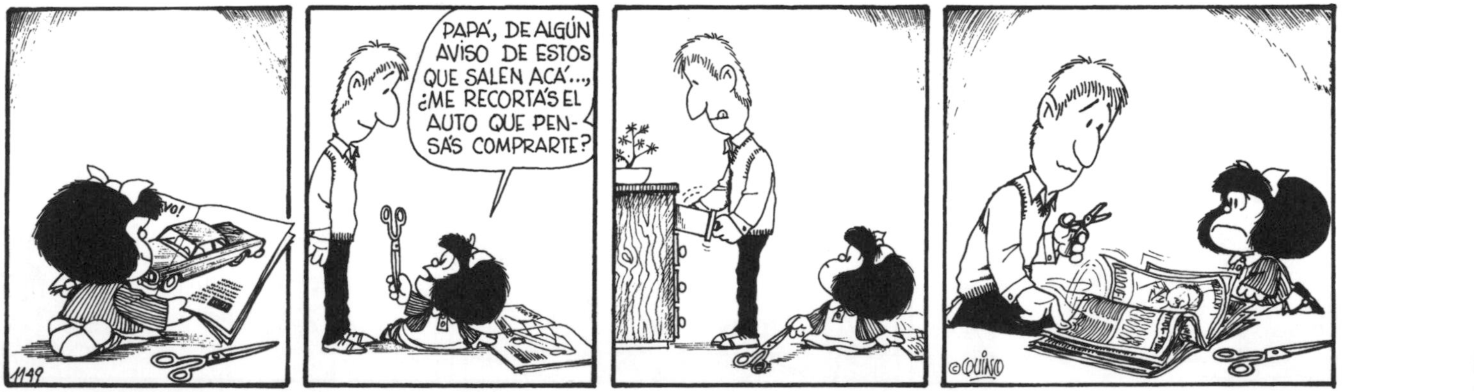

1149
PAPÁ, DE ALGÚN AVISO DE ESTOS QUE SALEN ACÁ..., ¿ME RECORTÁS EL AUTO QUE PENSÁS COMPRARTE?
©QUINO

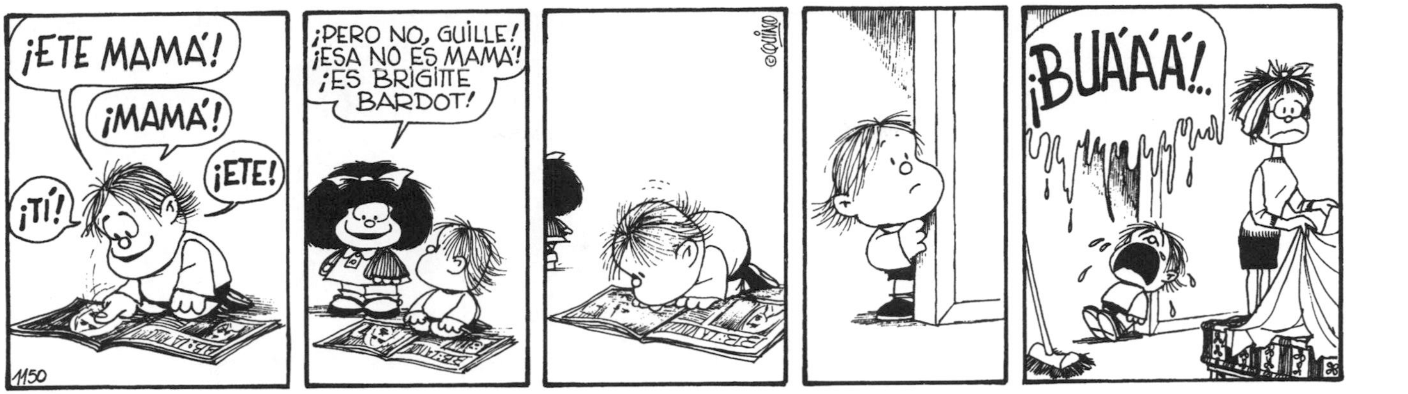
¡ETE MAMÁ!
¡MAMÁ!
¡ETE!
¡TI!
1150
¡PERO NO, GUILLE! ¡ESA NO ES MAMÁ! ¡ES BRIGITTE BARDOT!
©QUINO
¡BUÁÁÁ!..

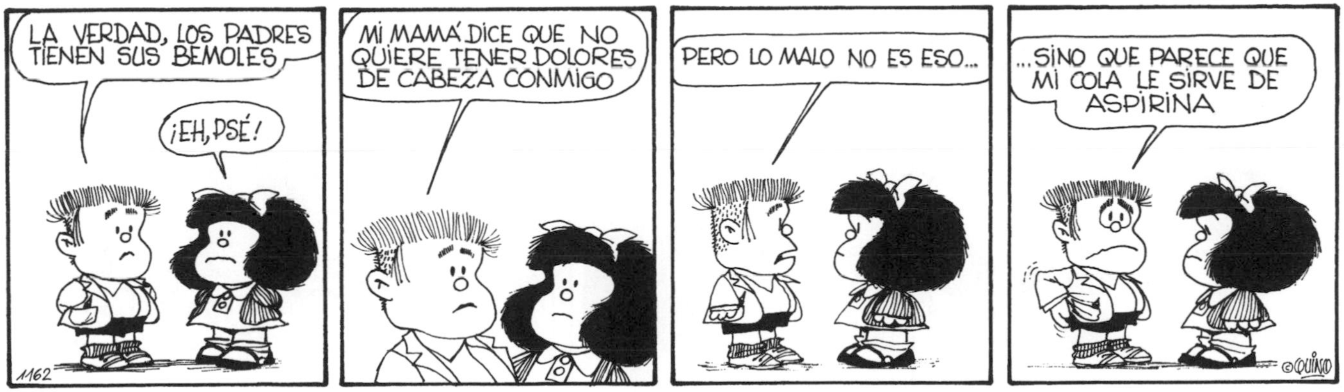
LA VERDAD, LOS PADRES TIENEN SUS BEMOLES
¡EH, PSÉ!
1162
MI MAMÁ DICE QUE NO QUIERE TENER DOLORES DE CABEZA CONMIGO
PERO LO MALO NO ES ESO...
...SINO QUE PARECE QUE MI COLA LE SIRVE DE ASPIRINA
©QUINO

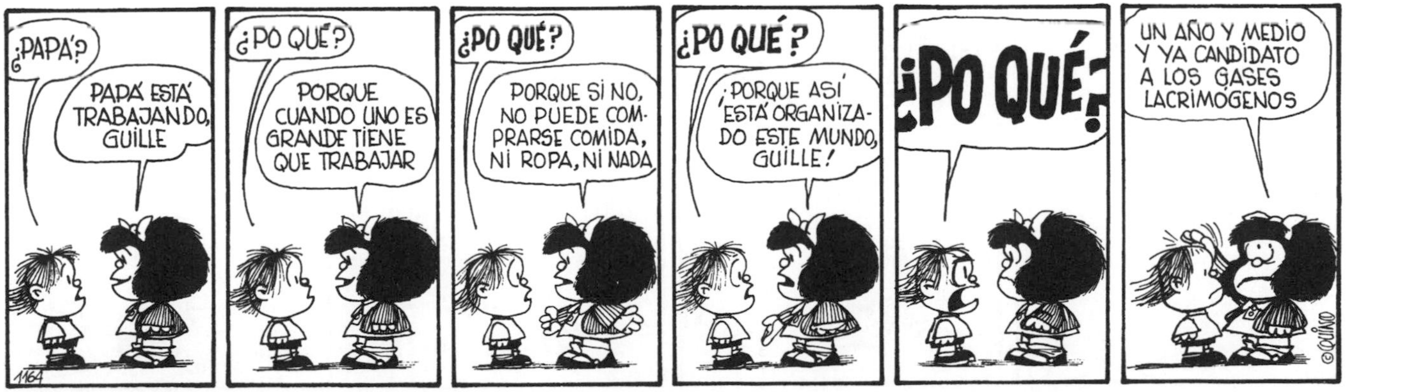
¿PAPÁ?
PAPÁ ESTÁ TRABAJANDO, GUILLE
1164
¿PO QUÉ?
PORQUE CUANDO UNO ES GRANDE TIENE QUE TRABAJAR
¿PO QUÉ?
PORQUE SI NO, NO PUEDE COMPRARSE COMIDA, NI ROPA, NI NADA
¿PO QUÉ?
¡PORQUE ASÍ ESTÁ ORGANIZADO ESTE MUNDO, GUILLE!
¿PO QUÉ?
UN AÑO Y MEDIO Y YA CANDIDATO A LOS GASES LACRIMÓGENOS
©QUINO

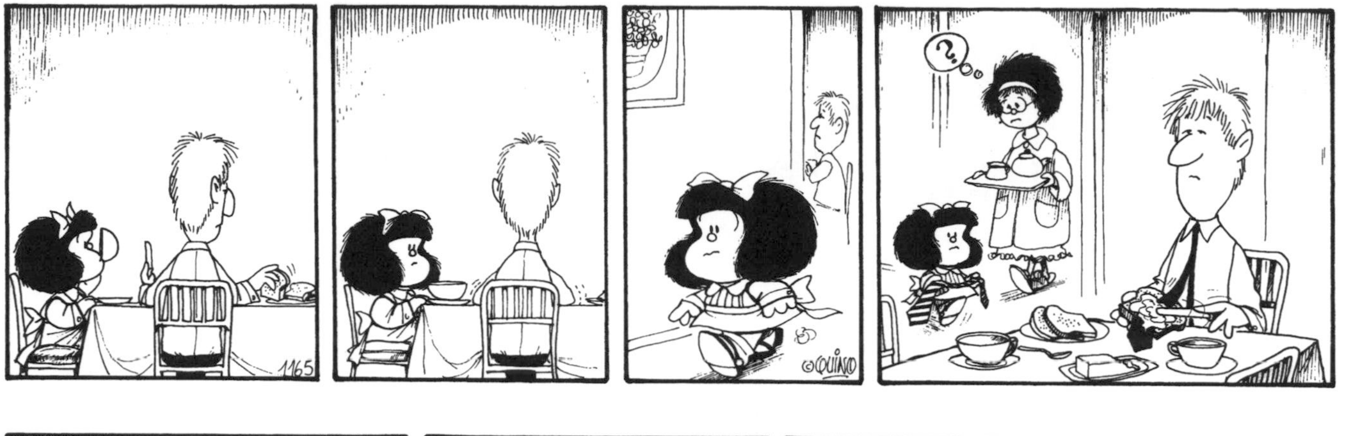

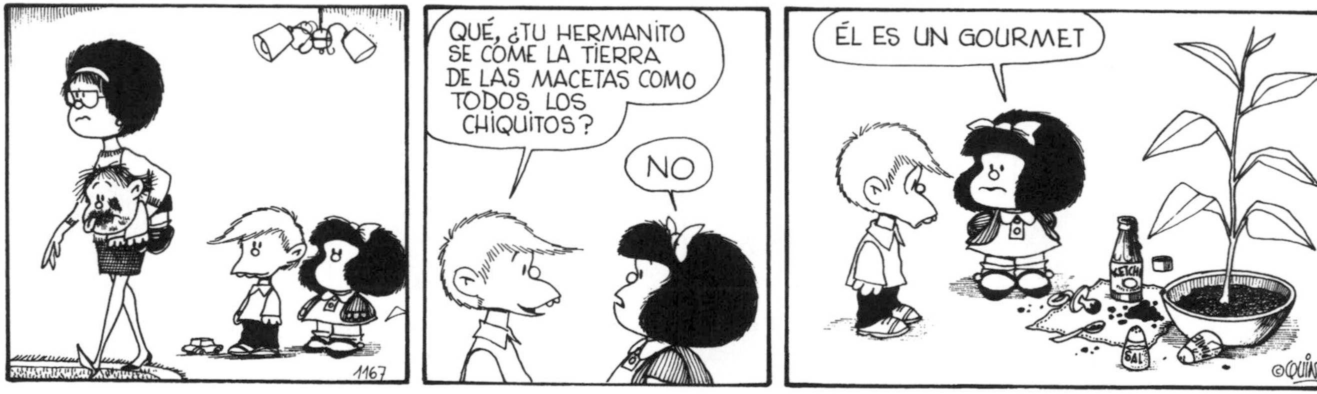
QUÉ, ¿TU HERMANITO SE COME LA TIERRA DE LAS MACETAS COMO TODOS LOS CHIQUITOS?
NO
ÉL ES UN GOURMET

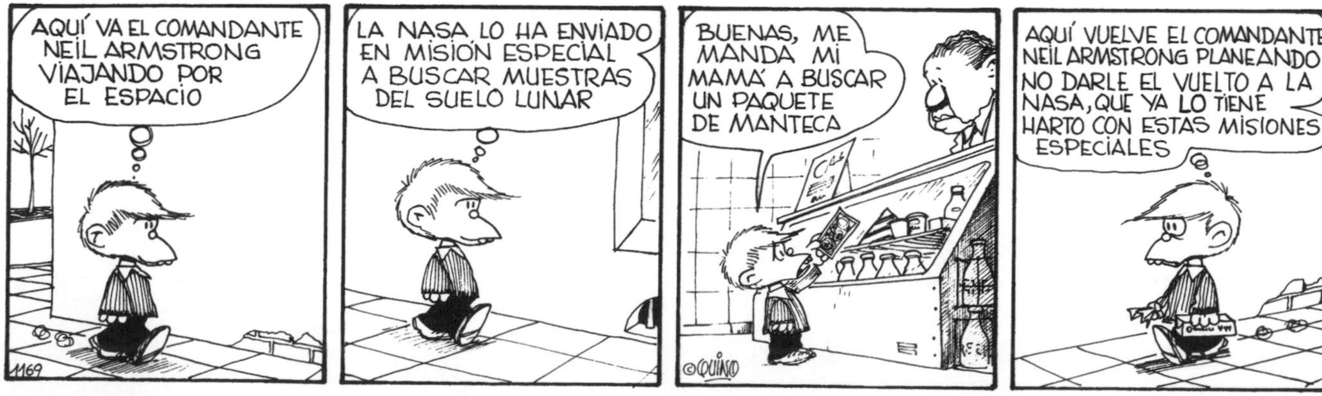
AQUÍ VA EL COMANDANTE NEIL ARMSTRONG VIAJANDO POR EL ESPACIO
LA NASA LO HA ENVIADO EN MISIÓN ESPECIAL A BUSCAR MUESTRAS DEL SUELO LUNAR
BUENAS, ME MANDA MI MAMÁ A BUSCAR UN PAQUETE DE MANTECA
AQUÍ VUELVE EL COMANDANTE NEIL ARMSTRONG PLANEANDO NO DARLE EL VUELTO A LA NASA, QUE YA LO TIENE HARTO CON ESTAS MISIONES ESPECIALES

GUBIDA IPU MAMA ¿ITE?
K-K

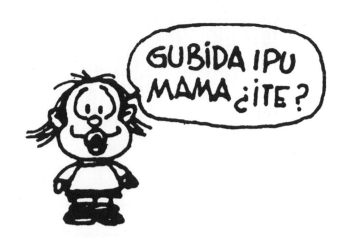

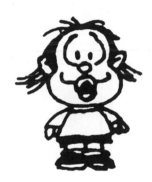

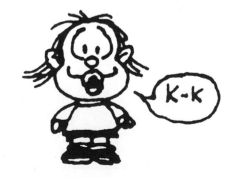

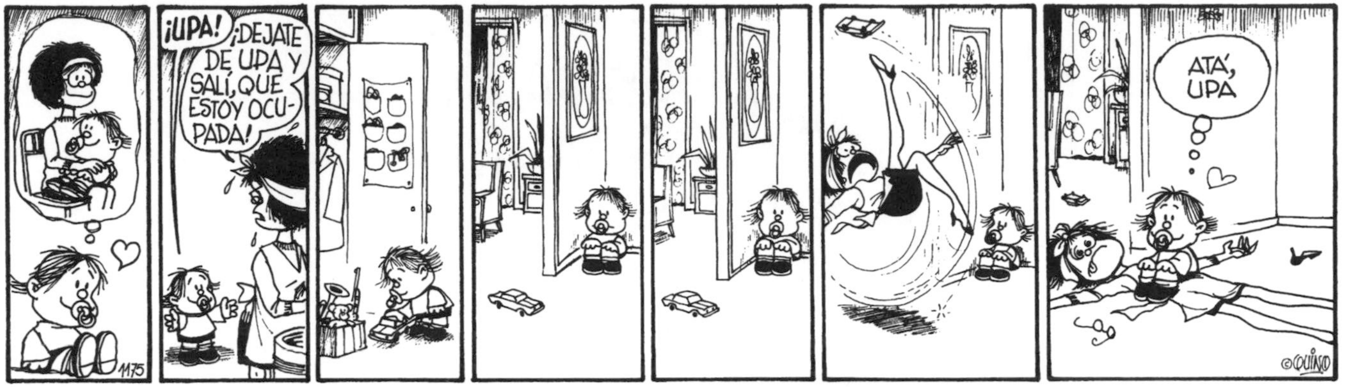
¡UPA!
¡DEJATE DE UPA Y SALÍ, QUE ESTOY OCU-PADA!
ATÁ, UPA

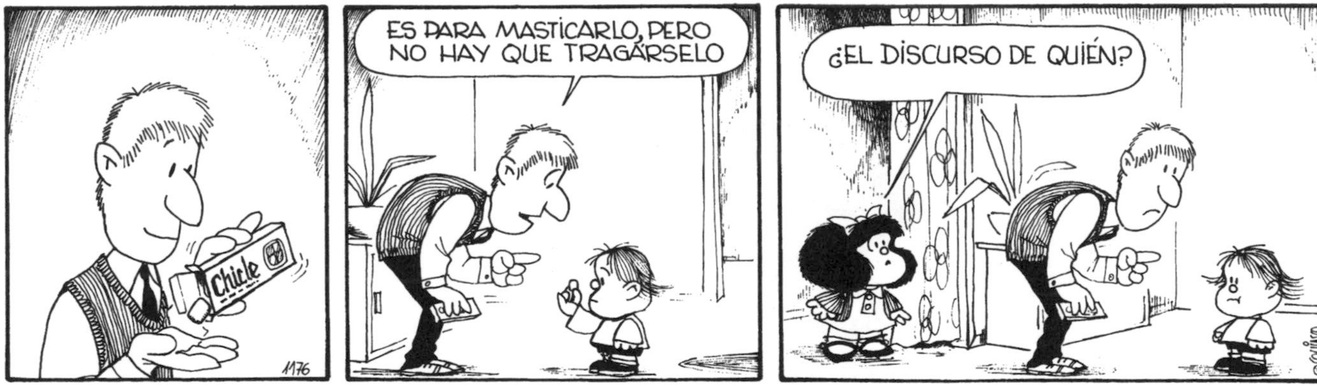
Chicle
ES PARA MASTICARLO, PERO NO HAY QUE TRAGÁRSELO
¿EL DISCURSO DE QUIÉN?

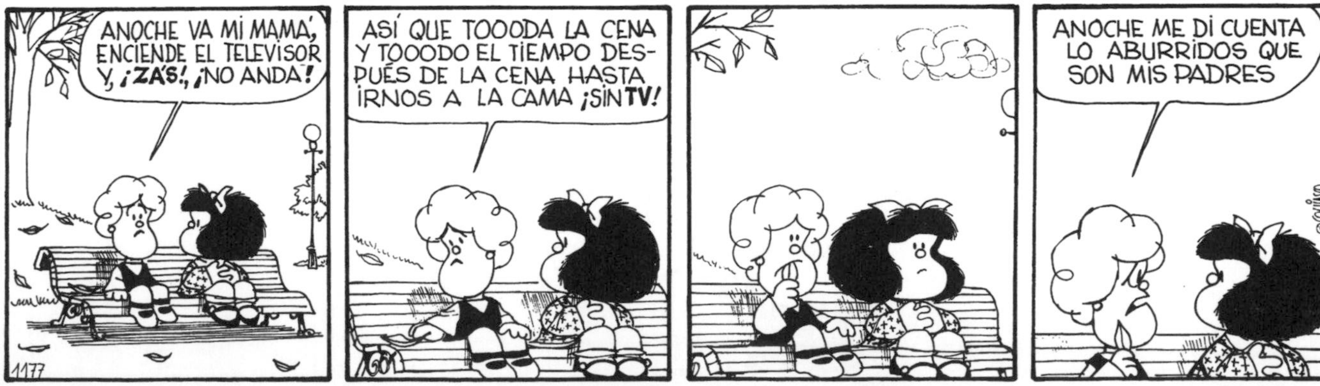
ANOCHE VA MI MAMÁ, ENCIENDE EL TELEVISOR Y, ¡ZÁS!, ¡NO ANDA!
ASÍ QUE TOOODA LA CENA Y TOOODO EL TIEMPO DES-PUÉS DE LA CENA HASTA IRNOS A LA CAMA ¡SIN TV!
ANOCHE ME DI CUENTA LO ABURRIDOS QUE SON MIS PADRES

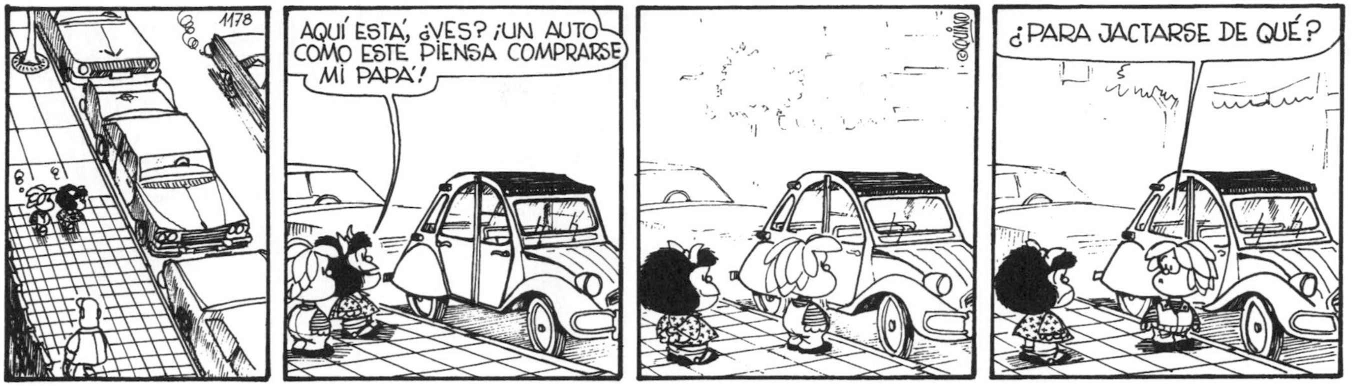
1178
AQUÍ ESTÁ, ¿VES? ¡UN AUTO COMO ESTE PIENSA COMPRARSE MI PAPÁ!
©QUINO
¿PARA JACTARSE DE QUÉ?

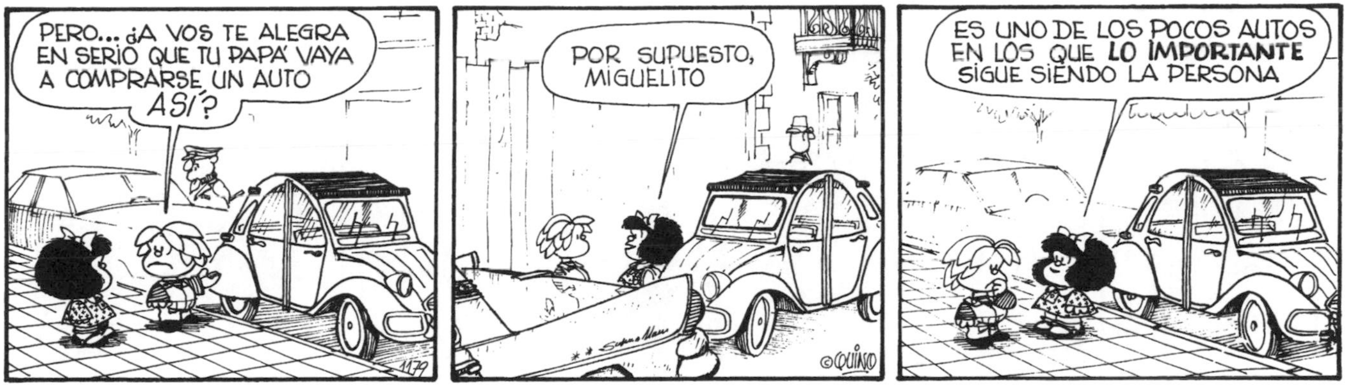
PERO... ¿A VOS TE ALEGRA EN SERIO QUE TU PAPÁ VAYA A COMPRARSE UN AUTO ASÍ?
1179
POR SUPUESTO, MIGUELITO
©QUINO
ES UNO DE LOS POCOS AUTOS EN LOS QUE **LO IMPORTANTE** SIGUE SIENDO LA PERSONA

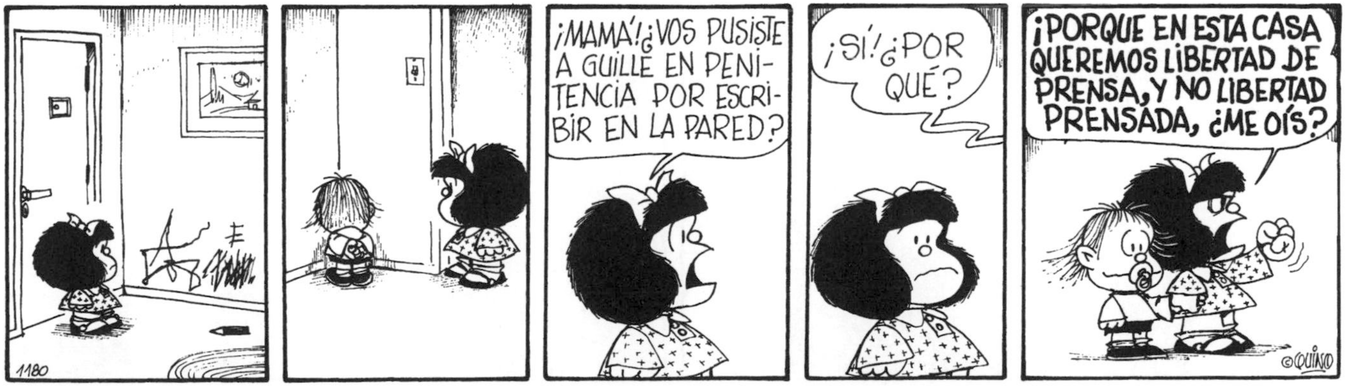
1180
¡MAMÁ! ¿VOS PUSISTE A GUILLE EN PENITENCIA POR ESCRIBIR EN LA PARED?
¡SÍ! ¿POR QUÉ?
¡PORQUE EN ESTA CASA QUEREMOS LIBERTAD DE PRENSA, Y NO LIBERTAD PRENSADA, ¿ME OÍS?
©QUINO

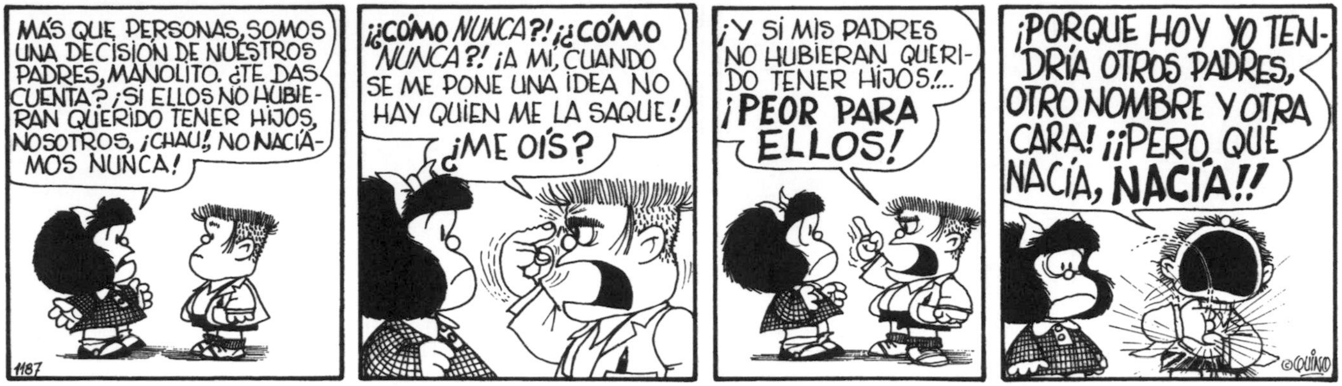
MÁS QUE PERSONAS, SOMOS UNA DECISIÓN DE NUESTROS PADRES, MANOLITO. ¿TE DAS CUENTA? ¡SI ELLOS NO HUBIERAN QUERIDO TENER HIJOS, NOSOTROS, ¡CHAU!, NO NACÍAMOS NUNCA!
1187
¡¿CÓMO *NUNCA*?! ¡¿CÓMO *NUNCA*?! ¡A MÍ, CUANDO SE ME PONE UNA IDEA NO HAY QUIEN ME LA SAQUE!
¿ME OÍS?
¡Y SI MIS PADRES NO HUBIERAN QUERIDO TENER HIJOS!... ¡PEOR PARA ELLOS!
¡PORQUE HOY YO TENDRÍA OTROS PADRES, OTRO NOMBRE Y OTRA CARA! ¡¡PERO QUE NACÍA, **NACÍA**!!
©QUINO

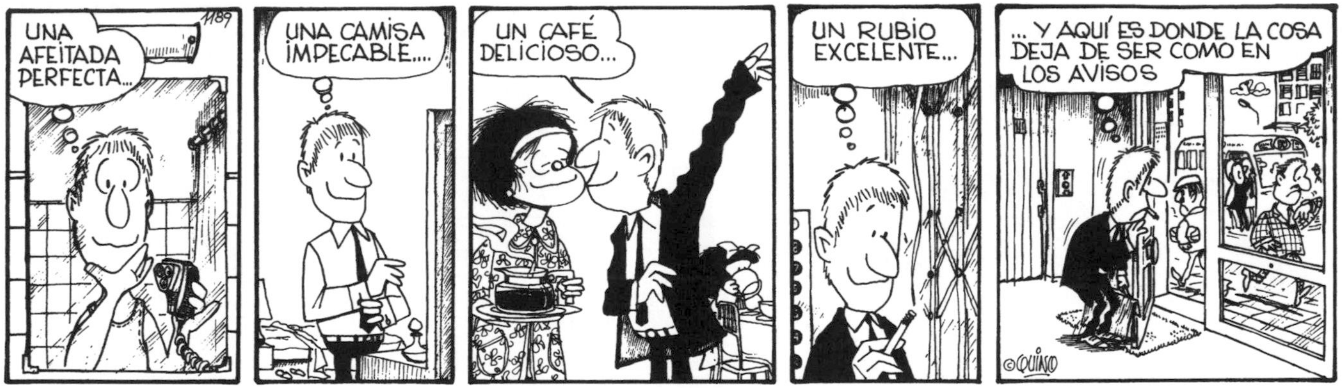
1189
UNA AFEITADA PERFECTA...
UNA CAMISA IMPECABLE....
UN CAFÉ DELICIOSO...
UN RUBIO EXCELENTE...
...Y AQUÍ ES DONDE LA COSA DEJA DE SER COMO EN LOS AVISOS
©QUINO

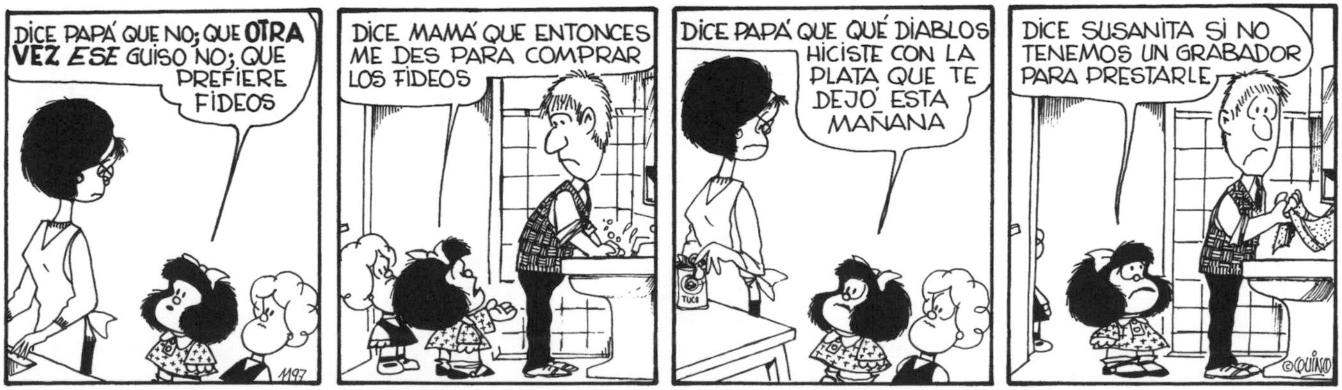
DICE PAPÁ QUE NO; QUE **OTRA VEZ** *ESE* GUISO NO; QUE PREFIERE FIDEOS
1197
DICE MAMÁ QUE ENTONCES ME DES PARA COMPRAR LOS FIDEOS
DICE PAPÁ QUE QUÉ DIABLOS HICISTE CON LA PLATA QUE TE DEJÓ ESTA MAÑANA
DICE SUSANITA SI NO TENEMOS UN GRABADOR PARA PRESTARLE
©QUINO

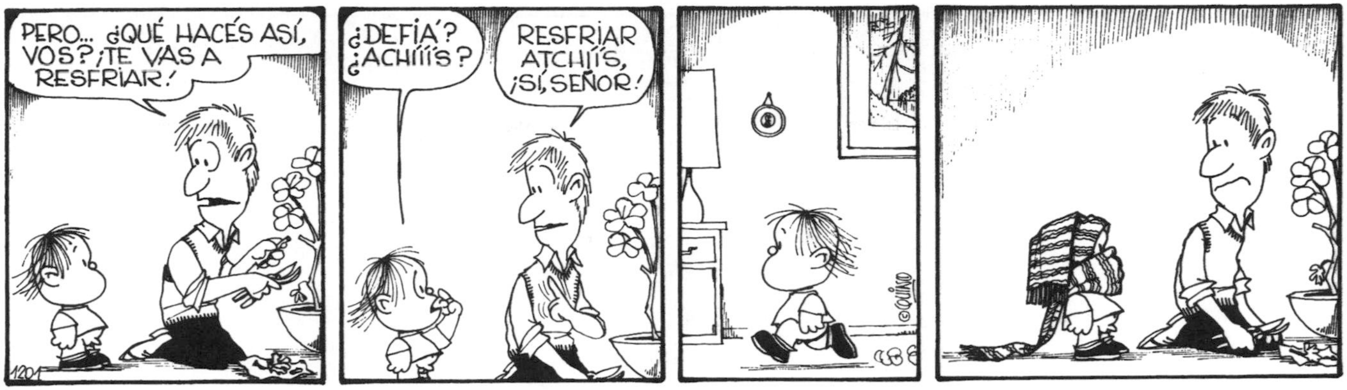
PERO... ¿QUÉ HACÉS ASÍ, VOS? ¡TE VAS A RESFRIAR!
¿DEFIÁ? ¿ACHIÍÍS?
RESFRIAR ATCHIÍS, ¡SÍ, SEÑOR!
1201

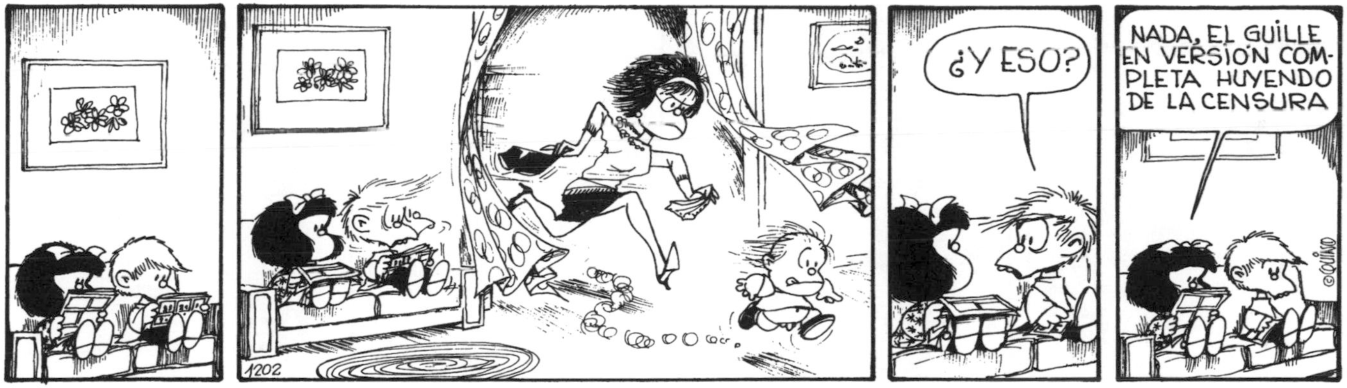
1202
¿Y ESO?
NADA, EL GUILLE EN VERSIÓN COMPLETA HUYENDO DE LA CENSURA

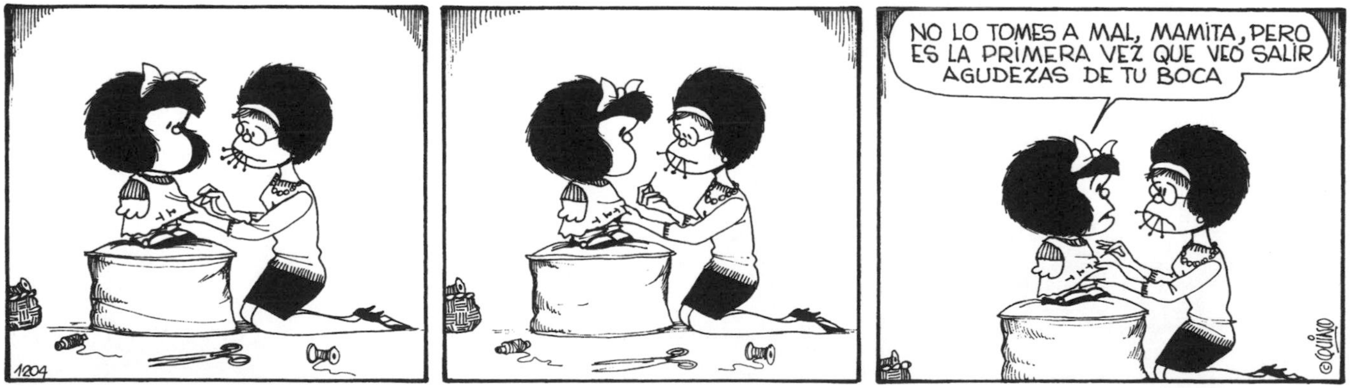
1204
NO LO TOMES A MAL, MAMITA, PERO ES LA PRIMERA VEZ QUE VEO SALIR AGUDEZAS DE TU BOCA

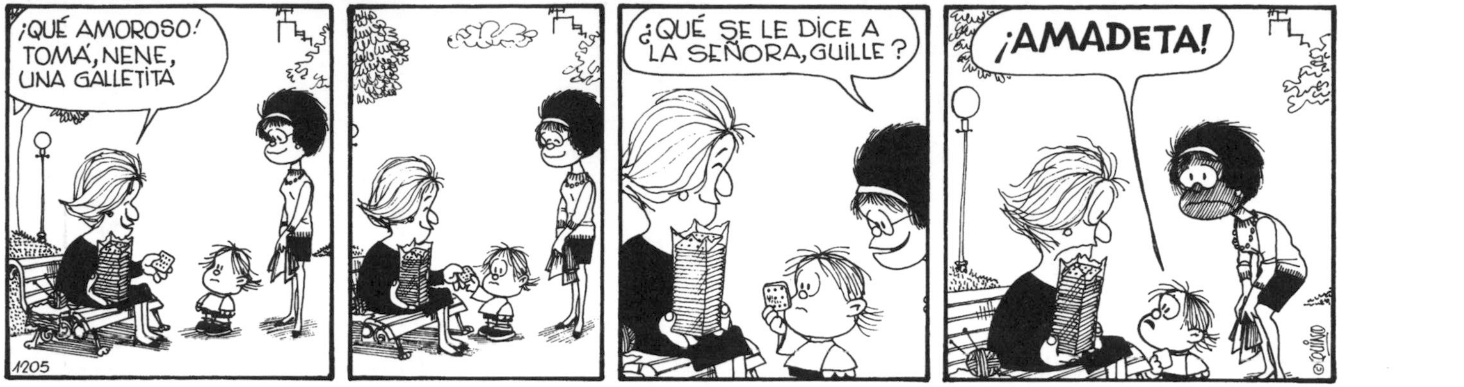
¡QUÉ AMOROSO! TOMÁ, NENE, UNA GALLETITA
¿QUÉ SE LE DICE A LA SEÑORA, GUILLE?
¡AMADETA!

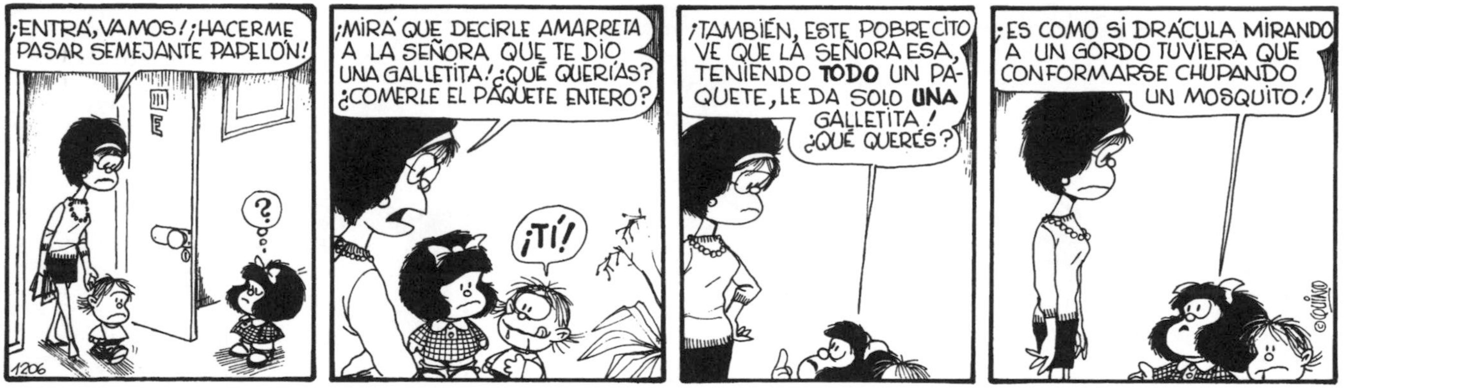
¡ENTRÁ, VAMOS! ¡HACERME PASAR SEMEJANTE PAPELÓN!
?
¡MIRÁ QUE DECIRLE AMARRETA A LA SEÑORA QUE TE DIO UNA GALLETITA! ¿QUÉ QUERÍAS? ¿COMERLE EL PAQUETE ENTERO?
¡TÍ!
¡TAMBIÉN, ESTE POBRECITO VE QUE LA SEÑORA ESA, TENIENDO **TODO** UN PAQUETE, LE DA SOLO **UNA** GALLETITA! ¿QUÉ QUERÉS?
¡ES COMO SI DRÁCULA MIRANDO A UN GORDO TUVIERA QUE CONFORMARSE CHUPANDO UN MOSQUITO!

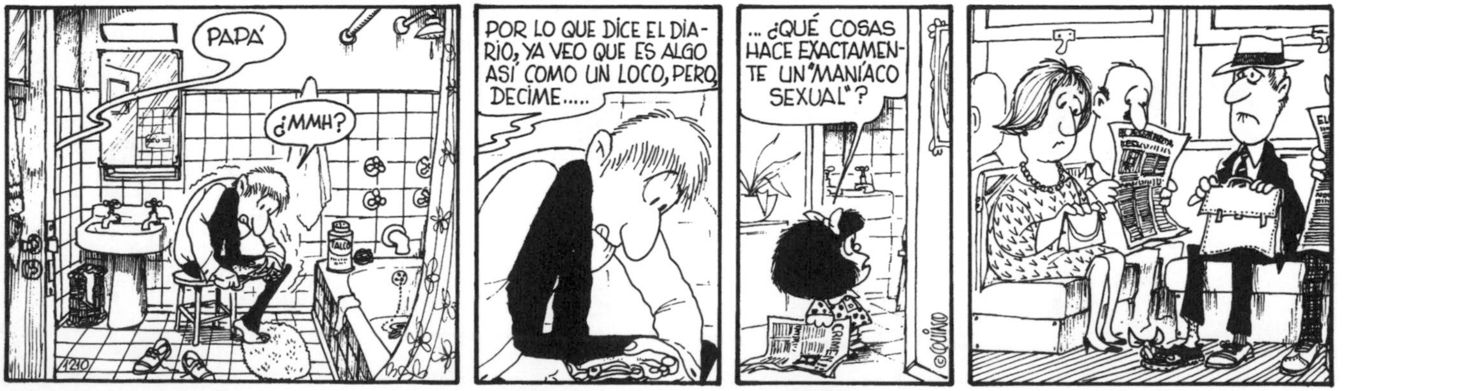
PAPÁ
¿MMH?
TALCO
POR LO QUE DICE EL DIARIO, YA VEO QUE ES ALGO ASÍ COMO UN LOCO, PERO, DECIME.....
...¿QUÉ COSAS HACE EXACTAMENTE UN "MANÍACO SEXUAL"?

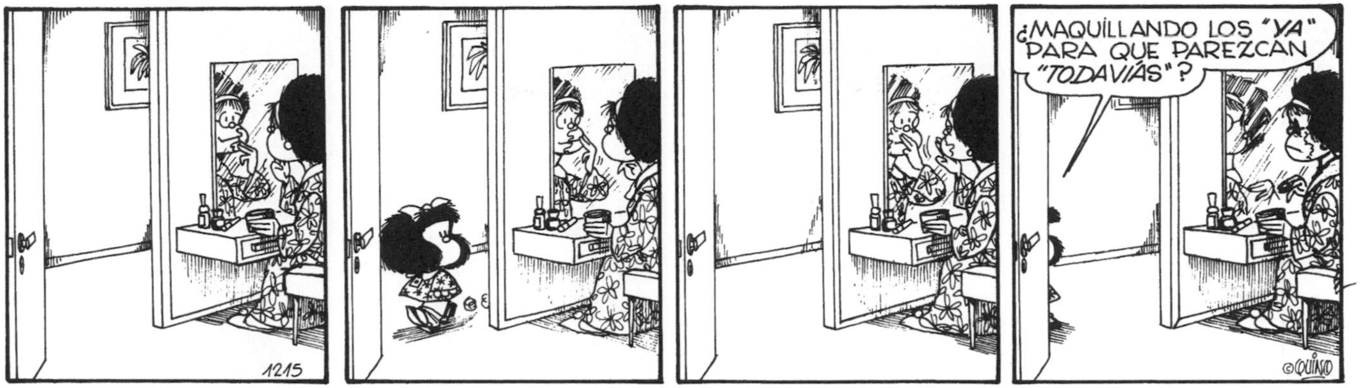
1215
¿MAQUILLANDO LOS "YA" PARA QUE PAREZCAN "TODAVÍAS"?
©QUINO

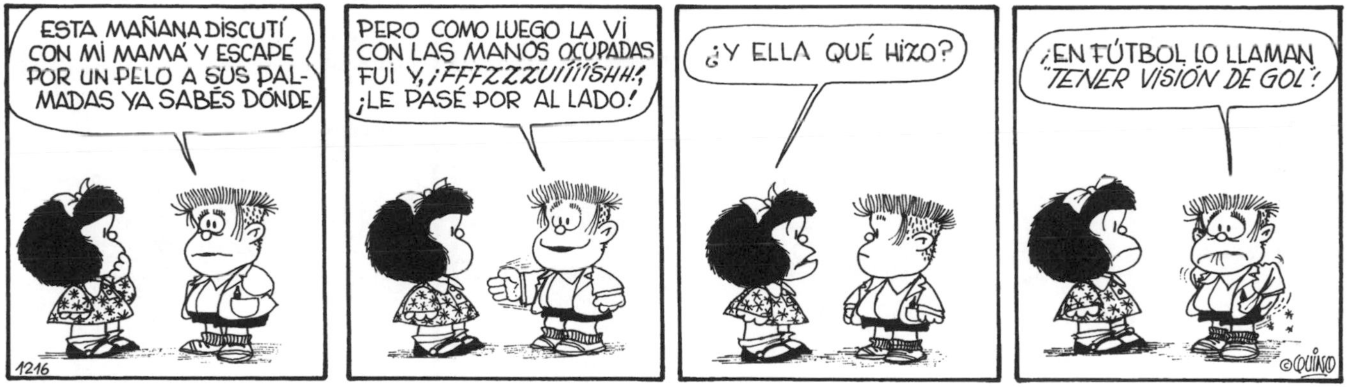
ESTA MAÑANA DISCUTÍ CON MI MAMÁ Y ESCAPÉ POR UN PELO A SUS PALMADAS YA SABÉS DÓNDE
1216
PERO COMO LUEGO LA VI CON LAS MANOS OCUPADAS FUI Y, ¡FFFZZZUIÍÍÍSHH!, ¡LE PASÉ POR AL LADO!
¿Y ELLA QUÉ HIZO?
¡EN FÚTBOL LO LLAMAN "TENER VISIÓN DE GOL"!
©QUINO

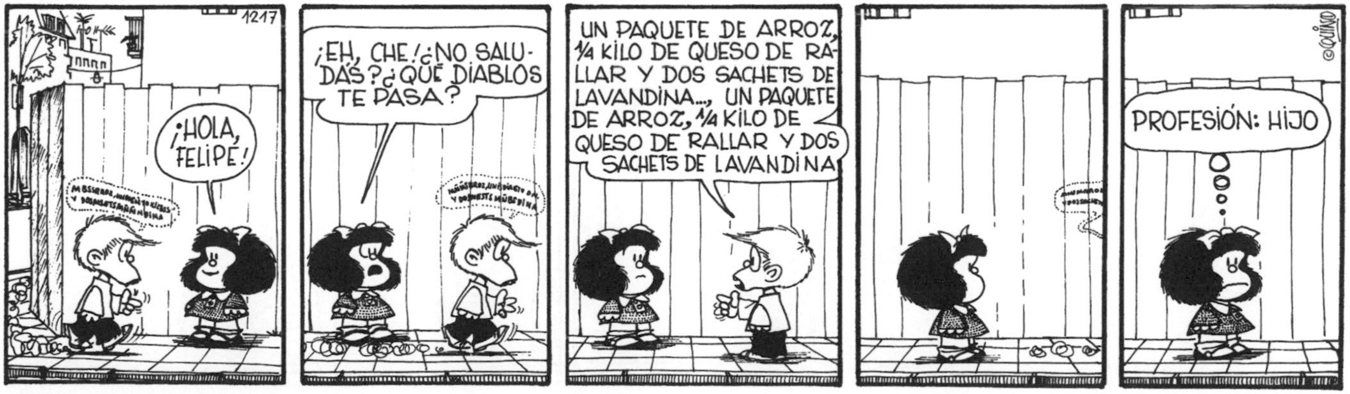
1217
¡HOLA, FELIPE!
¡EH, CHE! ¿NO SALUDÁS? ¿QUÉ DIABLOS TE PASA?
UN PAQUETE DE ARROZ, 1/4 KILO DE QUESO DE RALLAR Y DOS SACHETS DE LAVANDINA..., UN PAQUETE DE ARROZ, 1/4 KILO DE QUESO DE RALLAR Y DOS SACHETS DE LAVANDINA
PROFESIÓN: HIJO
©QUINO

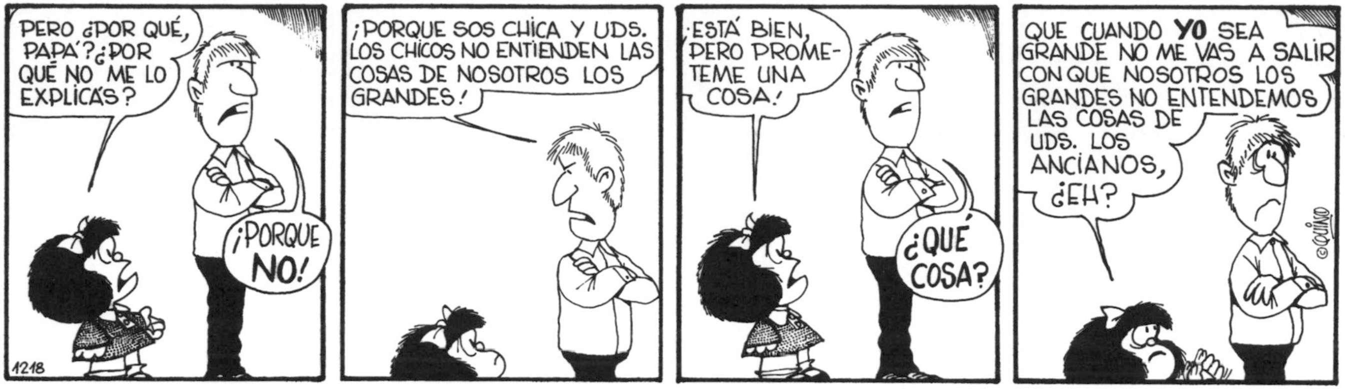
PERO ¿POR QUÉ, PAPÁ? ¿POR QUÉ NO ME LO EXPLICÁS?
¡PORQUE NO!
1218
¡PORQUE SOS CHICA Y UDS. LOS CHICOS NO ENTIENDEN LAS COSAS DE NOSOTROS LOS GRANDES!
¡ESTÁ BIEN, PERO PROMETEME UNA COSA!
¿QUÉ COSA?
QUE CUANDO YO SEA GRANDE NO ME VAS A SALIR CON QUE NOSOTROS LOS GRANDES NO ENTENDEMOS LAS COSAS DE UDS. LOS ANCIANOS, ¿EH?
©QUINO

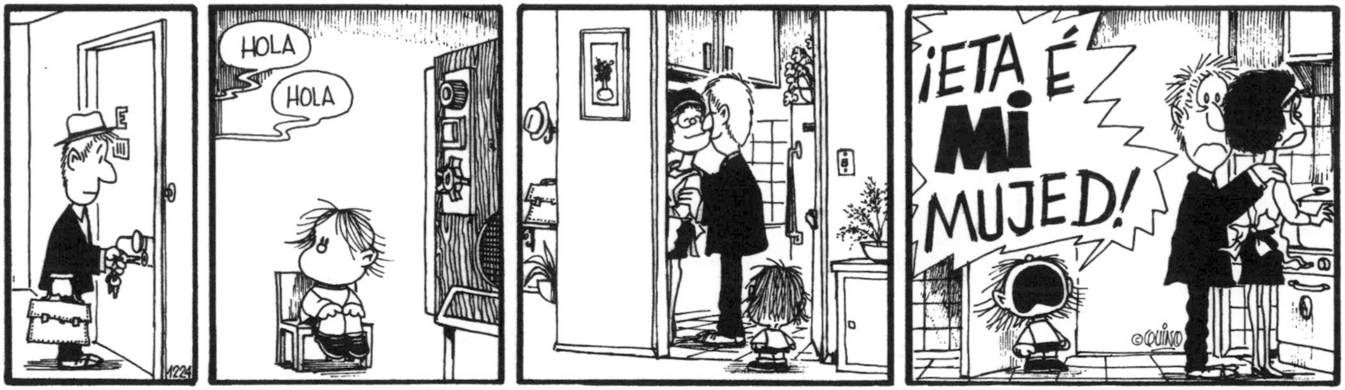
1224
HOLA
HOLA
¡ETA É MI MUJED!
©QUINO

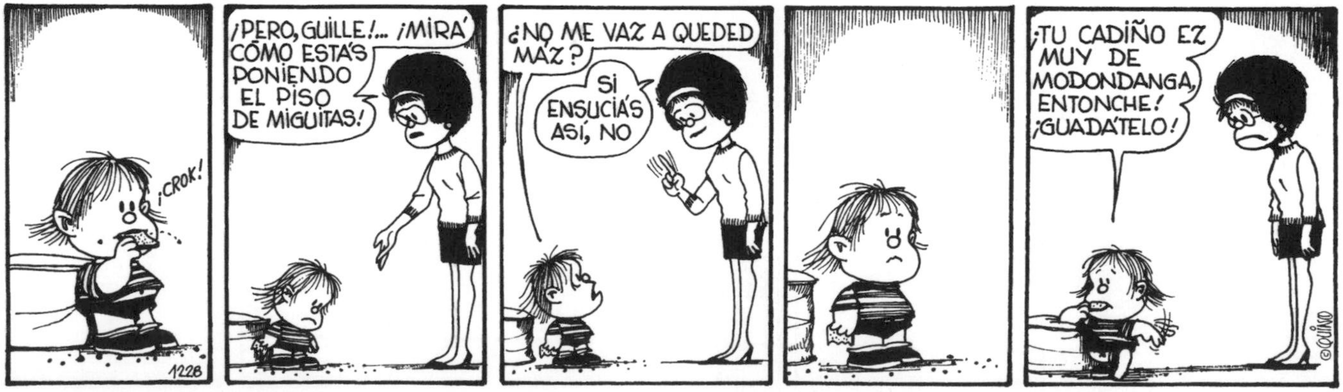
¡CROK!
1228
¡PERO, GUILLE!... ¡MIRÁ CÓMO ESTÁS PONIENDO EL PISO DE MIGUITAS!
¿NO ME VAZ A QUEDED MÁZ?
SI ENSUCIÁS ASÍ, NO
¡TU CADIÑO EZ MUY DE MODONDANGA, ENTONCHE! ¡GUADÁTELO!
©QUINO

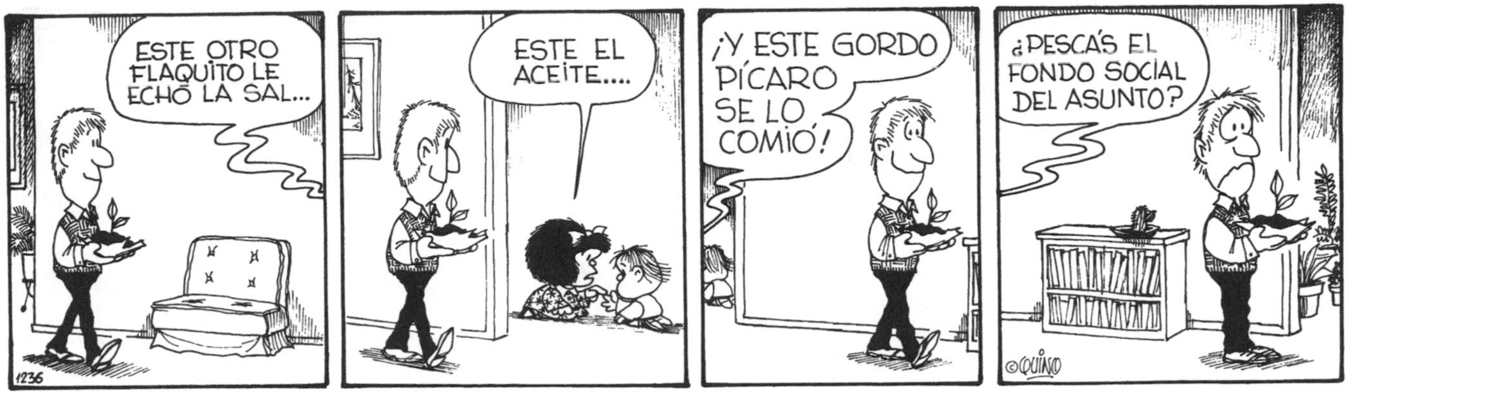
ESTE OTRO FLAQUITO LE ECHÓ LA SAL...
ESTE EL ACEITE....
¡Y ESTE GORDO PÍCARO SE LO COMIÓ!
¿PESCÁS EL FONDO SOCIAL DEL ASUNTO?
1236
©QUINO

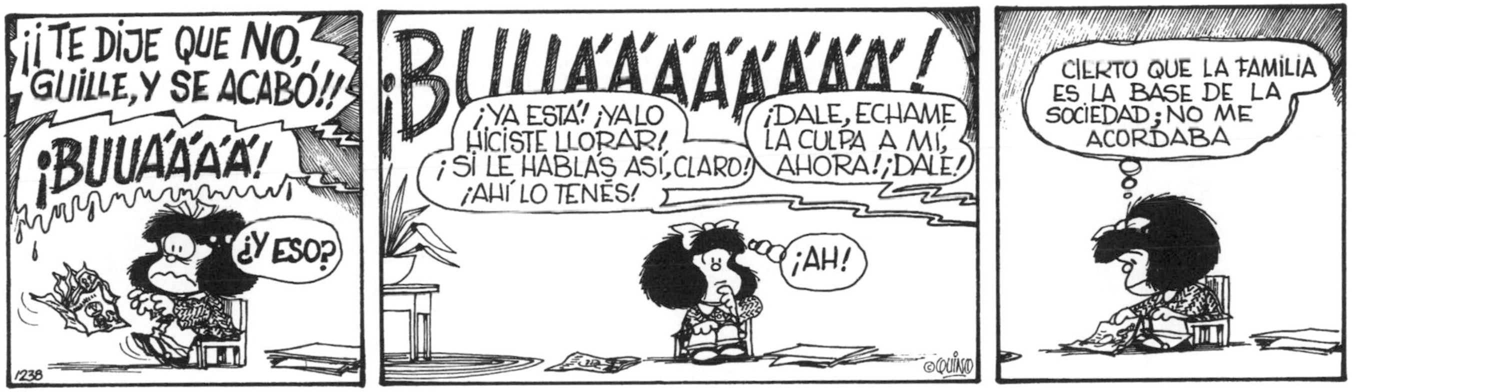
¡¡TE DIJE QUE NO, GUILLE, Y SE ACABÓ!!
¡BUUÁÁÁÁ!
¿Y ESO?
1238
¡BUUÁÁÁÁÁÁÁÁ!
¡YA ESTÁ! ¡YA LO HICISTE LLORAR! ¡SI LE HABLÁS ASÍ, CLARO! ¡AHÍ LO TENÉS!
¡DALE, ECHAME LA CULPA A MÍ, AHORA! ¡DALE!
¡AH!
©QUINO
CIERTO QUE LA FAMILIA ES LA BASE DE LA SOCIEDAD; NO ME ACORDABA

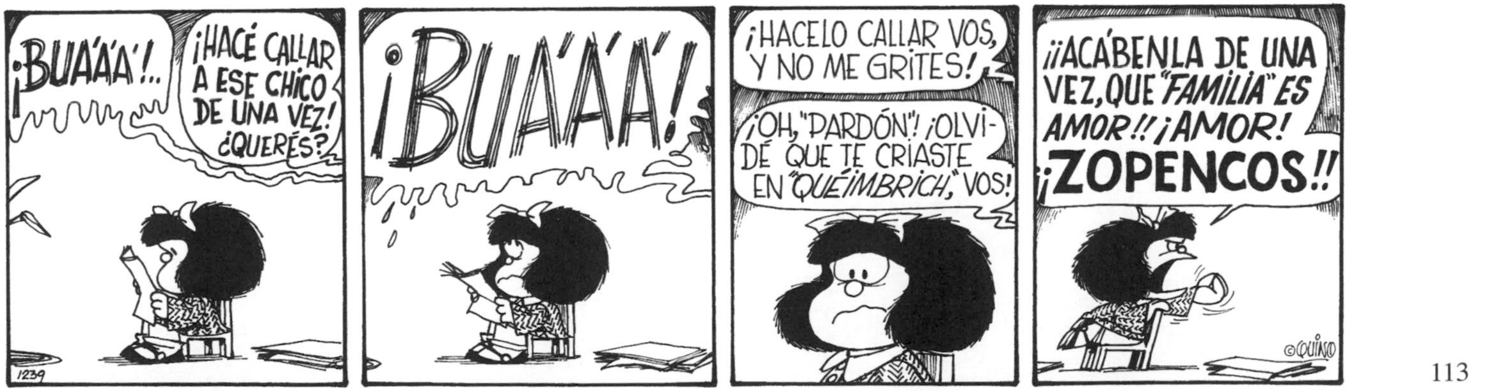
¡BUÁÁÁ!..
¡HACÉ CALLAR A ESE CHICO DE UNA VEZ! ¿QUERÉS?
1239
¡BUÁÁÁ!
¡HACELO CALLAR VOS, Y NO ME GRITES!
¡OH, "PARDÓN"! ¡OLVIDÉ QUE TE CRIASTE EN "QUÉIMBRICH", VOS!
¡¡ACÁBENLA DE UNA VEZ, QUE "FAMILIA" ES AMOR!! ¡AMOR!
¡ZOPENCOS!!
©QUINO

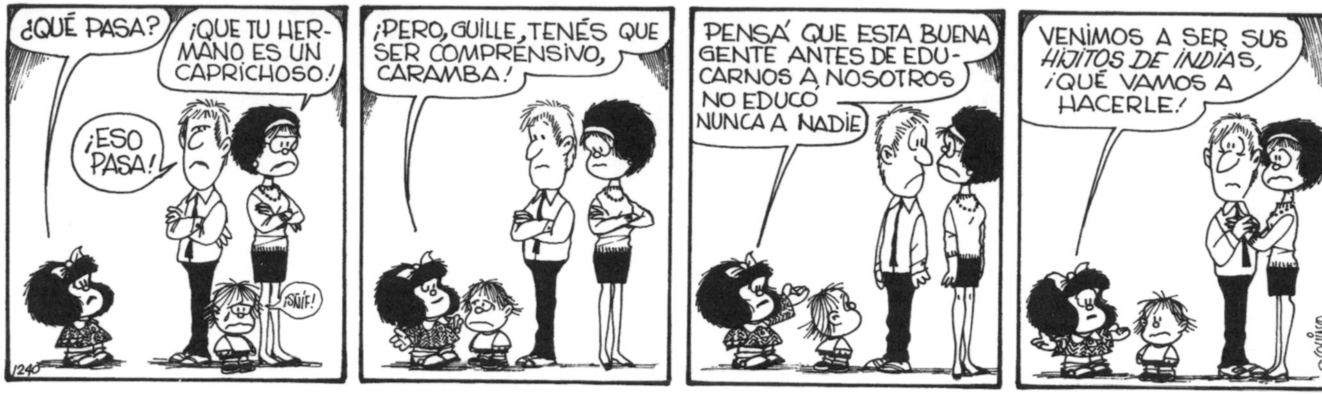
¿QUÉ PASA?
¡QUE TU HERMANO ES UN CAPRICHOSO!
¡ESO PASA!
¡SNIF!
1240
¡PERO, GUILLE, TENÉS QUE SER COMPRENSIVO, CARAMBA!
PENSÁ QUE ESTA BUENA GENTE ANTES DE EDUCARNOS A NOSOTROS NO EDUCÓ NUNCA A NADIE
VENIMOS A SER SUS *HIJITOS DE INDIAS*, ¡QUÉ VAMOS A HACERLE!
©QUINO

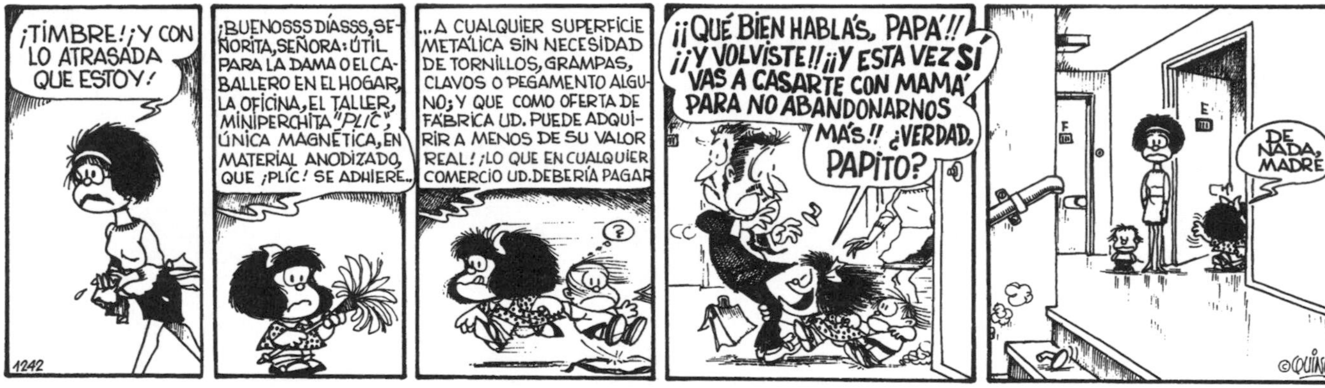
¡TIMBRE! ¡Y CON LO ATRASADA QUE ESTOY!
1242
¡BUENOSSS DÍASSS, SEÑORITA, SEÑORA: ÚTIL PARA LA DAMA O EL CABALLERO EN EL HOGAR, LA OFICINA, EL TALLER, MINIPERCHITA "PLIC", ÚNICA MAGNÉTICA, EN MATERIAL ANODIZADO, QUE ¡PLIC! SE ADHIERE...
...A CUALQUIER SUPERFICIE METÁLICA SIN NECESIDAD DE TORNILLOS, GRAMPAS, CLAVOS O PEGAMENTO ALGUNO; Y QUE COMO OFERTA DE FÁBRICA UD. PUEDE ADQUIRIR A MENOS DE SU VALOR REAL! ¡LO QUE EN CUALQUIER COMERCIO UD. DEBERÍA PAGAR
¡¡QUÉ BIEN HABLÁS, PAPÁ!! ¡¡Y VOLVISTE!! ¡¡Y ESTA VEZ SÍ VAS A CASARTE CON MAMÁ PARA NO ABANDONARNOS MÁS!! ¿VERDAD, PAPITO?
DE NADA, MADRE
©QUINO

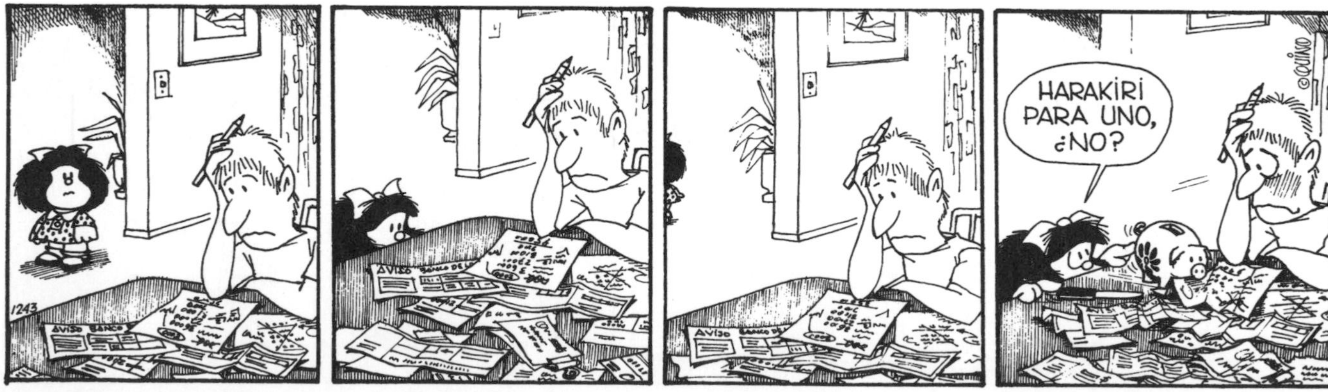
1243
AVISO BANCO
HARAKIRI PARA UNO, ¿NO?
©QUINO

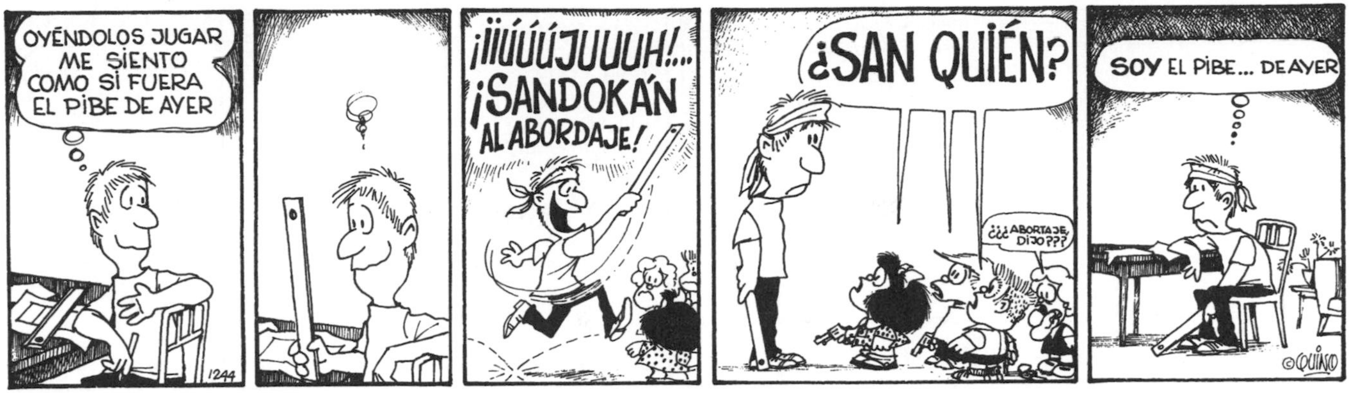
OYÉNDOLOS JUGAR ME SIENTO COMO SI FUERA EL PIBE DE AYER
1244
¡¡IIÚÚÚJUUUH!... ¡SANDOKÁN AL ABORDAJE!
¿SAN QUIÉN?
¿¿¿ABORTAJE, DIJO???
SOY EL PIBE... DE AYER
© QUINO

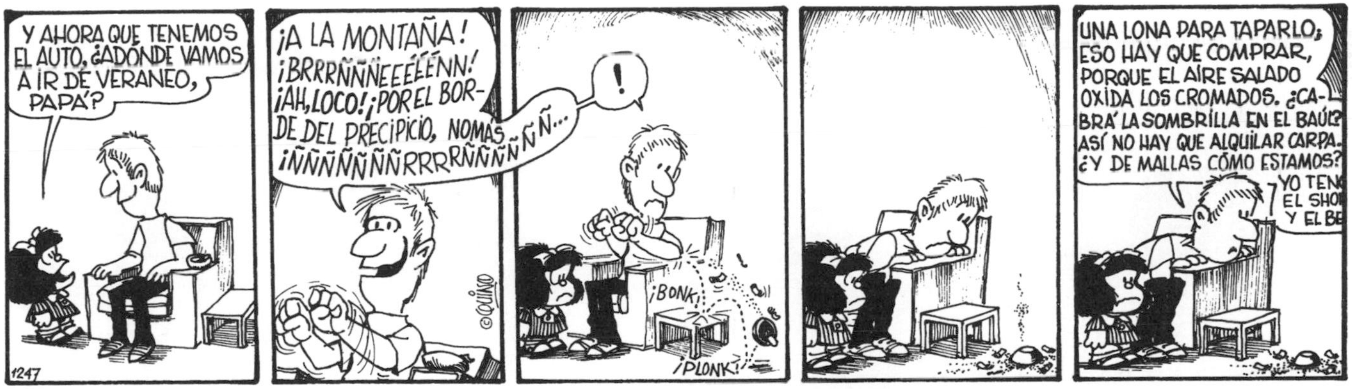
Y AHORA QUE TENEMOS EL AUTO, ¿ADÓNDE VAMOS A IR DE VERANEO, PAPÁ?
1247
¡A LA MONTAÑA! ¡BRRRÑÑÑEEEÉÉNN! ¡AH, LOCO! ¡POR EL BORDE DEL PRECIPICIO, NOMÁS ¡ÑÑÑÑÑÑÑRRRRÑÑÑÑÑÑ...
© QUINO
!
¡BONK!
¡PLONK!
UNA LONA PARA TAPARLO; ESO HAY QUE COMPRAR, PORQUE EL AIRE SALADO OXIDA LOS CROMADOS. ¿CABRÁ LA SOMBRILLA EN EL BAÚL? ASÍ NO HAY QUE ALQUILAR CARPA. ¿Y DE MALLAS CÓMO ESTAMOS?
YO TEN EL SHO Y EL BE

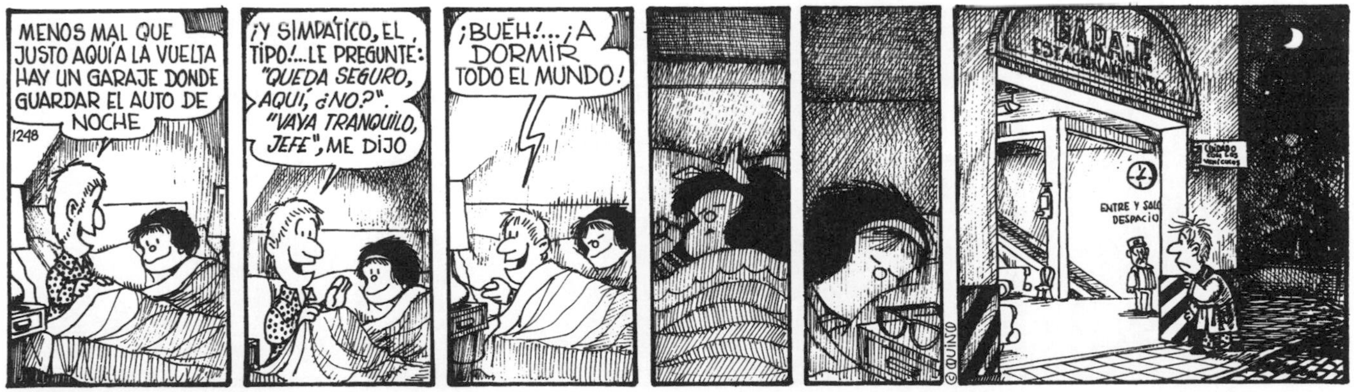
MENOS MAL QUE JUSTO AQUÍ A LA VUELTA HAY UN GARAJE DONDE GUARDAR EL AUTO DE NOCHE
1248
¡Y SIMPÁTICO, EL TIPO!... LE PREGUNTÉ: "QUEDA SEGURO, AQUÍ, ¿NO?". "VAYA TRANQUILO, JEFE", ME DIJO
¡BUEH!... ¡A DORMIR TODO EL MUNDO!
© QUINO
GARAJE
ESTACIONAMIENTO
ENTRE Y SAL DESPACIO

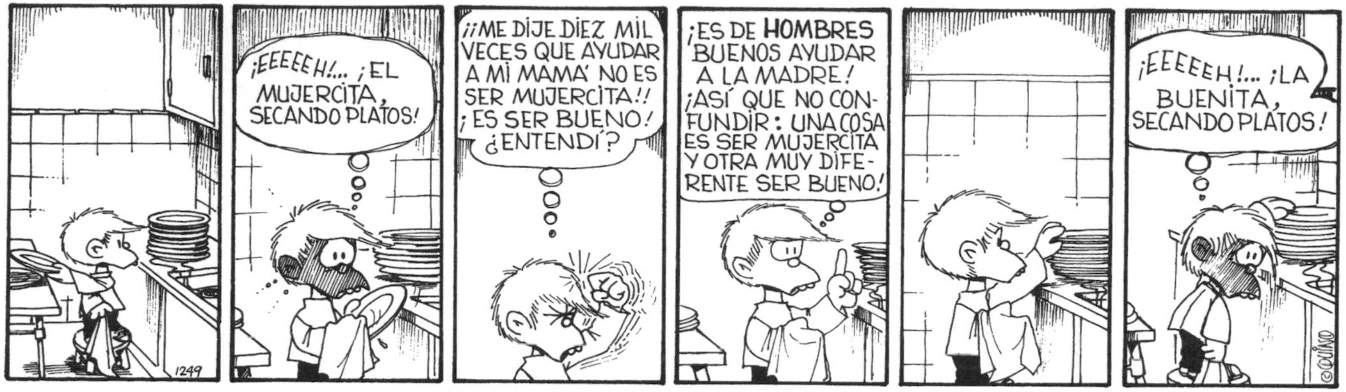
1249
¡EEEEEH!... ¡EL MUJERCITA, SECANDO PLATOS!
¡¡ME DIJE DIEZ MIL VECES QUE AYUDAR A MI MAMÁ NO ES SER MUJERCITA!! ¡ES SER BUENO! ¿ENTENDÍ?
¡ES DE HOMBRES BUENOS AYUDAR A LA MADRE! ¡ASÍ QUE NO CONFUNDIR: UNA COSA ES SER MUJERCITA Y OTRA MUY DIFERENTE SER BUENO!
¡EEEEEH!... ¡LA BUENITA, SECANDO PLATOS!
©QUINO

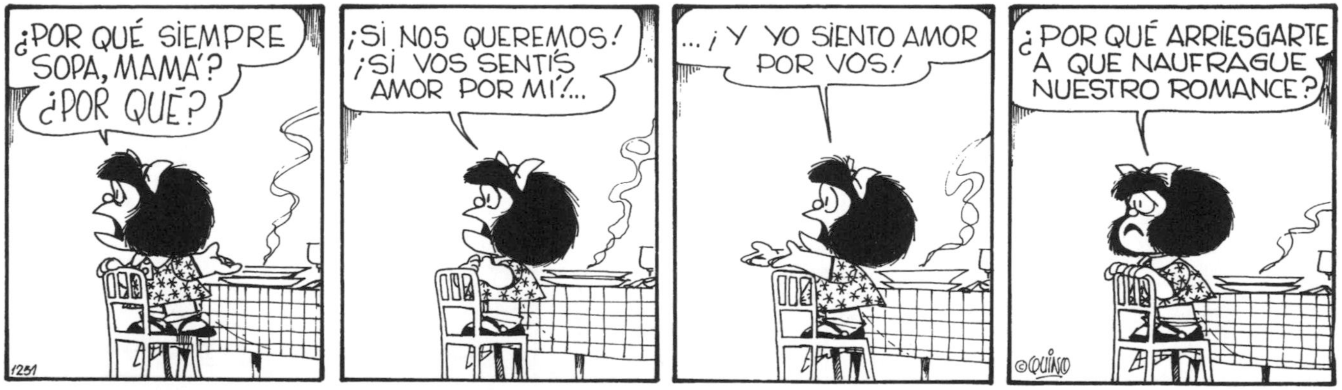
¿POR QUÉ SIEMPRE SOPA, MAMÁ? ¿POR QUÉ?
1251
¡SI NOS QUEREMOS! ¡SI VOS SENTÍS AMOR POR MÍ!...
...¡Y YO SIENTO AMOR POR VOS!
¿POR QUÉ ARRIESGARTE A QUE NAUFRAGUE NUESTRO ROMANCE?
©QUINO

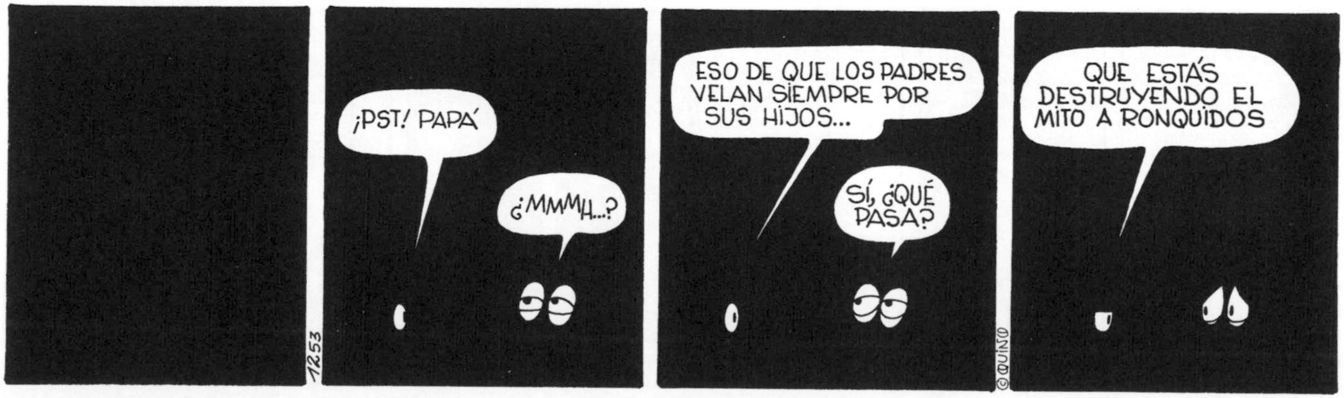
1253
¡PST! PAPÁ
¿MMMH...?
ESO DE QUE LOS PADRES VELAN SIEMPRE POR SUS HIJOS...
SÍ, ¿QUÉ PASA?
©QUINO
QUE ESTÁS DESTRUYENDO EL MITO A RONQUIDOS

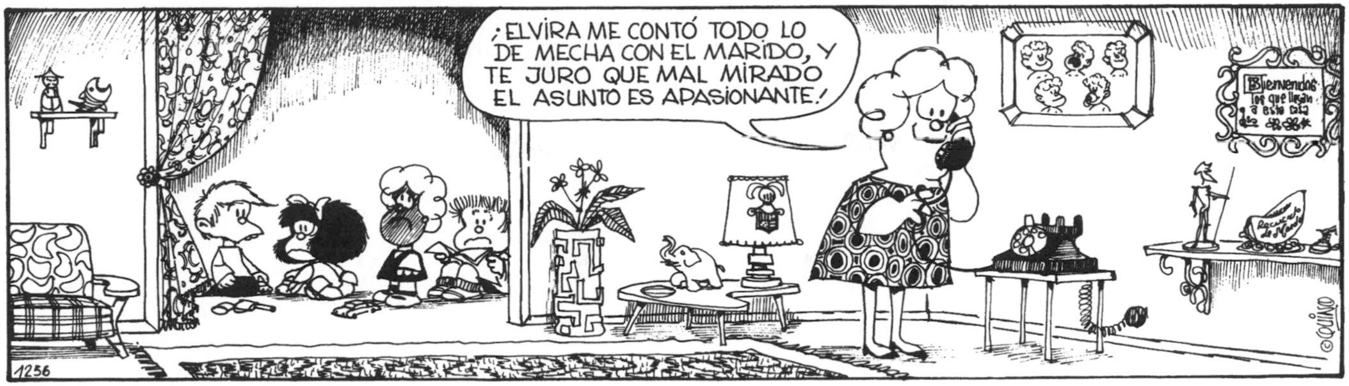
¡ELVIRA ME CONTÓ TODO LO DE MECHA CON EL MARIDO, Y TE JURO QUE MAL MIRADO EL ASUNTO ES APASIONANTE!
1256

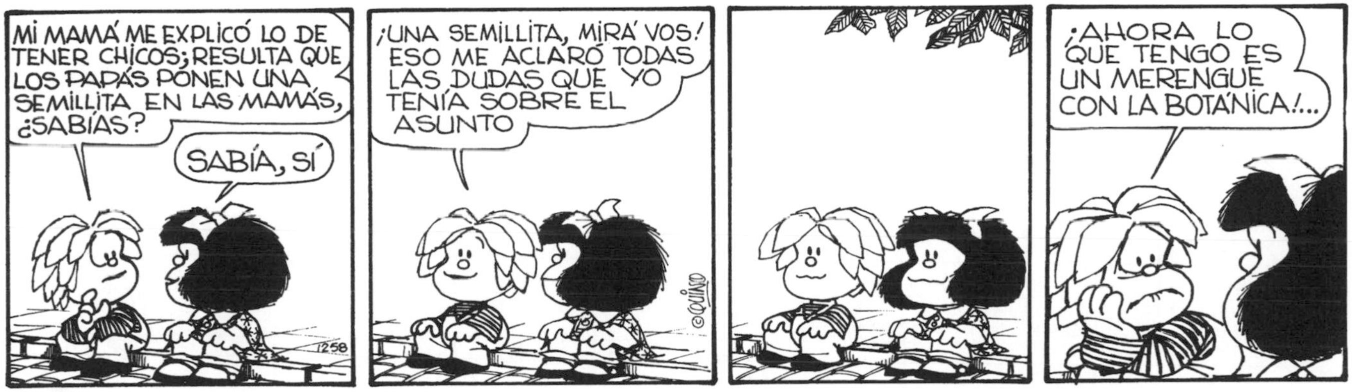
MI MAMÁ ME EXPLICÓ LO DE TENER CHICOS; RESULTA QUE LOS PAPÁS PONEN UNA SEMILLITA EN LAS MAMÁS, ¿SABÍAS?
SABÍA, SÍ
1258
¡UNA SEMILLITA, MIRÁ VOS! ESO ME ACLARÓ TODAS LAS DUDAS QUE YO TENÍA SOBRE EL ASUNTO
¡AHORA LO QUE TENGO ES UN MERENGUE CON LA BOTÁNICA!...

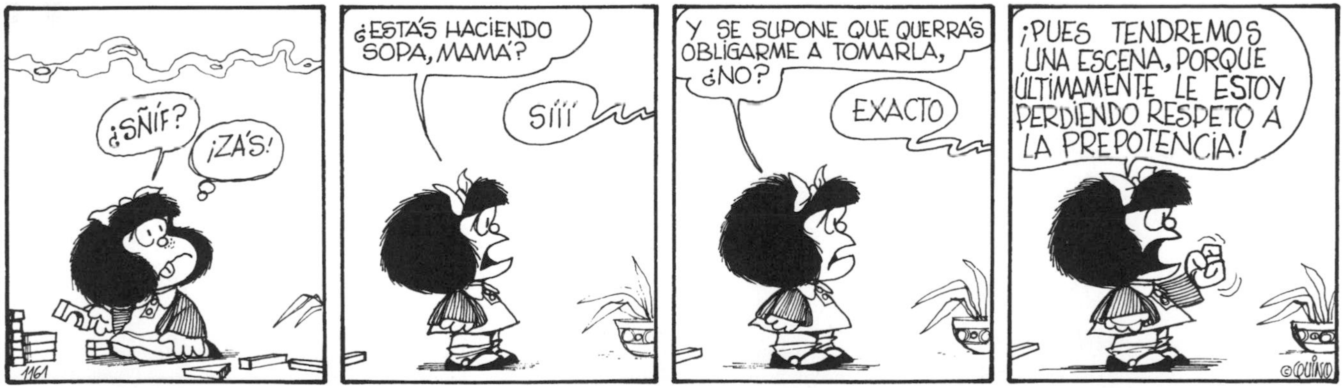
¿SÑIF?
¡ZÁS!
1161
¿ESTÁS HACIENDO SOPA, MAMÁ?
SÍÍÍ
Y SE SUPONE QUE QUERRÁS OBLIGARME A TOMARLA, ¿NO?
EXACTO
¡PUES TENDREMOS UNA ESCENA, PORQUE ÚLTIMAMENTE LE ESTOY PERDIENDO RESPETO A LA PREPOTENCIA!

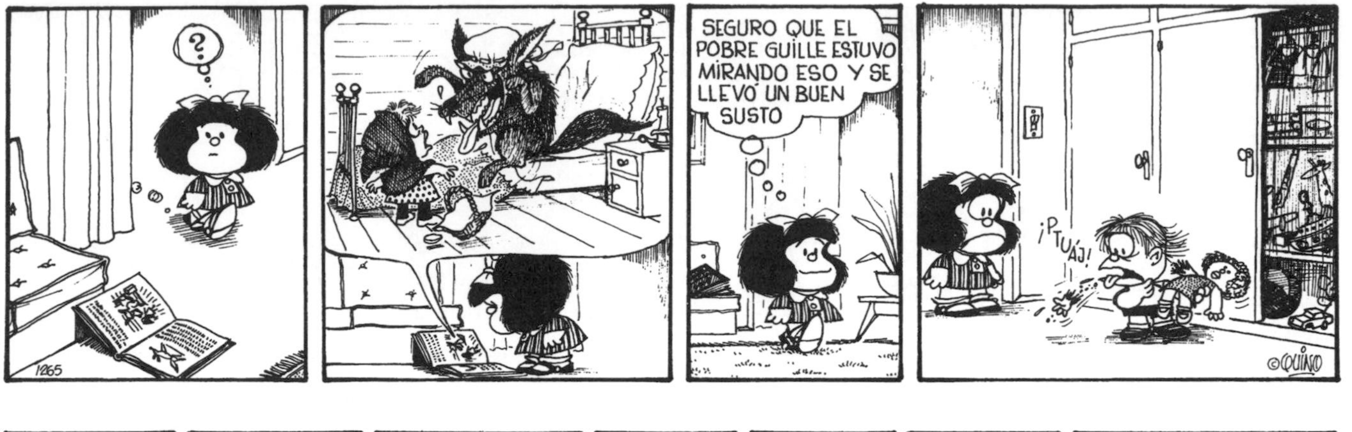
?
SEGURO QUE EL POBRE GUILLE ESTUVO MIRANDO ESO Y SE LLEVÓ UN BUEN SUSTO
¡PTUÁJ!
©QUINO
1265

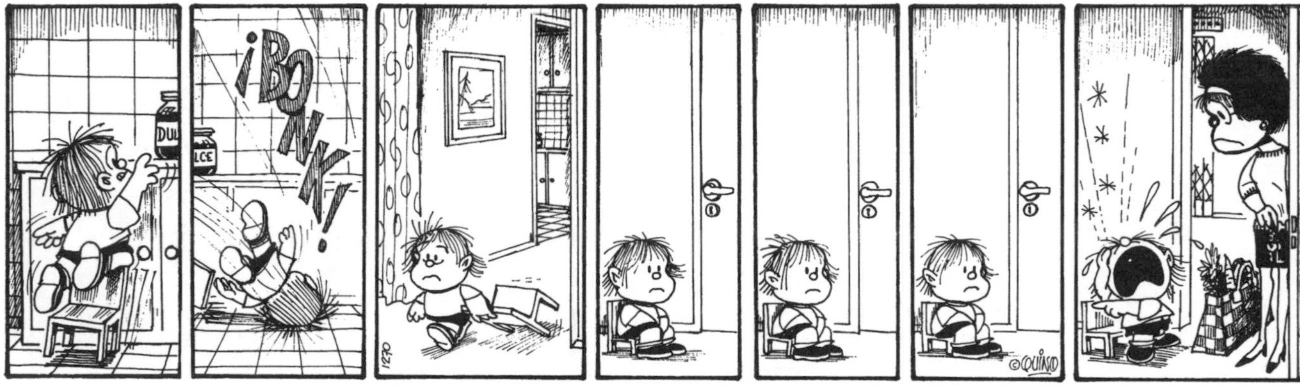
DUL
LCE
¡BONK!
1270
©QUINO

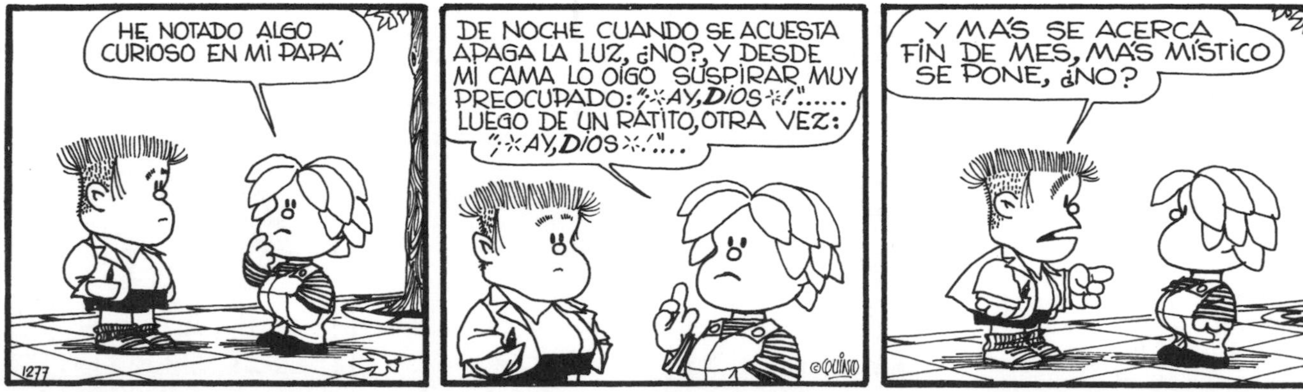
HE NOTADO ALGO CURIOSO EN MI PAPÁ
DE NOCHE CUANDO SE ACUESTA APAGA LA LUZ, ¿NO?, Y DESDE MI CAMA LO OIGO SUSPIRAR MUY PREOCUPADO: "¡AY, DIOS!"...... LUEGO DE UN RATITO, OTRA VEZ: "¡AY, DIOS!"....
Y MÁS SE ACERCA FIN DE MES, MÁS MÍSTICO SE PONE, ¿NO?
1277
©QUINO

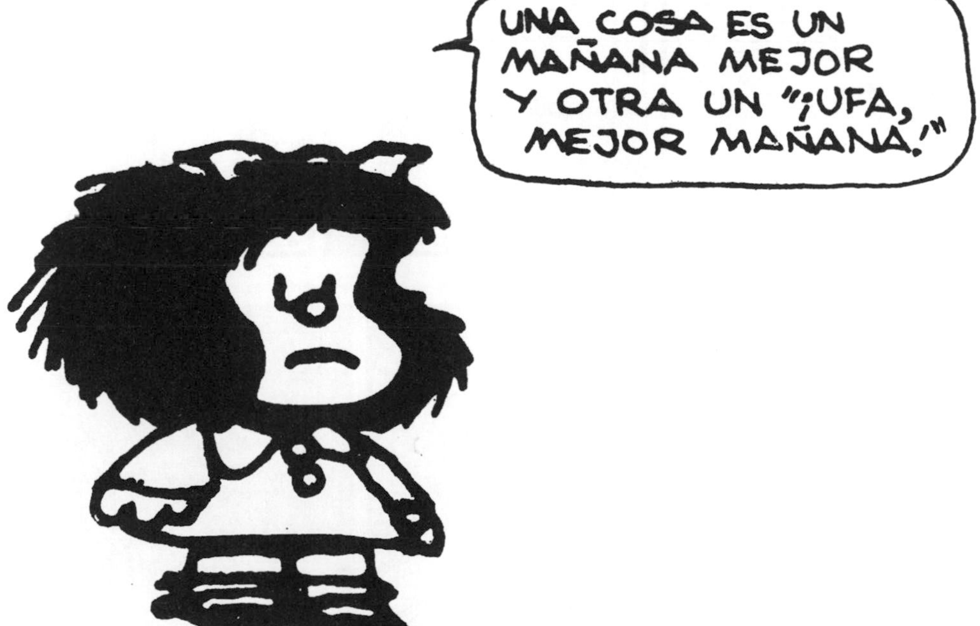
UNA COSA ES UN MAÑANA MEJOR Y OTRA UN "¡UFA, MEJOR MAÑANA!"

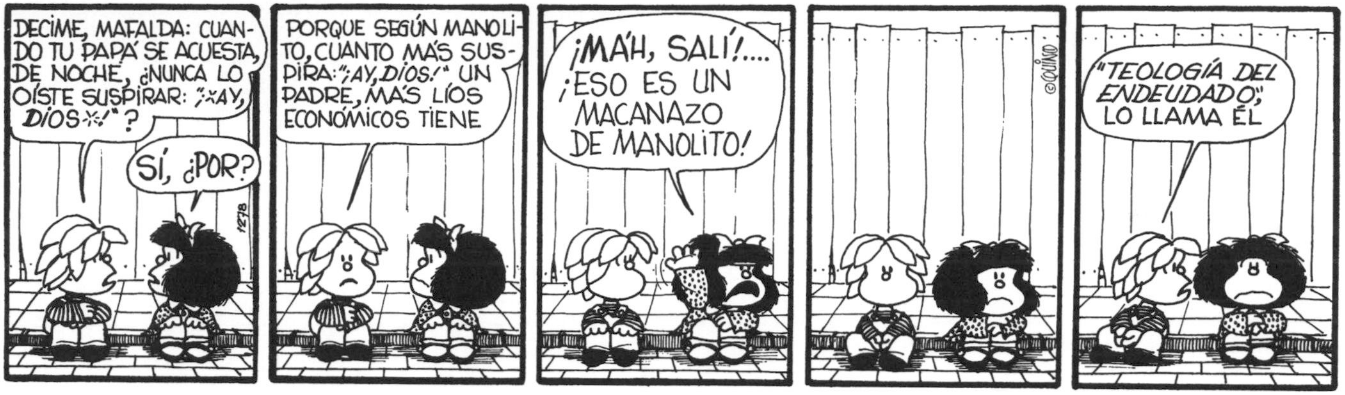
DECIME, MAFALDA: CUANDO TU PAPÁ SE ACUESTA, DE NOCHE, ¿NUNCA LO OÍSTE SUSPIRAR: "¡AY, DIOS!"?
SÍ, ¿POR?
1278
PORQUE SEGÚN MANOLITO, CUANTO MÁS SUSPIRA: "¡AY, DIOS!" UN PADRE, MÁS LÍOS ECONÓMICOS TIENE
¡MÁH, SALÍ!.... ¡ESO ES UN MACANAZO DE MANOLITO!
© QUINO
"TEOLOGÍA DEL ENDEUDADO", LO LLAMA ÉL

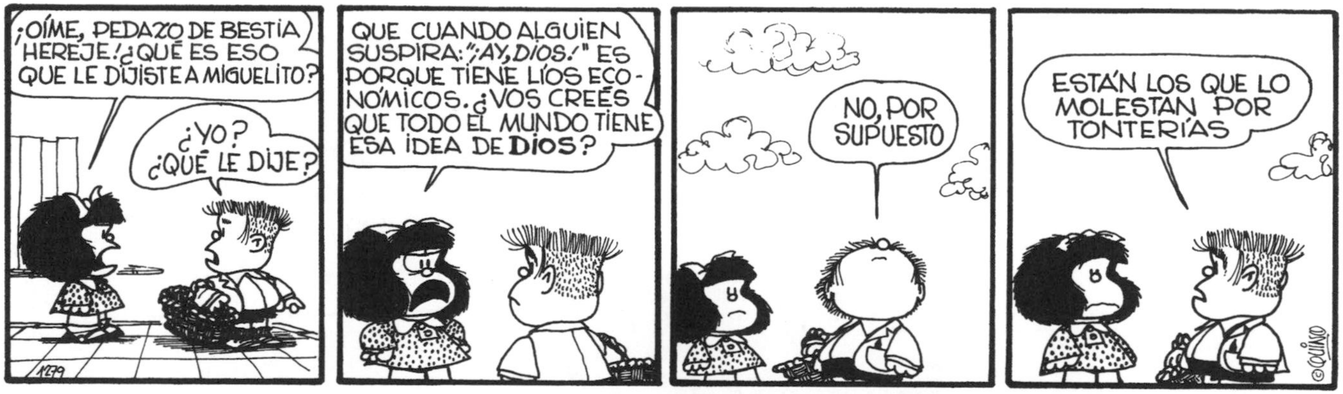
¡OÍME, PEDAZO DE BESTIA HEREJE! ¿QUÉ ES ESO QUE LE DIJISTE A MIGUELITO?
¿YO? ¿QUÉ LE DIJE?
1279
QUE CUANDO ALGUIEN SUSPIRA: "¡AY, DIOS!" ES PORQUE TIENE LÍOS ECONÓMICOS. ¿VOS CREÉS QUE TODO EL MUNDO TIENE ESA IDEA DE DIOS?
NO, POR SUPUESTO
ESTÁN LOS QUE LO MOLESTAN POR TONTERÍAS
© QUINO

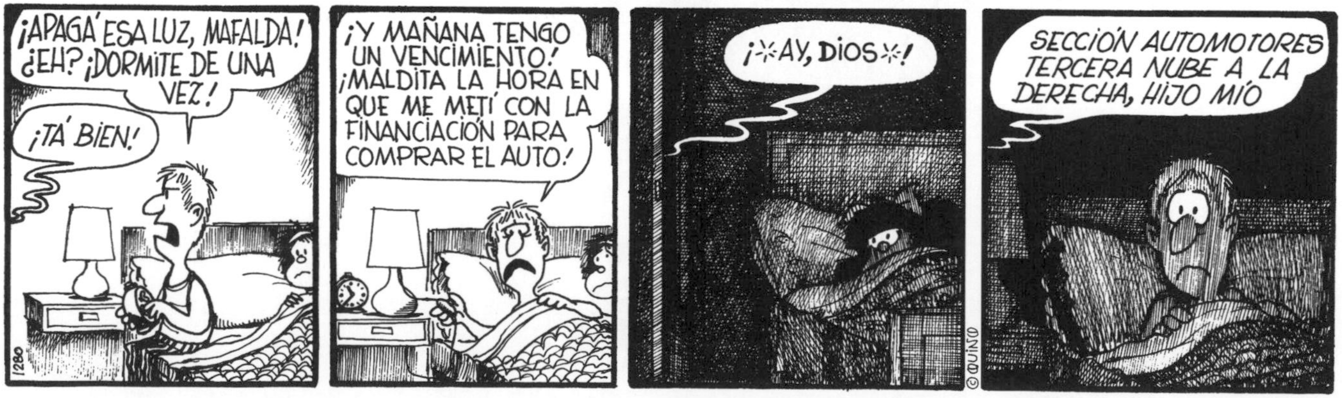
¡APAGÁ ESA LUZ, MAFALDA! ¿EH? ¡DORMITE DE UNA VEZ!
¡TÁ BIEN!
1280
¡Y MAÑANA TENGO UN VENCIMIENTO! ¡MALDITA LA HORA EN QUE ME METÍ CON LA FINANCIACIÓN PARA COMPRAR EL AUTO!
¡AY, DIOS!
© QUINO
SECCIÓN AUTOMOTORES TERCERA NUBE A LA DERECHA, HIJO MÍO

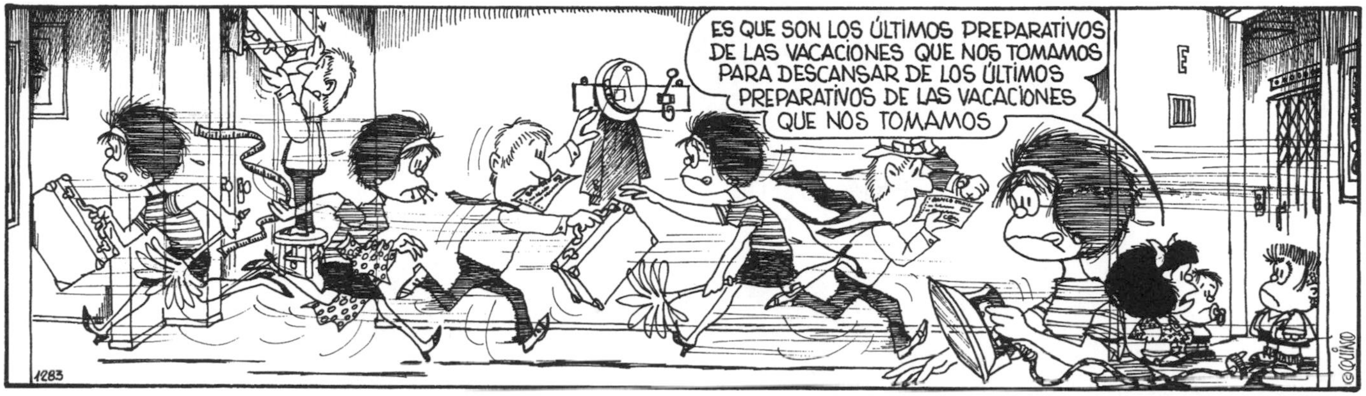
ES QUE SON LOS ÚLTIMOS PREPARATIVOS DE LAS VACACIONES QUE NOS TOMAMOS PARA DESCANSAR DE LOS ÚLTIMOS PREPARATIVOS DE LAS VACACIONES QUE NOS TOMAMOS
1283
©QUINO

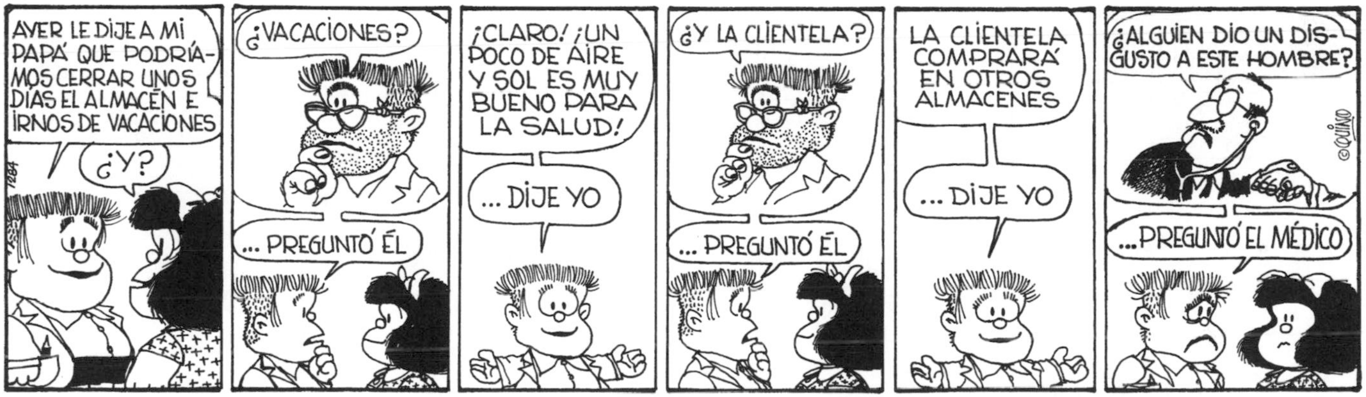
AYER LE DIJE A MI PAPÁ QUE PODRÍAMOS CERRAR UNOS DÍAS EL ALMACÉN E IRNOS DE VACACIONES
¿Y?
1284
¿VACACIONES?
... PREGUNTÓ ÉL
¡CLARO! ¡UN POCO DE AIRE Y SOL ES MUY BUENO PARA LA SALUD!
... DIJE YO
¿Y LA CLIENTELA?
... PREGUNTÓ ÉL
LA CLIENTELA COMPRARÁ EN OTROS ALMACENES
... DIJE YO
¿ALGUIEN DIO UN DISGUSTO A ESTE HOMBRE?
... PREGUNTÓ EL MÉDICO
©QUINO

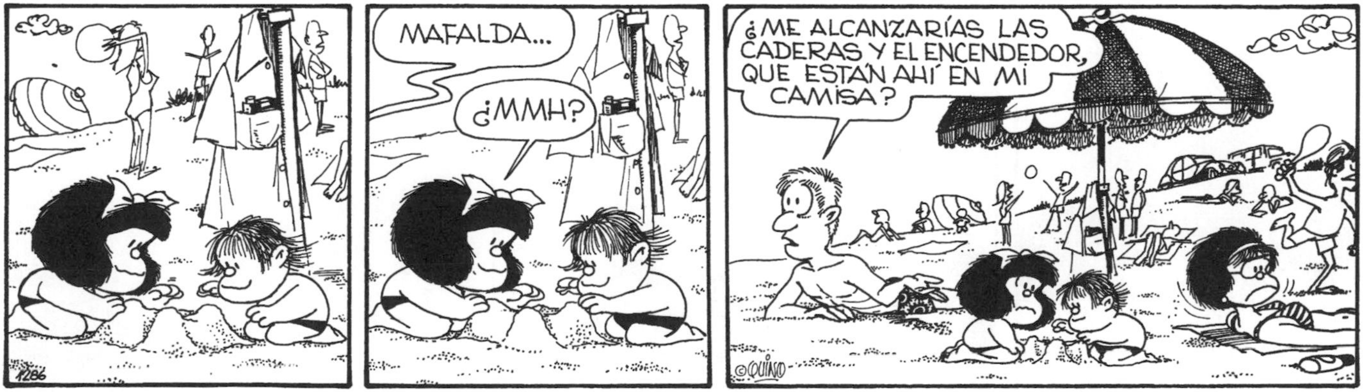
1286
MAFALDA...
¿MMH?
¿ME ALCANZARÍAS LAS CADERAS Y EL ENCENDEDOR, QUE ESTÁN AHÍ EN MI CAMISA?
©QUINO

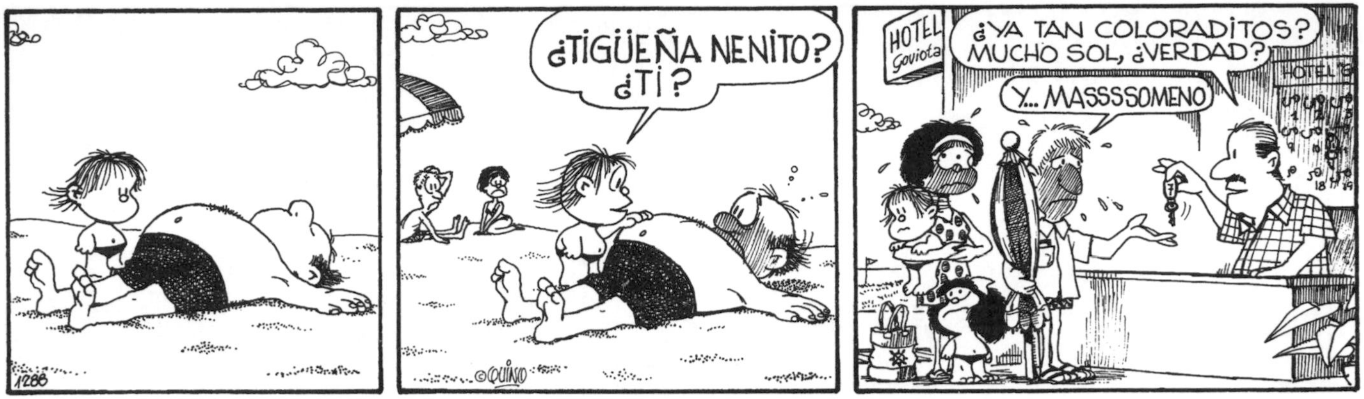
¿TIGÜEÑA NENITO? ¿TI?
HOTEL Gaviota
¿YA TAN COLORADITOS? MUCHO SOL, ¿VERDAD?
Y... MASSSSOMENO

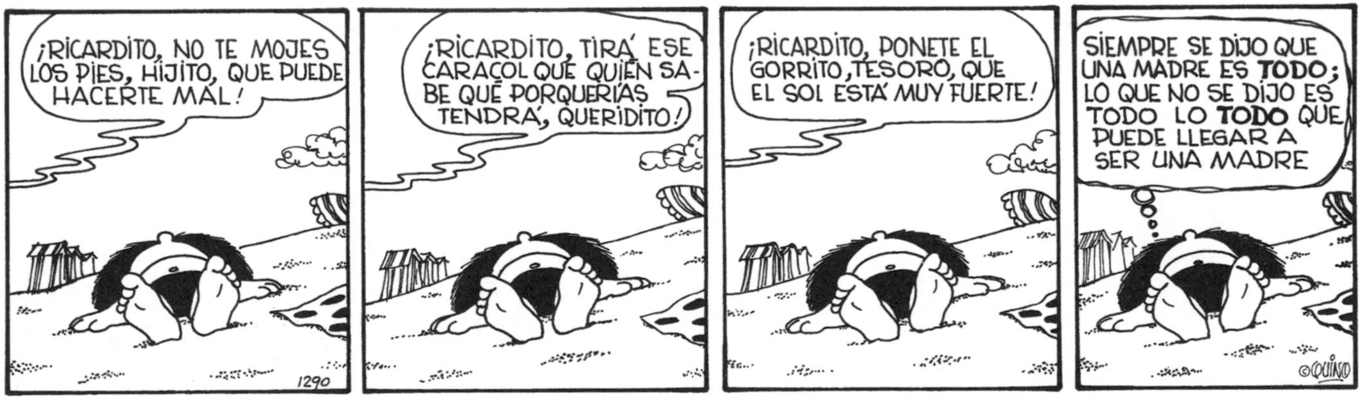
¡RICARDITO, NO TE MOJES LOS PIES, HIJITO, QUE PUEDE HACERTE MAL!
¡RICARDITO, TIRÁ ESE CARACOL QUE QUIÉN SABE QUÉ PORQUERÍAS TENDRÁ, QUERIDITO!
¡RICARDITO, PONETE EL GORRITO, TESORO, QUE EL SOL ESTÁ MUY FUERTE!
SIEMPRE SE DIJO QUE UNA MADRE ES TODO; LO QUE NO SE DIJO ES TODO LO TODO QUE PUEDE LLEGAR A SER UNA MADRE

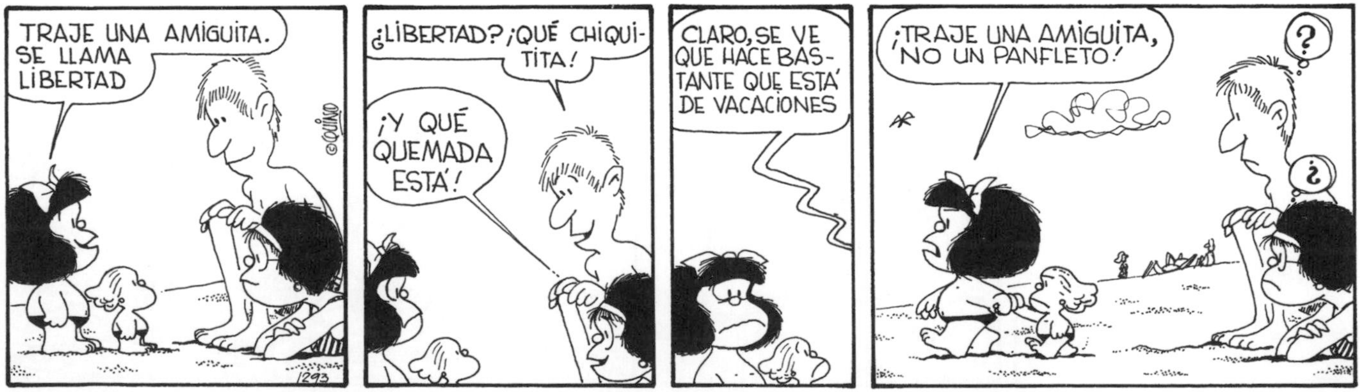
TRAJE UNA AMIGUITA. SE LLAMA LIBERTAD
¿LIBERTAD? ¡QUÉ CHIQUITITA!
¡Y QUÉ QUEMADA ESTÁ!
CLARO, SE VE QUE HACE BASTANTE QUE ESTÁ DE VACACIONES
¡TRAJE UNA AMIGUITA, NO UN PANFLETO!

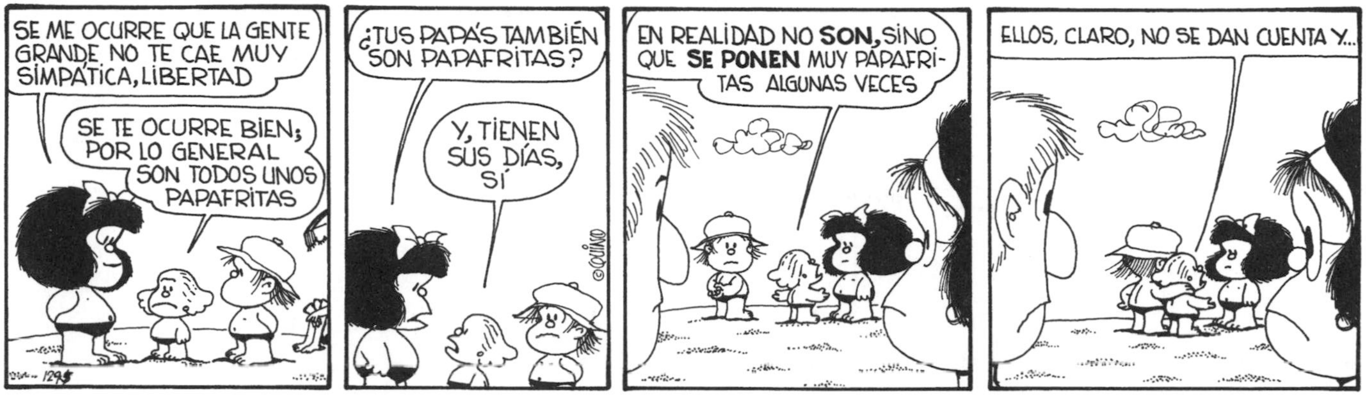
SE ME OCURRE QUE LA GENTE GRANDE NO TE CAE MUY SIMPÁTICA, LIBERTAD
SE TE OCURRE BIEN; POR LO GENERAL SON TODOS UNOS PAPAFRITAS
¿TUS PAPÁS TAMBIÉN SON PAPAFRITAS?
Y, TIENEN SUS DÍAS, SÍ
EN REALIDAD NO **SON**, SINO QUE **SE PONEN** MUY PAPAFRITAS ALGUNAS VECES
ELLOS, CLARO, NO SE DAN CUENTA Y...

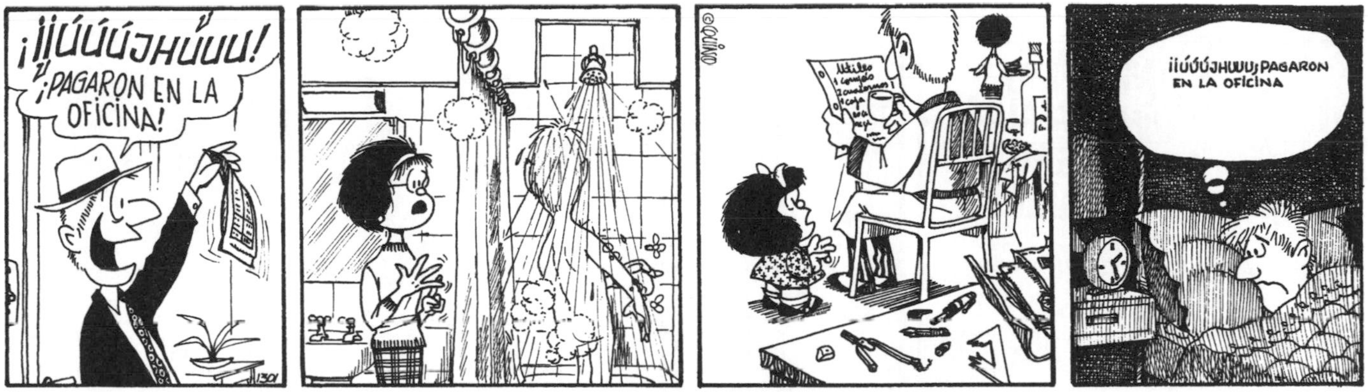
¡¡ÚÚÚJHÚÚÚ!
¡PAGARON EN LA OFICINA!
¡¡ÚÚÚJHUUU¡ PAGARON EN LA OFICINA

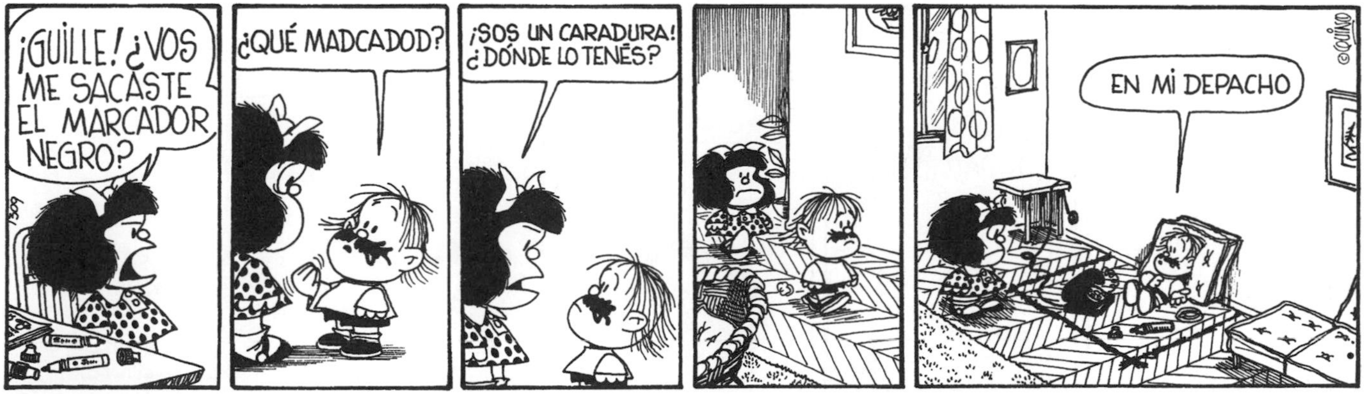
¡GUILLE! ¿VOS ME SACASTE EL MARCADOR NEGRO?
¿QUÉ MADCADOD?
¡SOS UN CARADURA! ¿DÓNDE LO TENÉS?
EN MÍ DEPACHO

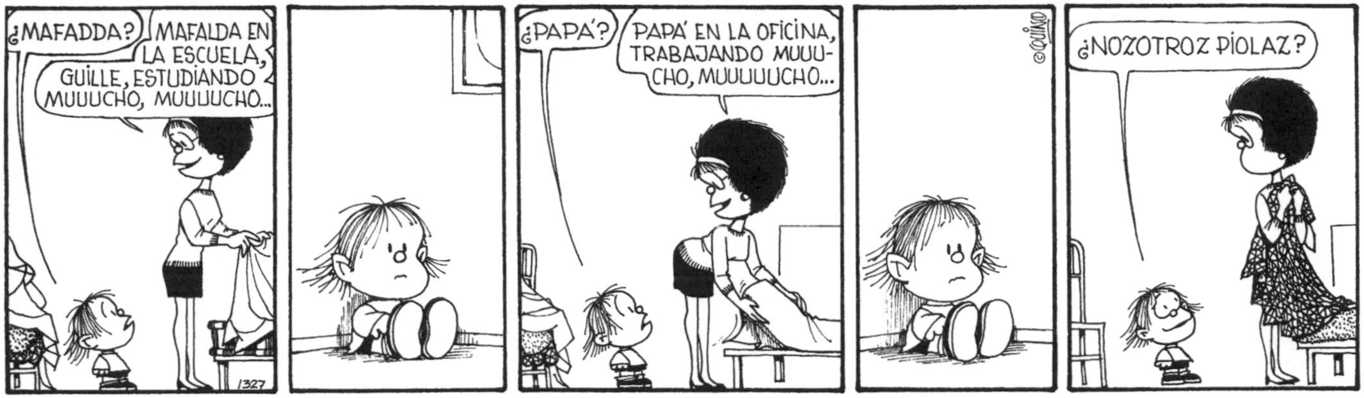
¿MAFADDA?
MAFALDA EN LA ESCUELA, GUILLE, ESTUDIANDO MUUUCHO, MUUUUCHO...
1327
¿PAPÁ?
PAPÁ EN LA OFICINA, TRABAJANDO MUUU-CHO, MUUUUUCHO...
©QUINO
¿NOZOTROZ PIOLAZ?

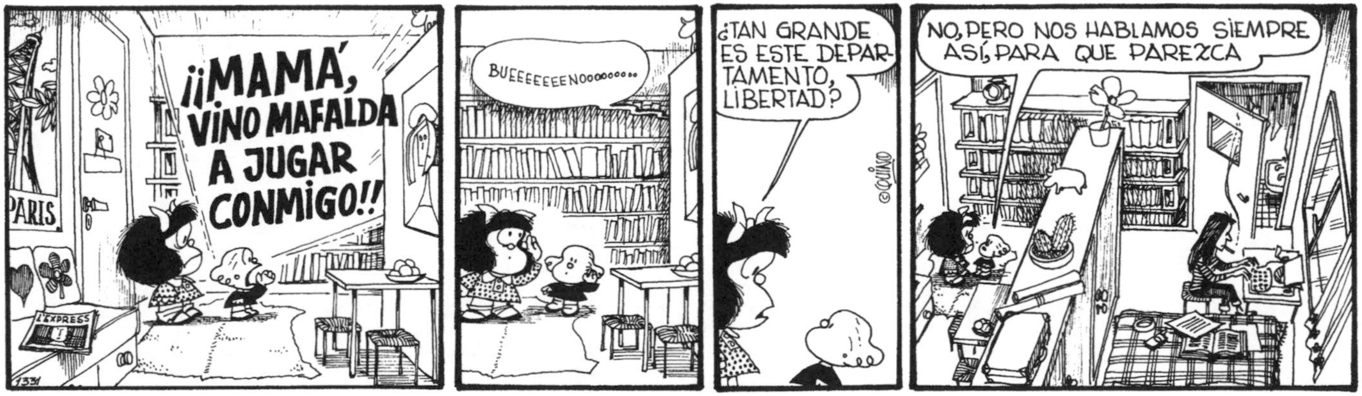
PARIS
L'EXPRESS
¡¡MAMÁ, VINO MAFALDA A JUGAR CONMIGO!!
1331
BUEEEEEEENOooooooo..
¿TAN GRANDE ES ESTE DEPAR-TAMENTO, LIBERTAD?
©QUINO
NO, PERO NOS HABLAMOS SIEMPRE ASÍ, PARA QUE PAREZCA

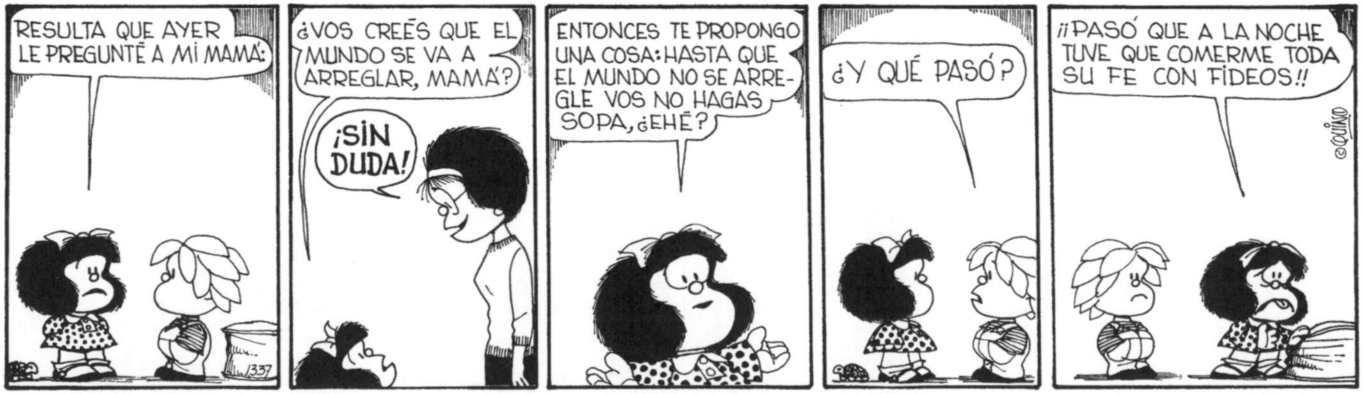
RESULTA QUE AYER LE PREGUNTÉ A MI MAMÁ:
1337
¿VOS CREÉS QUE EL MUNDO SE VA A ARREGLAR, MAMÁ?
¡SIN DUDA!
ENTONCES TE PROPONGO UNA COSA: HASTA QUE EL MUNDO NO SE ARRE-GLE VOS NO HAGAS SOPA, ¿EHÉ?
¿Y QUÉ PASÓ?
¡¡PASÓ QUE A LA NOCHE TUVE QUE COMERME TODA SU FE CON FIDEOS!!
©QUINO

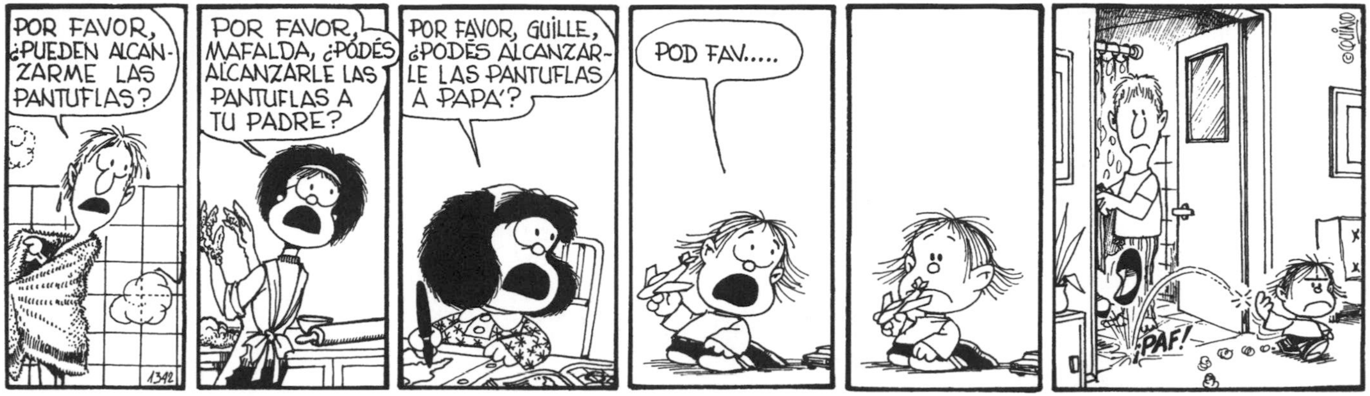
POR FAVOR, ¿PUEDEN ALCANZARME LAS PANTUFLAS?
1342
POR FAVOR, MAFALDA, ¿PODÉS ALCANZARLE LAS PANTUFLAS A TU PADRE?
POR FAVOR, GUILLE, ¿PODÉS ALCANZARLE LAS PANTUFLAS A PAPÁ?
POD FAV.....
¡PAF!

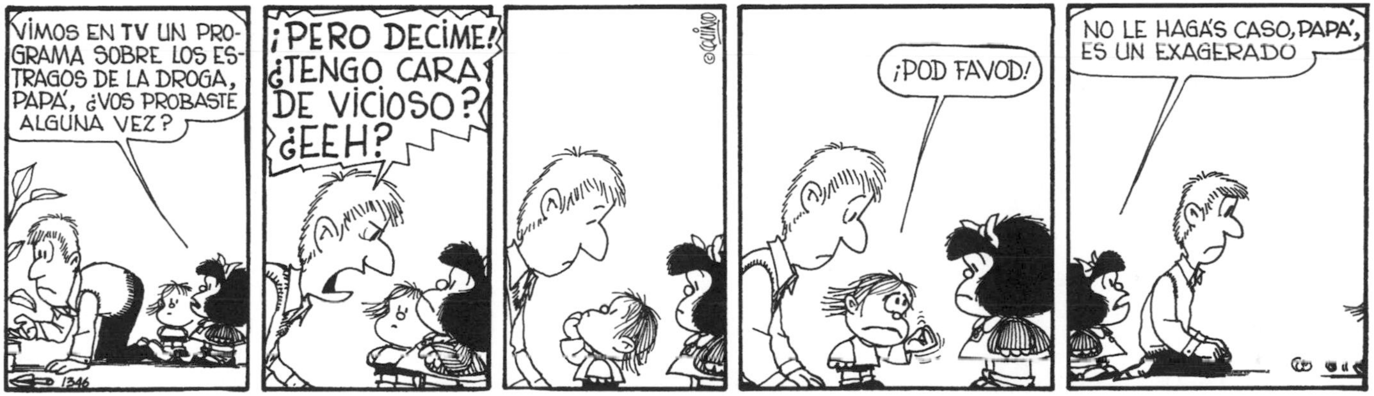
VIMOS EN TV UN PROGRAMA SOBRE LOS ESTRAGOS DE LA DROGA, PAPÁ, ¿VOS PROBASTE ALGUNA VEZ?
1346
¡PERO DECIME! ¿TENGO CARA DE VICIOSO? ¿EEH?
¡POD FAVOD!
NO LE HAGÁS CASO, PAPÁ, ES UN EXAGERADO

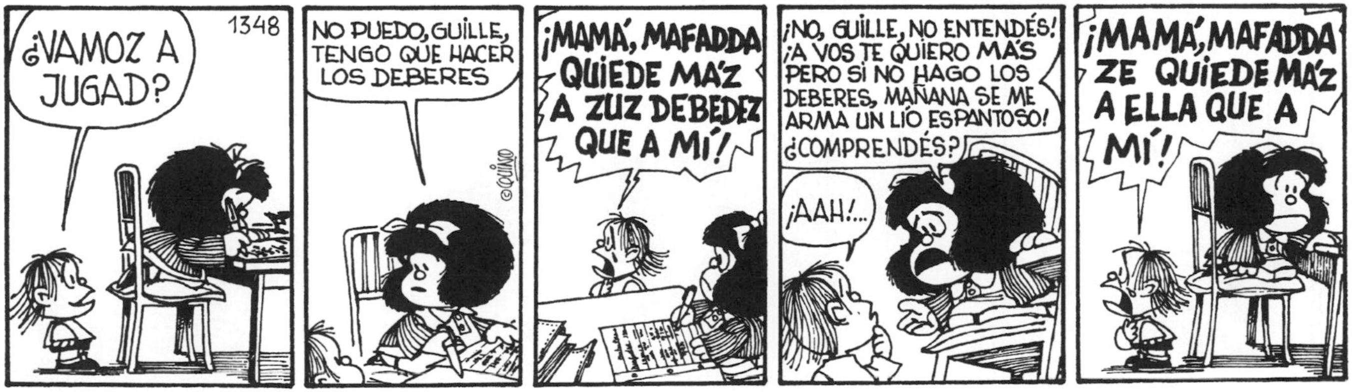
¿VAMOZ A JUGAD?
1348
NO PUEDO, GUILLE, TENGO QUE HACER LOS DEBERES
¡MAMÁ, MAFADDA QUIEDE MÁZ A ZUZ DEBEDEZ QUE A MÍ!
¡NO, GUILLE, NO ENTENDÉS! ¡A VOS TE QUIERO MÁS PERO SI NO HAGO LOS DEBERES, MAÑANA SE ME ARMA UN LÍO ESPANTOSO! ¿COMPRENDÉS?
¡AAH!...
¡MAMÁ, MAFADDA ZE QUIEDE MÁZ A ELLA QUE A MÍ!

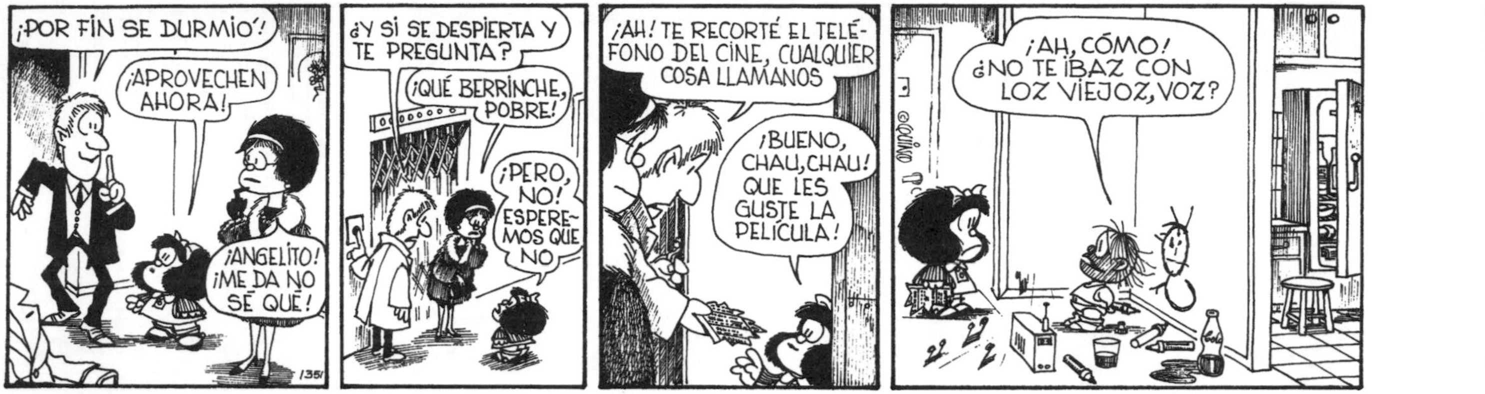
¡POR FIN SE DURMIÓ!
¡APROVECHEN AHORA!
¡ANGELITO! ¡ME DA NO SÉ QUÉ!
¿Y SI SE DESPIERTA Y TE PREGUNTA?
¡QUÉ BERRINCHE, POBRE!
¡PERO, NO! ESPEREMOS QUE NO
¡AH! TE RECORTÉ EL TELÉFONO DEL CINE, CUALQUIER COSA LLAMANOS
¡BUENO, CHAU, CHAU! QUE LES GUSTE LA PELÍCULA!
¡AH, CÓMO! ¿NO TE IBAZ CON LOZ VIEJOZ, VOZ?

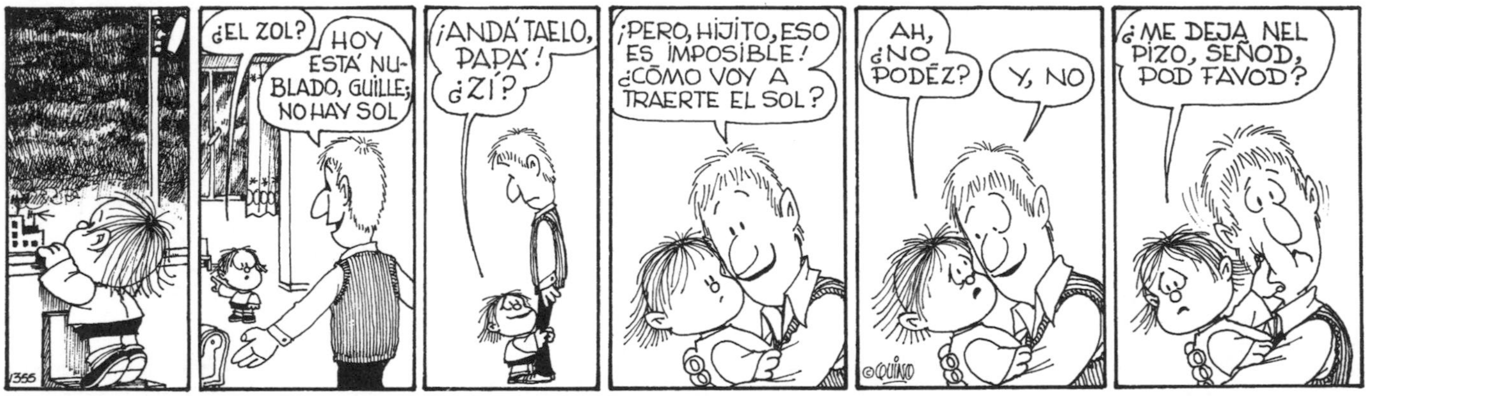
¿EL ZOL?
HOY ESTÁ NUBLADO, GUILLE; NO HAY SOL
¡ANDÁ TAELO, PAPÁ! ¿ZÍ?
¡PERO, HIJITO, ESO ES IMPOSIBLE! ¿CÓMO VOY A TRAERTE EL SOL?
AH, ¿NO PODÉZ?
Y, NO
¿ME DEJA NEL PIZO, SEÑOD, POD FAVOD?

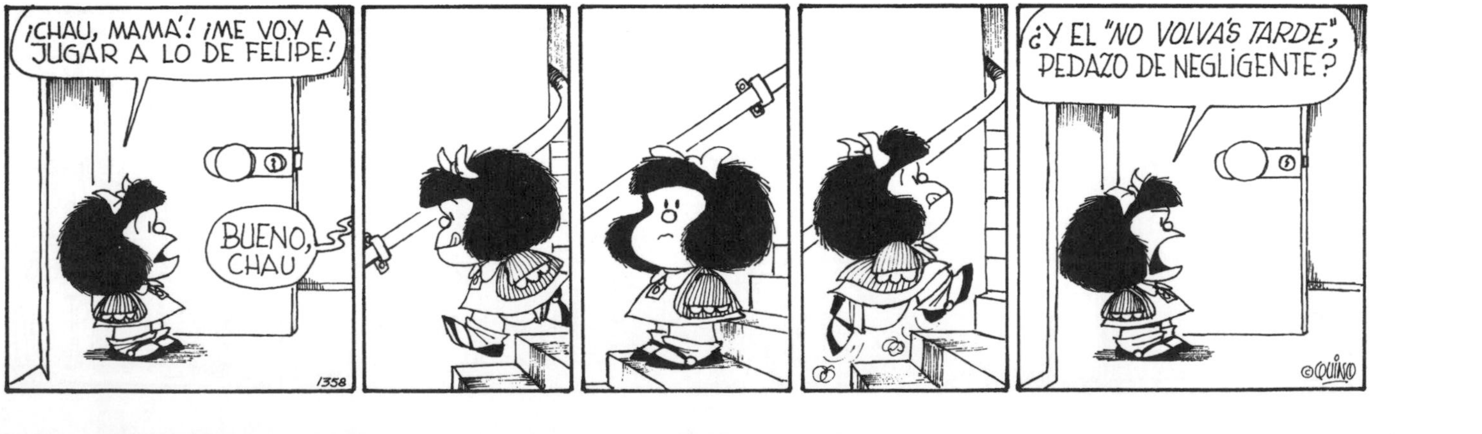
¡CHAU, MAMÁ! ¡ME VOY A JUGAR A LO DE FELIPE!
BUENO, CHAU
¿Y EL "NO VOLVÁS TARDE", PEDAZO DE NEGLIGENTE?

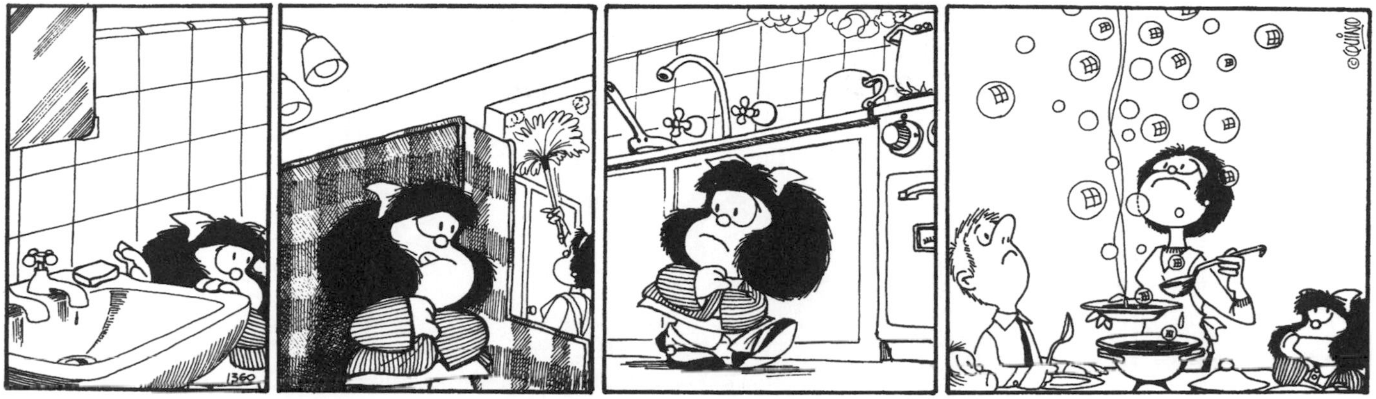

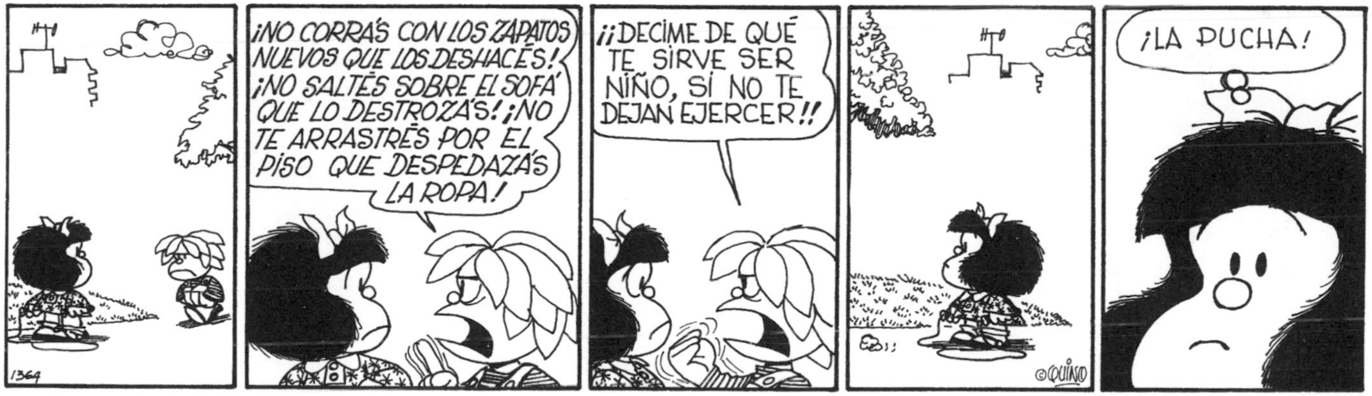

¡NO CORRÁS CON LOS ZAPATOS NUEVOS QUE LOS DESHACÉS! ¡NO SALTÉS SOBRE EL SOFÁ QUE LO DESTROZÁS! ¡NO TE ARRASTRÉS POR EL PISO QUE DESPEDAZÁS LA ROPA!
¡¡DECIME DE QUÉ TE SIRVE SER NIÑO, SI NO TE DEJAN EJERCER!!
¡LA PUCHA!

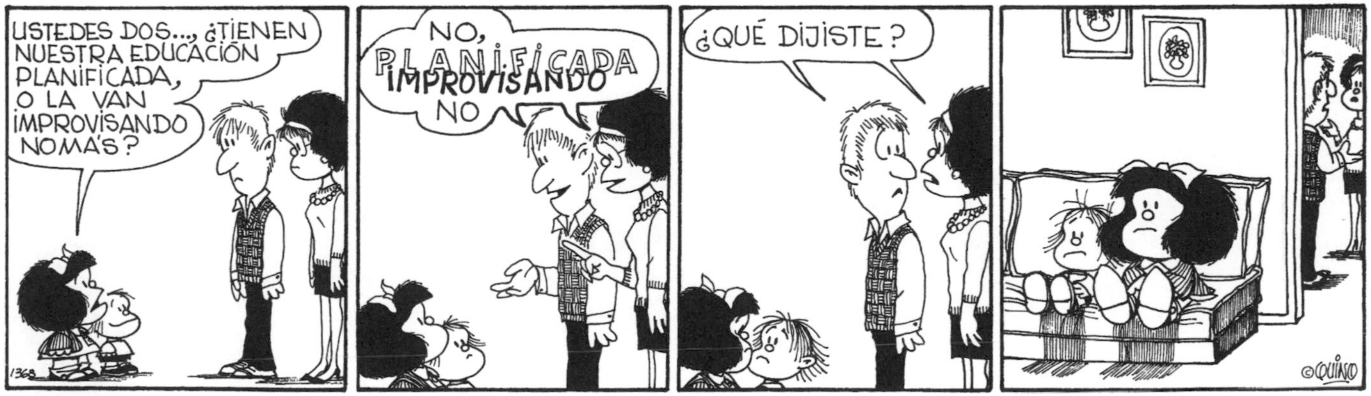

USTEDES DOS..., ¿TIENEN NUESTRA EDUCACIÓN PLANIFICADA, O LA VAN IMPROVISANDO NOMÁS?
NO, PLANIFICADA
IMPROVISANDO
NO
¿QUÉ DIJISTE?

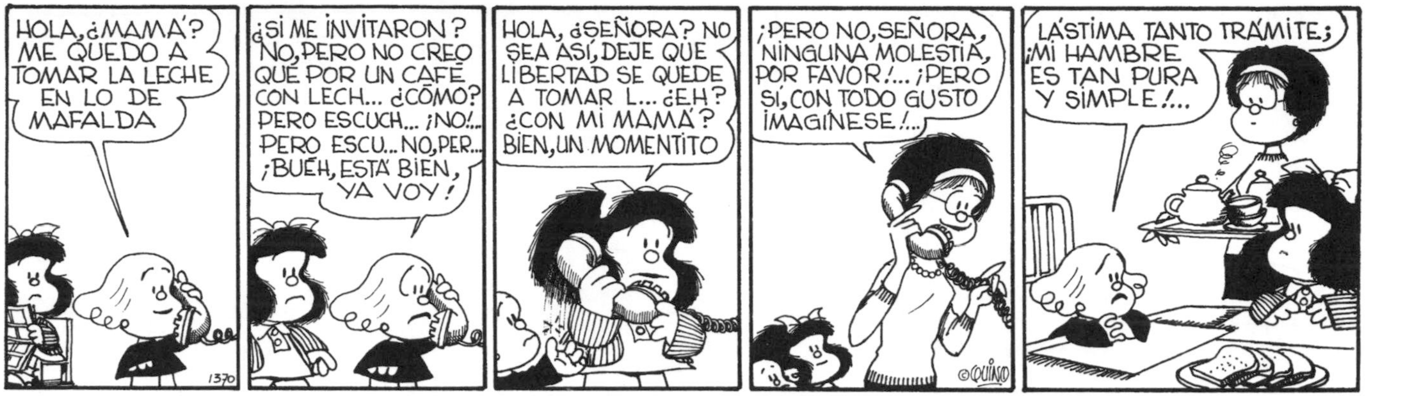
HOLA, ¿MAMÁ? ME QUEDO A TOMAR LA LECHE EN LO DE MAFALDA
¿SI ME INVITARON? NO, PERO NO CREO QUE POR UN CAFÉ CON LECH... ¿CÓMO? PERO ESCUCH... ¡NO!... PERO ESCU... NO, PER... ¡BUÉH, ESTÁ BIEN, YA VOY!
HOLA, ¿SEÑORA? NO SEA ASÍ, DEJE QUE LIBERTAD SE QUEDE A TOMAR L... ¿EH? ¿CON MI MAMÁ? BIEN, UN MOMENTITO
¡PERO NO, SEÑORA, NINGUNA MOLESTIA, POR FAVOR!... ¡PERO SÍ, CON TODO GUSTO IMAGÍNESE!...
LÁSTIMA TANTO TRÁMITE; ¡MI HAMBRE ES TAN PURA Y SIMPLE!...
1370
©QUINO

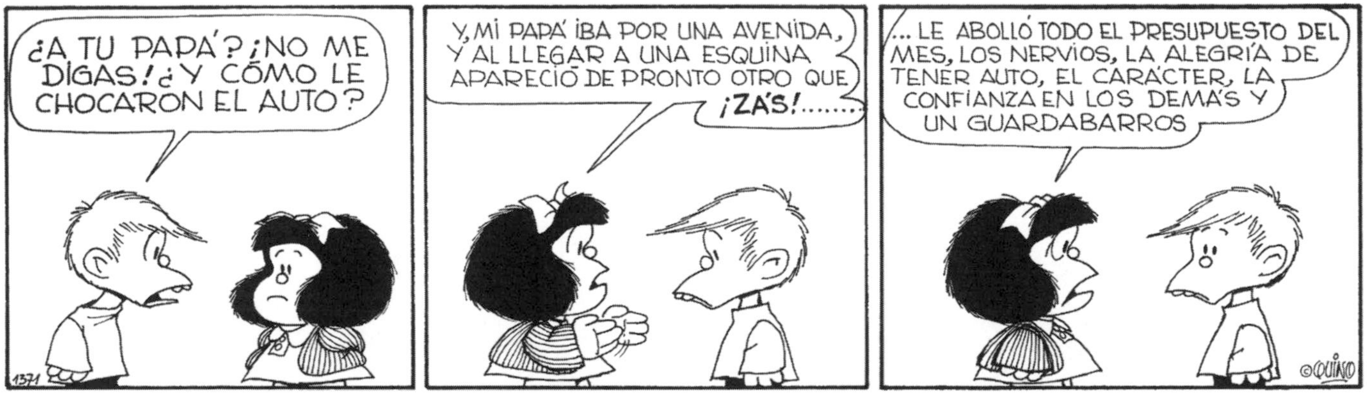
¿A TU PAPÁ? ¡NO ME DIGAS! ¿Y CÓMO LE CHOCARON EL AUTO?
Y, MI PAPÁ IBA POR UNA AVENIDA, Y AL LLEGAR A UNA ESQUINA APARECIÓ DE PRONTO OTRO QUE ¡ZÁS!.......
...LE ABOLLÓ TODO EL PRESUPUESTO DEL MES, LOS NERVIOS, LA ALEGRÍA DE TENER AUTO, EL CARÁCTER, LA CONFIANZA EN LOS DEMÁS Y UN GUARDABARROS
1371
©QUINO

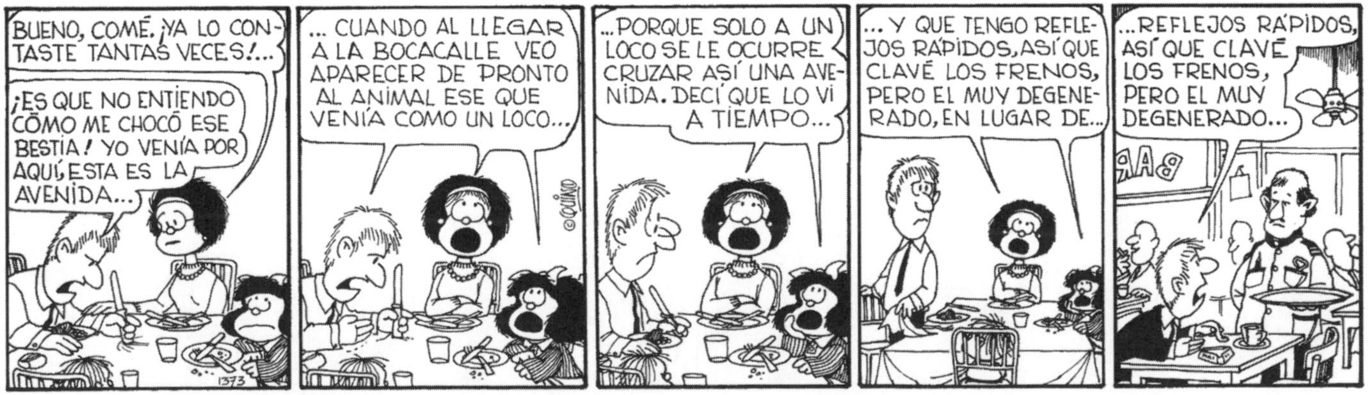
BUENO, COMÉ. ¡YA LO CONTASTE TANTAS VECES!...
¡ES QUE NO ENTIENDO CÓMO ME CHOCÓ ESE BESTIA! YO VENÍA POR AQUÍ, ESTA ES LA AVENIDA...
...CUANDO AL LLEGAR A LA BOCACALLE VEO APARECER DE PRONTO AL ANIMAL ESE QUE VENÍA COMO UN LOCO...
...PORQUE SOLO A UN LOCO SE LE OCURRE CRUZAR ASÍ UNA AVENIDA. DECÍ QUE LO VI A TIEMPO...
...Y QUE TENGO REFLEJOS RÁPIDOS, ASÍ QUE CLAVÉ LOS FRENOS, PERO EL MUY DEGENERADO, EN LUGAR DE...
...REFLEJOS RÁPIDOS, ASÍ QUE CLAVÉ LOS FRENOS, PERO EL MUY DEGENERADO...
BAR
1373
©QUINO

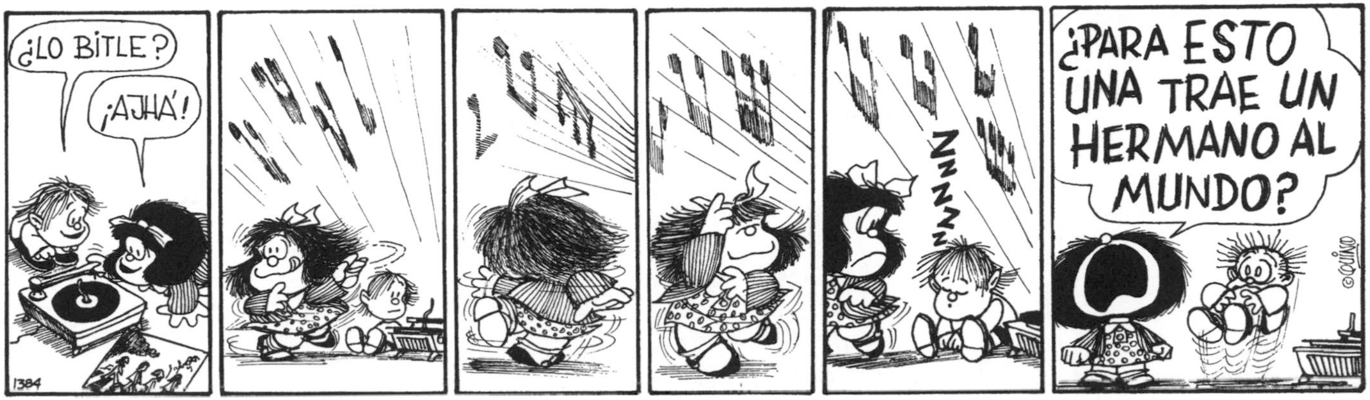

¿LO BITLE?
¡AJHÁ!
1384
¿PARA ESTO UNA TRAE UN HERMANO AL MUNDO?
©QUINO

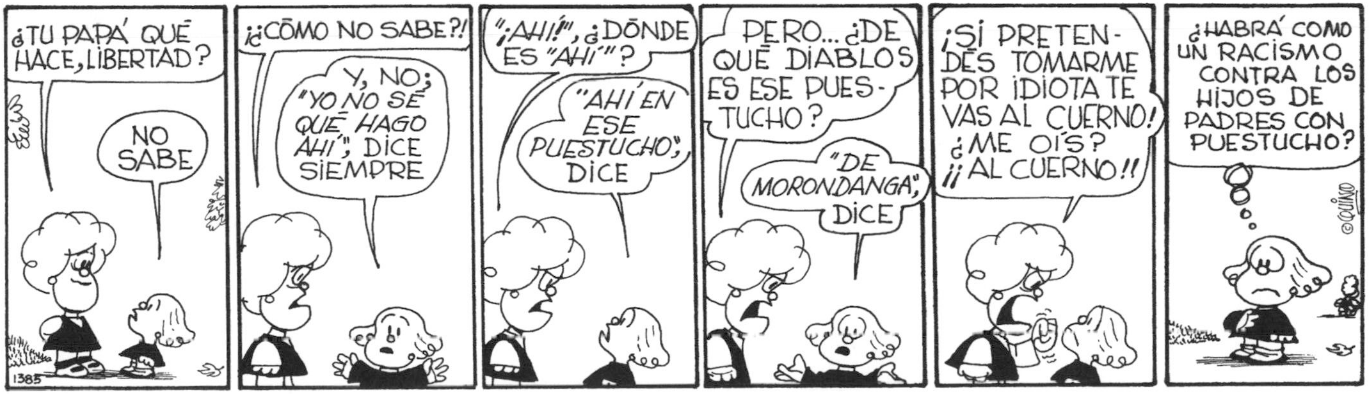

¿TU PAPÁ QUÉ HACE, LIBERTAD?
NO SABE
1385
¡¿CÓMO NO SABE?!
Y, NO; "YO NO SÉ QUÉ HAGO AHÍ", DICE SIEMPRE
"¡AHÍ!", ¿DÓNDE ES "AHÍ"?
"AHÍ EN ESE PUESTUCHO", DICE
PERO... ¿DE QUÉ DIABLOS ES ESE PUESTUCHO?
"DE MORONDANGA", DICE
¡SI PRETENDÉS TOMARME POR IDIOTA TE VAS AL CUERNO! ¿ME OÍS? ¡¡AL CUERNO!!
¿HABRÁ COMO UN RACISMO CONTRA LOS HIJOS DE PADRES CON PUESTUCHO?
©QUINO

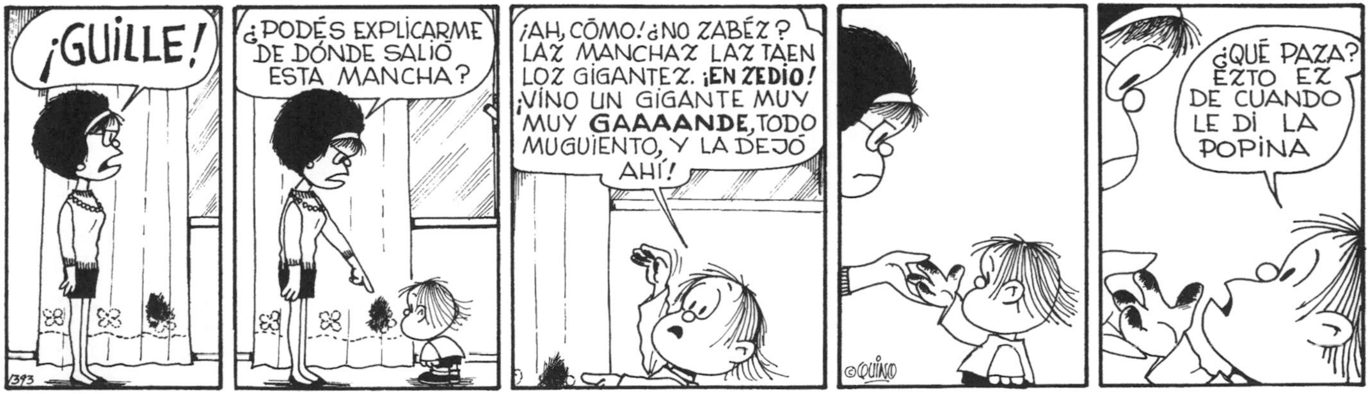

¡GUILLE!
1393
¿PODÉS EXPLICARME DE DÓNDE SALIÓ ESTA MANCHA?
¡AH, CÓMO! ¿NO ZABÉZ? LAZ MANCHAZ LAZ TAEN LOZ GIGANTEZ. ¡EN ZEDIO! ¡VINO UN GIGANTE MUY MUY GAAAANDE, TODO MUGUIENTO, Y LA DEJÓ AHÍ!
©QUINO
¿QUÉ PAZA? EZTO EZ DE CUANDO LE DI LA POPINA

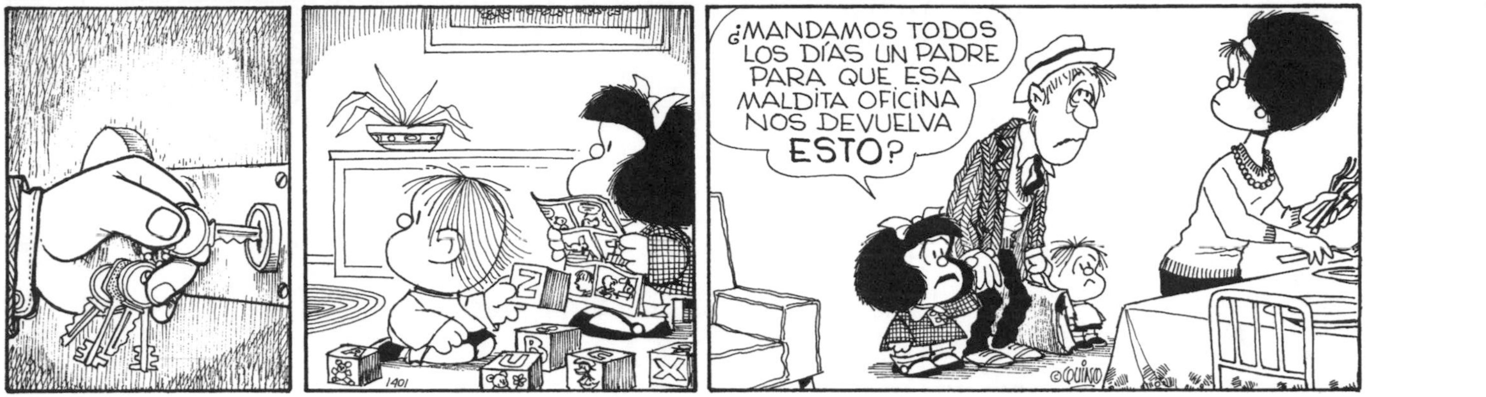
¿MANDAMOS TODOS LOS DÍAS UN PADRE PARA QUE ESA MALDITA OFICINA NOS DEVUELVA ESTO?
1401
©QUINO

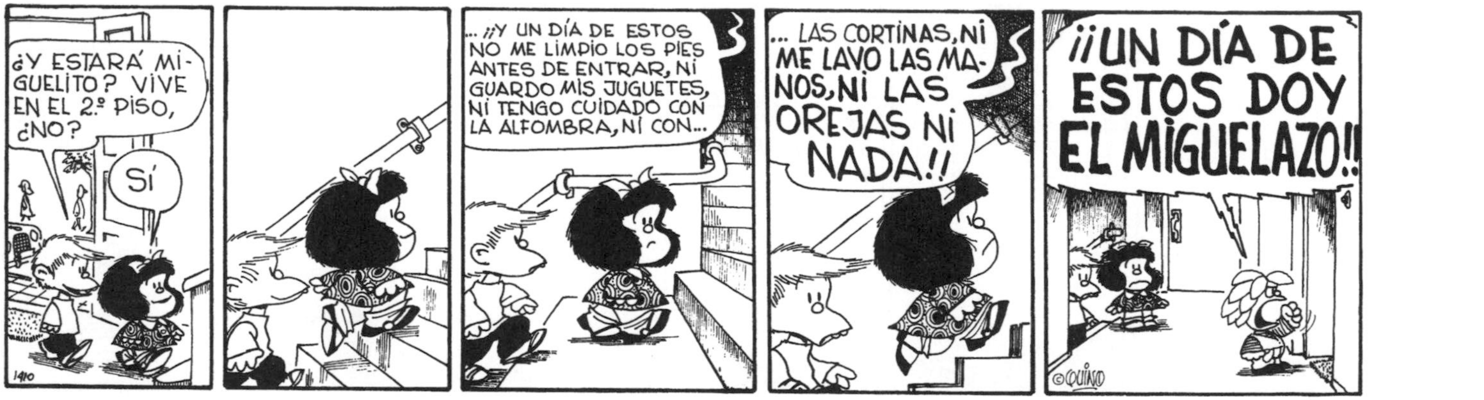
¿Y ESTARÁ MIGUELITO? VIVE EN EL 2º PISO, ¿NO?
SÍ
1410
... ¡¡Y UN DÍA DE ESTOS NO ME LIMPIO LOS PIES ANTES DE ENTRAR, NI GUARDO MIS JUGUETES, NI TENGO CUIDADO CON LA ALFOMBRA, NI CON...
... LAS CORTINAS, NI ME LAVO LAS MANOS, NI LAS OREJAS NI NADA!!
¡¡UN DÍA DE ESTOS DOY EL MIGUELAZO!!
©QUINO

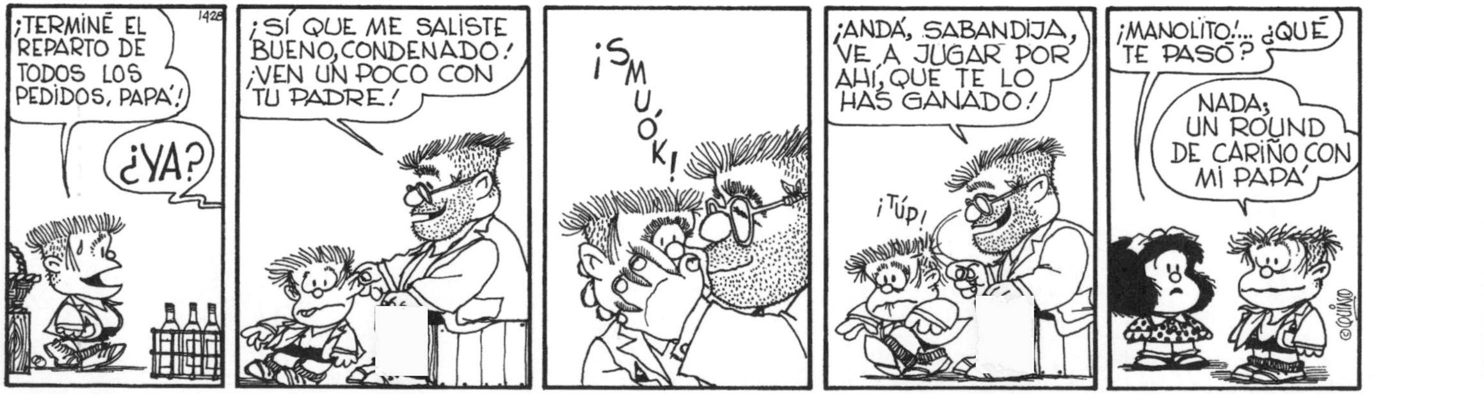
1428
¡TERMINÉ EL REPARTO DE TODOS LOS PEDIDOS, PAPÁ!
¿YA?
¡SÍ QUE ME SALISTE BUENO, CONDENADO! ¡VEN UN POCO CON TU PADRE!
¡SMUÓK!
¡TÚP!
¡ANDÁ, SABANDIJA, VE A JUGAR POR AHÍ, QUE TE LO HAS GANADO!
¡MANOLITO!... ¿QUÉ TE PASÓ?
NADA; UN ROUND DE CARIÑO CON MI PAPÁ
©QUINO

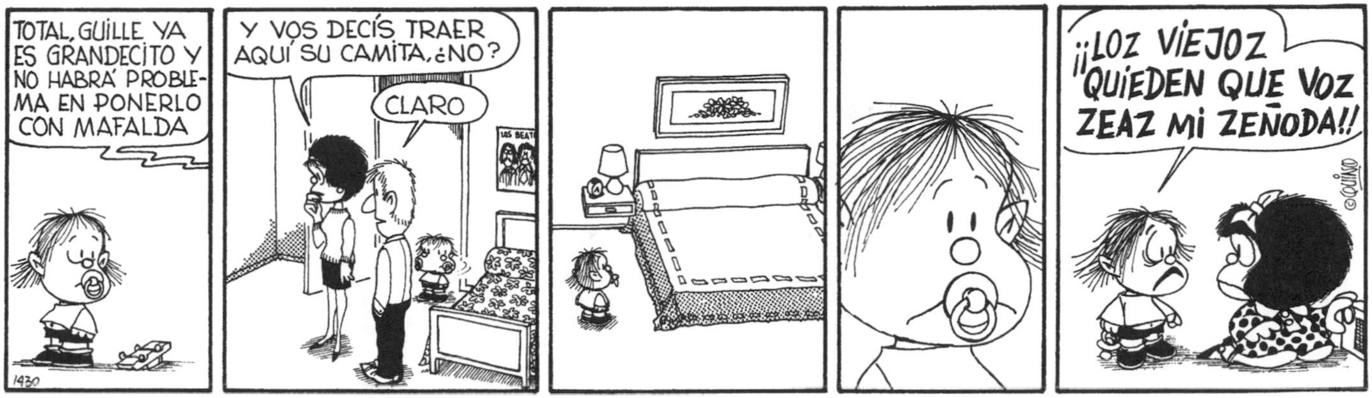
TOTAL, GUILLE YA ES GRANDECITO Y NO HABRÁ PROBLEMA EN PONERLO CON MAFALDA
Y VOS DECÍS TRAER AQUÍ SU CAMITA, ¿NO?
CLARO
¡¡LOZ VIEJOZ QUIEDEN QUE VOZ ZEAZ MI ZEÑODA!!

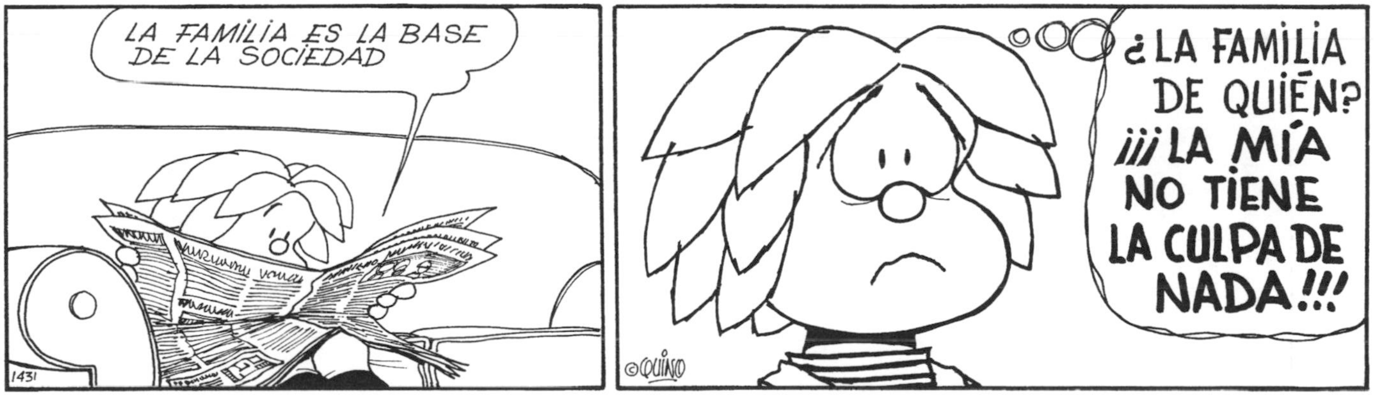
LA FAMILIA ES LA BASE DE LA SOCIEDAD
¿LA FAMILIA DE QUIÉN? ¡¡¡LA MÍA NO TIENE LA CULPA DE NADA!!!

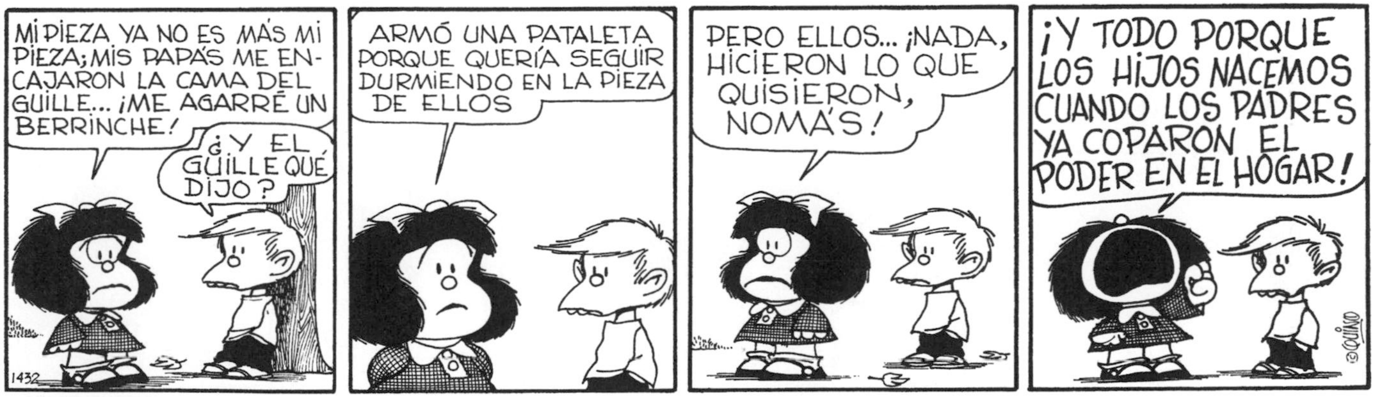
MI PIEZA YA NO ES MÁS MI PIEZA; MIS PAPÁS ME ENCAJARON LA CAMA DEL GUILLE... ¡ME AGARRÉ UN BERRINCHE!
¿Y EL GUILLE QUÉ DIJO?
ARMÓ UNA PATALETA PORQUE QUERÍA SEGUIR DURMIENDO EN LA PIEZA DE ELLOS
PERO ELLOS... ¡NADA, HICIERON LO QUE QUISIERON, NOMÁS!
¡Y TODO PORQUE LOS HIJOS NACEMOS CUANDO LOS PADRES YA COPARON EL PODER EN EL HOGAR!

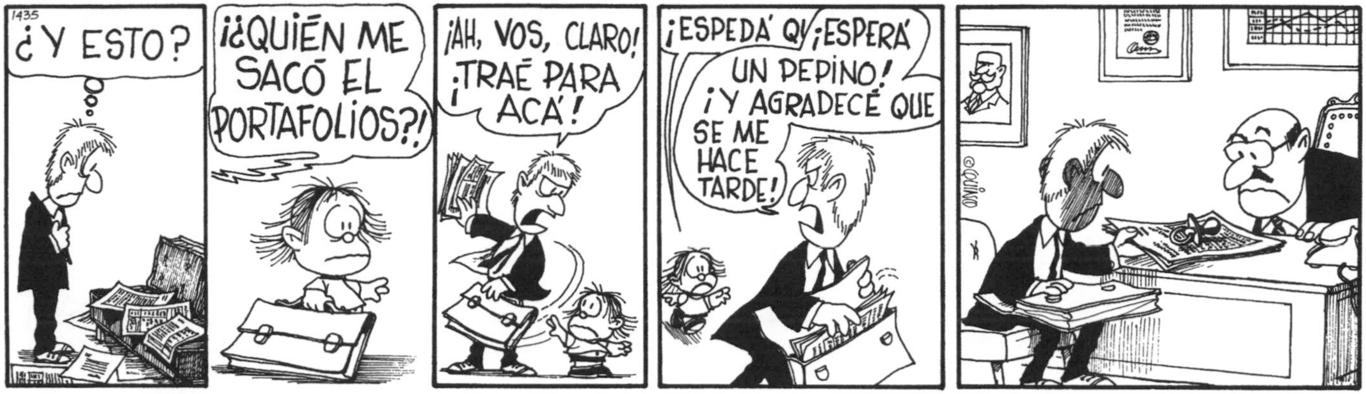
1435
¿Y ESTO?
¡¿QUIÉN ME SACÓ EL PORTAFOLIOS?!
¡AH, VOS, CLARO! ¡TRAÉ PARA ACÁ!
¡ESPEDÁ Q
¡ESPERÁ UN PEPINO! ¡Y AGRADECÉ QUE SE ME HACE TARDE!
©QUINO

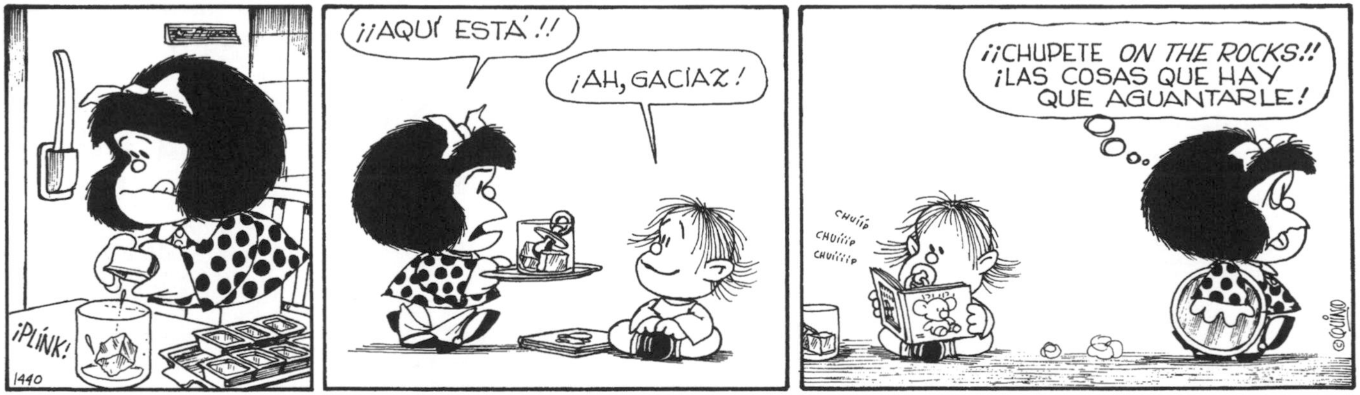
¡PLINK!
1440
¡¡AQUÍ ESTÁ!!
¡AH, GACIAZ!
CHUÍIP
CHUÍIIP
CHUÍIIIP
¡¡CHUPETE *ON THE ROCKS*!! ¡LAS COSAS QUE HAY QUE AGUANTARLE!
©QUINO

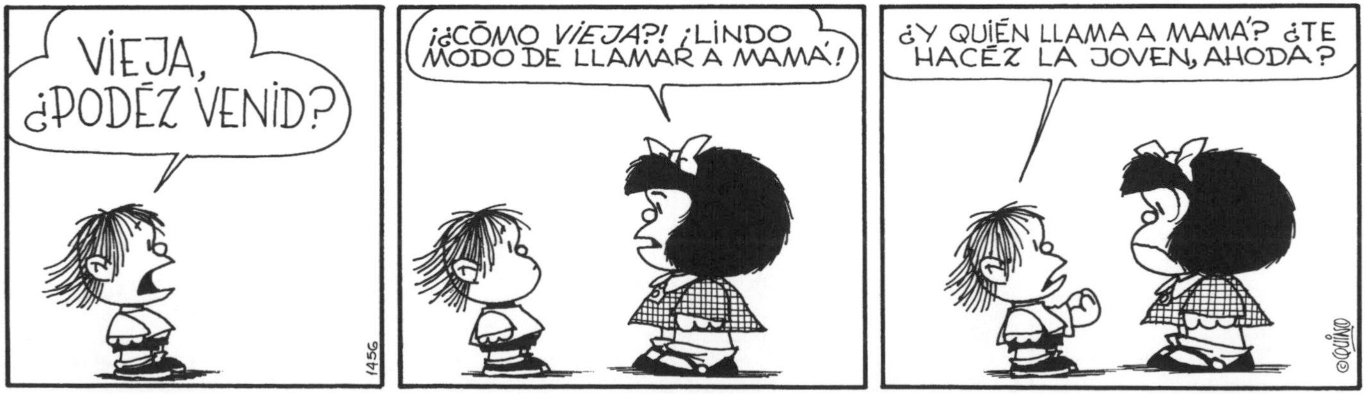
VIEJA, ¿PODÉZ VENID?
1456
¡¿CÓMO *VIEJA*?! ¡LINDO MODO DE LLAMAR A MAMÁ!
¿Y QUIÉN LLAMA A MAMÁ? ¿TE HACÉZ LA JOVEN, AHODA?
©QUINO

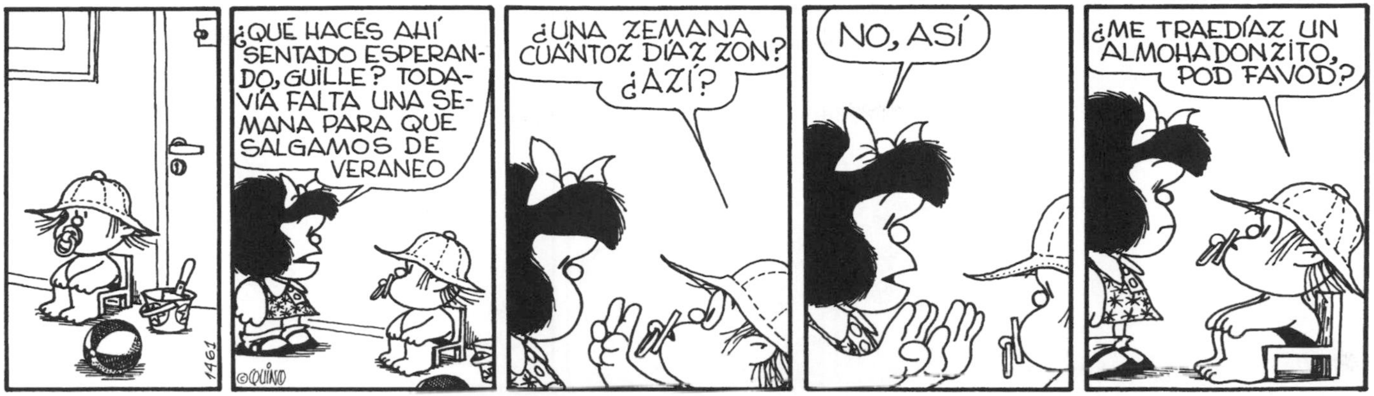
¿QUÉ HACÉS AHÍ SENTADO ESPERANDO, GUILLE? TODAVÍA FALTA UNA SEMANA PARA QUE SALGAMOS DE VERANEO
¿UNA ZEMANA CUÁNTOZ DÍAZ ZON? ¿AZÍ?
NO, ASÍ
¿ME TRAEDÍAZ UN ALMOHADONZITO, POD FAVOD?

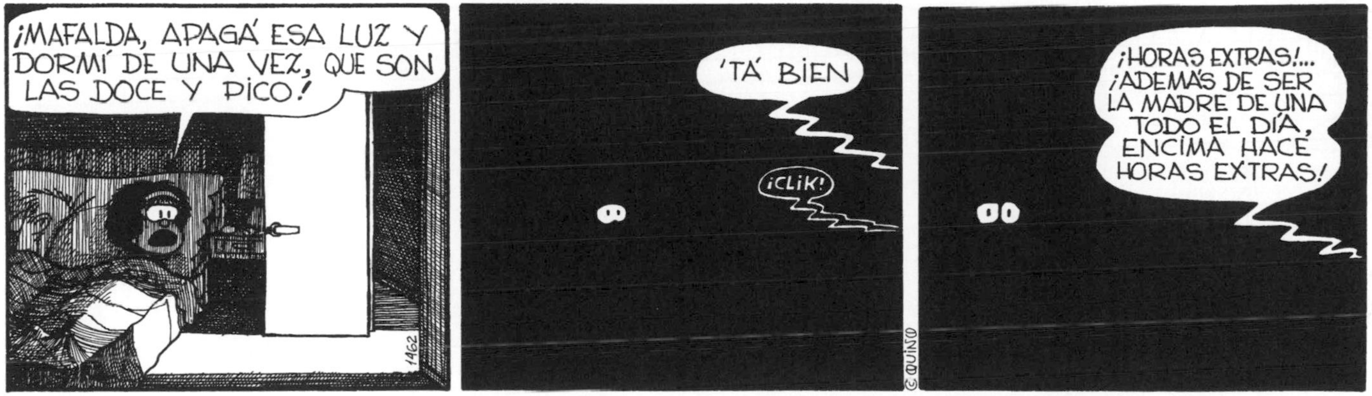
¡MAFALDA, APAGÁ ESA LUZ Y DORMÍ DE UNA VEZ, QUE SON LAS DOCE Y PICO!
'TÁ BIEN
¡CLIK!
¡HORAS EXTRAS!... ¡ADEMÁS DE SER LA MADRE DE UNA TODO EL DÍA, ENCIMA HACE HORAS EXTRAS!

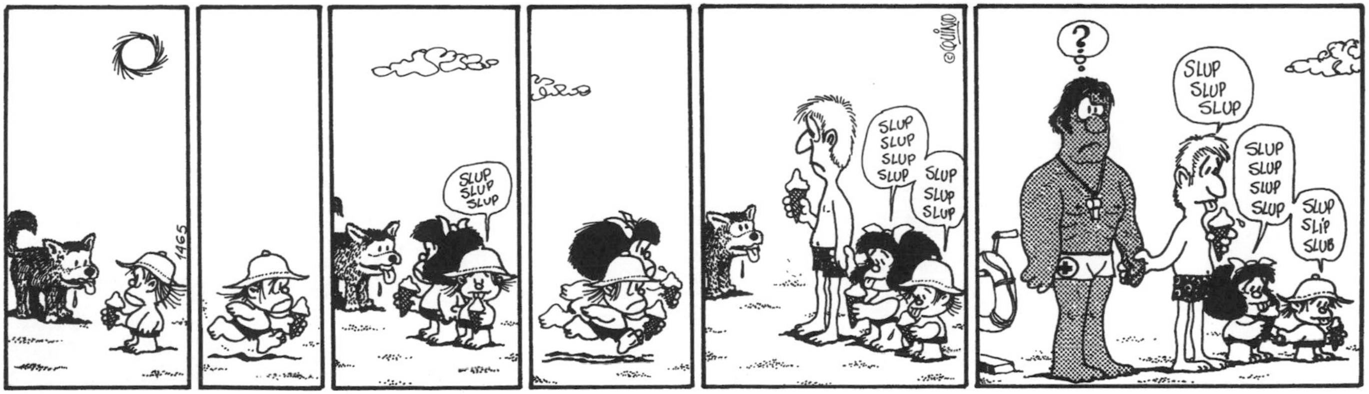
SLUP SLUP SLUP
SLUP SLUP SLUP SLUP
SLUP SLUP SLUP
?
SLUP SLUP SLUP
SLUP SLUP SLUP SLUP
SLUP SLIP SLUB

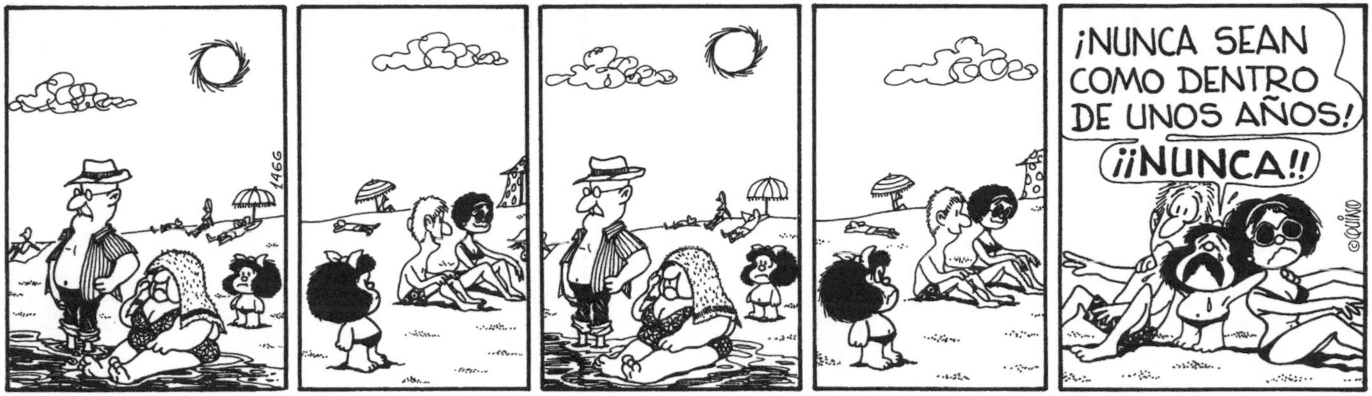
1466
¡NUNCA SEAN COMO DENTRO DE UNOS AÑOS!
¡¡NUNCA!!
©QUINO

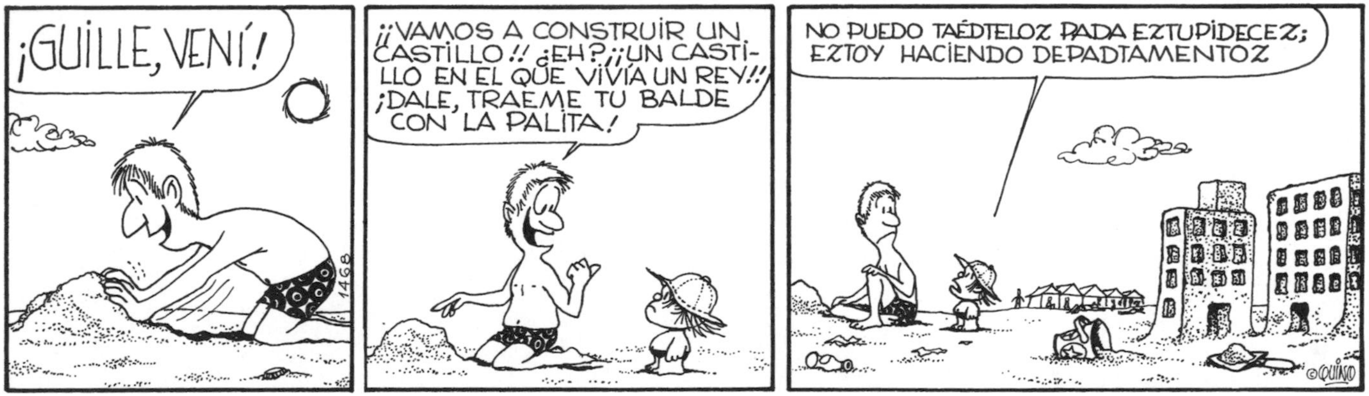
¡GUILLE, VENÍ!
1468
¡¡VAMOS A CONSTRUIR UN CASTILLO!! ¿EH? ¡¡UN CASTI-LLO EN EL QUE VIVÍA UN REY!! ¡DALE, TRAEME TU BALDE CON LA PALITA!
NO PUEDO TAÉDTELOZ PADA EZTUPIDECEZ; EZTOY HACIENDO DEPADTAMENTOZ
©QUINO

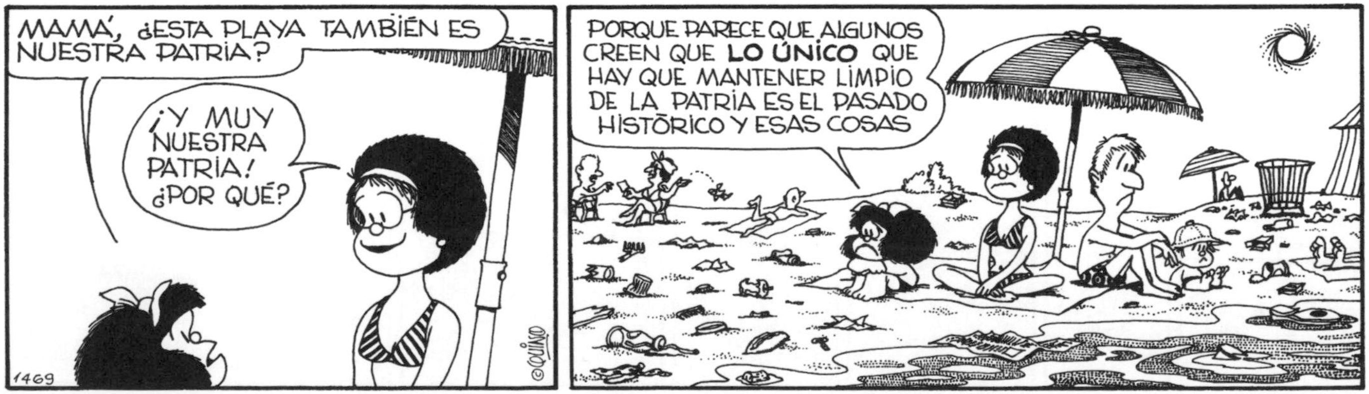
MAMÁ, ¿ESTA PLAYA TAMBIÉN ES NUESTRA PATRIA?
¡Y MUY NUESTRA PATRIA! ¿POR QUÉ?
1469
©QUINO
PORQUE PARECE QUE ALGUNOS CREEN QUE **LO ÚNICO** QUE HAY QUE MANTENER LIMPIO DE LA PATRIA ES EL PASADO HISTÓRICO Y ESAS COSAS

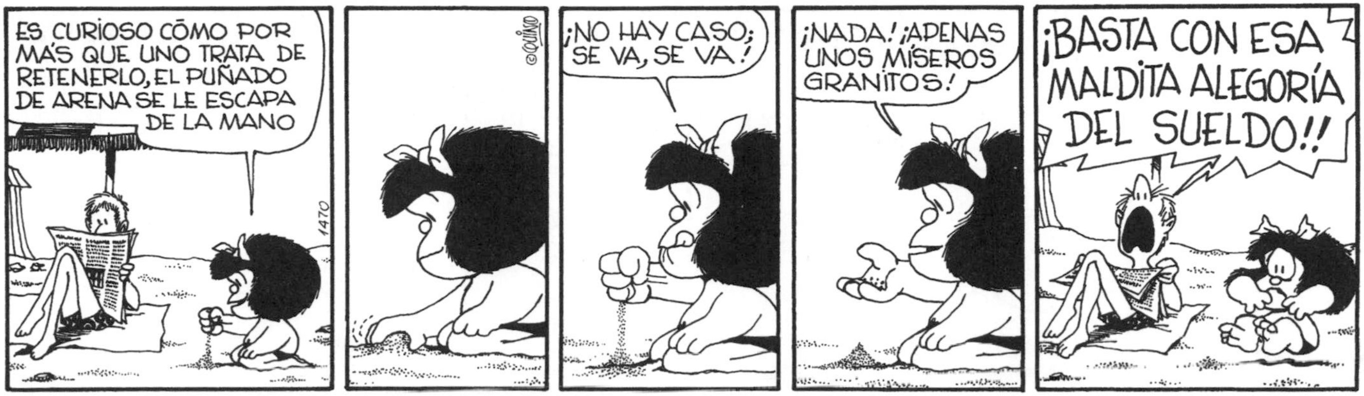
ES CURIOSO CÓMO POR MÁS QUE UNO TRATA DE RETENERLO, EL PUÑADO DE ARENA SE LE ESCAPA DE LA MANO
¡NO HAY CASO; SE VA, SE VA!
¡NADA! ¡APENAS UNOS MÍSEROS GRANITOS!
¡BASTA CON ESA MALDITA ALEGORÍA DEL SUELDO!!

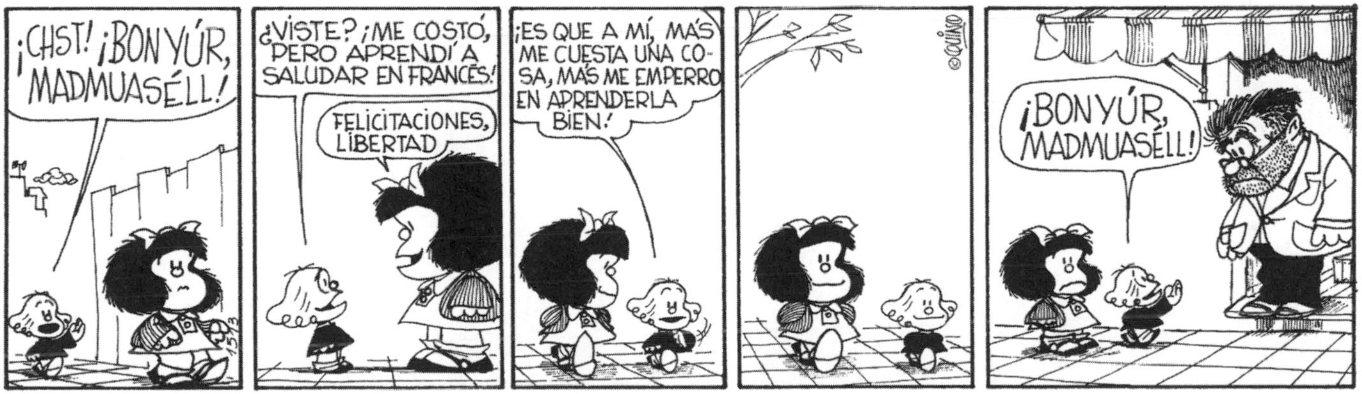
¡CHST! ¡BONYÚR, MADMUASÉLL!
¿VISTE? ¡ME COSTÓ, PERO APRENDÍ A SALUDAR EN FRANCÉS!
FELICITACIONES, LIBERTAD
¡ES QUE A MÍ, MÁS ME CUESTA UNA COSA, MÁS ME EMPERRO EN APRENDERLA BIEN!
¡BONYÚR, MADMUASÉLL!

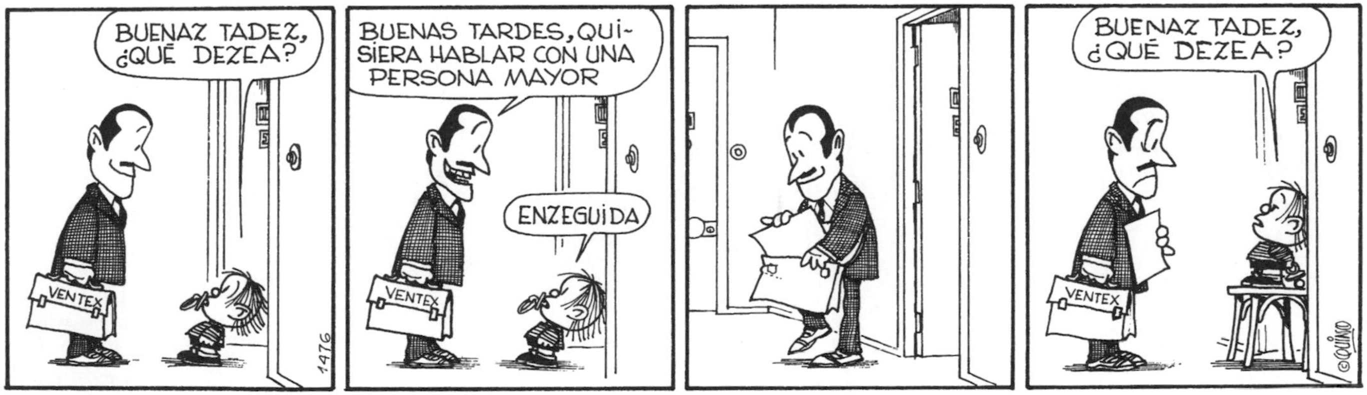
BUENAZ TADEZ, ¿QUÉ DEZEA?
BUENAS TARDES, QUISIERA HABLAR CON UNA PERSONA MAYOR
ENZEGUIDA
BUENAZ TADEZ, ¿QUÉ DEZEA?

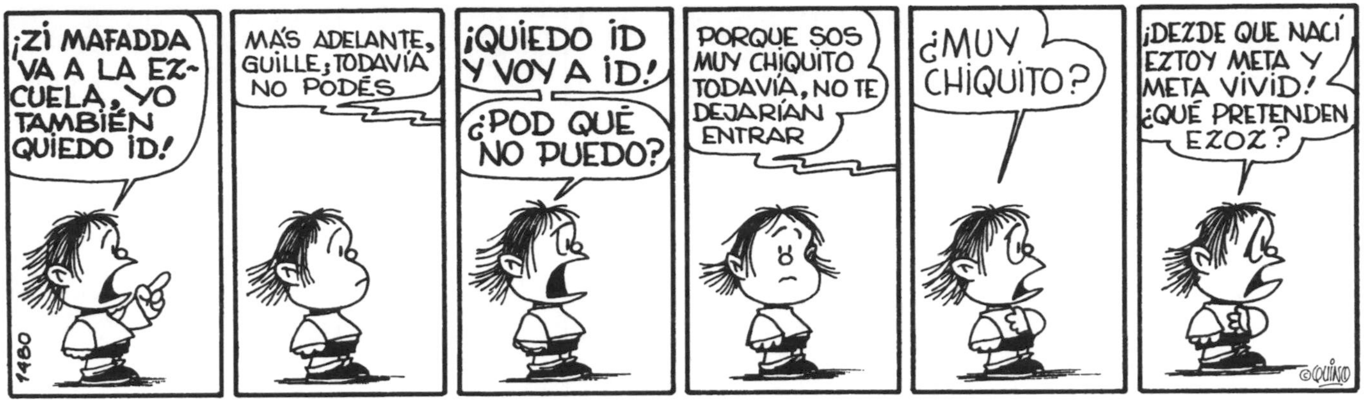
1480
¡ZI MAFADDA VA A LA EZCUELA, YO TAMBIÉN QUIEDO ID!
MÁS ADELANTE, GUILLE; TODAVÍA NO PODÉS
¡QUIEDO ID Y VOY A ID!
¿POD QUÉ NO PUEDO?
PORQUE SOS MUY CHIQUITO TODAVÍA, NO TE DEJARÍAN ENTRAR
¿MUY CHIQUITO?
¡DEZDE QUE NACÍ EZTOY META Y META VIVID! ¿QUÉ PRETENDEN EZOZ?
©QUINO

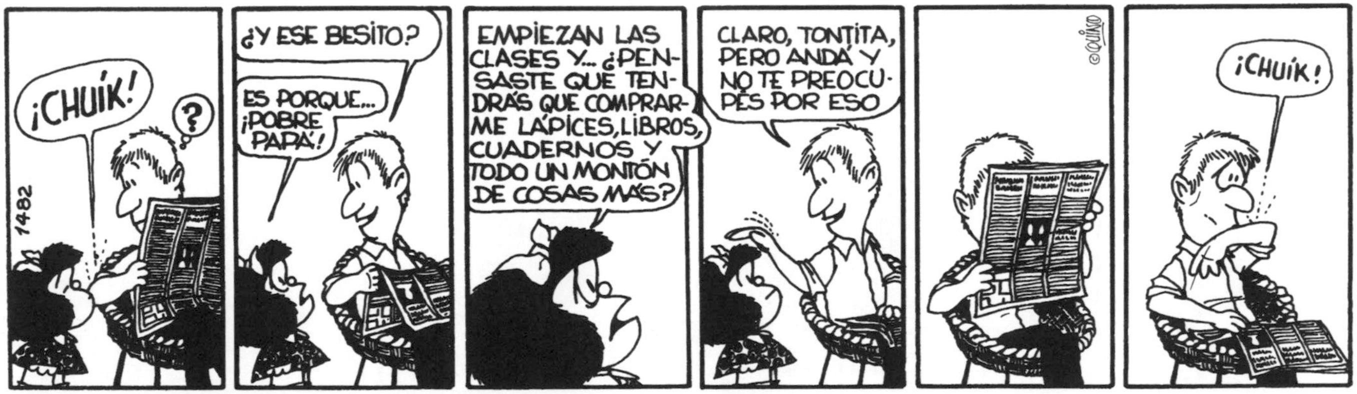
1482
¡CHUIK!
?
¿Y ESE BESITO?
ES PORQUE... ¡POBRE PAPÁ!
EMPIEZAN LAS CLASES Y... ¿PENSASTE QUE TENDRÁS QUE COMPRARME LÁPICES, LIBROS, CUADERNOS Y TODO UN MONTÓN DE COSAS MÁS?
CLARO, TONTITA, PERO ANDÁ Y NO TE PREOCUPES POR ESO
©QUINO
¡CHUIK!

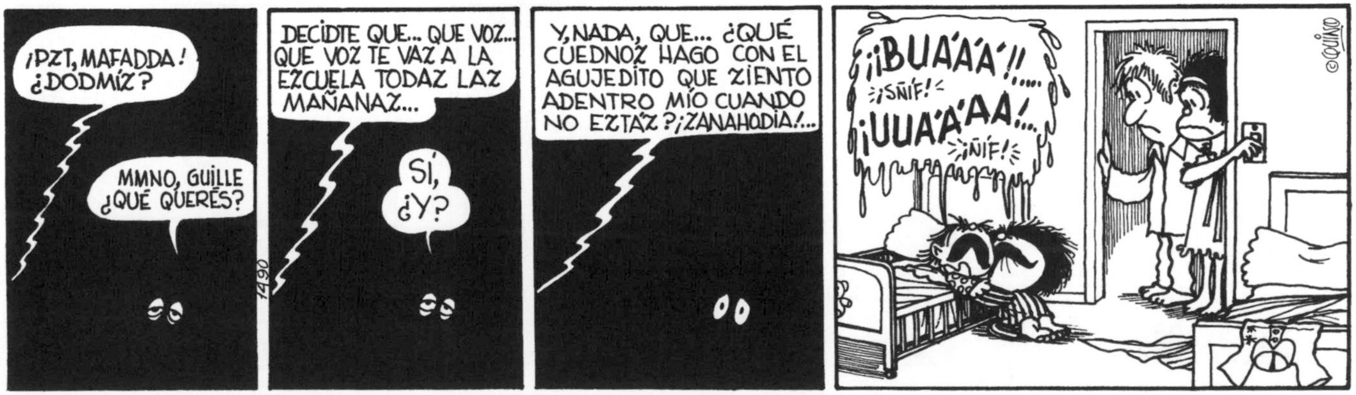
¡PZT, MAFADDA! ¿DODMÍZ?
MMNO, GUILLE ¿QUÉ QUERÉS?
1490
DECIDTE QUE... QUE VOZ... QUE VOZ TE VAZ A LA EZCUELA TODAZ LAZ MAÑANAZ...
SÍ, ¿Y?
Y, NADA, QUE... ¿QUÉ CUEDNOZ HAGO CON EL AGUJEDITO QUE ZIENTO ADENTRO MÍO CUANDO NO EZTÁZ? ¡ZANAHODIA!...
¡¡BUAÁÁ!!...
¡SÑIF!
¡UUAÁAA!...
¡ÑIF!
©QUINO

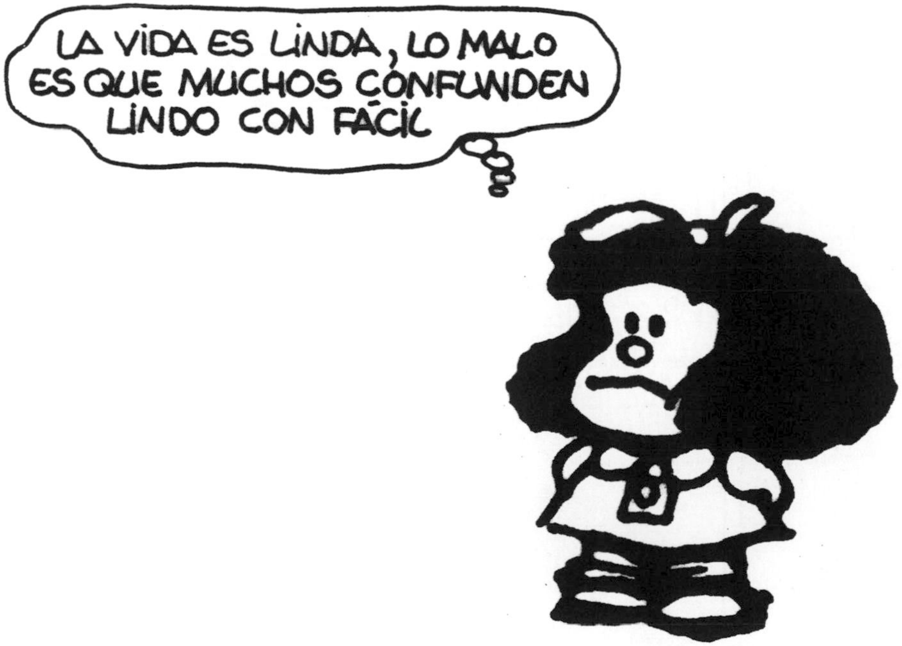
LA VIDA ES LINDA, LO MALO ES QUE MUCHOS CONFUNDEN LINDO CON FÁCIL

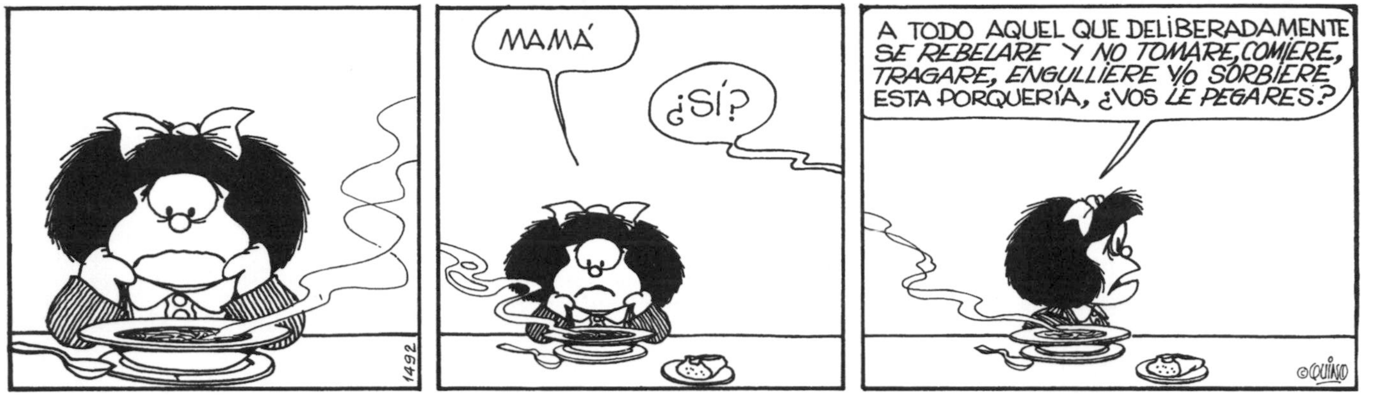
MAMÁ
¿SÍ?
A TODO AQUEL QUE DELIBERADAMENTE *SE REBELARE* Y *NO TOMARE, COMIERE, TRAGARE, ENGULLIERE Y/O SORBIERE* ESTA PORQUERÍA, ¿VOS *LE PEGARES*?
1492
©QUINO

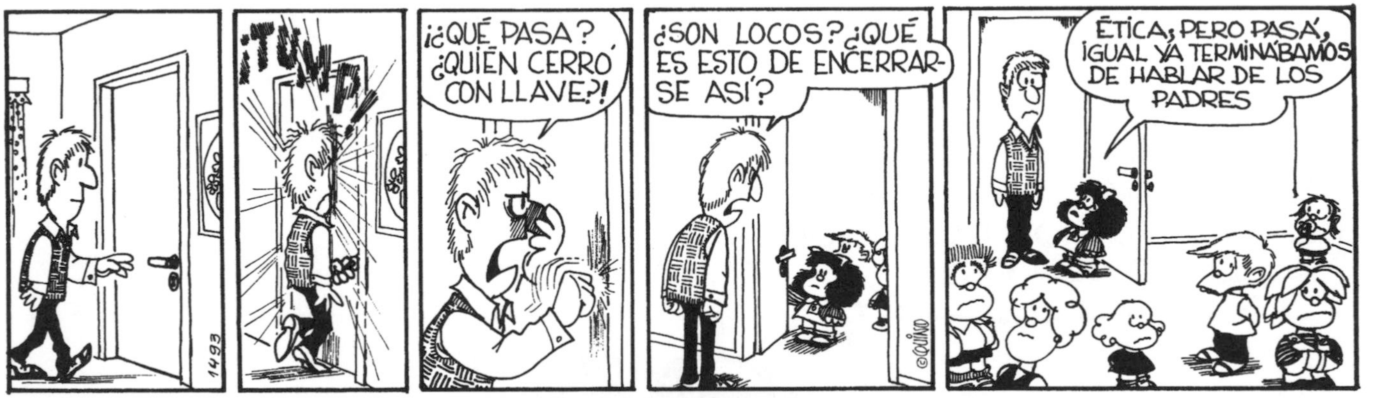
1493
¡TUMP!
¡¿QUÉ PASA? ¿QUIÉN CERRÓ CON LLAVE?!
¿SON LOCOS? ¿QUÉ ES ESTO DE ENCERRARSE ASÍ?
©QUINO
ÉTICA, PERO PASÁ, IGUAL YA TERMINÁBAMOS DE HABLAR DE LOS PADRES

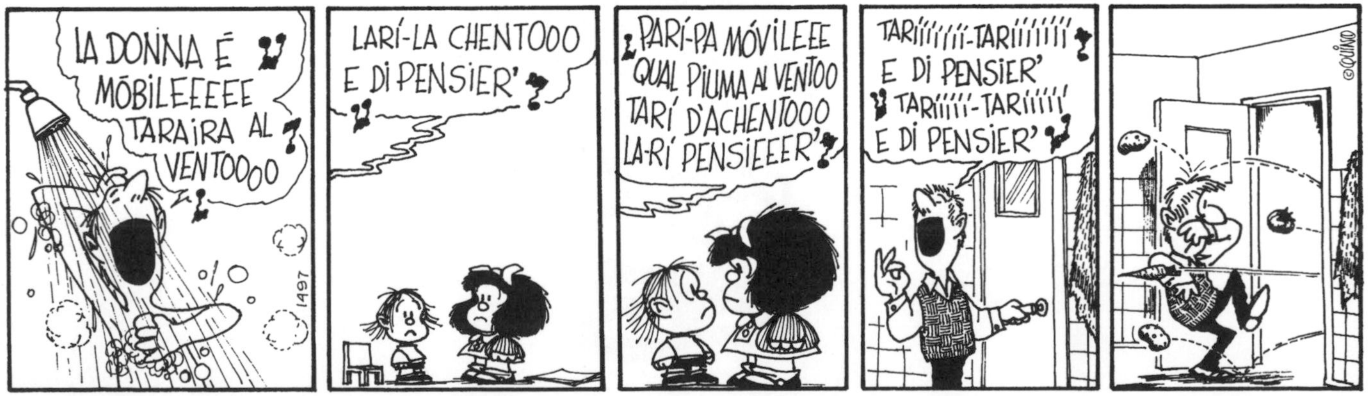
LA DONNA É MÓBILEEEEE TARAIRA AL VENTOOOO
1497
LARÍ-LA CHENTOOO E DI PENSIER'
¿PARÍ-PA MÓVILEEE QUAL PIUMA AL VENTOO TARÍ D'ACHENTOOO LA-RÍ PENSIEEER'
TARÍÍÍÍÍÍ-TARÍÍÍÍÍÍÍ E DI PENSIER' TARÍÍÍÍÍ-TARÍÍÍÍÍ E DI PENSIER'
©QUINO

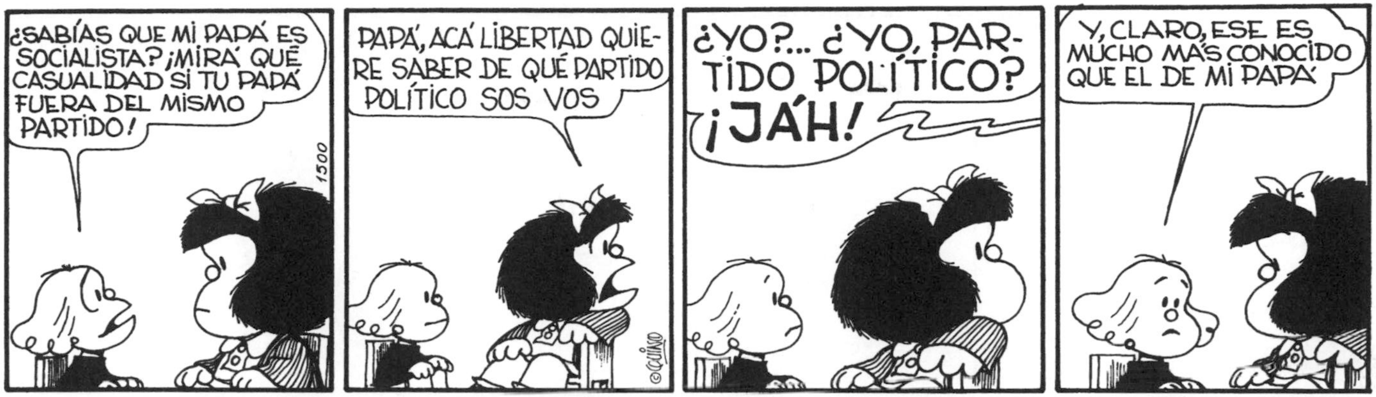
¿SABÍAS QUE MI PAPÁ ES SOCIALISTA? ¡MIRÁ QUÉ CASUALIDAD SI TU PAPÁ FUERA DEL MISMO PARTIDO!
1500
PAPÁ, ACÁ LIBERTAD QUIERE SABER DE QUÉ PARTIDO POLÍTICO SOS VOS
¿YO?... ¿YO, PARTIDO POLÍTICO? ¡JÁH!
Y, CLARO, ESE ES MUCHO MÁS CONOCIDO QUE EL DE MI PAPÁ

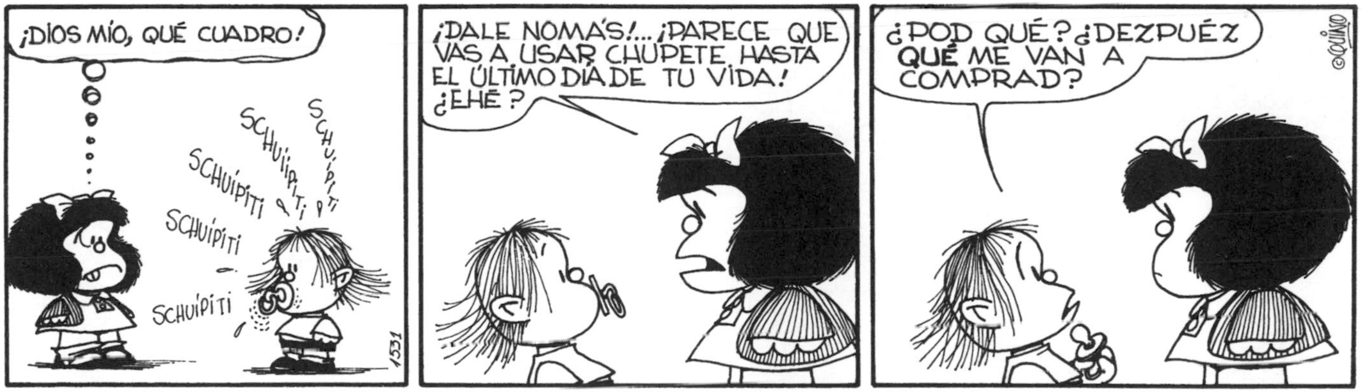
¡DIOS MÍO, QUÉ CUADRO!
SCHUÍPITI
SCHUÍPITI
SCHUÍPITI
SCHUÍPITI
SCHUÍPITI
SCHUÍPITI
1531
¡DALE NOMÁS!... ¡PARECE QUE VAS A USAR CHUPETE HASTA EL ÚLTIMO DÍA DE TU VIDA! ¿EHÉ?
¿POD QUÉ? ¿DEZPUÉZ **QUÉ** ME VAN A COMPRAD?

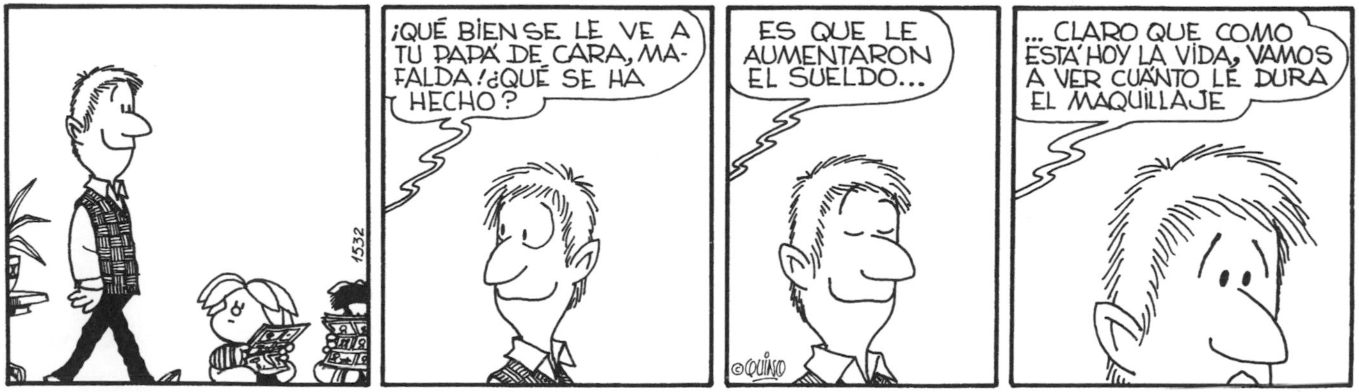
1532
¡QUÉ BIEN SE LE VE A TU PAPÁ DE CARA, MAFALDA! ¿QUÉ SE HA HECHO?
ES QUE LE AUMENTARON EL SUELDO...
... CLARO QUE COMO ESTÁ HOY LA VIDA, VAMOS A VER CUÁNTO LE DURA EL MAQUILLAJE

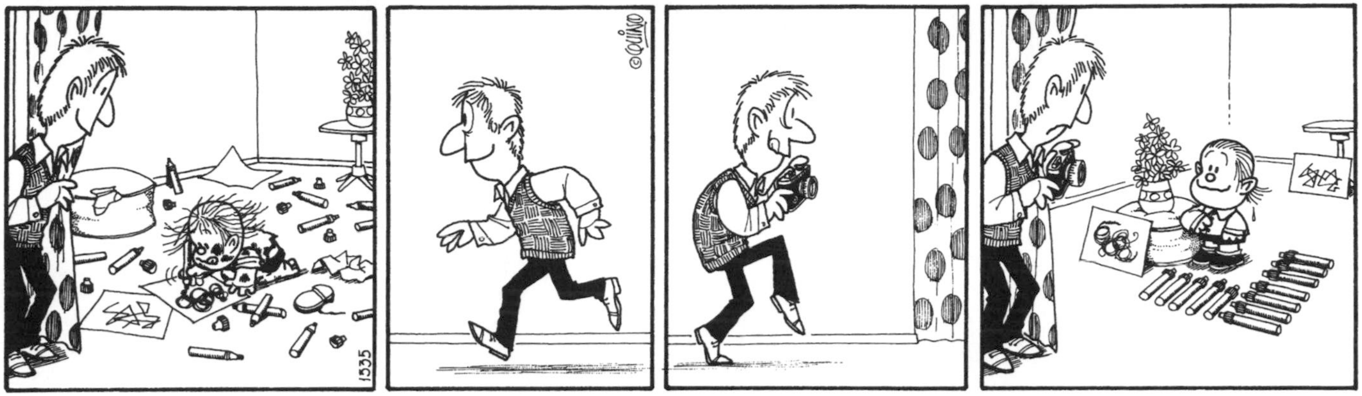

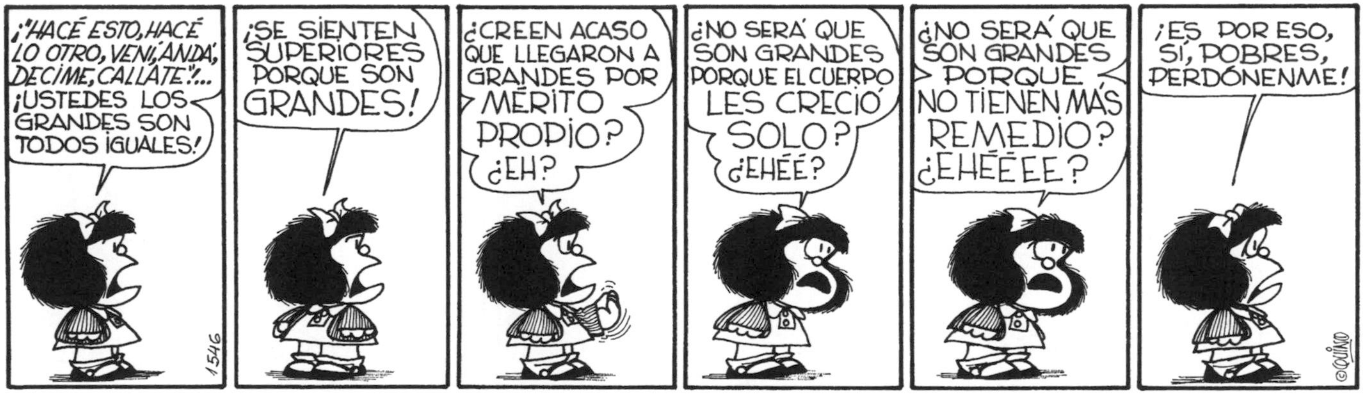
¡"HACÉ ESTO, HACÉ LO OTRO, VENÍ, ANDÁ, DECIME, CALLATE"!... ¡USTEDES LOS GRANDES SON TODOS IGUALES!
¡SE SIENTEN SUPERIORES PORQUE SON GRANDES!
¿CREEN ACASO QUE LLEGARON A GRANDES POR MÉRITO PROPIO? ¿EH?
¿NO SERÁ QUE SON GRANDES PORQUE EL CUERPO LES CRECIÓ SOLO? ¿EHEÉ?
¿NO SERÁ QUE SON GRANDES PORQUE NO TIENEN MÁS REMEDIO? ¿EHEÉEE?
¡ES POR ESO, SÍ, POBRES, PERDÓNENME!

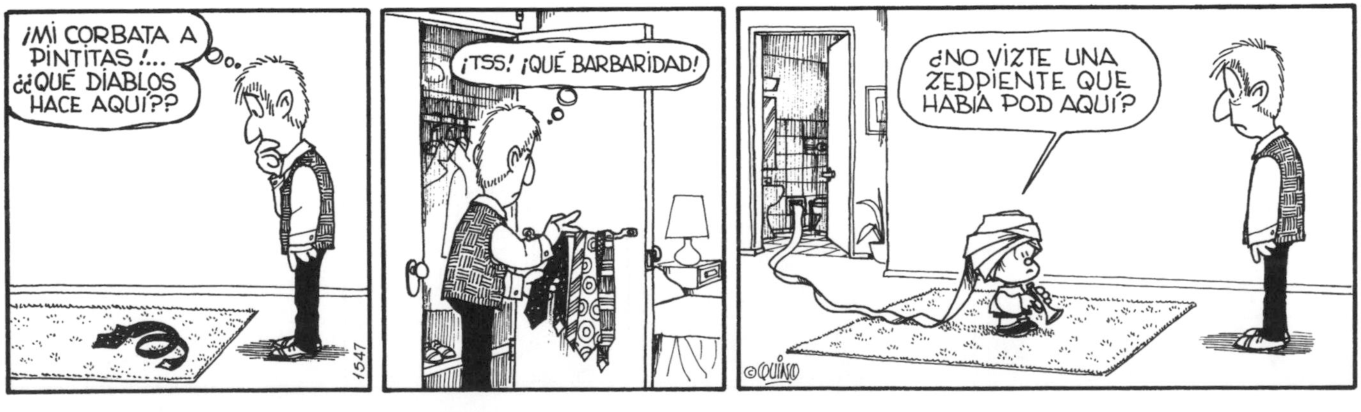
¡MI CORBATA A PINTITAS!... ¿¿QUÉ DIABLOS HACE AQUÍ??
¡TSS! ¡QUÉ BARBARIDAD!
¿NO VIZTE UNA ZEDPIENTE QUE HABÍA POD AQUÍ?

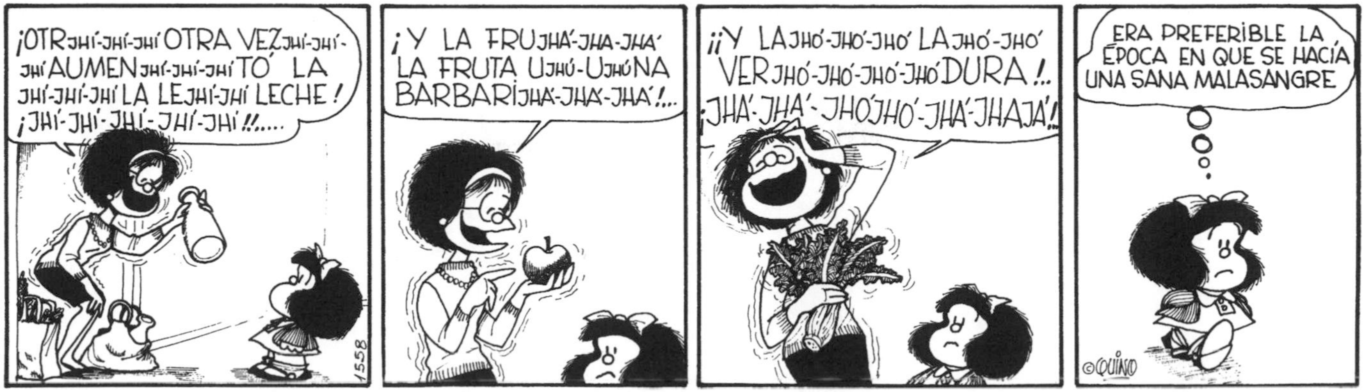
¡OTRJHÍ-JHÍ-JHÍ OTRA VEZJHÍ-JHÍ-JHÍ AUMENJHÍ-JHÍ-JHÍ TÓ LA JHÍ-JHÍ-JHÍ LA LEJHÍ-JHÍ LECHE! ¡JHÍ-JHÍ-JHÍ-JHÍ-JHÍ!!.....
1558
¡Y LA FRUJHÁ-JHA-JHÁ LA FRUTA UJHÚ-UJHÚNA BARBARIJHÁ-JHÁ-JHÁ!...
¡¡Y LAJHÓ-JHÓ-JHÓ LAJHÓ-JHÓ VERJHÓ-JHÓ-JHÓ-JHÓ DURA!.. ¡JHÁ-JHÁ-JHÓJHÓ-JHÁ-JHAJÁ!!
ERA PREFERIBLE LA ÉPOCA EN QUE SE HACÍA UNA SANA MALASANGRE
©QUINO

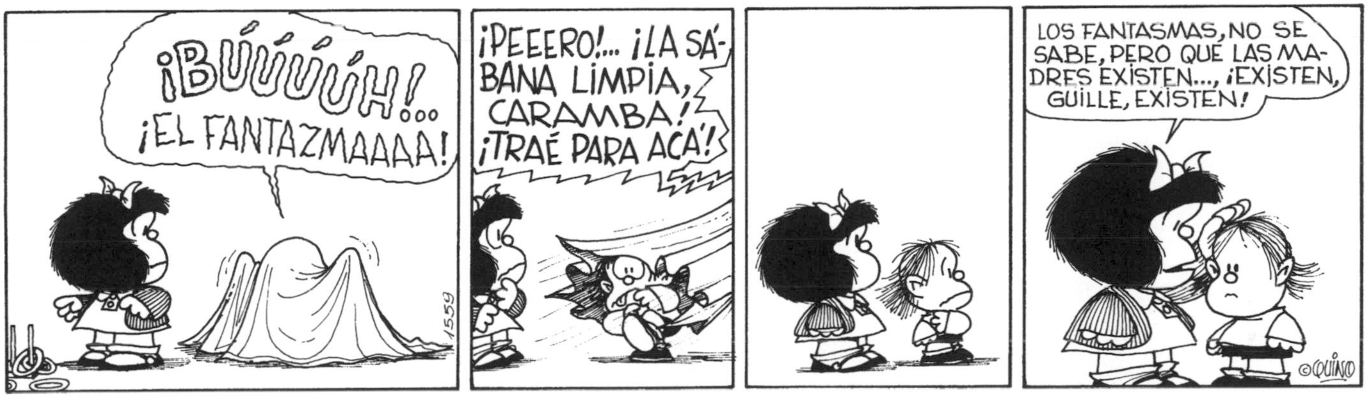
¡BÚÚÚÚH!... ¡EL FANTAZMAAAAA!
1559
¡PEEERO!... ¡LA SÁBANA LIMPIA, CARAMBA! ¡TRAÉ PARA ACÁ!
LOS FANTASMAS, NO SE SABE, PERO QUE LAS MADRES EXISTEN..., ¡EXISTEN, GUILLE, EXISTEN!
©QUINO

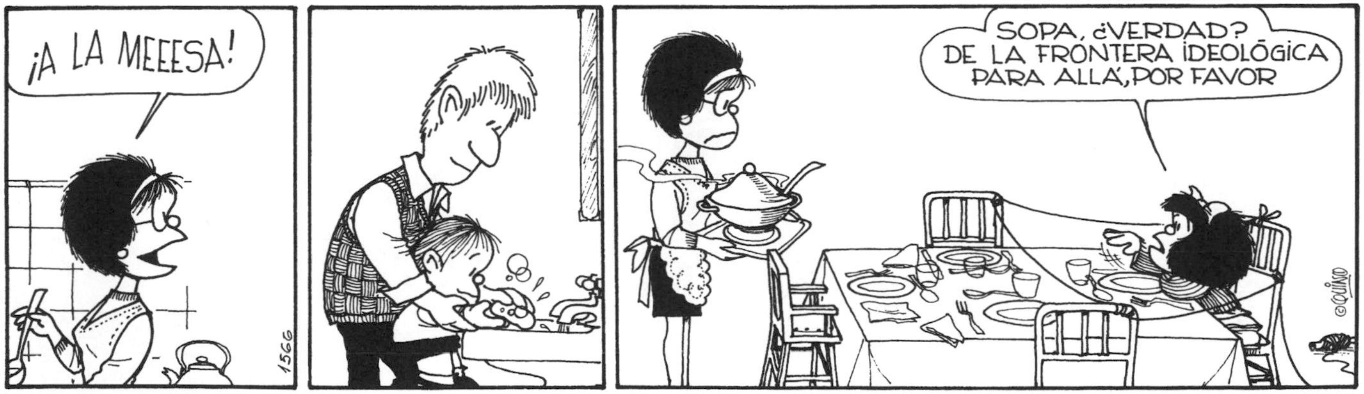
¡A LA MEEESA!
1566
SOPA, ¿VERDAD? DE LA FRONTERA IDEOLÓGICA PARA ALLÁ, POR FAVOR
©QUINO

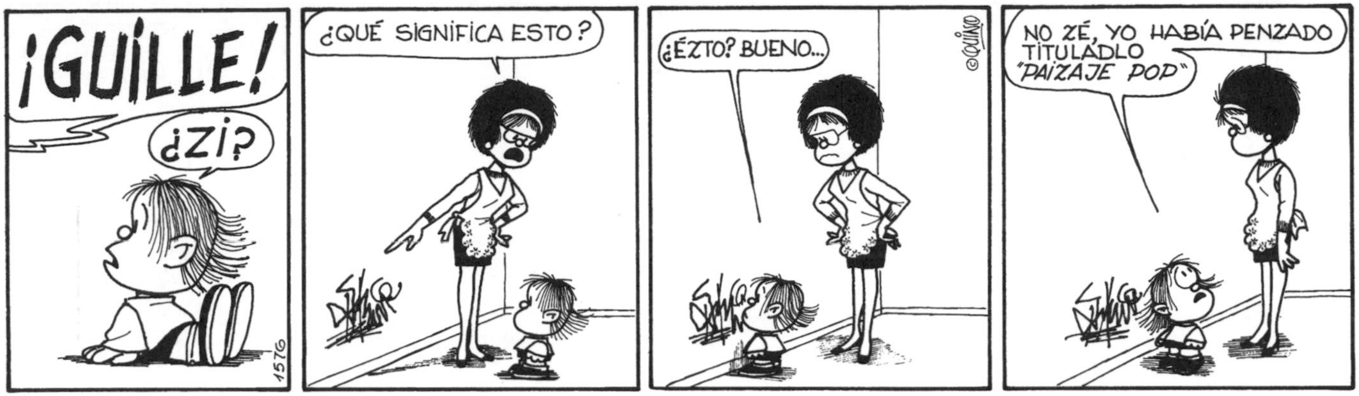
¡GUILLE!
¿ZI?
¿QUÉ SIGNIFICA ESTO?
¿ÉZTO? BUENO...
NO ZÉ, YO HABÍA PENZADO TITULÁDLO "PAIZAJE POP"

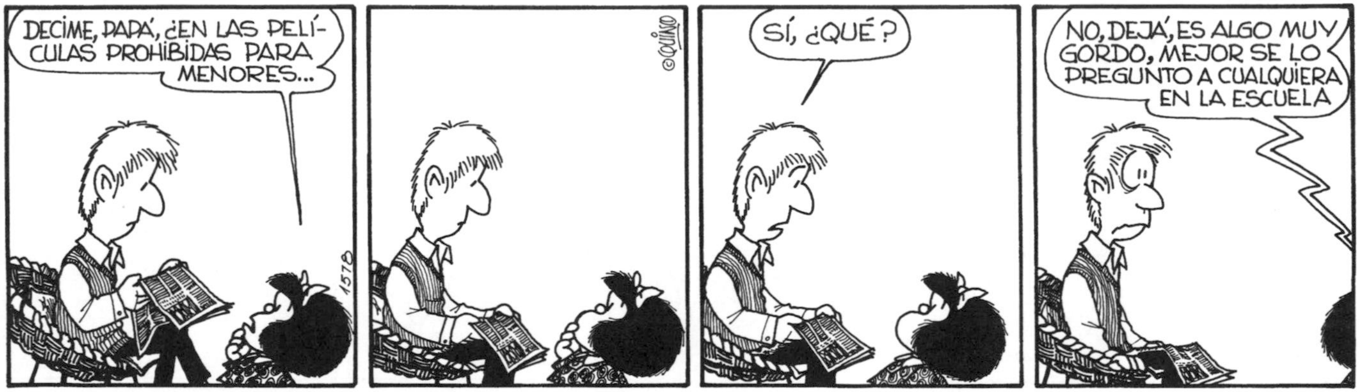
DECIME, PAPÁ, ¿EN LAS PELÍCULAS PROHIBIDAS PARA MENORES...
SÍ, ¿QUÉ?
NO, DEJÁ, ES ALGO MUY GORDO, MEJOR SE LO PREGUNTO A CUALQUIERA EN LA ESCUELA

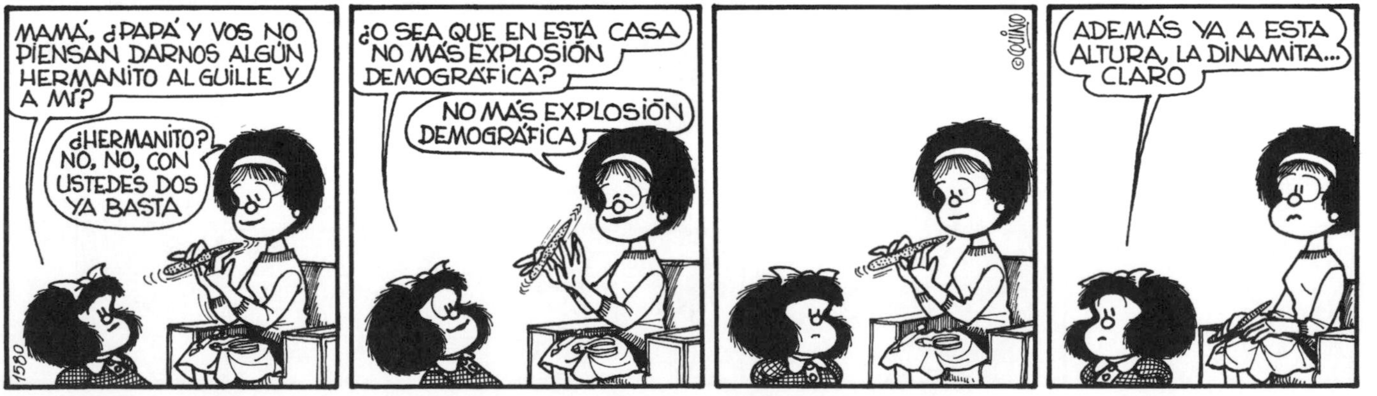
MAMÁ, ¿PAPÁ Y VOS NO PIENSAN DARNOS ALGÚN HERMANITO AL GUILLE Y A MÍ?
¿HERMANITO? NO, NO, CON USTEDES DOS YA BASTA
¿O SEA QUE EN ESTA CASA NO MÁS EXPLOSIÓN DEMOGRÁFICA?
NO MÁS EXPLOSIÓN DEMOGRÁFICA
ADEMÁS YA A ESTA ALTURA, LA DINAMITA... CLARO

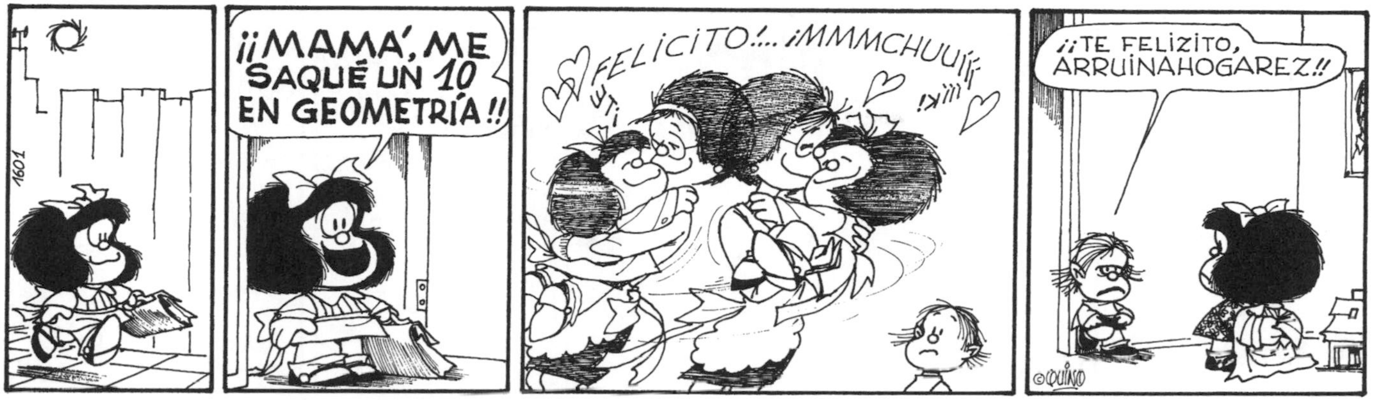
1601
¡¡MAMÁ, ME SAQUÉ UN 10 EN GEOMETRÍA!!
FELICITO!... ¡MMMCHUU
¡¡TE FELIZITO, ARRUINAHOGAREZ!!
©QUINO

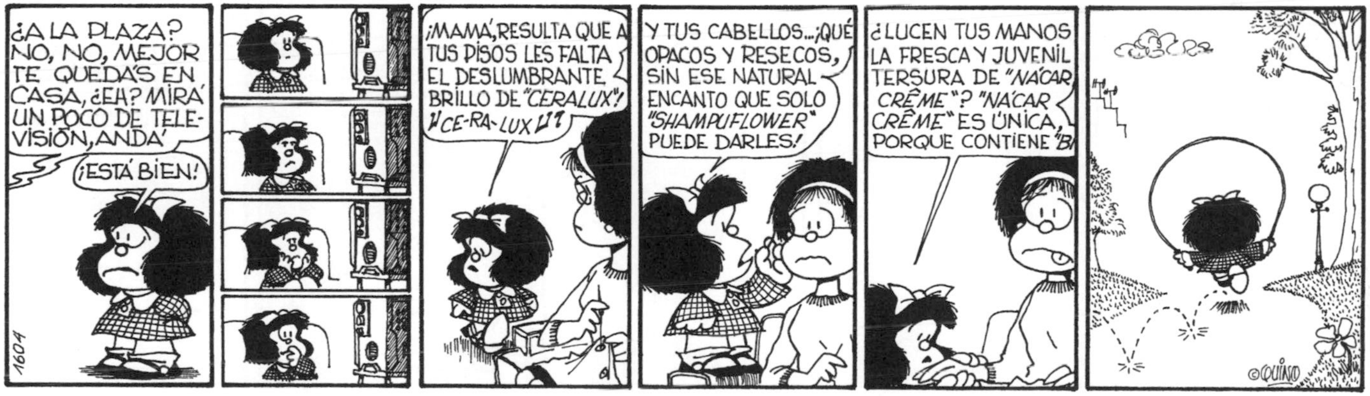
1604
¿A LA PLAZA? NO, NO, MEJOR TE QUEDÁS EN CASA, ¿EH? MIRÁ UN POCO DE TELEVISIÓN, ANDÁ
¡ESTÁ BIEN!
¡MAMÁ, RESULTA QUE A TUS PISOS LES FALTA EL DESLUMBRANTE BRILLO DE "CERALUX"! ¡¡CE-RA-LUX!!
Y TUS CABELLOS...¡QUÉ OPACOS Y RESECOS, SIN ESE NATURAL ENCANTO QUE SOLO "SHAMPUFLOWER" PUEDE DARLES!
¿LUCEN TUS MANOS LA FRESCA Y JUVENIL TERSURA DE "NÁCAR CRÊME"? "NÁCAR CRÊME" ES ÚNICA, PORQUE CONTIENE "B
©QUINO

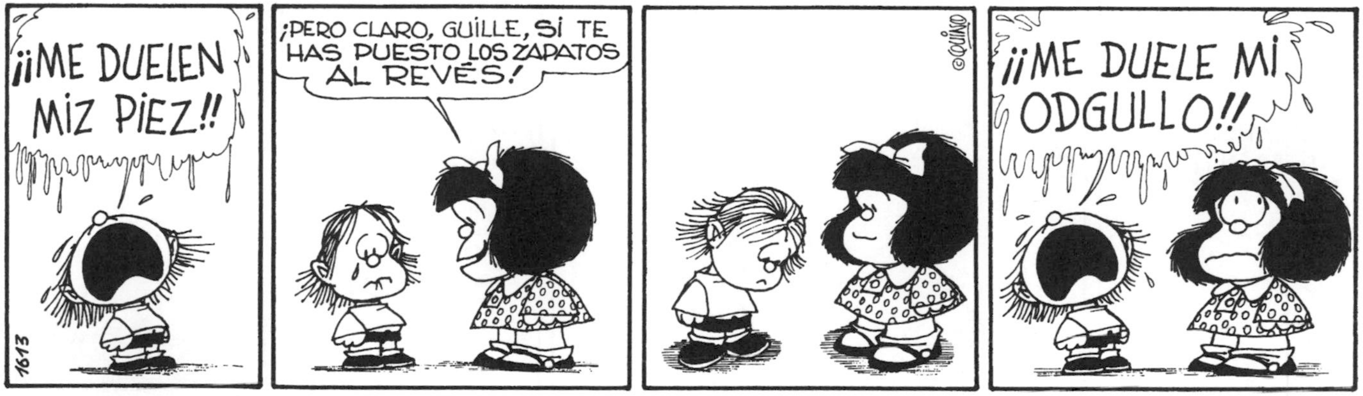
1613
¡¡ME DUELEN MIZ PIEZ!!
¡PERO CLARO, GUILLE, SI TE HAS PUESTO LOS ZAPATOS AL REVÉS!
©QUINO
¡¡ME DUELE MI ODGULLO!!

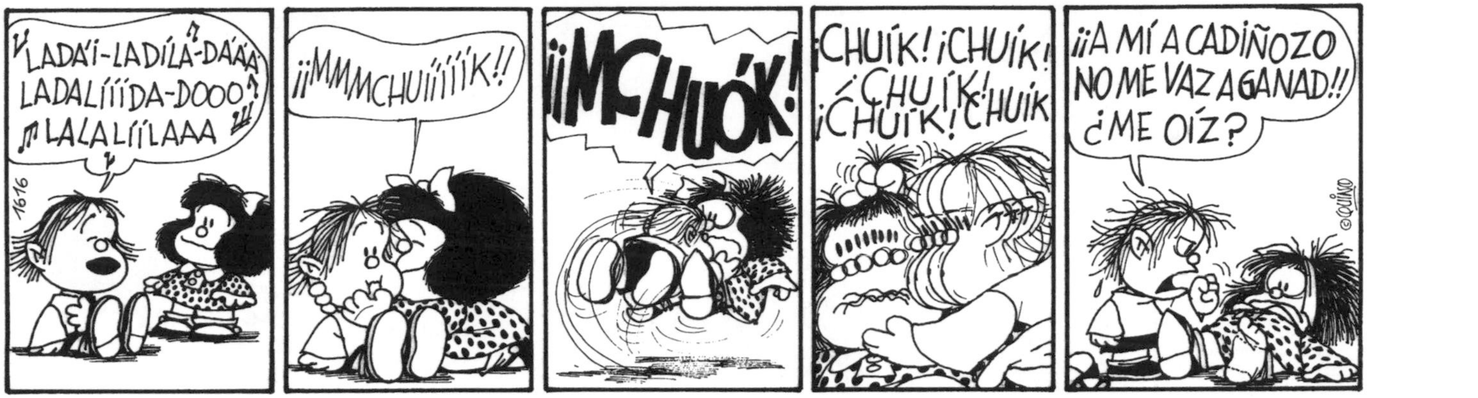
1616
LADAÍ-LADÍLÁ-DÁÁÁ LADALÍÍÍDA-DOOO LALALÍÍLAAA
¡¡MMMCHUÍÍÍÍÍK!!
¡¡MCHUÓK!!
¡CHUÍK! ¡CHUÍK! ¡CHUÍK! ¡CHUÍK! CHUÍK
¡¡A MÍ A CADIÑOZO NO ME VAZ A GANAD!! ¿ME OÍZ?
©QUINO

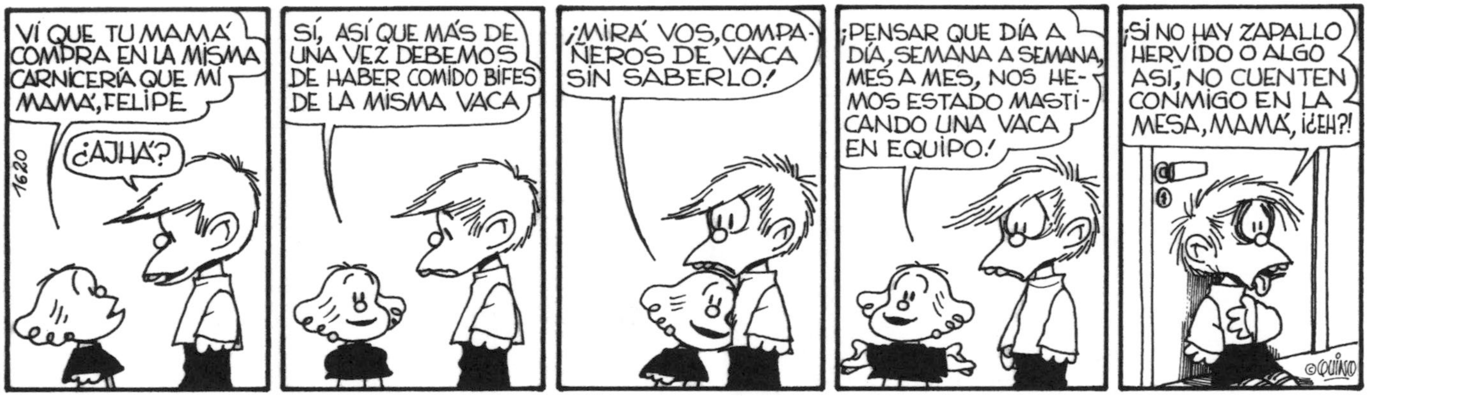
1620
VÍ QUE TU MAMÁ COMPRA EN LA MISMA CARNICERÍA QUE MÍ MAMÁ, FELIPE
¿AJHÁ?
SÍ, ASÍ QUE MÁS DE UNA VEZ DEBEMOS DE HABER COMIDO BIFES DE LA MISMA VACA
¡MIRÁ VOS, COMPAÑEROS DE VACA SIN SABERLO!
¡PENSAR QUE DÍA A DÍA, SEMANA A SEMANA, MES A MES, NOS HEMOS ESTADO MASTICANDO UNA VACA EN EQUIPO!
¡SI NO HAY ZAPALLO HERVIDO O ALGO ASÍ, NO CUENTEN CONMIGO EN LA MESA, MAMÁ, ¡¿EH?!
©QUINO

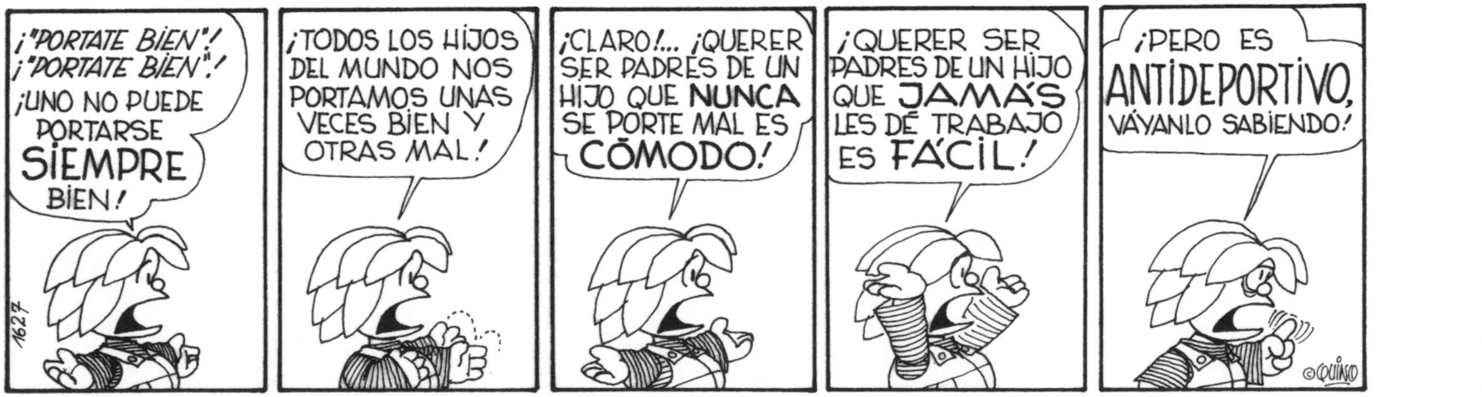
1627
¡"PORTATE BIEN"! ¡"PORTATE BIEN"! ¡UNO NO PUEDE PORTARSE SIEMPRE BIEN!
¡TODOS LOS HIJOS DEL MUNDO NOS PORTAMOS UNAS VECES BIEN Y OTRAS MAL!
¡CLARO!... ¡QUERER SER PADRES DE UN HIJO QUE NUNCA SE PORTE MAL ES CÓMODO!
¡QUERER SER PADRES DE UN HIJO QUE JAMÁS LES DÉ TRABAJO ES FÁCIL!
¡PERO ES ANTIDEPORTIVO, VÁYANLO SABIENDO!
©QUINO

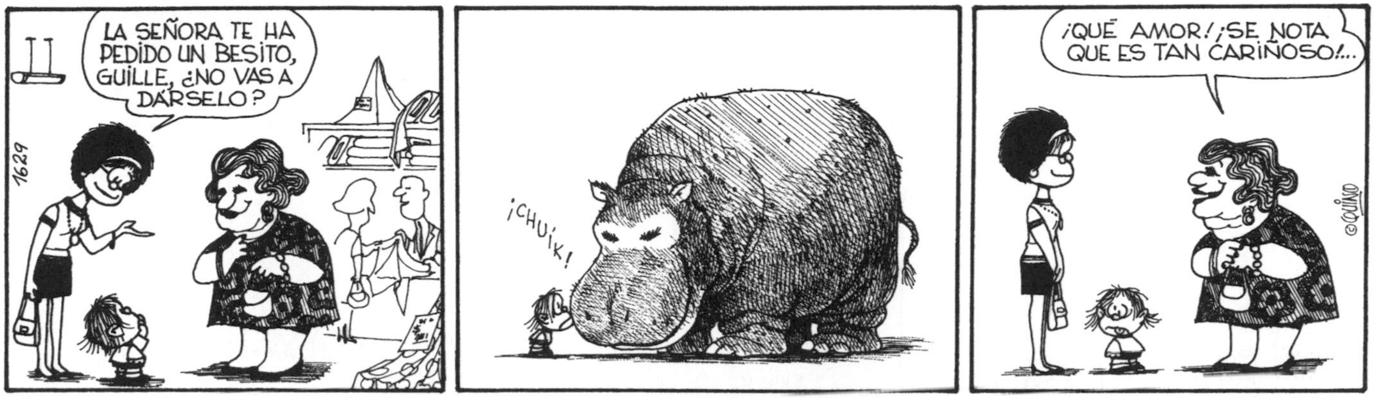
1629
LA SEÑORA TE HA PEDIDO UN BESITO, GUILLE, ¿NO VAS A DÁRSELO?
¡CHUIK!
¡QUÉ AMOR! ¡SE NOTA QUE ES TAN CARIÑOSO!...
©QUINO

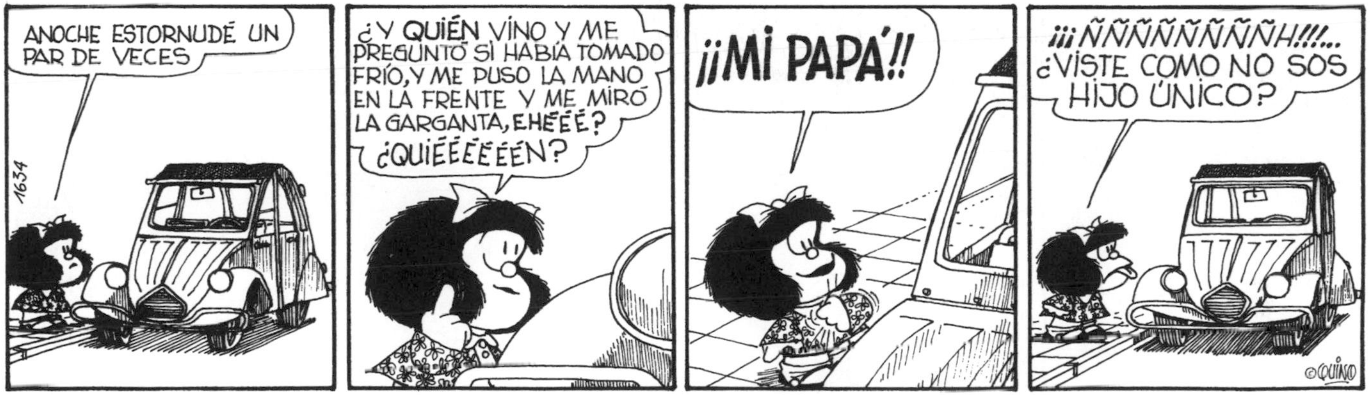
1634
ANOCHE ESTORNUDÉ UN PAR DE VECES
¿Y QUIÉN VINO Y ME PREGUNTÓ SI HABÍA TOMADO FRÍO, Y ME PUSO LA MANO EN LA FRENTE Y ME MIRÓ LA GARGANTA, EHÉÉÉ?
¿QUIÉÉÉÉÉÉN?
¡¡MI PAPÁ!!
¡¡¡ÑÑÑÑÑÑÑÑH!!!...
¿VISTE COMO NO SOS HIJO ÚNICO?
©QUINO

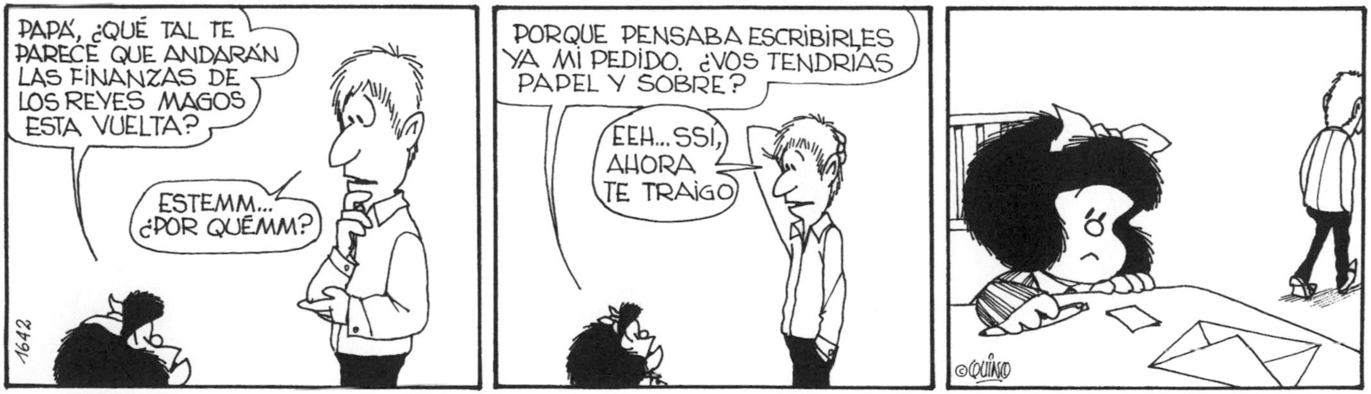
1642
PAPÁ, ¿QUÉ TAL TE PARECE QUE ANDARÁN LAS FINANZAS DE LOS REYES MAGOS ESTA VUELTA?
ESTEMM... ¿POR QUÉMM?
PORQUE PENSABA ESCRIBIRLES YA MI PEDIDO. ¿VOS TENDRÍAS PAPEL Y SOBRE?
EEH... SSÍ, AHORA TE TRAIGO
©QUINO

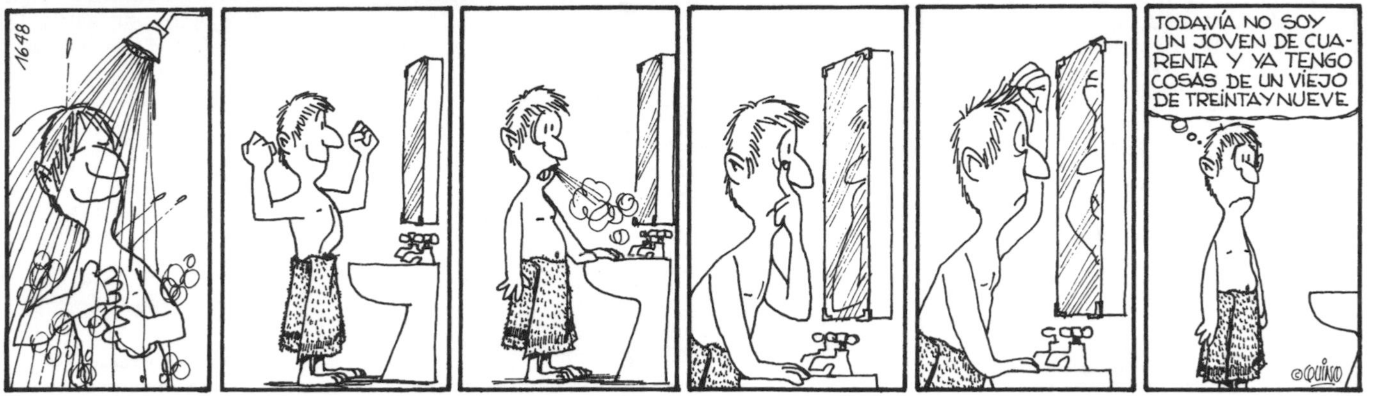
1648
TODAVÍA NO SOY UN JOVEN DE CUARENTA Y YA TENGO COSAS DE UN VIEJO DE TREINTAYNUEVE
©QUINO

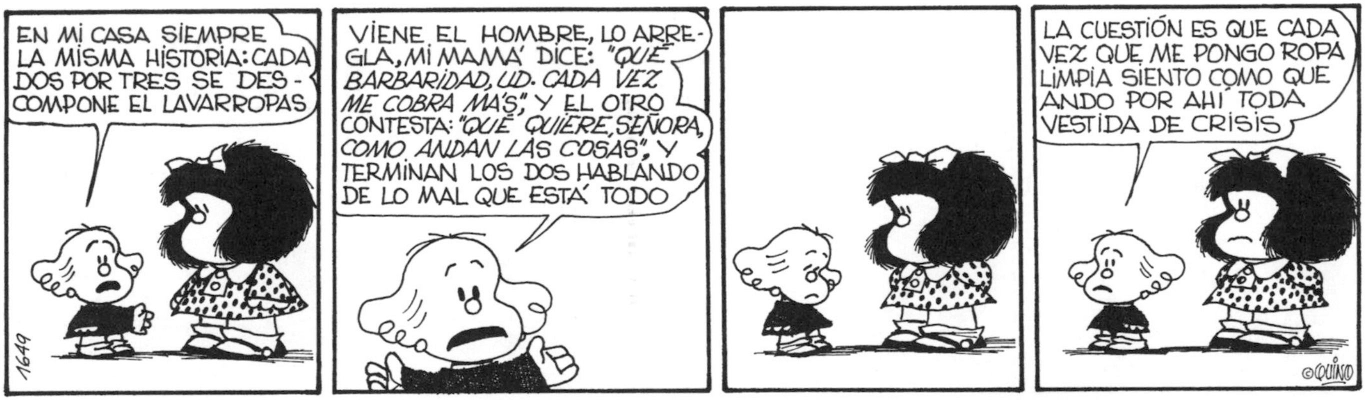
1649
EN MI CASA SIEMPRE LA MISMA HISTORIA: CADA DOS POR TRES SE DESCOMPONE EL LAVARROPAS
VIENE EL HOMBRE, LO ARREGLA, MI MAMÁ DICE: *"QUÉ BARBARIDAD, UD. CADA VEZ ME COBRA MÁS"*, Y EL OTRO CONTESTA: *"QUÉ QUIERE, SEÑORA, COMO ANDAN LAS COSAS"*, Y TERMINAN LOS DOS HABLANDO DE LO MAL QUE ESTÁ TODO
LA CUESTIÓN ES QUE CADA VEZ QUE ME PONGO ROPA LIMPIA SIENTO COMO QUE ANDO POR AHÍ TODA VESTIDA DE CRISIS
©QUINO

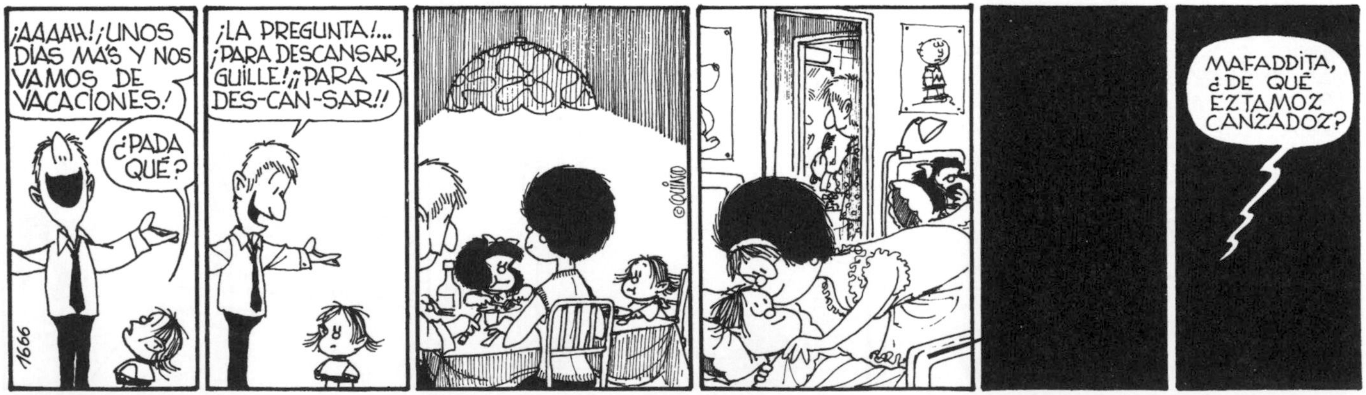
1666
¡AAAAH! ¡UNOS DÍAS MÁS Y NOS VAMOS DE VACACIONES!
¿PADA QUÉ?
¡LA PREGUNTA!... ¡PARA DESCANSAR, GUILLE! ¡¡PARA DES-CAN-SAR!!
©QUINO
MAFADDITA, ¿DE QUÉ EZTAMOZ CANZADOZ?

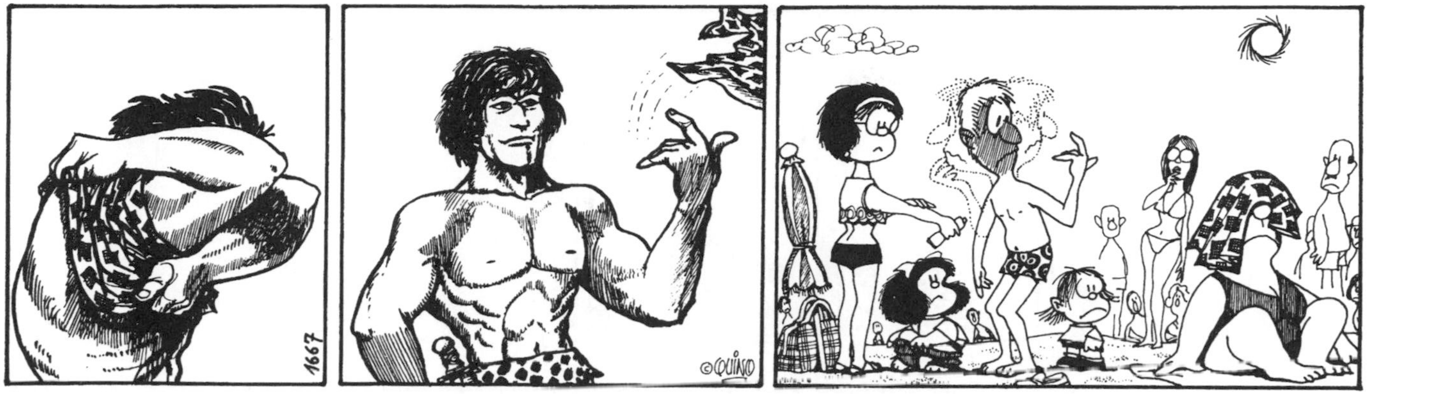
1667
©QUINO

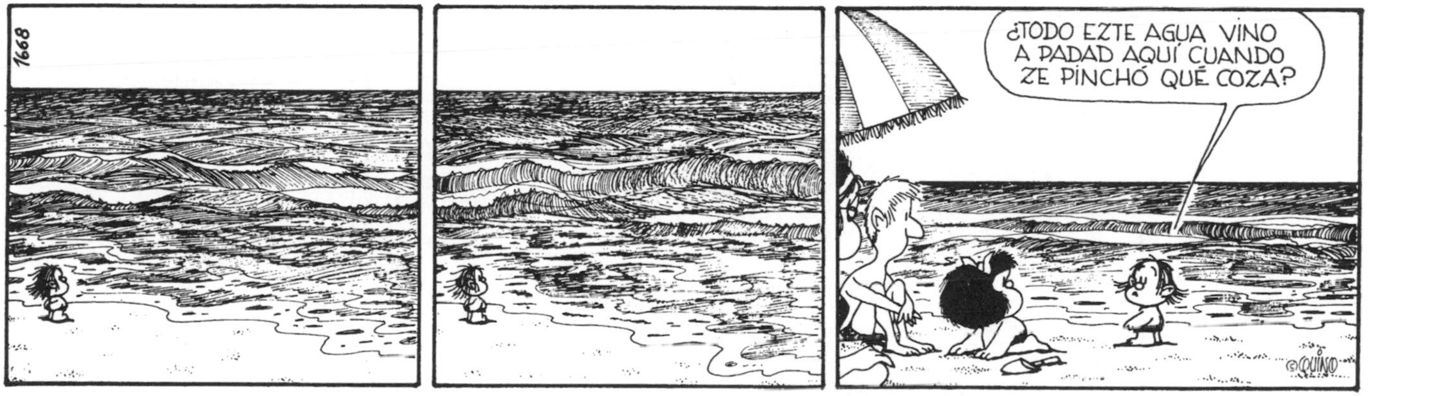
1668
¿TODO EZTE AGUA VINO A PADAD AQUÍ CUANDO ZE PINCHÓ QUÉ COZA?
©QUINO

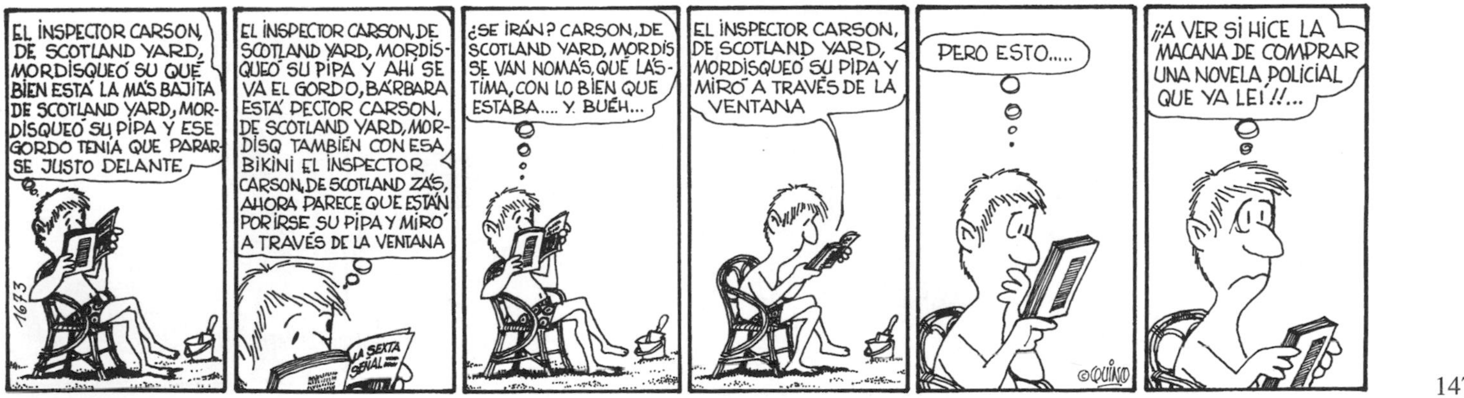
1673
EL INSPECTOR CARSON, DE SCOTLAND YARD, MORDISQUEÓ SU QUÉ BIEN ESTÁ LA MÁS BAJITA DE SCOTLAND YARD, MORDISQUEÓ SU PIPA Y ESE GORDO TENÍA QUE PARARSE JUSTO DELANTE
EL INSPECTOR CARSON, DE SCOTLAND YARD, MORDISQUEÓ SU PIPA Y AHÍ SE VA EL GORDO, BÁRBARA ESTÁ PECTOR CARSON, DE SCOTLAND YARD, MORDISQ TAMBIÉN CON ESA BIKINI EL INSPECTOR CARSON, DE SCOTLAND ZÁS, AHORA PARECE QUE ESTÁN POR IRSE SU PIPA Y MIRÓ A TRAVÉS DE LA VENTANA
LA SEXTA SEÑAL
¿SE IRÁN? CARSON, DE SCOTLAND YARD, MORDISSE VAN NOMÁS, QUÉ LÁSTIMA, CON LO BIEN QUE ESTABA.... Y. BUÉH...
EL INSPECTOR CARSON, DE SCOTLAND YARD, MORDISQUEÓ SU PIPA Y MIRÓ A TRAVÉS DE LA VENTANA
PERO ESTO.....
¡¡A VER SI HICE LA MACANA DE COMPRAR UNA NOVELA POLICIAL QUE YA LEÍ!!...
©QUINO

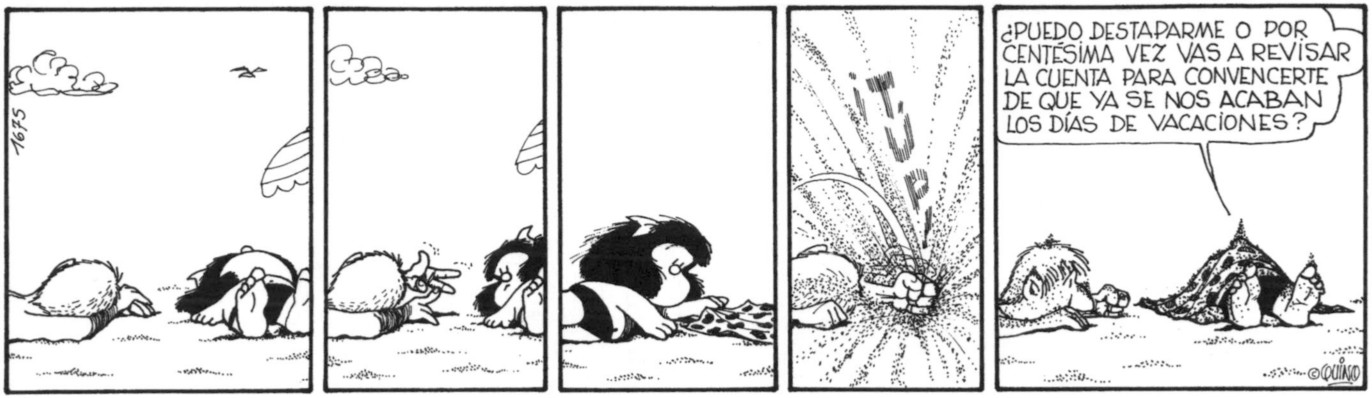
1675
¡TUP!
¿PUEDO DESTAPARME O POR CENTÉSIMA VEZ VAS A REVISAR LA CUENTA PARA CONVENCERTE DE QUE YA SE NOS ACABAN LOS DÍAS DE VACACIONES?
©QUINO

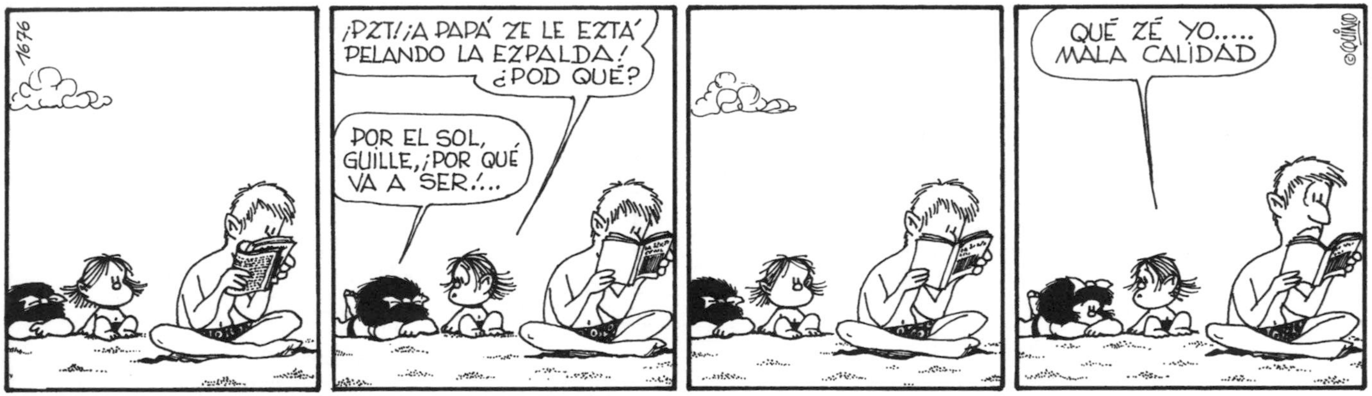
1676
¡PZT! ¡A PAPÁ ZE LE EZTÁ PELANDO LA EZPALDA!
¿POD QUÉ?
POR EL SOL, GUILLE, ¡POR QUÉ VA A SER!...
QUÉ ZÉ YO..... MALA CALIDAD
©QUINO

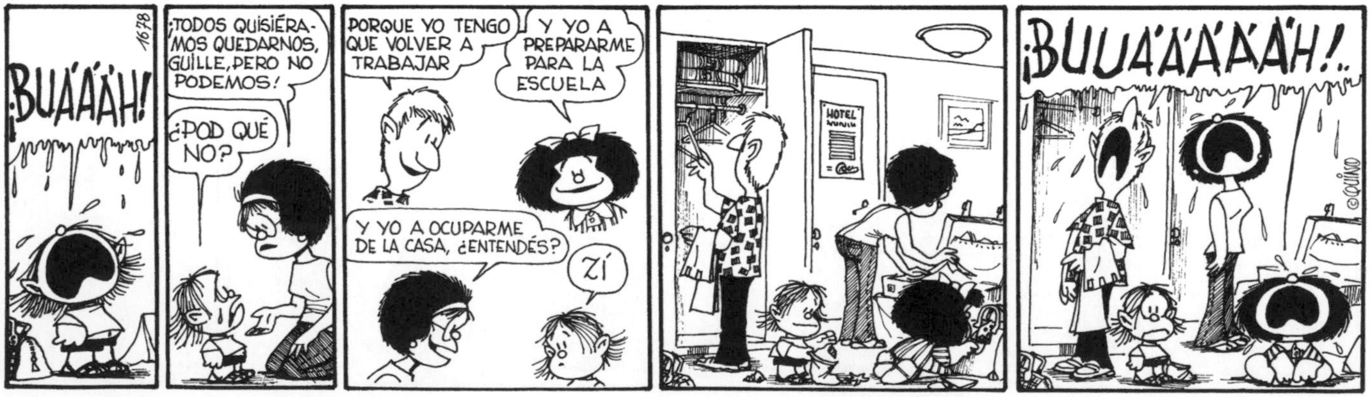
1678
¡BUÁÁÁH!
¡TODOS QUISIÉRAMOS QUEDARNOS, GUILLE, PERO NO PODEMOS!
¿POD QUÉ NO?
PORQUE YO TENGO QUE VOLVER A TRABAJAR
Y YO A PREPARARME PARA LA ESCUELA
Y YO A OCUPARME DE LA CASA, ¿ENTENDÉS?
ZÍ
HOTEL
¡BUUÁÁÁÁÁH!..
©QUINO

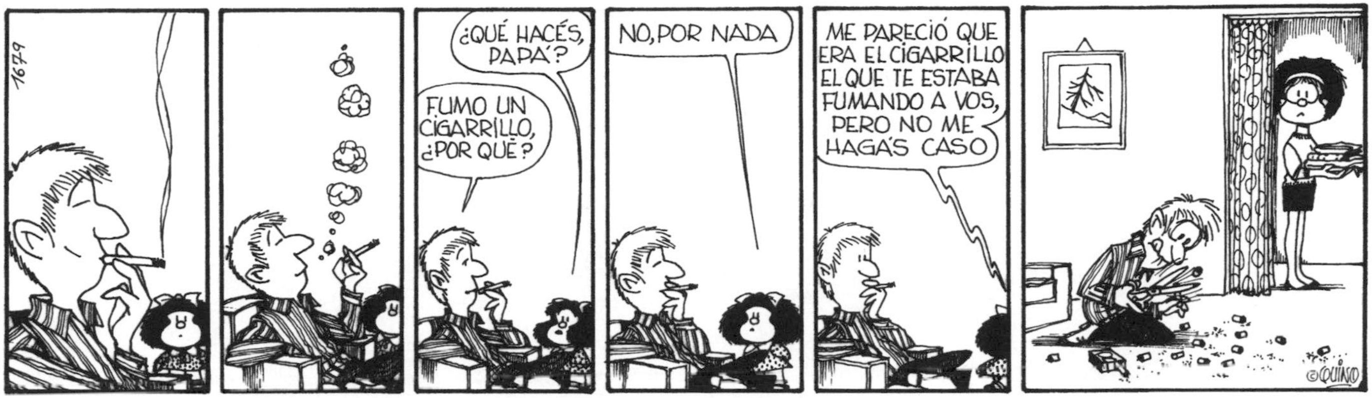
1679
¿QUÉ HACÉS, PAPÁ?
FUMO UN CIGARRILLO, ¿POR QUÉ?
NO, POR NADA
ME PARECIÓ QUE ERA EL CIGARRILLO EL QUE TE ESTABA FUMANDO A VOS, PERO NO ME HAGÁS CASO
©QUINO

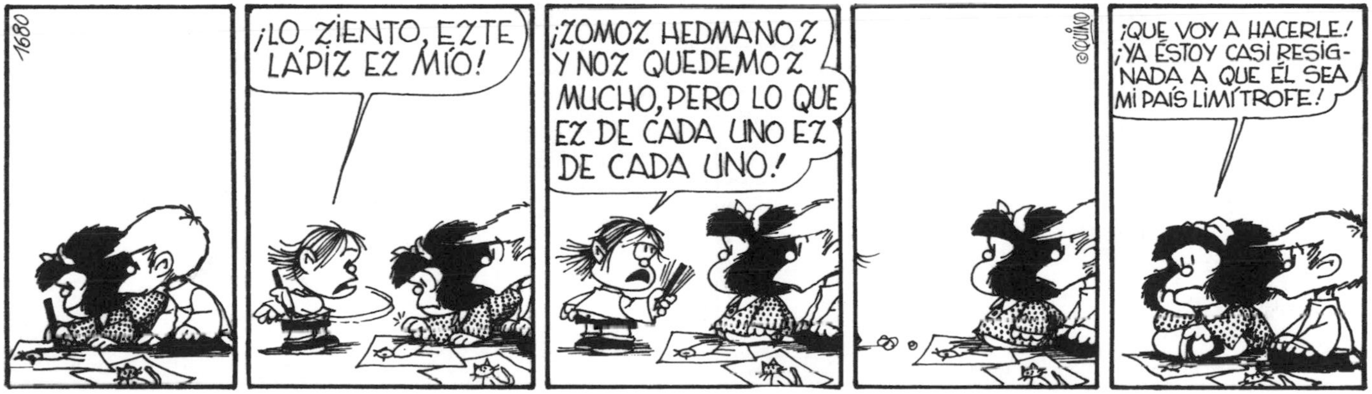
1680
¡LO ZIENTO, EZTE LÁPIZ EZ MÍO!
¡ZOMOZ HEDMANOZ Y NOZ QUEDEMOZ MUCHO, PERO LO QUE EZ DE CADA UNO EZ DE CADA UNO!
©QUINO
¡QUE VOY A HACERLE! ¡YA ESTOY CASI RESIGNADA A QUE ÉL SEA MI PAÍS LIMÍTROFE!

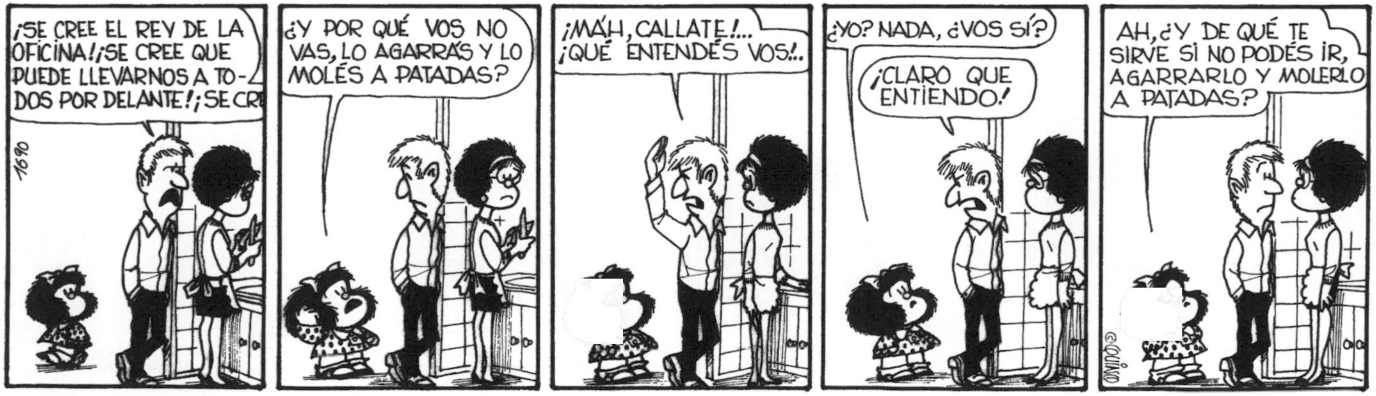
¡SE CREE EL REY DE LA OFICINA!¡SE CREE QUE PUEDE LLEVARNOS A TODOS POR DELANTE!¡SE CR
1690
¿Y POR QUÉ VOS NO VAS, LO AGARRÁS Y LO MOLÉS A PATADAS?
¡MÁH, CALLATE!... ¡QUÉ ENTENDÉS VOS!..
¿YO? NADA, ¿VOS SÍ?
¡CLARO QUE ENTIENDO!
©QUINO
AH, ¿Y DE QUÉ TE SIRVE SI NO PODÉS IR, AGARRARLO Y MOLERLO A PATADAS?

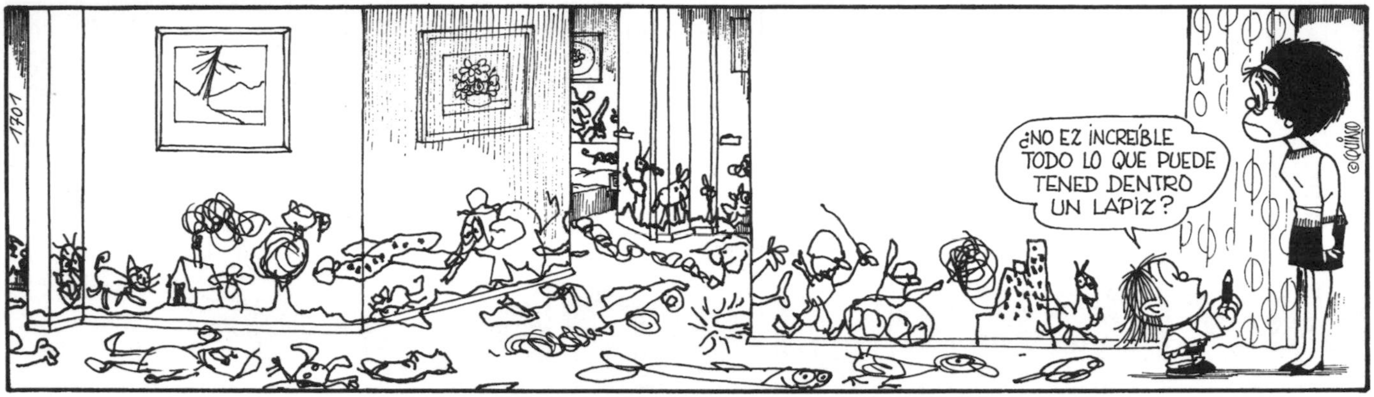
1701
¿NO EZ INCREÍBLE TODO LO QUE PUEDE TENED DENTRO UN LÁPIZ?
©QUINO

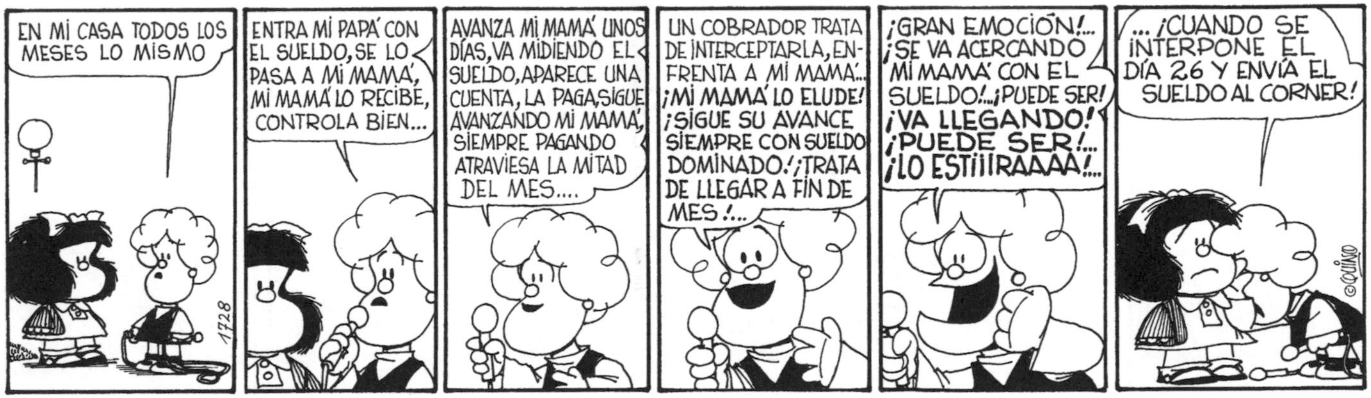
EN MI CASA TODOS LOS MESES LO MISMO
1728
ENTRA MI PAPÁ CON EL SUELDO, SE LO PASA A MI MAMÁ, MI MAMÁ LO RECIBE, CONTROLA BIEN...
AVANZA MI MAMÁ UNOS DÍAS, VA MIDIENDO EL SUELDO, APARECE UNA CUENTA, LA PAGA, SIGUE AVANZANDO MI MAMÁ, SIEMPRE PAGANDO ATRAVIESA LA MITAD DEL MES....
UN COBRADOR TRATA DE INTERCEPTARLA, ENFRENTA A MI MAMÁ... ¡MI MAMÁ LO ELUDE! ¡SIGUE SU AVANCE SIEMPRE CON SUELDO DOMINADO!, ¡TRATA DE LLEGAR A FIN DE MES!...
¡GRAN EMOCIÓN!... ¡SE VA ACERCANDO MI MAMÁ CON EL SUELDO!...¡PUEDE SER! ¡VA LLEGANDO! ¡PUEDE SER!... ¡LO ESTIIIRAAAA!...
... ¡CUANDO SE INTERPONE EL DÍA 26 Y ENVÍA EL SUELDO AL CORNER!
©QUINO

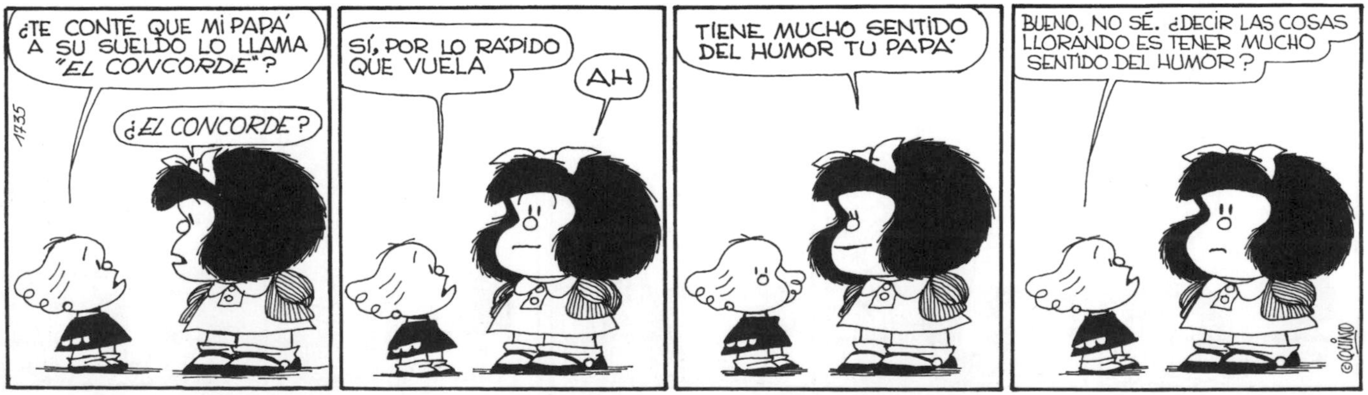
1735
¿TE CONTÉ QUE MI PAPÁ A SU SUELDO LO LLAMA "EL CONCORDE"?
¿EL CONCORDE?
SÍ, POR LO RÁPIDO QUE VUELA
AH
TIENE MUCHO SENTIDO DEL HUMOR TU PAPÁ
BUENO, NO SÉ. ¿DECIR LAS COSAS LLORANDO ES TENER MUCHO SENTIDO DEL HUMOR?
©QUINO

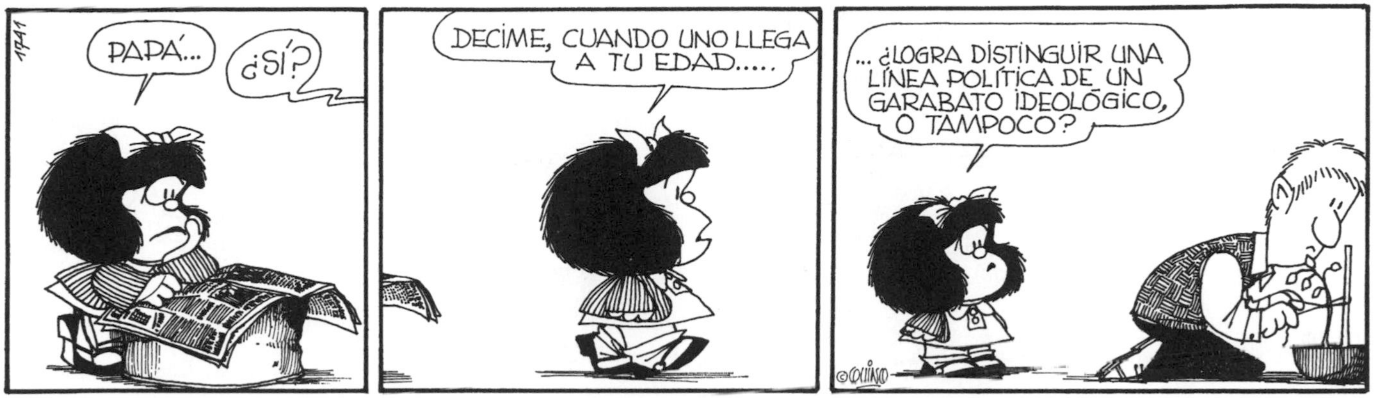
1741
PAPÁ...
¿SÍ?
DECIME, CUANDO UNO LLEGA A TU EDAD.....
...¿LOGRA DISTINGUIR UNA LÍNEA POLÍTICA DE UN GARABATO IDEOLÓGICO, O TAMPOCO?
©QUINO

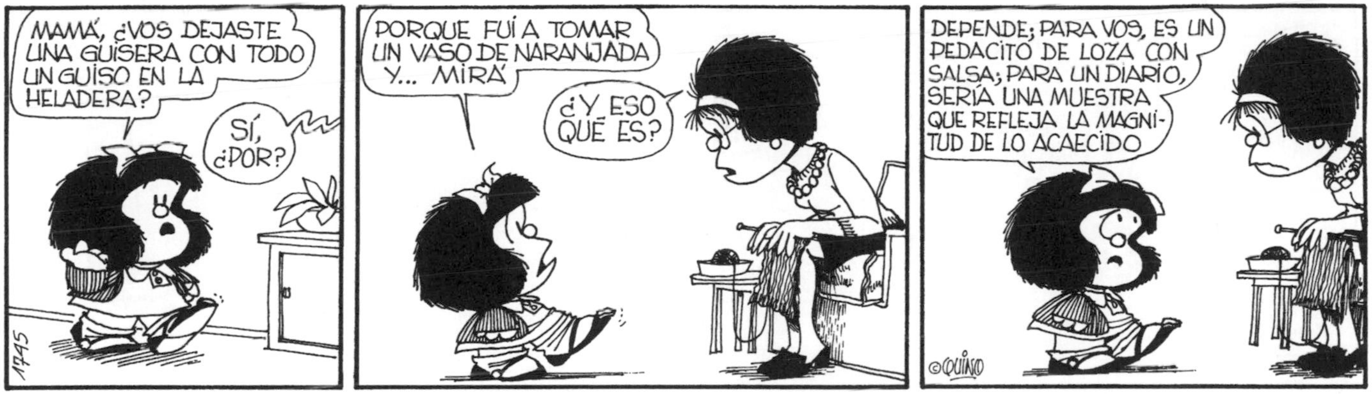
MAMÁ, ¿VOS DEJASTE UNA GUISERA CON TODO UN GUISO EN LA HELADERA?
SÍ, ¿POR?
1745
PORQUE FUÍ A TOMAR UN VASO DE NARANJADA Y... MIRÁ
¿Y ESO QUÉ ES?
DEPENDE; PARA VOS, ES UN PEDACITO DE LOZA CON SALSA; PARA UN DIARIO, SERÍA UNA MUESTRA QUE REFLEJA LA MAGNITUD DE LO ACAECIDO
©QUINO

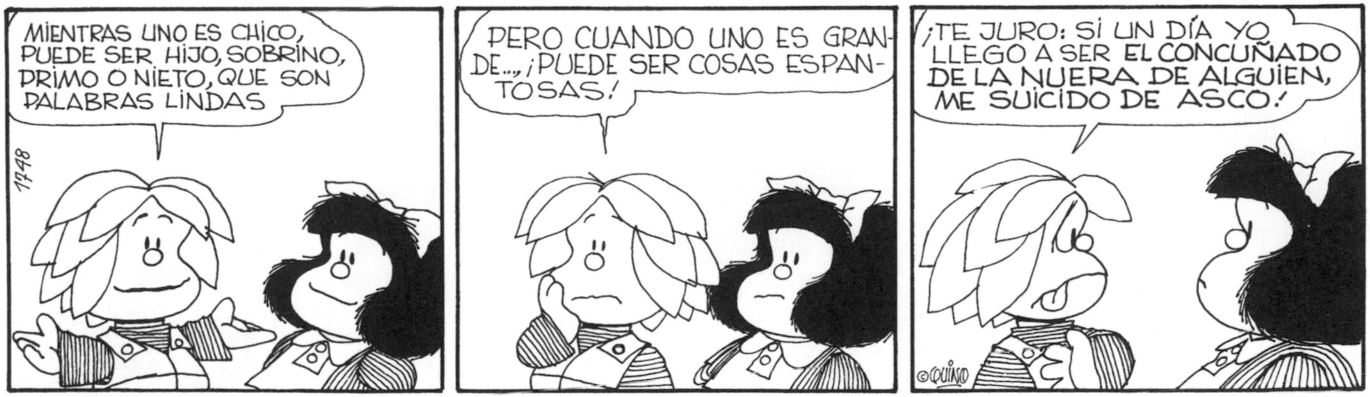
MIENTRAS UNO ES CHICO, PUEDE SER HIJO, SOBRINO, PRIMO O NIETO, QUE SON PALABRAS LINDAS
1748
PERO CUANDO UNO ES GRANDE..., ¡PUEDE SER COSAS ESPANTOSAS!
¡TE JURO: SI UN DÍA YO LLEGO A SER EL CONCUÑADO DE LA NUERA DE ALGUIEN, ME SUICIDO DE ASCO!
©QUINO

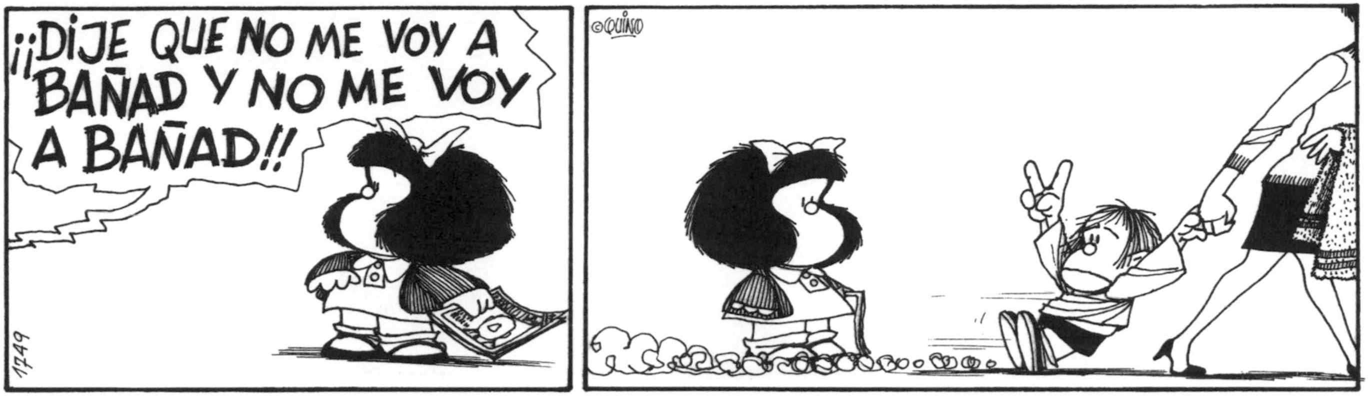
¡¡DIJE QUE NO ME VOY A BAÑAD Y NO ME VOY A BAÑAD!!
1749
©QUINO

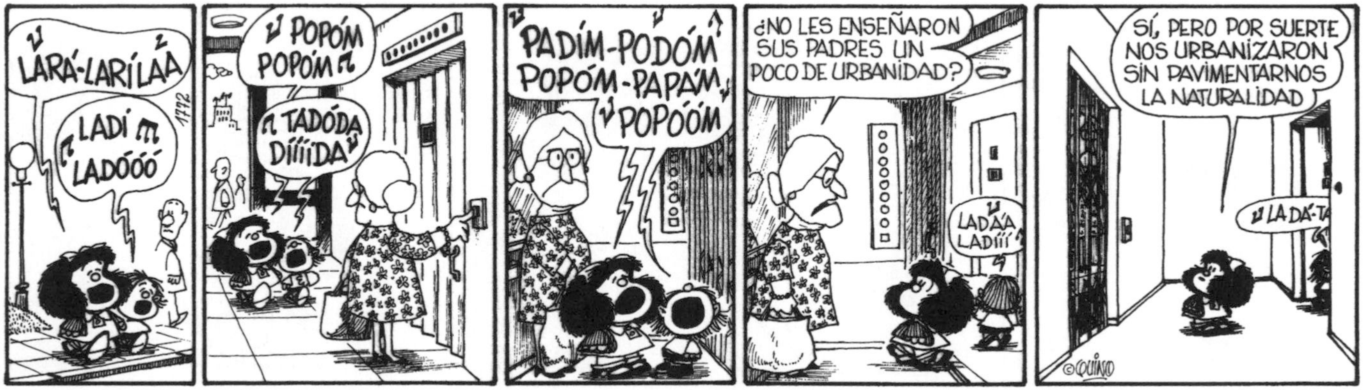
LARÁ-LARÍLAÁ
LADÍ LADÓÓÓ
1772
POPÓM POPÓM
TADÓDA DÍÍÍÍDA
PADÍM-PODÓM POPÓM-PAPÁM
POPÓÓM
¿NO LES ENSEÑARON SUS PADRES UN POCO DE URBANIDAD?
LADA'A LADÍÍÍ
SÍ, PERO POR SUERTE NOS URBANIZARON SIN PAVIMENTARNOS LA NATURALIDAD
©QUINO

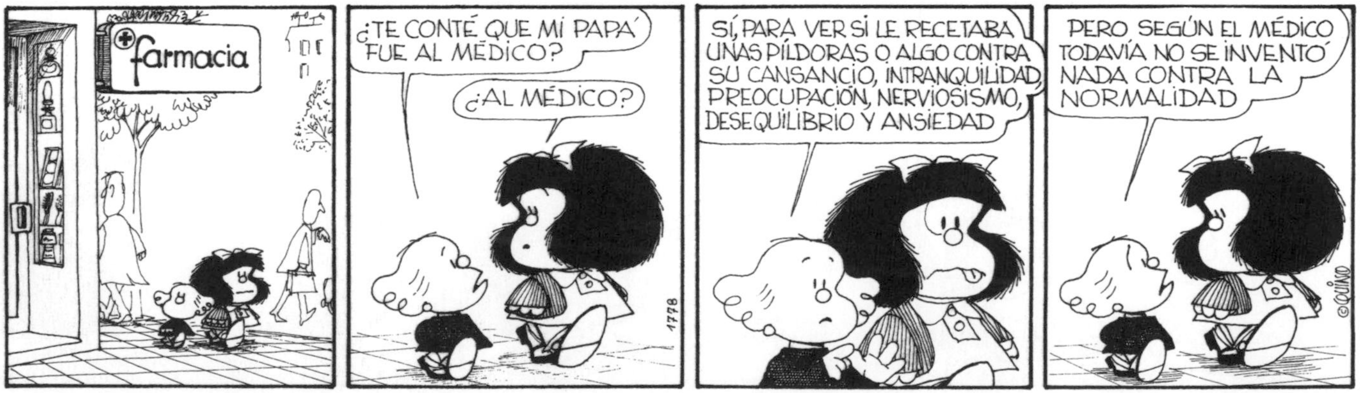
farmacia
¿TE CONTÉ QUE MI PAPÁ FUE AL MÉDICO?
¿AL MÉDICO?
1778
SÍ, PARA VER SI LE RECETABA UNAS PÍLDORAS O ALGO CONTRA SU CANSANCIO, INTRANQUILIDAD, PREOCUPACIÓN, NERVIOSISMO, DESEQUILIBRIO Y ANSIEDAD
PERO SEGÚN EL MÉDICO TODAVÍA NO SE INVENTÓ NADA CONTRA LA NORMALIDAD
©QUINO

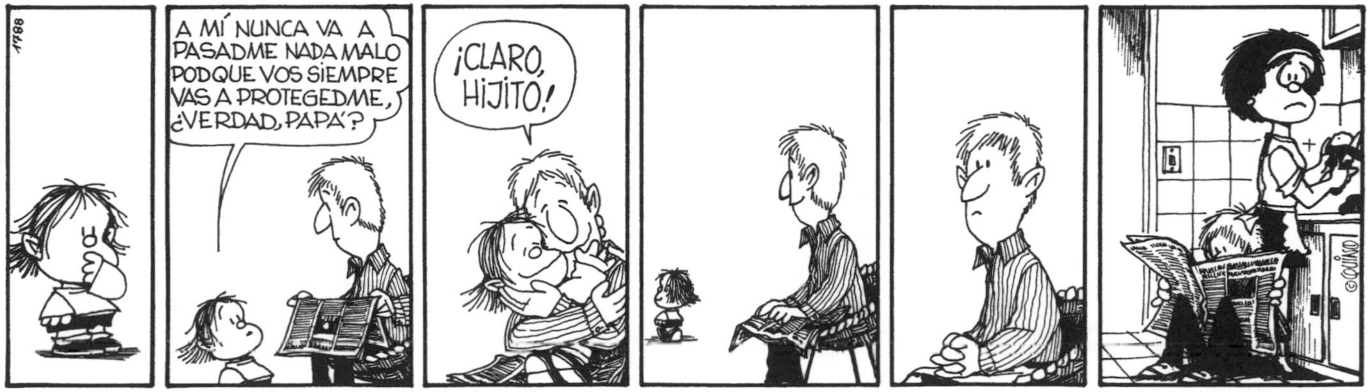
1788
A MÍ NUNCA VA A PASADME NADA MALO PODQUE VOS SIEMPRE VAS A PROTEGEDME, ¿VERDAD, PAPÁ?
¡CLARO, HIJITO!
©QUINO

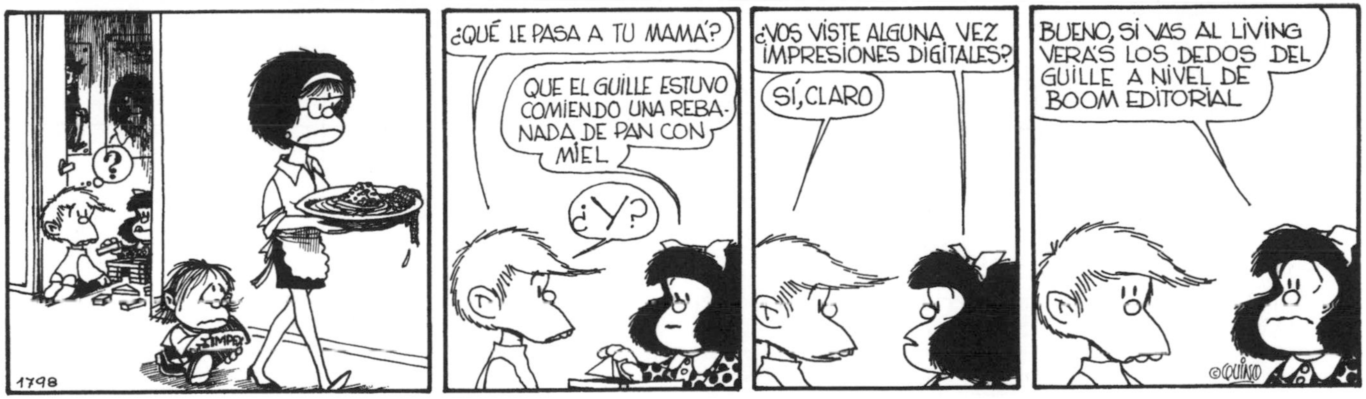
1798
¿QUÉ LE PASA A TU MAMÁ?
QUE EL GUILLE ESTUVO COMIENDO UNA REBANADA DE PAN CON MIEL
¿Y?
¿VOS VISTE ALGUNA VEZ IMPRESIONES DIGITALES?
SÍ, CLARO
BUENO, SI VAS AL LIVING VERÁS LOS DEDOS DEL GUILLE A NIVEL DE BOOM EDITORIAL
©QUINO

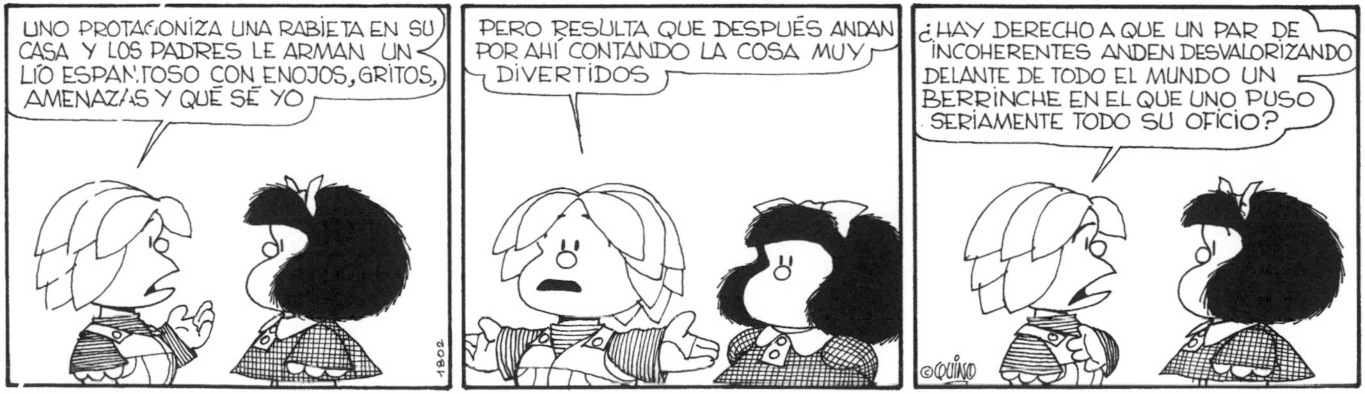
UNO PROTAGONIZA UNA RABIETA EN SU CASA Y LOS PADRES LE ARMAN UN LÍO ESPANTOSO CON ENOJOS, GRITOS, AMENAZAS Y QUÉ SÉ YO
1802
PERO RESULTA QUE DESPUÉS ANDAN POR AHÍ CONTANDO LA COSA MUY DIVERTIDOS
¿HAY DERECHO A QUE UN PAR DE INCOHERENTES ANDEN DESVALORIZANDO DELANTE DE TODO EL MUNDO UN BERRINCHE EN EL QUE UNO PUSO SERIAMENTE TODO SU OFICIO?
©QUINO

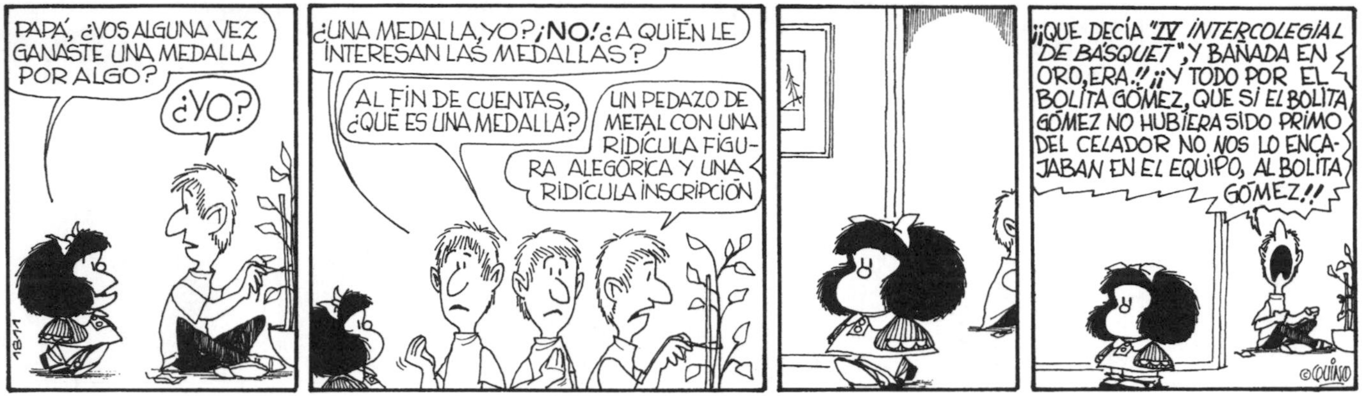
PAPÁ, ¿VOS ALGUNA VEZ GANASTE UNA MEDALLA POR ALGO?
¿YO?
1811
¿UNA MEDALLA, YO? ¡NO! ¿A QUIÉN LE INTERESAN LAS MEDALLAS?
AL FIN DE CUENTAS, ¿QUÉ ES UNA MEDALLA?
UN PEDAZO DE METAL CON UNA RIDÍCULA FIGURA ALEGÓRICA Y UNA RIDÍCULA INSCRIPCIÓN
¡¡QUE DECÍA "IV INTERCOLEGIAL DE BÁSQUET", Y BAÑADA EN ORO, ERA!! ¡¡Y TODO POR EL BOLITA GÓMEZ, QUE SI EL BOLITA GÓMEZ NO HUBIERA SIDO PRIMO DEL CELADOR NO NOS LO ENCAJABAN EN EL EQUIPO, AL BOLITA GÓMEZ!!
© QUINO

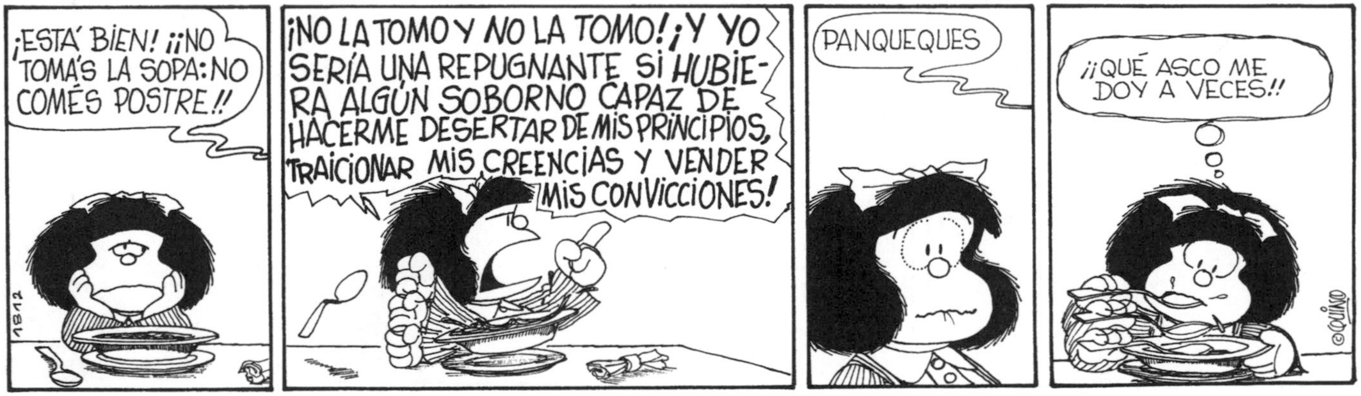
¡ESTÁ BIEN! ¡¡NO TOMÁS LA SOPA: NO COMÉS POSTRE!!
1812
¡NO LA TOMO Y NO LA TOMO! ¡Y YO SERÍA UNA REPUGNANTE SI HUBIERA ALGÚN SOBORNO CAPAZ DE HACERME DESERTAR DE MIS PRINCIPIOS, TRAICIONAR MIS CREENCIAS Y VENDER MIS CONVICCIONES!
PANQUEQUES
¡¡QUÉ ASCO ME DOY A VECES!!
© QUINO

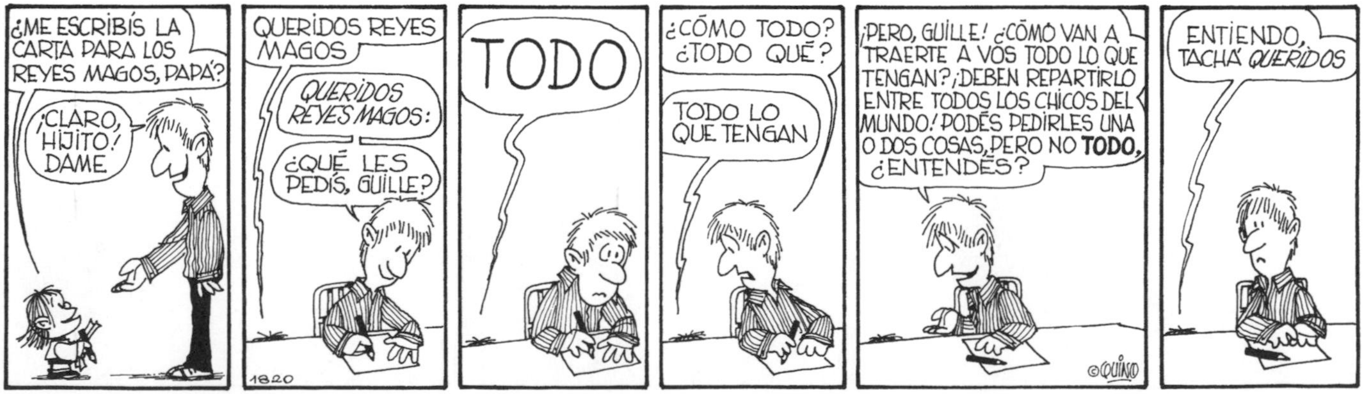
¿ME ESCRIBÍS LA CARTA PARA LOS REYES MAGOS, PAPÁ?
¡CLARO, HIJITO! DAME
QUERIDOS REYES MAGOS
QUERIDOS REYES MAGOS:
¿QUÉ LES PEDÍS, GUILLE?
1820
TODO
¿CÓMO TODO? ¿TODO QUÉ?
TODO LO QUE TENGAN
¡PERO, GUILLE! ¿CÓMO VAN A TRAERTE A VOS TODO LO QUE TENGAN? ¡DEBEN REPARTIRLO ENTRE TODOS LOS CHICOS DEL MUNDO! PODÉS PEDIRLES UNA O DOS COSAS, PERO NO **TODO**, ¿ENTENDÉS?
© QUINO
ENTIENDO, TACHÁ *QUERIDOS*

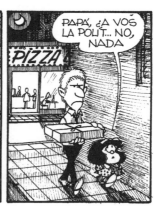

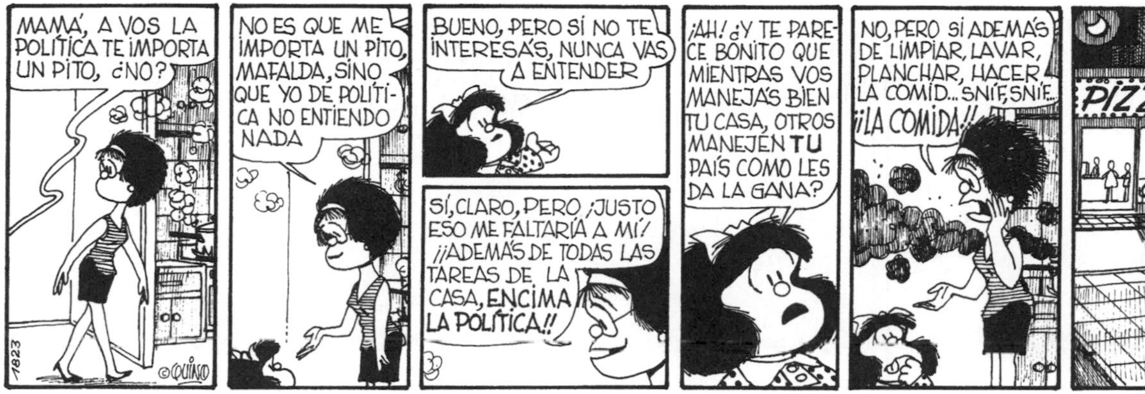
MAMÁ, A VOS LA POLÍTICA TE IMPORTA UN PITO, ¿NO?
NO ES QUE ME IMPORTA UN PITO, MAFALDA, SINO QUE YO DE POLÍTICA NO ENTIENDO NADA
BUENO, PERO SI NO TE INTERESÁS, NUNCA VAS A ENTENDER
SÍ, CLARO, PERO ¡JUSTO ESO ME FALTARÍA A MÍ! ¡¡ADEMÁS DE TODAS LAS TAREAS DE LA CASA, ENCIMA LA POLÍTICA!!
¡AH! ¿Y TE PARECE BONITO QUE MIENTRAS VOS MANEJÁS BIEN TU CASA, OTROS MANEJEN TU PAÍS COMO LES DA LA GANA?
NO, PERO SI ADEMÁS DE LIMPIAR, LAVAR, PLANCHAR, HACER LA COMID... SNIF, SNIF... ¡¡LA COMIDA!!
PIZZA
PAPÁ, ¿A VOS LA POLÍT... NO, NADA

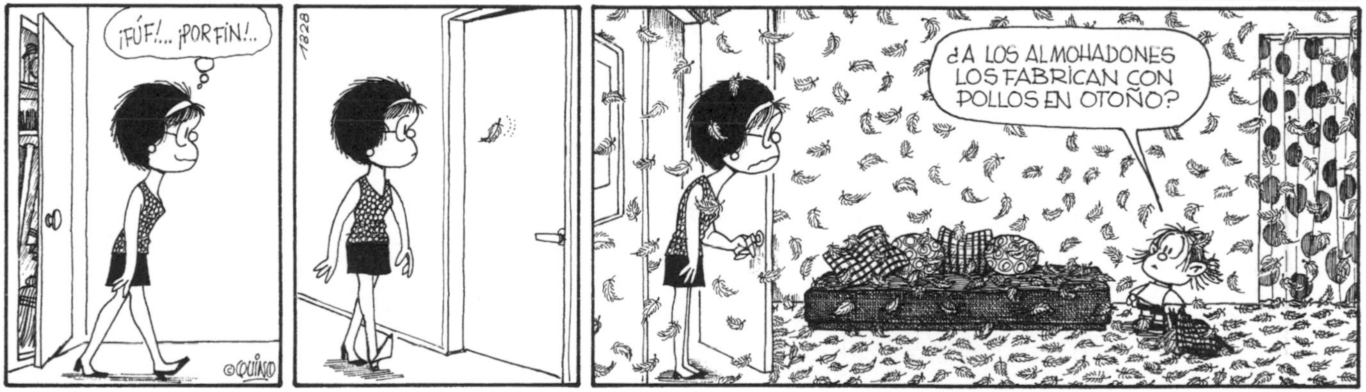
¡FÚF!... ¡POR FIN!..
¿A LOS ALMOHADONES LOS FABRICAN CON POLLOS EN OTOÑO?

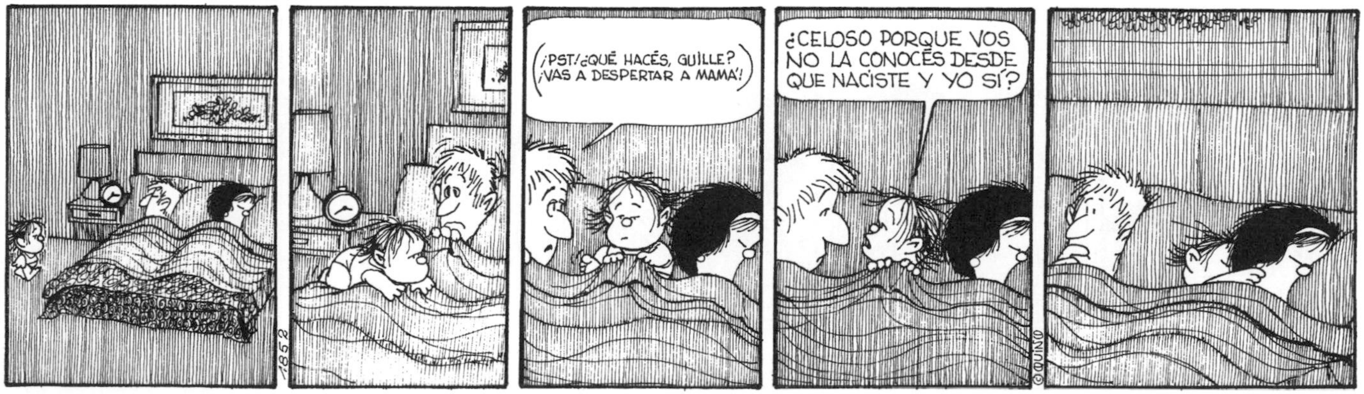
¡PST! ¿QUÉ HACÉS, GUILLE? ¡VAS A DESPERTAR A MAMÁ!
¿CELOSO PORQUE VOS NO LA CONOCÉS DESDE QUE NACISTE Y YO SÍ?

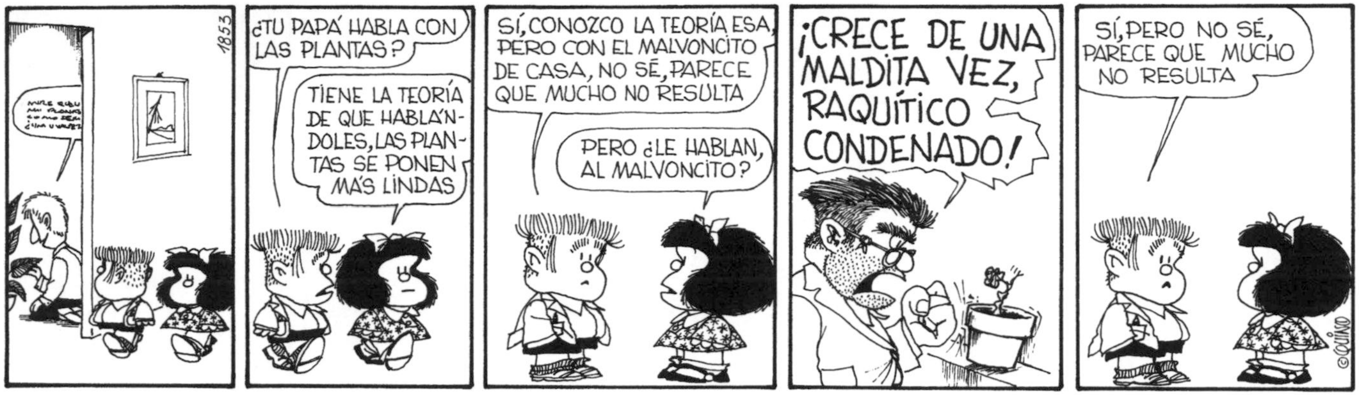
1853
¿TU PAPÁ HABLA CON LAS PLANTAS?
TIENE LA TEORÍA DE QUE HABLÁNDOLES, LAS PLANTAS SE PONEN MÁS LINDAS
SÍ, CONOZCO LA TEORÍA ESA, PERO CON EL MALVONCITO DE CASA, NO SÉ, PARECE QUE MUCHO NO RESULTA
PERO ¿LE HABLAN AL MALVONCITO?
¡CRECE DE UNA MALDITA VEZ, RAQUÍTICO CONDENADO!
SÍ, PERO NO SÉ, PARECE QUE MUCHO NO RESULTA
©QUINO

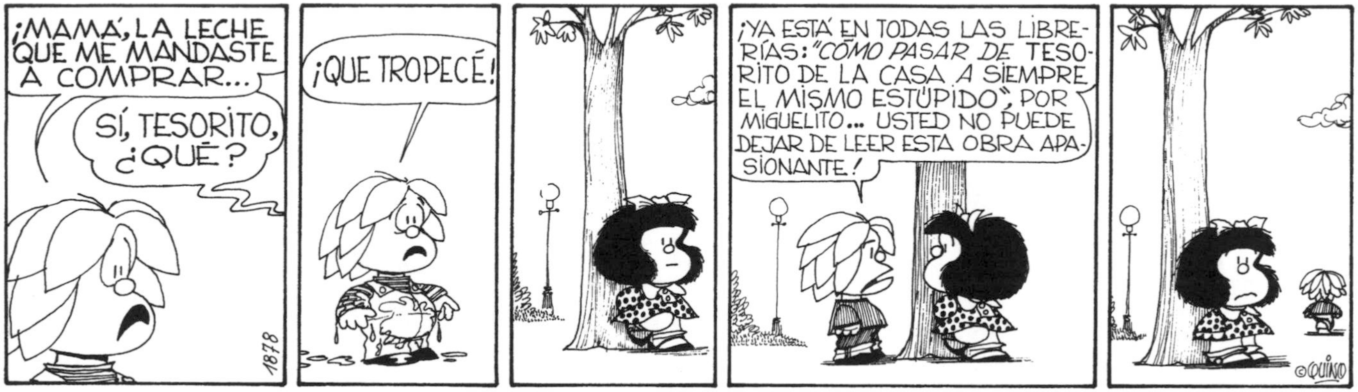
¡MAMÁ, LA LECHE QUE ME MANDASTE A COMPRAR...
SÍ, TESORITO, ¿QUÉ?
1878
¡QUE TROPECÉ!
¡YA ESTÁ EN TODAS LAS LIBRERÍAS: "CÓMO PASAR DE TESORITO DE LA CASA A SIEMPRE EL MISMO ESTÚPIDO", POR MIGUELITO... USTED NO PUEDE DEJAR DE LEER ESTA OBRA APASIONANTE!
©QUINO

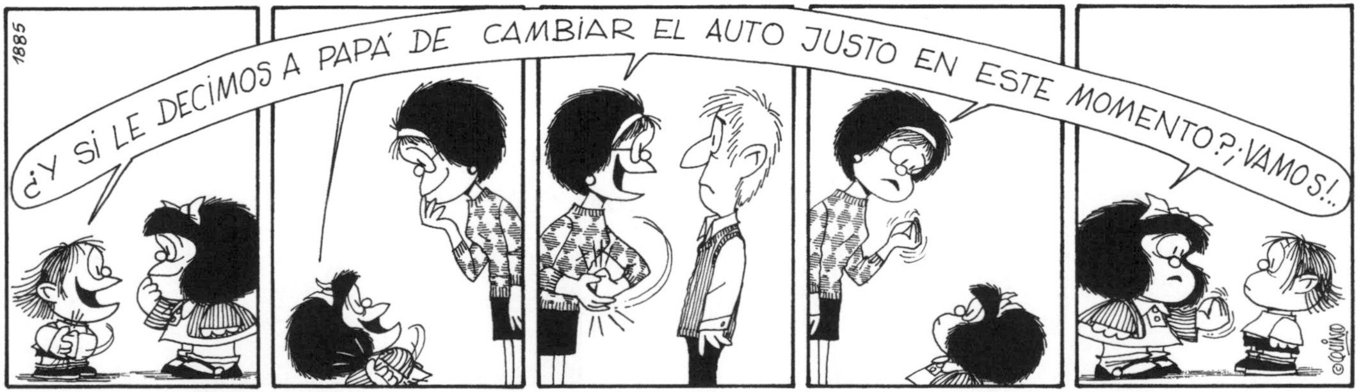
1885
¿Y SI LE DECIMOS A PAPÁ DE CAMBIAR EL AUTO JUSTO EN ESTE MOMENTO?, ¡VAMOS!..
©QUINO

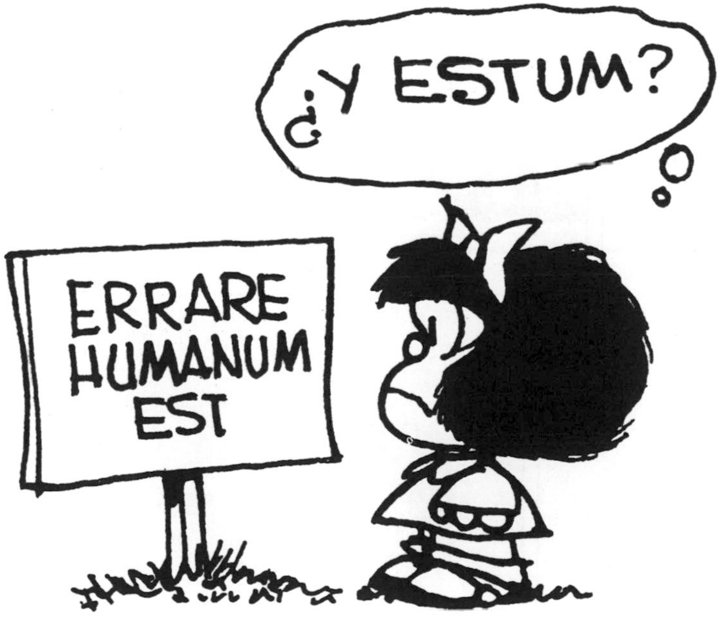
¿Y ESTUM?
ERRARE HUMANUM EST

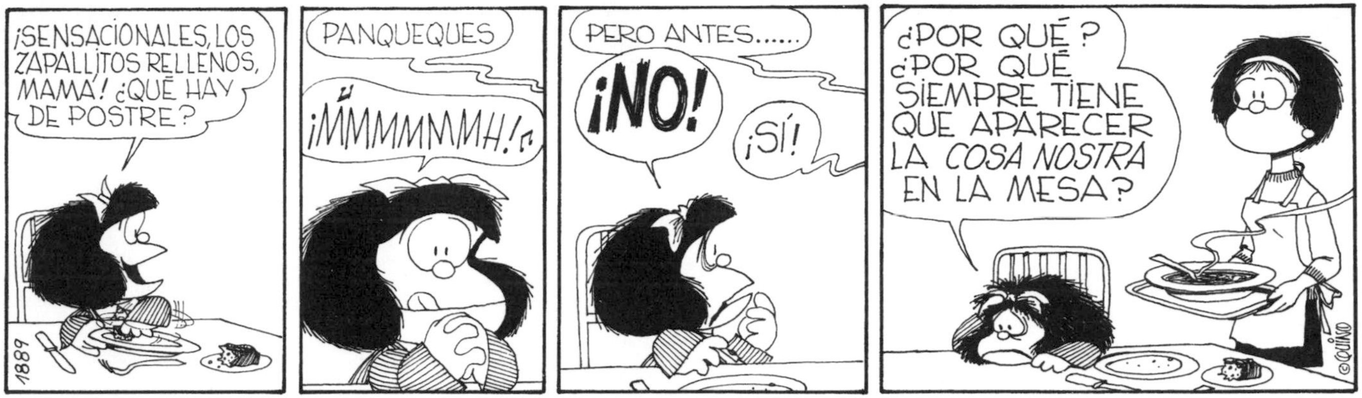
¡SENSACIONALES, LOS ZAPALLITOS RELLENOS, MAMÁ! ¿QUÉ HAY DE POSTRE?
PANQUEQUES
¡MMMMMMH!♫
PERO ANTES......
¡NO!
¡SÍ!
¿POR QUÉ? ¿POR QUÉ SIEMPRE TIENE QUE APARECER LA *COSA NOSTRA* EN LA MESA?
1889
©QUINO

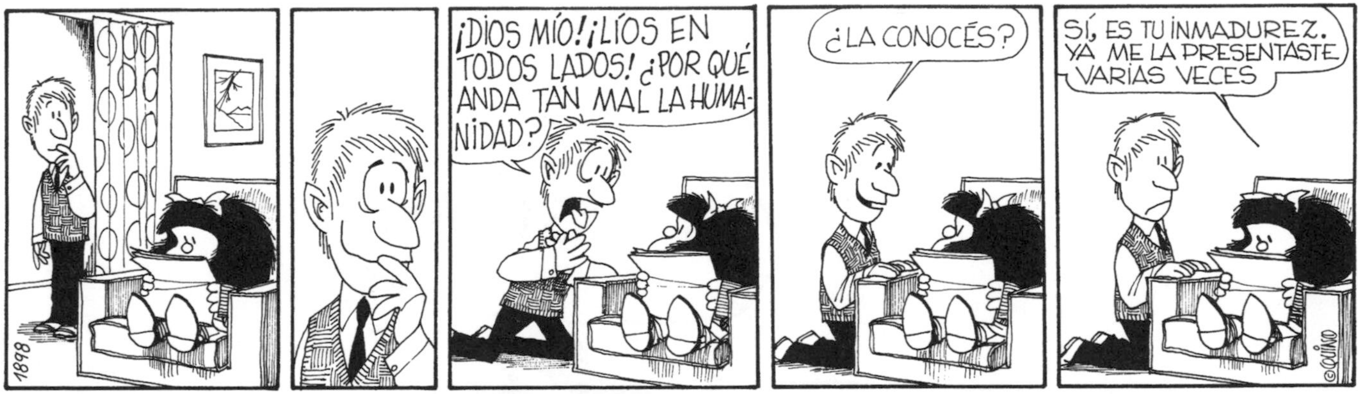
1898
¡DIOS MÍO! ¡LÍOS EN TODOS LADOS! ¿POR QUÉ ANDA TAN MAL LA HUMANIDAD?
¿LA CONOCÉS?
SÍ, ES TU INMADUREZ. YA ME LA PRESENTASTE VARIAS VECES
©QUINO

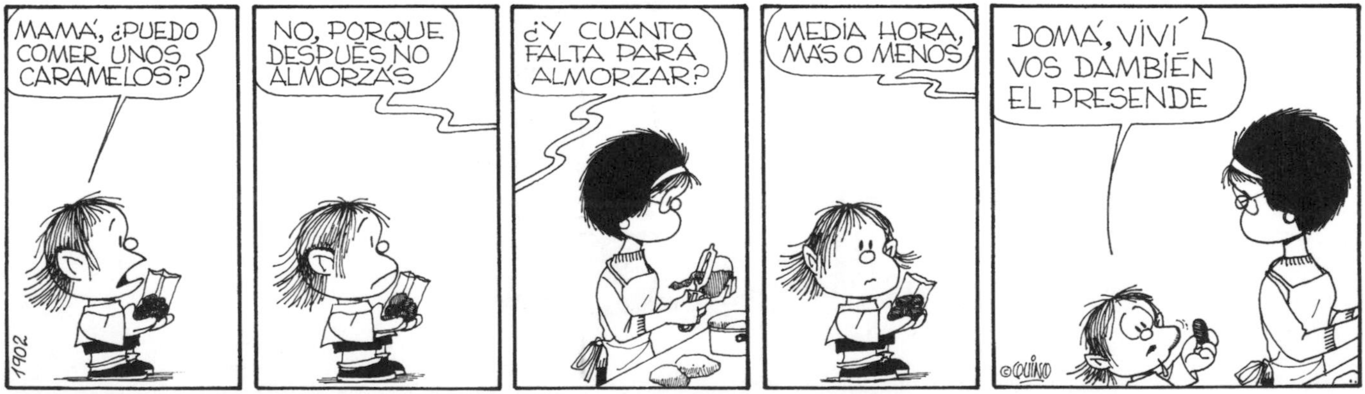
MAMÁ, ¿PUEDO COMER UNOS CARAMELOS?
1902
NO, PORQUE DESPUÉS NO ALMORZÁS
¿Y CUÁNTO FALTA PARA ALMORZAR?
MEDIA HORA, MÁS O MENOS
DOMÁ, VIVÍ VOS DAMBIÉN EL PRESENDE
©QUINO

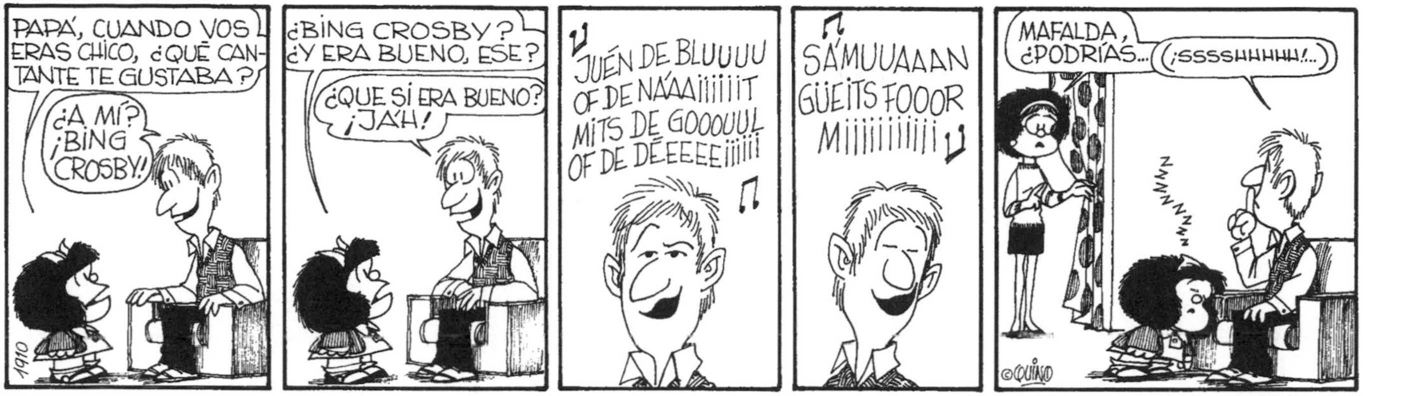
PAPÁ, CUANDO VOS ERAS CHICO, ¿QUÉ CANTANTE TE GUSTABA?
¿A MÍ? ¡BING CROSBY!
¿BING CROSBY? ¿Y ERA BUENO, ESE?
¿QUE SI ERA BUENO? ¡JÁH!
JUÉN DE BLUUUU OF DE NÁÁAIIIIIIIT MITS DE GOOOUUL OF DE DÉEEEEIIIIII
SÁMUUAAAAN GÜEITS FOOOR MIIIIIIIIIII
MAFALDA, ¿PODRÍAS...
(¡SSSSHHHHH!...)
ZZZZZZZ
©QUINO

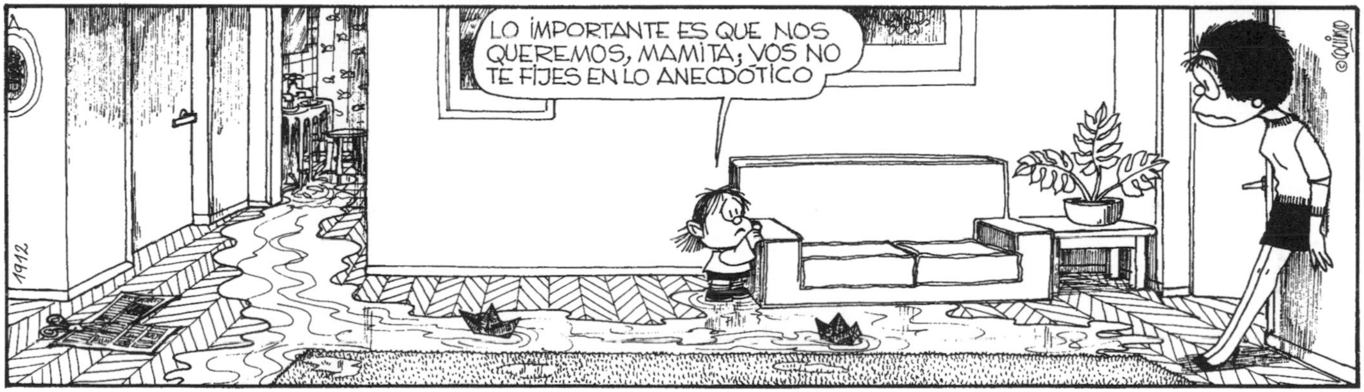
LO IMPORTANTE ES QUE NOS QUEREMOS, MAMITA; VOS NO TE FIJES EN LO ANECDÓTICO
©QUINO

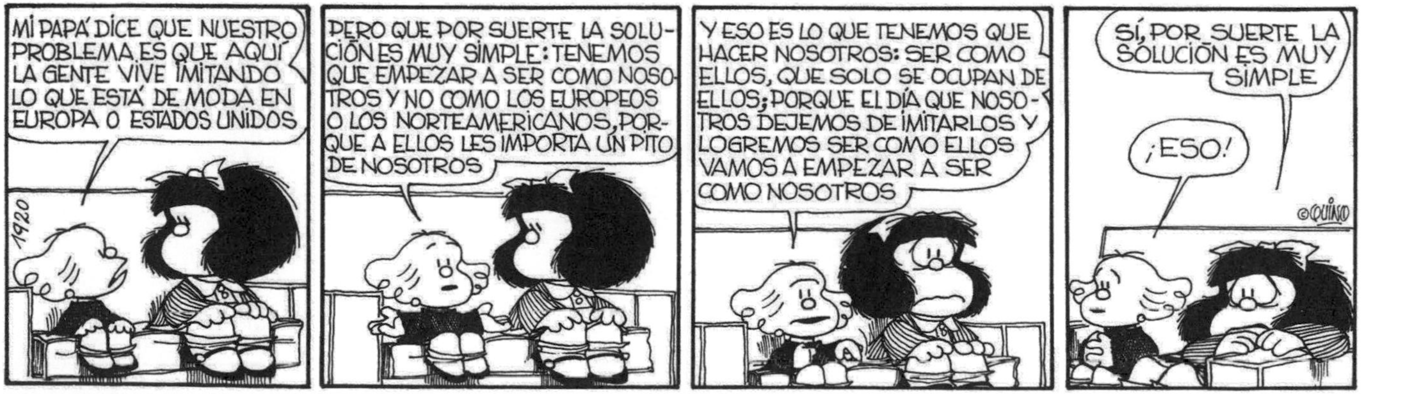
MI PAPÁ DICE QUE NUESTRO PROBLEMA ES QUE AQUÍ LA GENTE VIVE IMITANDO LO QUE ESTÁ DE MODA EN EUROPA O ESTADOS UNIDOS
PERO QUE POR SUERTE LA SOLUCIÓN ES MUY SIMPLE: TENEMOS QUE EMPEZAR A SER COMO NOSOTROS Y NO COMO LOS EUROPEOS O LOS NORTEAMERICANOS, PORQUE A ELLOS LES IMPORTA UN PITO DE NOSOTROS
Y ESO ES LO QUE TENEMOS QUE HACER NOSOTROS: SER COMO ELLOS, QUE SOLO SE OCUPAN DE ELLOS; PORQUE EL DÍA QUE NOSOTROS DEJEMOS DE IMITARLOS Y LOGREMOS SER COMO ELLOS VAMOS A EMPEZAR A SER COMO NOSOTROS
SÍ, POR SUERTE LA SOLUCIÓN ES MUY SIMPLE
¡ESO!
©QUINO

Joaquín Lavado nació el 17 de julio de 1932 en Mendoza (Argentina) en el seno de una familia de emigrantes andaluces. Descubrió su vocación como dibujante a los tres años. Por esas fechas ya lo empezaron a llamar Quino. En 1954 publica su primera página de chistes en el semanario bonaerense *Esto Es*. En 1964, su personaje Mafalda comienza a aparecer con regularidad en el semanario *Primera Plana*. El éxito de sus historietas le brinda la oportunidad de publicar en el diario nacional *El Mundo* y será el detonante del *boom* editorial que se extenderá por todos los países de lengua castellana. Tras la desaparición de *El Mundo* y un año de ausencia, Mafalda regresa a la prensa en 1968 gracias al semanario *Siete Días* y llega a España de la mano de Esther Tusquets y de la editorial Lumen. En 1973, Mafalda y sus amigos se despiden para siempre de sus lectores. Lumen ha publicado los once tomos recopilatorios de viñetas de *Mafalda*, numerados de 0 a 10, y también en un único volumen —*Mafalda. Todas las tiras* (2011)—, así como las viñetas que permanecían inéditas y que integran junto con el resto el libro *Todo Mafalda*, publicado con ocasión del cincuenta aniversario del personaje. En 2018 vio la luz la recopilación en torno al feminismo *Mafalda. Femenino singular*, y en 2019, *Mafalda. En esta familia no hay jefes*. También han aparecido en Lumen los libros de viñetas humorísticas del dibujante, entre los que destacan *Mundo Quino* (2008), *Quinoterapia* (2008), *Simplemente Quino* (2016) o el volumen recopilatorio *Esto no es todo* (2008).

Quino ha logrado tener una gran repercusión en todo el mundo, se han instalado esculturas de Mafalda en Buenos Aires, Oviedo y Mendoza, sus libros han sido traducidos a más de veinte lenguas y dialectos (los más recientes son el armenio, el búlgaro, el hebreo, el polaco y el guaraní), y ha sido galardonado con premios tan prestigiosos como el Príncipe de Asturias de Comunicación y Humanidades y el B'nai B'rith de Derechos Humanos.

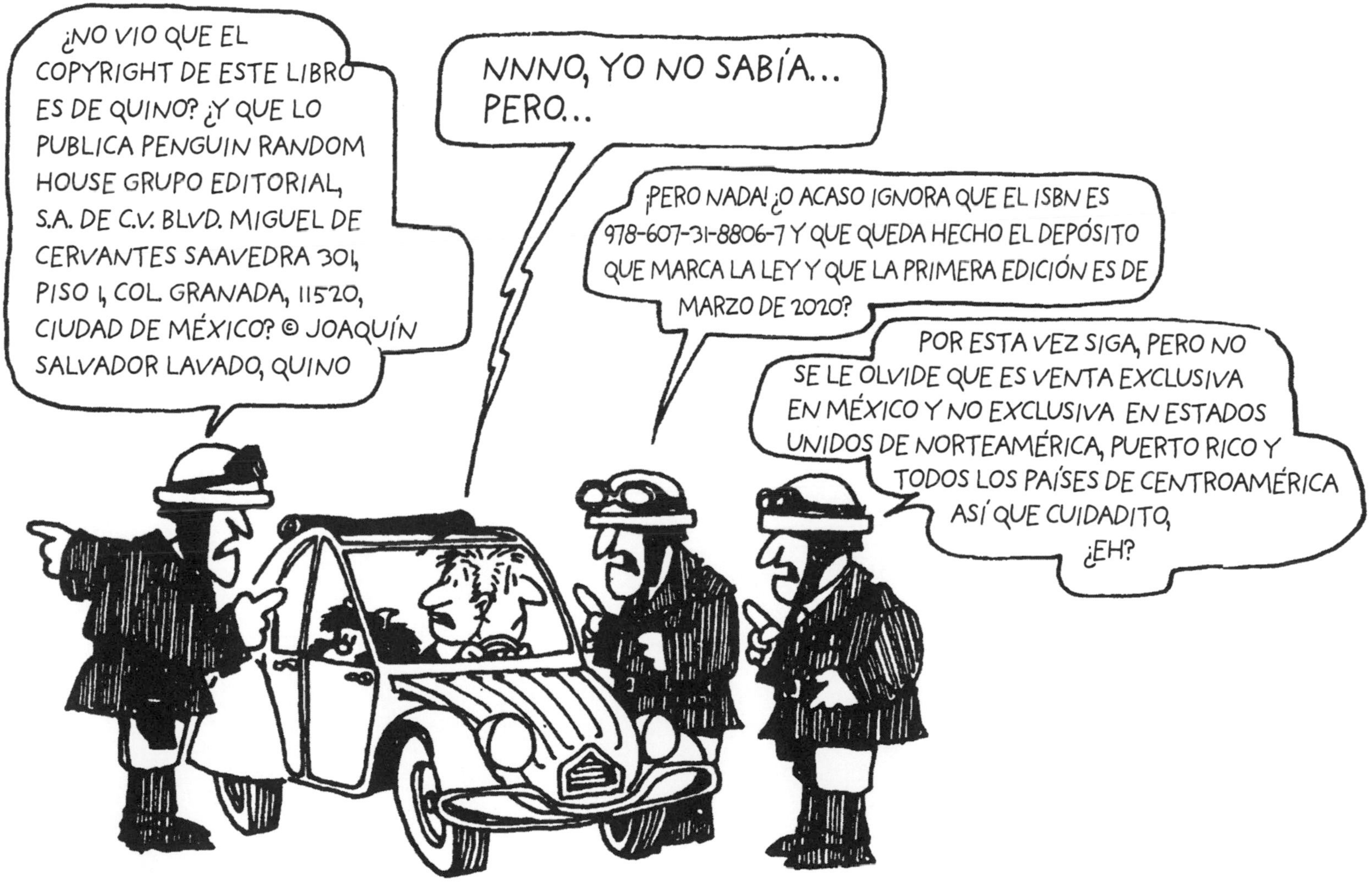
¿NO VIO QUE EL COPYRIGHT DE ESTE LIBRO ES DE QUINO? ¿Y QUE LO PUBLICA PENGUIN RANDOM HOUSE GRUPO EDITORIAL, S.A. DE C.V. BLVD. MIGUEL DE CERVANTES SAAVEDRA 301, PISO 1, COL. GRANADA, 11520, CIUDAD DE MÉXICO? © JOAQUÍN SALVADOR LAVADO, QUINO
NNNO, YO NO SABÍA... PERO...
¡PERO NADA! ¿O ACASO IGNORA QUE EL ISBN ES 978-607-31-8806-7 Y QUE QUEDA HECHO EL DEPÓSITO QUE MARCA LA LEY Y QUE LA PRIMERA EDICIÓN ES DE MARZO DE 2020?
POR ESTA VEZ SIGA, PERO NO SE LE OLVIDE QUE ES VENTA EXCLUSIVA EN MÉXICO Y NO EXCLUSIVA EN ESTADOS UNIDOS DE NORTEAMÉRICA, PUERTO RICO Y TODOS LOS PAÍSES DE CENTROAMÉRICA ASÍ QUE CUIDADITO, ¿EH?

ETA E LA FIDMA DE MAMITA, ¿TI´?

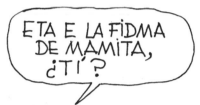

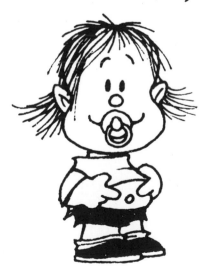